헌법 사용 설명서

공화국 시민,
헌법으로 무장하라

헌법 사용 설명서

지은이 / 조유진
펴낸이 / 강동권
펴낸곳 / (주)이학사

1판 1쇄 발행 / 2012년 9월 10일
1판 4쇄 발행 / 2018년 11월 15일

등록 / 1996년 2월 2일 (신고번호 제1996-000015호)
주소 / 서울시 종로구 율곡로13가길 19-5(연건동 304) 우 03081
전화 / 02-720-4572 · 팩스 / 02-720-4573
홈페이지 / ehaksa.kr
이메일 / ehaksa1996@gmail.com
페이스북 / facebook.com/ehaksa · 트위터 / twitter.com/ehaksa

© 조유진, 2012, Printed in Seoul, Korea.
ISBN 978-89-6147-168-8 03360

이 책의 저작권은 저자가 가지고 있습니다.
저작권법에 의해 보호를 받는 저작물이므로 이 책 내용의 일부 또는 전부를
재사용하려면 저작권자와 (주)이학사 양측의 동의를 얻어야 합니다.

* 책값은 뒤표지에 표시되어 있습니다.

이 도서의 국립중앙도서관 출판시도서목록(CIP)은 e-CIP 홈페이지(http://www.nl.go.kr/ecip)와 국가자료공동목록시스템(http://www.nl.go.kr/kolisnet)에서 이용하실 수 있습니다. (CIP제어번호: CIP2012003983)

헌법 사용 설명서

공화국 시민,
헌법으로 무장하라

조유진 지음

이학사

일러두기

1. 헌법 이름의 표기 방식

1948년에 제정된 우리나라 헌법의 정식 명칭은 '대한민국헌법'이다. 그러나 헌법 제정 이후 지금까지 아홉 차례에 걸쳐 개헌이 있었으므로 설명하기 쉽게 헌법이 개정된 연도를 앞에 붙여서 구별했다(즉 '19xx년헌법'으로 표기). 다만 1960년에는 한 해 동안 두 차례(6월, 11월) 헌법이 개정되었으므로 이 경우는 월 단위까지 함께 표시했다.

단 다음 세 가지는 예외로 했다.
- 1948년 제정 헌법은 '제헌헌법'으로 표기하였다.
- 1972년 개정 헌법은 '유신헌법'으로 표기하였다.
- 1987년 개정 헌법은 '현행헌법'으로 표기하였다.

2. 이 책을 읽을 때 유의할 사항

(1) 이 책은 민주주의와 대의제도가 적대적 관계에 놓여 있다고 보는 순수민주주의의 관점에서 서술되었다. 따라서 대의제도를 민주정치의 핵심 원리로 보아 '대의민주주의'라는 말까지 사용되는 현재의 일반적 시각에 익숙한 독자들에게는 이러한 서술 태도가 거북하게 느껴질 수도 있다. 그러나 그 같은 거북함은 이 책이 의도한 바이기도 하다. 즉 민주주의가 선거와 대의제를 통해서만 달성되는 것으로 보는 기존 관념을 허물고 민주주의의 원형을 복구하는 것이야말로 헌법 정신에 한 걸음 더 다가서는 길이라는 것을 말하고자 하는 것이다.

(2) 이 책에서는 인용문을 제외하고는 '국민주권'과 '인민주권'을 구별하지 않고 모두 '국민주권'으로 통일해서 표기하는 것을 원칙으로 한다. 프랑스대혁

명 당시에는 국민주권과 인민주권을 구별하지 않고 혼용했다. 그런데 종래 우리나라의 헌법학계는 국민nation주권과 인민peuple주권을 구별해서 전자로부터 간접민주주의(대의제 민주주의)가 도출되고 후자로부터 직접민주주의가 도출된다고 이분법적으로 설명하는 흐름이 있었다. 그러나 이 같은 분류는 역사적 사실과도 맞지 않고 정치 현실을 설명하는 데도 도움이 안 된다고 보는 것이 최근 학계의 흐름이다. 일본 등 해외 일부 학자의 주장을 제대로 검증하지 않고 무분별하게 도입한 것이 국민주권-인민주권 이분론이다.

(3) 주권자를 지칭할 때 국민, 인민, 시민 등의 표현이 사용되고 있는데, 이 책에서는 '국민'으로 표기하는 것을 원칙으로 했다. 전술한 바와 같이 국민주권-인민주권 이분론이 오류인 이상 국민과 인민을 구별하는 것이 실익이 없기 때문이다. 또한 우리 헌법이 엄연히 '국민'을 주권자의 명칭으로 사용하고 있는 마당에 굳이 '인민', '시민'이라는 말을 쓰는 것은 불필요한 혼란만 일으킬 우려가 있다. 따라서 꼭 구별해서 써야 할 이유가 없는 이상 '국민'으로 통일했다. '국민'이라는 용어 사용이 과연 올바른가에 대한 논란이 있다. 나도 일제의 잔재인 '국민'을 달갑게 여기지 않는다. 앞으로 이 문제에 대한 사회적 논의가 필요하다.

다만 인용문에서는 원저자의 표현을 가급적 존중했다. 그리고 '공화국 시민'이라는 표현은 이미 관용구처럼 쓰이고 있기 때문에 관행을 존중해서 그대로 썼다.

3. 참고 자료

『사회계약론』(루소, 1762), 『헌법』(이국운, 2011a), 『한국헌법과 공화주의』(김동훈, 2010), 『우리헌법의 탄생』(이영록, 2006)은 헌법에 대한 나의 관점을 형성하는 데 도움을 주었고 이 책을 집필할 때 전반적인 지침이 되었다. 제2부는 최근의 대표적인 헌법학 교과서인 『헌법학원론』(정종섭, 2011)과 수험용 기본서로 많이 읽히는 『기본강의헌법』(정회철, 2011)을 주로 참고하였다. 이 책에 인용된 외국 헌법 조문들은 국회사무처에서 펴낸 『세계의 헌법』(2011)에서 따 온 것이다. 그 외 자료는 참고 문헌을 참조하기 바란다.

4. 약어 및 기타

　- 헌재결: 헌법재판소결정

　- 대판: 대법원판결

　- 인용문의 고딕체는 인용자(나)의 강조이다.

　- 이 책에 실린 헌법 및 법률의 조문은 원문 그대로 인용하였으나 맞춤법은 현행 한글맞춤법에 맞게 수정했다.

　- 부호는 다음과 같다.

　『　』: 도서명, 신문명

　「　」: 선언문명, 협정문명, 논문명, 신문기사명

　〈　〉: 영화명, 드라마명

　[ ]: 인용문에서 인용자(나)의 부연 설명

머리말

　나는 대중을 위한 헌법 교양서를 목표로 이 책을 집필하였다. 그동안 출간된 몇 권의 헌법 교양서는 정치 평론에 치중하여 헌법에 대한 설명이 부족하거나 또는 조문 해설에 치중하여 헌법의 정치적 측면이 부각되지 않는 아쉬움이 있었다. 그래서 나는 법률 지식이 없는 사람도 헌법의 정치적 측면과 아울러 헌법 개별 조문을 교양적 수준에서 이해할 수 있는 책을 쓰기로 했다. 공화국 시민이 자신의 주권 문서이자 동시에 국가의 최고 강령인 헌법에 대한 기본 지식을 습득함으로써 스스로 주권자로서의 위상을 되찾는 데 도움을 주고자 하는 것이 이 책의 바람이다.

　민주화 이후에도 우리는 여전히 국민주권과 민주주의를 단순한 정치적 레토릭으로 생각하는 타성에서 벗어나지 못하고 있다. 헌법에 국민주권이 명시되어 있고 그 구절을 노래로 만들어 부르면서도 막상 그렇지 못한 현실 앞에서 우리는 별로 놀라지 않는다. 실업이 넘쳐나고 전셋값이 춤을 추고 대학 등록금이 하늘을 찌르고 재벌에 의한 경제력 집중이 아무리 극심해도 정치는 선출직 공무원들의 전담 업무로 남아 있다. 대부분의 선출직 공무원은 자기를 뽑아준 국민보다는 공천권과 인사권을 가진 당내 권력자나 실세 집단에게 잘 보이기 위해서 움직인다. 선거철이 되면 표를 의식해서 각종 복지 정책을 내놓지만 정작 국민의 정치권력을 강화하고 국민이 국가적 의사 결정에 실제 주인으로서 역할을 할 수 있도록 하려는 노력은 찾아보기 어렵다. 선출직 공무원들은 국민의 피고용인임에도 불구하고 국민은 선거철 이외에는 그들에게 영향력을 행사하기 어렵다. 만약 이것이 국민주권이고 이것이 민주주의라면 차라리 헌법에서 제1조를 지워버리는 것이 바람직하지 않겠는가? 나는 지난 12년 동안 국회, 청와대, 정당에서 일하면서 대의제도가 강력하게 정치 현실을 지배하는 한 국민의 이해관계와 선출직 공무원들의 이해관계가 일치하기는 어렵다는 사실을 절감했다. 왜 이와 같은 일이 발생하는가? 그 책임은 정치권에 있다. 정치인들이 자신들이 누리고 있는 현재의 권력 또는 장차 누리게 될지도 모르는 자신(또는 자신의 후손까지 포함하여)의 미래 권력을 위해서 민주주의로 들어가는 문의 열쇠를 감춘 것이다. 그러면 어떻게 해야 하는가? 국민이 스스로 헌법으로 무장해야 한다. 헌법으로 무장한다는 것은 선출직 공무원과 정당에 대한 의존성을 단호히 끊어버리는 것을 뜻한다. 물론 선출직 공무원 제도나 정당 제도는 앞으로도 존속할 것이다. 하지만 국민이 헌법으로 무장하고 나면 선출직 공무원과 정당의 역할과 의미는 크게 달라질 것이다. 지금까지는 국민이 선출직 공무원과 정당을 뒷바라지했다. 그러나 미래에는 그들이 국민의 주권자적 활동을 지원할 것이다. 이를 위해서는 정치권이 걸어 잠근 민주주의의 문을 헌법이라는 철퇴로 부수고 들어가야 한다.

이 책은 다음의 세 가지 관점에서 집필했다.

첫째, 제헌헌법은 중요하며 지금도 현행헌법 속에 살아 있다는 관점에서 서술했다. 제헌헌법은 역대 어느 헌법보다도 강력한 경제민주주의를 규정했고, 세부적인 표현에서 국민주권을 깊이 의식한 흔적들이 돋보이는 헌법이다. 제헌헌법의 이 같은 태도는 대의제도의 위기와 신자유주의의 폐해 극복이라는 시대적 과제에 직면한 우리에게 많은 영감을 주고 있다. 제헌헌법은 대한민국 정통성의 근거가 되는 유일한 공식적 텍스트다. 나는 제2부 '국민의 힘, 대한민국헌법의 모든 것'에서 헌법의 모든 조항을 조문별로 해설하면서 제헌헌법과의 비교를 통해 독자들이 현행헌법의 좌표를 파악하고 헌법의 미래상을 그리는 데 도움을 주고자 했다.

둘째, 민주주의를 최초의 원형에 충실하게 기술하고자 노력했다. 오늘날 민주주의는 놀랍게도 대의제를 뜻하는 것으로 잘못 이해되고 있다. 이 같은 오해는 민주주의의 쇠퇴를 가져왔고 민주주의로부터 혁명성을 앗아가 버렸다. 원래 민주주의는 문자 그대로 국민이 주권자로서 직접 국가 의사를 결정하는 정치체제를 말한다. 국민이 직접 통치하지 않는 정치체제는 민주주의가 아니다. 이런 점에서 우리는 시종일관 대의제도에 대한 의심의 시선을 견지할 필요가 있다. 대의제도에 대한 긴장의 고삐를 늦추지 않는 것이 대의제도의 부패를 막고 민주주의를 실현하는 길이다.

셋째, 공화국 또는 공화주의의 의미에 대해서 '새로운', 그러나 사실은 오래된 관점에서 접근하였다. 공화국은 고유한 의미를 가진 정치체제이다. 공화국은 자유주의국가의 문제점에 대한 반성과 대안으로 최근에 활발히 논의되고 있다. 공화국을 한마디로 말하면 지배가 없는 사회다. 누군가에게 지배당하는 사람들이 모여서 '공공의 것res publica'을 만든다는 것은 불가능하기 때문이다. 특정인 또는 특정 세력의 전유물은 공화국이 될 수 없다.

따라서 개인 또는 세력에 대한 정치적 우상숭배 또는 정치적 특권의 부여는 공화국 질서에 반하는 것이다. 특정한 개인 또는 세력에 대한 의존성을 조장하기 위한 모든 시도는 그것이 의도적이든 우연적이든 모두 반공화주의적이고 따라서 반헌법적이다. 그것은 시민의 건강한 주권 의식을 타락시키며, 정치적 기득권을 온존시킴으로써 공화국의 새로운 미래가 도래하는 것을 가로막기 때문이다.

이 책 말미에는 '대한민국헌법 개정안'을 수록했다. 개정안의 내용은 대부분 본문에서 밝힌 문제의식을 토대로 하고 있지만, 일부 본문과 다르거나 본문에 없는 내용도 있다. 예컨대 대통령의 5년 단임제에 대해서 본문에서는 이를 계속 유지해도 무방하다고 썼지만, 사회적으로 4년 연임제에 대한 요구가 높아지는 현실을 감안하여 개정안에 포함시켰다. 또한 최근 논의되는 '분권형 대통령제' 개헌론의 경우, 국민에 의해 선출되지 않은 국무총리가 대통령 권한의 일부를 행사하는 것은 헌법 체계상 문제가 있으나 제왕적 권력의 폐해가 꾸준하게 지적되고 있으므로, 대통령의 임의적 위임에 의하여 정부를 분권적으로 운영할 수 있는 가능성을 열어놓았다. 이는 보수 정당이 절대적 우위를 점하고 있는 한국의 정치 현실에서 진보, 개혁 성향의 중소 정당들의 연대를 통한 정권 교체를 용이하게 하기 위한 것이다.

나는 법학에 대해서 아무런 사전 지식이 없는 분들도 이 책을 통해 헌법을 쉽게 이해하고 스스로 생각해보는 기회를 가질 수 있도록 노력했다. 하지만 과연 얼마만큼 그러한 목표에 도달했는지 의문이다. 저자의 짧은 지식으로 말미암아 설명이 매끄럽지 못하여 독자들에게 오히려 난해하다는 느낌을 주지 않을까 걱정된다. 독자 여러분의 따가운 질책을 바란다.

바쁜 일정에도 이 책의 원고를 읽으시고 흔쾌히 추천사를 써주신 서울대학교 법학전문대학원 조국 교수님께 지면을 빌려 깊은 감사의 말씀을 드린다. 아울러 이 책이 나올 수 있도록 기획 단계에서부터 격려해주신 이학사 강동권 대표님과 저자의 부족한 원고를 꼼꼼하게 다듬어 책의 완성도를 높일 수 있도록 도와주신 이학사 편집부 여러분께 감사드린다.

2012년 8월

조유진

차례

일러두기 5
머리말 9

제1부 영혼이 있는 헌법

제1장 제헌헌법은 살아 있다 19
제2장 민주주의를 알면 헌법이 보인다 29
제3장 국민과 국가권력 사이의 장벽 41
제4장 민주공화국 불러내기 57
제5장 한국의 자유민주주의는 정말 자유로운가 73
제6장 혁명의 열매, 법치주의를 만나다 78
제7장 국가 운영 체계로서의 헌법 90
제8장 주권자를 위한 5대 헌법 전략 100
제9장 헌법 논쟁 사례: 미국의 '살아 있는 헌법 대 원의주의' 논쟁 110

제2부 국민의 힘, 대한민국헌법의 모든 것

전문 121
제1장 총강 127
제2장 국민의 권리와 의무 152
제3장 국회 250
제4장 정부 290
    제1절 대통령 290
    제2절 행정부 314
        제1관 국무총리와 국무위원 314
        제2관 국무회의 316
        제3관 행정 각부 321
        제4관 감사원 323
제5장 법원 327
제6장 헌법재판소 336
제7장 선거관리 346
제8장 지방자치 351
제9장 경제 354
제10장 헌법 개정 373
부칙 376

에필로그 381
부록_대한민국헌법 개정안 385
참고 문헌 401

제1부

영혼이
있는
헌법

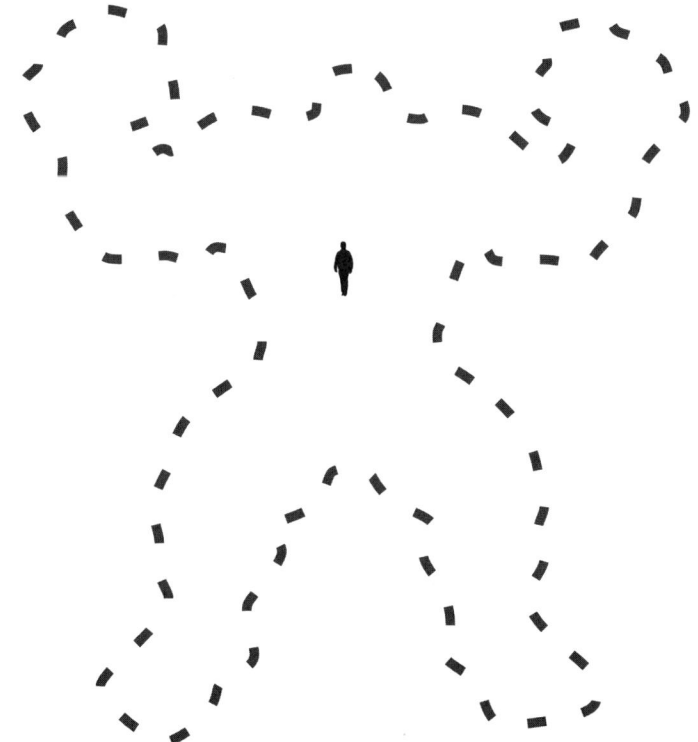

제1장
제헌헌법은 살아 있다

국회 헌정기념관 1층에 전시된 제헌헌법에는 다음과 같은 구절이 있다.

> 대한민국의 경제 질서는 모든 국민에게 생활의 기본적 수요를 충족할 수 있게 하는 사회주의의 실현과 균형 있는 국민경제의 발전을 기함을 기본으로 삼는다. 각인의 경제상 자유는 이 한계 내에서 보장된다(제헌헌법 제84조, 국회 헌정기념관 전시본).

'사회주의의 실현'이 대한민국 경제 질서의 기본이라니, 그렇다면 제헌헌법은 사회주의를 표방한 헌법이라는 말인가? 대한민국이 애초에 사회주의 국가로 출발했다는 말인가?

그러나 1948년 9월 1일자 『관보』 제1호에 게재된 제헌헌법에는 '사회주의'가 아닌 '사회정의'로 인쇄되어 있다. 따라서 헌정기념관에 전시된 제헌헌법의 '사회주의'는 '사회정의'의 오기임을 알 수 있다. 그런데 실제로 제헌헌법을 읽어보면 자본주의국가의 헌법이라기보다는 사회주의 헌법을 방불케 한다. 제헌헌법의 경제 조항들이 주로 분배, 국유화, 농지개혁 등을 강조하고 있기 때문이다. 제헌헌법의 대표적인 경제 조항 몇 개를 살펴보자. 먼저 제헌헌법 제84조는 앞에서 살펴본 바와 같이 대한민국 경제 질서의 기본을 "모든 국민에게 생활의 기본적 수요를 충족할 수 있게 하는 사회정의의 실현과 균형 있는 국민경제의 발전"에 두고 있다. 그리고 개인의 경제적 자유는 "이 한계 내에서" 보장된다고 했다. 제헌헌법 제85조는 광물 기타 중요한 지하자원, 수산자원, 수력과 경제상 이용할 수 있는 자연력은 원칙으로 국유화하고, 예외적으로 공공 필요에 의한 경우 특허를 가능하게 하고 있다. 또 제헌헌법 제88조는 국방상 또는 국민 생활상 긴절한 필요에 의하여 사영 기업을 국유 또는 공유로 이전하거나 또는 그 경영을 통제, 관리함은 법률이 정하는 바에 의하여 행한다고 규정하고 있다. 비록 '법률이 정하는 바에 의하여'라는 단서를 달기는 했으나 사영 기업을 국공유화거나 정부가 통제, 관리할 수 있는 길을 터놓은 것이다.

그러므로 "65년 전 우리는 자유민주주의와 시장경제를 두 바퀴로 삼아 발전의 신화를 창조할 토대를 닦았다."는 주장(2010년 8월 15일 광복절 65주년 대통령 경축사)이나, "대한민국은 국민의 재산권과 경제활동의 자유를 보장하는 시장경제체제로 출범했다."는 뉴라이트 대안 교과서의 서술은 사실을 왜곡한 것이다. 제헌헌법의 경제 질서는 사회정의와 균형 발전을 위한 경제통제를 기본으로 하고 있기 때문이다. 또 제헌헌법은 자유민주주의를 알지 못했다. 헌법에 '자유 민주'라는 말이 처음 삽입된 것은 박정희의 종신 집권을 가능하게 한 유신헌법부터이다. 유신헌법의 전문과 통일 조항에 처음으로 '자유 민주적 기본 질서'가 명시된다. 해방 이후 정부 수립 과정에서 대한민국의 정체성이 형성되었다고 한다면 그 정체성의 유일한 근거는 제헌헌법이다. 그런데 제헌헌법은 우리 사회의 보수 진영이 원하는 헌법 상과는 동떨어져 있다. 오늘날 보수 진영의 시각에서 볼 때 제헌헌법은 사회주의 헌법이나 다름없다. 그러니 보수 논객들은 제헌헌법과 관련된 이야기만 나오면 오락가락할 수밖에 없는 것이다. 한 가지 예를 살펴보자. 「대한민국 제헌헌법이 사회민주주의 헌법이라는 궤변」이라는 제목의 『문화일보』 사설(2011년 10월 28일)은 이렇게 시작하고 있다.

> 1948년 건국 이래 대한민국 정체성의 핵심이면서 국가로서의 지배 이념인 '자유민주주의' 개념을 흔들어온 좌파 학자들이 심지어 제헌헌법의 성격에 대해 '사회민주주의에 가깝다.'는 강변까지 하고 있다. 황당한 궤변이다.

사설의 필자는 불문곡직하고 일단 자유민주주의가 대한민국 정체성의 핵심이자 국가적 지배 이념이라고 과감하게 못 박고 있다. 그러나 그 근거가 무엇인지에 대해서는 침묵하고 있다. 그러면서 제헌헌법이 사회민주주의에 가깝다는 주장에 대해서는 '황당한 궤변'이라는 말로 당혹스러움을 표출하고 있다. 이어서 사설은 제헌헌법의 가장 중요한 특징이 혼합 정부와 균등 경제체제였다는 연세대 박명림 교수의 주장이 제헌헌법의 취지를 왜곡했다고 비판한다. 그러나 박교수의 주장이 무엇을 어떻게 왜곡한 것인지에 대해서는 역시 아무런 논거를 제시하지 못하고 있다. 사설은 다음과 같이 이어진다.

> 제헌헌법에 사회민주주의적 요소가 전혀 없는 것은 아니지만 지향의 본질이 자유민주주의였음을 부정하는 건 불순한 왜곡이다. 제5조에서 '정치·경제·사회·문화의 모든 영역에 있어서 각인의 자유·평등'을 규정한 건 당시 봉건 잔재 청산에 대한 국민적 여

망의 반영이지, 사회민주주의 지향을 표현한 게 아니다. 전문에서 '자유'와 '기회의 균등' 등을 적시하면서 '사회적 폐습 타파'를 앞세운 것도 그래서다.

이 사설은 제헌헌법에 사회민주주의적 요소가 있다고 주장하는 것이 곧 자유민주주의를 부정하는 것인 양 쓰고 있다. 자유민주주의가 무엇인가? "모든 권력은 국민에게서 나오고, 그 권력은 법률에 따라 행사되며, 자유로운 여론 형성과 보통, 평등 선거권에 기초한 대의제와 지방자치를 통해 실현되는 민주주의"가 자유민주주의다. 그런데 이 인용 구절은 대표적 사회민주주의 국가인 스웨덴헌법 제1조의 내용이다. 그렇다면 스웨덴은 사회민주주의를 채택함으로써 자유민주주의를 부정했는가? 아니면 그 반대인가? 사설은 또 제헌헌법이 제5조에서 '자유와 평등'을 존중하는 규정을 둔 것이 당시 봉건 잔재 청산에 대한 국민적 여망을 표현한 것이라고 한다. 그렇다면 제헌헌법 제5조는 한시법이라는 것인가? 봉건 잔재 청산이 끝나면 자유와 평등은 필요하지 않은가? 그렇지 않다. 제헌헌법 제5조 '자유와 평등'은 민주주의의 대원칙을 표현한 것으로 현행헌법의 전문을 포함하여 곳곳에 여전히 남아 있으며, 우리의 국가 공동체가 존속하는 한 실현되어야 할 가치다. "지향의 본질이 '자유민주주의'였음을 부정하는 건 불순한 왜곡"이라고 하는데, 불순한 왜곡을 한 것은 오히려 이 사설이다. 제헌헌법의 지향의 본질은 엄격히 말해서 자유민주주의가 아니라 '그냥' 민주주의였다. 따라서 제헌헌법의 지향의 본질이 '민주주의'였음을 부정하는 것이야말로 불순한 왜곡인 것이다. 이 신문의 사설은 다음과 같이 끝을 맺는다.

이들 정권들[이승만, 박정희, 전두환 정권을 지칭]이 독재를 한 것도 사실이지만 그렇다 해서 자유민주주의라는 국가 정체성을 부정했다는 말인가. 자유민주주의는 움직일 수 없는 대한민국헌법 가치로 역사 교과서에 당연히 표기돼야 한다.

사설을 쓴 사람은 바로 이 부분에서 자유민주주의에 대한 보수 진영의 편향된 인식을 보여주고 있다. 즉 그들이 말하는 자유민주주의는 '독재와 함께하는' 자유민주주의, '독재에 의해 실현되는' 자유민주주의라는 것을 고백한 셈이다.

제헌헌법이 대한민국의 지배 이념을 자유민주주의로 정했다는 근거는 적어도 제헌헌법 조문에서는 찾아볼 수 없다. 그렇다면 제헌헌법을 만든 사람들이 만들고자 했던 나라는 어떤 나라일까?

타임머신을 타고 1948년 제헌국회 당시로 거슬러 올라가보자(이하 이흥재, 2010 참조).

먼저 헌법기초위원회 위원장인 제헌국회의원 서상일의 말을 들어보자. 서상일은 1885년생으로 지역구는 경상북도 대구을이었으며 우파 정당인 한국민주당 소속 국회의원이었다. 그는 1948년 6월 23일에 헌법기초위원회의 보고 및 헌법안 제1독회에서 다음과 같이 발언했다.

> 헌법의 정신을 요약해서 말씀하자면 …… 우리가 민주주의 민족국가를 구성해서 우리 삼천만은 물론이고 자손만대로 하여금 …… 민족사회주의국가를 이루자는 그 정신의 골자가 이 헌법에 총집되어 있다.

헌법기초위원장인 그가 일언지하에 '민족사회주의'가 제헌헌법의 정신이라고 정리한 것이다. 이것만이 아니다. 이번에는 또 한 명의 제헌국회의원인 지청천의 말을 들어보자. 서울 성동구가 지역구였던 지청천은 1888년생으로 일본육군사관학교를 졸업하고 장교로 임관한 뒤 만주로 망명하여 독립운동에 투신, 서일·김좌진 장군 등과 함께 대한독립군단을 조직하는 등 만주 일원에서 광범위한 독립운동을 전개하였고, 이후 임시정부 광복군총사령관과 대동청년단 단장을 역임했던 인물이다.

> 소위 전체주의라는 공산주의 체제와 모든 그 무제한 자본주의를 취하지 않고 우리는 …… 말하자면 국가권력으로써 철두철미 민족주의로 나가야 하겠습니다. 그리고 경제 면에 들어가서는 사회주의로 나가야 되겠습니다. …… 우리는 이 공산주의와 자유주의를 선택하는 역할을 아니하고 조선 처지에 맞는 민족사회주의로 건설해나가는 것이 입국의 이념이 아니면 완전 독립을 보장하기 …… 지극히 곤란한 것입니다. …… 근로대중의 생활의 증진과 복리를 도모하는 이 헌법에 있어서 …… 만대 무궁한 완전 자주독립을 하는 데 …… 이것이 이 헌법 제정의 기본 정신이라고 하겠습니다.

한편 제헌헌법 초안을 작성한 유진오는 제헌헌법이 규정하는 경제질서에 대해서 "우리나라는 경제문제에 있어서 개인주의적 자본주의 국가 체제에 편향함을 회피하고 사회주의적 균등 경제의 원리를 아울러 채택함으로써 개인주의적 자본주의의 장점인 각인의 자유와 평등 및 창의의 가치를 존중하는 한편 모든 국민에게 인간다운 생활을 확보하게 하고 그들의 균등 생활을 보장하려는 사회주의적 균등 경제의 원리를 또한 존중하여 말하자면 정치적 민주주의와 경제적, 사회적 민주주의라는 일견 대립되는 두 주의를 한층 높은 단계에서 조화하고 융합하려는 새로운 국가형태를 실현함을 목표로 삼고 있는 것이다. …… 국가 경제의 기본적인 부분만을 국유, 국영으로 하는 대원칙을 세워놓고, 시세의 변천을 따라 탄력적인 운영 방법을 취함으로써 개인의 자유, 평등 및 창의의 존중과 그 국가적 통제라는 일견 모순되는 양 원리를 적당히 조화하여 국민경제의 순조롭고 균형 있는 발전을 도모하기를 기하고 있는 것"(유진오, 1957: 254~255)이라고 설명한다.

이상에서 살펴본 헌법의 아버지들의 발언만으로도 제헌헌법이 상정했던 대한민국의 국가상을 알 수 있다. 제헌 당시의 남한 사회는 전반적으로 좌경화되어 있었다. 그렇기 때문에 일반 국민들은 물론이고 정치인들도 적어도 경제정책의 측면에서는 진보적 입장을 취하는 것이 당연시되었다. 정세가 그러하니 제헌의원들의 다수가 우파 성향의 인사들이었음에도 불구하고 사회민주주의에 근접한 제헌헌법이 탄생한 것이다. 우파인 한국민주당이 1948년 5·10총선거에서 내건 총선 공약에서도 농지개혁, 대기업 국영화, 최저임금제, 공장법, 단체교섭권, 실업보험 제도 등을 제시했는데(김득중, 1994: 46), 이 가운데 상당수가 나중에 제헌헌법으로 녹아들어간다. 지주와 상층부의 이익을 대변하는 우파 정당이 이러한 노선을 취했다는 것은 의미심장한 일이다. 대한민국이 어떠한 나라인가를 말해주는 가장 확실한 근거는 제헌헌법이다. 제헌헌법의 사회민주주의적 기조는 이승만이 집권하는 동안에도 계속 유지되었다. 진보적 색채가 강한 헌법 전문이나 경제 조항, 그리고 근로자의 이익 분배 균점권 등도 수정되지 않왔다. 4·19혁명으로 이승만이 하야한 이후 개정된 1960년6월헌법에서도 제헌헌법의 진보적 경제 조항은 그대로 유지되었다. 그러다가 헌법에서 진보적 색채를 빼고 보수로 전환한 것은 박정희가 5·16쿠데타로 집권한 이후 개정된 1962년헌법부터이다. 따라서 헌법적 관점에서만 본다면 우리나라 보수의 원조는 박정희라고 할 수 있다. 그런데 박정희는 일제의 괴뢰 국가인 만주국 군관학교 졸업, 일본육사 졸업, 해방 때까지 일본군 장교 복무, 해방 이후 공산주의 계열인 남조선노동당 활동, 군사 쿠데타, 장기 집권, 철권통치, 유신 쿠데타, 인권과 민주화운동 탄압 등 복잡한 경력의 소유자다. 그래서 보수 진영은 초대 대통령이라는 상징성을 가지고 있고 평생 일관되게 공산주의를 반대한 이승만을 자연스럽게 보수의 원조로 삼게 된 것이다. 하지만 이승만이 제헌국회 의장으로서 서명하고 공포한 제헌헌법이 '뜻밖에도' 진보적이었다는 역사적 재조명이 시작되면서 보수 진영은 경악하고 있다. 보수의 정신적 지주인 이승만이 제헌헌법처럼 '진보적인' 헌법에 사인을 했다는 것을 받아들이기가 어렵기 때문이다. 보수주의자들은 이러한 모순을 극복하기 위해 제헌헌법이 자유민주주의를 핵심 원리로 삼았다는 억지 주장을 하고 있는 것이다. 보수 진영이 이렇게까지 하지 않을 수 없는 이유는 무엇일까? 여기서 밀리면 모든 것을 잃기 때문이다. 제헌헌법은 대한민국의 정체성이고 대한민국의 정체성은 곧 모든 것이기 때문이다. 보수 진영은 그동안 자신들이 대한민국 정체성의 수호자요 담당자라고 여겨왔다. 그리고 자신들의 정적인 김대중이나 노무현을 대한민국의 정체성을 파괴하는 빨갱이로 공격했다. 그런데 대한민국의 정체성을 문서화한 제헌헌법이 진보적 노선을 채택했다는 것은 곧 보수주의자들의 역사적 정당성의 근거가 사라져버리는 것을 의미한다. 그렇다면 진보 진영에게 제헌헌법은 어떤 존재였나? 제헌헌법이 진보 진영 일각으로부터 제대로 평가받기 시작한 것은 사실 얼마 되지 않았다. 아직도 대부분의 진보주의자 사이에서 제헌헌법은 단지 보수 우파 정당의 산물쯤으로만 여기는 분위기가 팽배해 있다.

민주화가 이루어진 이후에도 오랫동안 제헌헌법은 보수와 진보 모두로부터 외면받아왔다. 그러나 재벌과 성장 위주의 경제정책이 한계에 부딪히고 전 세계적으로 신자유주의의 폐해가 드러나면서 진보적 가치를 담고 있는 제헌헌법에 대한 재평가가 서서히 일어나고 있다. 이는 곧 대한민국의 DNA에 대한 재발견을 뜻한다. 박정희판 대한민국이 아닌 원래의 대한민국에 대한 탐색이 시작된 것이다. 제헌헌법의 가치를 제대로 음미하는 것은 현행헌법을 올바르게 인식하기 위한 기초 작업이기도 하다. 우리는 제헌헌법이 흘러간 골동품이라고 생각하기 쉽다. 그러나 제헌헌법은 퇴역한 골동품이 아니다. 지금도 제헌헌법은 살아 있는 헌법이다. 즉 우리는 편의상 제헌헌법이니 현행헌법이니 하는 말을 쓰지만, 이 두 가지는 '대한민국헌법'이라는 하나의 이름을 가진 하나의 헌법이다. 만약 제헌헌법과 현행헌법이 다른 헌법이라면 1948년의 대한민국과 1987년의 대한민국은 법적으로나 정치적으로 다른 나라가 되어버린다. 우리는 그동안 9차에 걸친 개헌을 경험했다. 개헌은 헌법의 동일성이 유지되는 범위에서 헌법이 정한 절차에 따라 이루어진다. 헌법의 동일성이 유지되어야 국가적 동일성이 유지된다. 현행헌법은 비록 5·16, 유신, 12·12 등 헌법 유린 행위의 잔재가 아직도 군데군데 남아 있지만, 대체로 제헌헌법의 맥을 잇고 있다. 따라서 현행헌법을 해석할 때도 제헌헌법의 정신에 근거해야 하며, 향후 헌법을 개정할 때도 수차례의 헌정 유린 행위로 훼손된 제헌헌법의 정신을 어떻게 하면 보다 잘 복구하고 충실하게 계승 발전시킬 것인가 하는 점을 염두에 두어야 한다. 물론 제헌헌법도 완벽하거나 진선진미한 것은 아니었다. 특히 제헌헌법의 부칙 조항에서는 친일파에 대한 청산 의지를 충분히 담지 못하였고 오히려 계속해서 친일파들이 공직에 남아 있을 수 있도록 조치한 역사적 과오가 있다. 그것은 두고두고 제헌헌법의 오점으로 남을 것이다. 그러나 전체적으로 제헌헌법은 국민주권과 사회정의를 핵심 가치로 하는 진보적 헌법이었다. 헌법 제정 이후 60여 년에 걸친 헌정사에서 제헌헌법만큼의 진보적 가치를 수용한 개정 헌법은 찾아보기 어렵다. 따라서 우리가 향후 추구해야 할 헌법도 정치, 경제, 사회 등 각 분야에서 제헌헌법 수준의 진보성을 되찾는 것이 최소한의 목표가 되어야 할 것이다.

제2장
민주주의를 알면 헌법이 보인다

민주주의는 인간의 도덕적 진화의 필연적 귀결이 아니다. 오히려 민주주의는 불확실하고 일어날 법하지 않은 어떤 것이며, 당연한 것으로 받아들여서는 절대 안 된다. 민주주의는 항상 허약한 정복이며, 따라서 심화시켜야 하는 만큼이나 방어도 중요하다. 일단 도달하면 그 지속적인 존재를 보증할 민주주의의 문턱 같은 것은 없다 (무페, 2007).

무페의 말처럼 우리는 2008년 이후 4년 동안 민주주의가 퇴보하는 것을 지켜보았다. 우리는 민주화 이후 당연한 것으로 여겼던 민주주의가 한순간의 잘못된 선택으로 무너질 수도 있다는 사실을 뼈저리게 경험했다. 삶의 현장에서, 일터에서, 신문과 방송에서, 인터넷에서 민주주의는 퇴색되었고 온 나라 안에 특권층의 이익만이 난무했다. 이 기간은 국가적 차원의 어떠한 공공적 목표도 가치도 실종된 시간이었다. 그렇다면 한국의 민주주의는 어째서 특출한 비전도 능력도 없는 보수 세력에 의해서 힘없이 무너졌는가? 여러 가지 이유가 있겠지만 우리나라의 민주주의가 아직까지도 저항의 논리에 머물고 있다는 점을 들 수 있다. 저항의 논리는 저항의 대상이 분명하고 저항 세력이 강고할 때는 효과적이다. 하지만 저항의 대상이 사라졌을 때,

즉 외견적 민주화가 진행된 이후에는 길을 잃어버리게 된다. 앞으로는 민주주의가 저항의 논리에서 탈피하여 실질적인 내용과 목표를 가지고 국민들의 삶 속에 뿌리내리게 하기 위한 노력이 필요하다. 독재 정권을 물러나게 하기 위한 투쟁이 민주화운동이라면, 정치적 민주화 이후에도 여전히 우리의 의식과 사회 곳곳에 남아 있는 비민주적, 반민주적 요소들을 척결하기 위한 운동을 민주주의 운동이라고 할 수 있다. 예컨대 요즘 화두가 되고 있는 경제민주화도 민주주의 운동의 일종이다. 언론 민주화, 검찰 민주화도 앞으로 추진되어야 할 민주주의 운동의 대상이다.

민주주의 운동에서 무엇보다 중요한 것은 민주주의가 단순한 정파적 슬로건이 아니라 헌법의 핵심 원리라는 사실을 끊임없이 기억해 내는 것이다. 즉 민주주의 운동은 곧 헌법 운동이 되어야 하는 것이다. 민주주의가 '저항의 논리'에서 한 차원 더 진화한 '형성의 논리'가 되기 위해서는 민주주의의 규범적 근거인 헌법을 활용해야 한다.

우리 헌법은 민주주의 헌법이다. 따라서 민주주의를 알아야 헌법을 알 수 있다. 민주주의를 알아야 헌법을 해석하고 헌법을 무기로 쓸 수 있다. 민주주의를 알아야 민주주의를 지킬 수 있다. 우리는 민주주의에 대해서 어느 정도나 알고 있을까? 민주주의는 다양하게 변형되어왔다. 민주주의의 현실 적합성을 높인다는 명분하에 세계 각지에서 민주주의 개념에 대한 착취가 이루어졌기 때문이다. 그 결과 많은 변종 민주주의가 태어났다. 대의민주주의, 정당민주주의, 풀뿌리민주주의, 참여민주주의, 심의민주주의, 간접민주주의, 직접민주주의, 직접적 간접민주주의, 자유민주주의, 사회민주주의, 한국적 민주주의, 인민민주주의, 민중민주주의, 절차적 민주주의, 실질적 민주주의, 정치적 민주주의, 경제민주주의 등이 그것이다. 지금 이 순간에도 지구상 어디에선가 새로운 변종 민주주의가 만들어지고 있을지도 모르는 일이다. 그렇다 보니 민주주의의 참뜻을 알아보겠다고 나섰다가는 자칫 숱한 말잔치로 얽힌 거대한 미로의 한복판에서 길을 잃어버릴 수도 있다.

『장자』에 의하면 남해의 제왕을 숙儵이라 하며, 북해의 제왕을 홀忽이라 하며, 중앙의 제왕을 혼돈渾沌이라고 하는데, 어느 날 숙과 홀이 혼돈의 땅에서 만났다. 혼돈은 자기 영토에 온 이들을 후하게 대접하였다. 그런데 혼돈의 얼굴에는 눈, 코, 귀, 입의 감각기관이 없었다. 숙과 홀은 혼돈의 은혜에 보답하려고 의논하면서 말했다. "사람들은 누구나 일곱 개의 구멍이 있어서 그것으로 보고 듣고 먹고 숨 쉬는데, 이 혼돈만은 그것이 없다. 시험 삼아 구멍을 뚫어주자." 그래서 하루에 한 구멍씩 뚫었는데, 칠 일 만에 혼돈은 죽고 말았다.

어쩌면 오늘날 민주주의가 처한 상황은 마치 『장자』에 나오는 '혼돈'의 처지와 비슷한 것인지도 모른다. 학문적 관점에서 본다면 변종 민주주의의 등장은 민주주의의 내용을 더욱 풍부하게 하고 발전시키는 과정이라고 말할 수도 있을 것이다. 그러나 정치적 관점에서 변종 민주주의는 민주주의에 대한 올바른 인식을 저해하고 국민이 주권자로서의 위상을 누리는 것을 가로막는 장애물로 작용한다. 민주주의에 대한 인식을 왜곡시킨 변종 민주주의의 대표적인 사례가 대의제이다. 그리고 오늘날 대부분의 사람은 선거에 의한 대의제가 민주주의의 전부인 것으로 오해하고 있다. 본래 민주주의는 대의제와는 상관이 없는 제도이다. 군주국이나 전체주의국가에도 대의기관이 존재할 수 있기 때문이다. 그뿐만 아니라 때로는 대의제가 민주주의를 압살하는 수단으로 악용되기도 한다.

민주주의의 원형을 알기 위해서는 근대 헌법이 처음으로 탄생한

나라들에서 민주주의가 어떠한 의미로 사용되었는지를 알아야 한다. 근대 헌법 가운데 국민주권을 명시한 최초의 헌법은 프랑스헌법이다. 영국은 전통적으로 왕보다 의회가 우위에 있다는 의회주권 사상에 입각해 있었다. 미국은 국민을 국가적 의사 결정에서 전적으로 배제하는 대의제를 확립했다. 그리고 영국과 미국의 헌법에는 지금까지도 국민주권이 명시되어 있지 않다. "영국과 미국 모두에게서 실질적 대표 개념은 인민을 정치로부터 '실질적으로' 배제하면서 근대 정치의 대의제 민주주의의 의미를 규정하게 된다."(홍태영, 2004)

프랑스는 대혁명 직후「인간과 시민의 권리선언」(1789)에서 국민주권을 선포했다. 현행 프랑스헌법도 전문에서 "프랑스 국민은 1789년 인간과 시민의 권리선언에서 규정되고 1946년 헌법 전문에서 확인, 보완된 인권과 국민주권의 원리를 준수한다."고 밝히고, 제3조 1항에서 "국가의 주권은 국민에게 있고, 국민은 그 대표자와 국민투표를 통하여 주권을 행사한다."고 규정함으로써 국민주권이 프랑스헌법의 핵심적 원리임을 선언하고 있다. 프랑스에서 국민주권을 명시하게 된 것은 장자크 루소 Jean-Jacques Rousseau(1712~1778)의 주권론과 이를 받아들인 혁명 세력의 영향력 때문이다. 그런데 그 과정에서 민주주의와 대의제가 타협을 하게 된다.

혁명의 진행 과정을 통하여 근대의 정치적 형식으로 수용된 대의제는 혁명 정세의 변화 속에서 다양한 의미를 획득하게 된다. 영미의 논의에서와는 다른 중요한 또 하나의 변수, 즉 인민의 직접적 정치 참여—봉기의 정치—가 혁명의 진행에 주요하게 작동하였다는 점은 프랑스의 논의의 지형에 커다란 영향을 미친다. 정부에의 참여에 인민의 전적인 배제를 특징으로 하는 미국의 경우와 달리, 프랑스혁명 과정에서 인민은 상존하였다. 따라서 프랑스혁명 과정에서 정교화되는 근대적 정치 형식으로서 대의제 민주주의는 '자유주의적 개념'에 충실하였던 혁명가들과 '봉기'의 정치 간의 충돌과 배제 그리고 타협이라는 과정을 통해 성립된다(홍태영, 2004).

프랑스혁명을 일으킨 세력은 90%의 민중과 10%의 부르주아로 이루어져 있었다. 혁명을 기획한 것은 부르주아였다. 그러나 부르주아들은 혁명 세력의 절대다수를 차지하는 평민을 의식하지 않을 수 없었다. 평민들은 스스로 직접 정치적 의사 결정을 내리기를 원했다. 반면 자유주의적 성향의 부르주아들은 대의제를 선호했다. 결국 민중과 부르주아의 타협의 산물로 민주주의와 대의제가 동거하는 체제로 가게 된 것이다. 우리는 어려서부터 '민주주의' 하면 곧 '대의민주주의'라고 배웠다. 그러나 이는 잘못된 가르침이다. 민주주의의 고향인 고대 그리스 도시국가는 물론이요, 로마공화정, 그리고 근대의 프랑스대혁명에 이르기까지 민주주의는 국민이 주권자로서 직접 통치하는 정치제도를 의미하는 것이었다. 지금처럼 국민이 대표자를 선출할 권리만 가지는 대의제도는 본래적 의미의 민주주의가 아니다. 심지어 대의제도는 민주주의의 반대말로 쓰이기도 했다. 국민주권과 민주주의의 원형을 가장 열정적으로 설파했던 루소는 민주주의의 가능성을 실제로 존재했던 과거 사례에서 탐색하고자 했다. 직접민주주의에 충실했던 루소의 민주주의를 학자들은 절대적 민주주의, 또는 순수민주주의라고 부른다. 루소의 민주주의 사상은 미국독립혁명과 프랑스대혁명에 지대한 영향을 미쳤다. 그의 고향인 스위스에서는 직접민주주의가 시행되고 있다. 그가 제시한 주권 개념과 민주주의 개념은 근대 서양 헌법의 씨앗이 되었다. 따라서 서양 헌법을 모방해서 받아들인 우리 헌법의 정치 생물학적 유전자에는 루소가 있다. 그렇다면 국민주권과 민주주의에 대한 루소의 생각은 무엇이었을까? 우리는 그 내용을 그의 저서 『사회계약론』에서 확인할 수 있다.

> 주권자[국민]는 입법권 이외에는 힘이 없으므로 법에 의해서만 행동한다. 그리고 법은 일반의지의 유일하게 참된 발동이므로 주권자는 소집되었을 때를 제외하고는 행동할 수 없다. '소집된 국민'은 단지 상상 속에서만 가능한 일이라고 말하고 싶을 것이다. 오늘날은 그렇다. 하지만 2000년 전에는 그렇지 않았다. 인간의 본성이 변한 것인가?

그는 행정권과 사법권까지 국민이 직접 행사할 필요는 없으며 또 그렇게 할 수도 없다고 생각했다. 그는 대신 입법권에 주목한 것이다. 주권자가 가진 힘은 입법권뿐이며, 따라서 주권자는 자신들의 입법의 결과물인 법에 따라서만 행동하면 된다. 만약 자신들이 만든 법 이외의 다른 것에 따라야 한다면 국민은 더 이상 주권자가 아니라 노예가 된다. 법은 국민의 일반의지에 의해서만 만들 수 있는데 일반의지를 확정하기 위해서는 모든 국민의 뜻이 반영되어야 한다. 각자와 전체가 결합되어 있지만 각자가 자기 자신에게만 복종하면서 이전과 다름없이 자유롭게 남아 있는 결합 형태를 찾는 것이 루소가 『사회계약론』을 통해서 해결하려고 한 근본 문제였다. 이는 그가 생각한 사회가 개인이 자기 자신을 제외한 일체의 타자적 지배로부터 해방된 사회라는 것을 뜻한다. 이 점이 루소가 낭만주의적이라는 비판을 받는 이유다. 그런데 그의 사상은 한편으로 소수의 의사를 전체의 일반의지와 동일시함으로써 전체주의로 흐를 수 있다는 의심을 받는다. 실제로 프랑스혁명 당시 로베스피에르Maximilien de Robespierre (1758~1794. 그는 루소의 영향을 많이 받았다)와 그가 이끄는 산악파는 국민의 직접 통치를 강조하면서 혁명 지도부의 의지가 곧 전체 국민의 일반의지라고 주장하게 되는데, 이것은 전대미문의 공포정치를 불러왔다. 공포정치의 경험은 민주주의에 대한 회의를 가져왔고 그 결과 루소의 사상은 전체주의적이라는 비판에 직면했다. 공포정치에 대한 반감으로 민주주의에 대의제가 결합되었다고 해도 과언이 아니다. 대의제로 민주주의에 통제를 가할 필요가 있다고 생각했던 것이다. 이후 대의제와 민주주의의 불편한 동거는 지금까지도 계속되고 있다. 하지만 루소는 결코 전체주의를 의도하거나 조장한 것이 아니었다. 그는 개인이 사회계약 이후에도 이전과 마찬가지로 자유롭게 남아 있어야 한다는 것을 강조했다. 그는 사회계약 이후에 더 많은 안전과 풍요가 보장되어야 한다고 생각했다. 개인은 자기 자신에 대해서, 그리고 자신이 속해 있는 국가의 주인으로서 해방된 존재여야 한다는 것이다.

루소는 『사회계약론』에서 전체 국민이 주권자로 등장하는 장면을 마치 영화를 찍듯 묘사하고 있는데, 이 장면은 민주주의의 묵시록과도 같다. 국가의 모든 공복이 주권자인 국민의 현존 앞에서 머리를 조아리고 무릎을 꿇는 그 순간이야말로 국민주권이 살아 있는 순간이요, 민주주의가 완성되는 순간이며, 국민이 진정으로 해방감과 주인의식을 만끽할 수 있는 순간일 것이다.

> 국민이 주권을 가진 단체로서 합법적으로 소집되는 순간, 정부의 모든 권한은 중지되고, 집행권은 정지되며, 말단 시민의 인격

또한 최고 행정관의 인격과 마찬가지로 신성불가침한 것이 된다. 왜냐하면 본인이 직접 출석하여 있는 곳에서는 더 이상 대표자는 없기 때문이다. 로마의 민회Comices에서 일어났던 대부분의 소동은 이 규칙을 몰랐거나 무시한 것에서 연유했다. 그때 집정관들Consuls은 인민의 의장에 불과했으며, 호민관들Tribunes은 단순한 대변자Orateurs였고 원로원은 아무것도 아니었다. 군주가 실재하는 상급자[=주권자인 국민]를 인정하거나 인정해야 하는 그 정지 기간은 그에게 언제나 두려운 기간이었다. 그리하여 통치체의 방패이며 정부의 재갈인 그 인민의 총회는 항상 지도자들에게는 두려운 대상이었다. 따라서 그들은 총회의 시민들을 물러서게 하기 위해 이의와 반론을 제기하고 약속들을 하는 등 온갖 노력을 아끼지 않았다. 시민들이 탐욕적이거나 비굴하거나 겁이 많거나, 또는 자유보다는 휴식을 더 갈망할 때에는 정부의 그 점점 커지는 노력에 오래 버티지 못한다. 그리하여 정부의 저항력은 계속해서 커지게 되어 주권은 마침내 사라지고 말며, 대부분의 국가는 때 이르게 와해되어 멸망해버리고 만다.

여기서 루소는 국민주권이 총회의 형태로 현실 속에 구현되는 장면을 묘사하면서 군주나 지도자를 언급하고 있다. 국민에게 주권이 있는데 어째서 군주가 존재할 수 있는가? 정치체제와 상관없이, 심지어 군주 국가에서도 국가의 주권은 국민에게 있다는 것이 루소의 생각이었다. 이 점에서 군주 국가의 주권이 군주(왕)에게 있다고 보는 전통적인 견해와 차이가 있다. 루소는 국민주권이 정부의 저항과 주권자인 국민의 나태로 말미암아 쇠약해지며, 국민주권의 쇠약은 곧 국가의 멸망으로 이어진다고 단언하고 있다. 국민주권이 보장되지 않는 국가는 국가로서의 생명력을 상실한다고 보았기 때문이다. 즉 국민주권이 실현되지 않는 국가는 껍데기만 국가일 뿐, 진정한 국가가 아닌 것이다.

그런데 루소는 국민주권이 실현된 역사적 사례로 로마 공화국을 든다.

> 과거에 어떤 일이 행하여졌는지를 토대로 무엇을 할 수 있을지를 판단해보자. 나는 고대 그리스의 공화국들에 대해서는 말하지 않겠다. 그러나 로마 공화국은 내가 알기로는 방대한 국가였고, 로마는 커다란 도시였다. 로마의 마지막 인구조사에 의하면 무장할 수 있는 시민의 수는 40만 명이었다. 그리고 로마제국 전체의 인구수를 마지막으로 계산한 결과 속주민과 외국인, 여자, 아이, 노예들을 제외하고 400만 명을 넘었다.

무장할 수 있는 시민의 수가 40만 명이라는 것은 주권자가 40만 명이라는 뜻이다. 무장을 한다는 것은 고대에는 주권자의 징표였다. 무장을 해야 자기를 방어할 수 있고 폭정에 저항할 수 있으며, 누구에게도 비굴하지 않을 수 있기 때문이다. 또한 무장을 했다는 것은 무장을 할 수 있는 경제력을 갖추었다는 것을 의미한다. 미국은 고대 그리스, 로마의 '무장한 시민'의 전통을 어느 의미에서는 지금도 이어가고 있다. 미합중국헌법 수정 제2조는 "기강이 확립된 민병들로서 자유로운 주州의 안보에 필요한 무기를 소장하고 휴대하는 국민의 권리는 침해당하지 않는다."라고 규정하고 있는데, 이는 무장을 할 권리를 보유해야만 공화국 시민으로서의 멤버십이 보장된다는 고대적 사상에서 연원하는 것이라고 볼 수 있다. 그렇다면 이렇게 모인 사람들은 어떤 일을 했을까? 여기에 대해서 루소는 계속해서 다음과 같이 서술하고 있다.

> 수도 로마와 그 인근의 그처럼 많은 인구가 모이는 데 어떠한 난관인들 없었겠는가. 그러나 로마인들은 몇 주에 한 번씩 모였고, 때로는 몇 번씩도 모였다. 거기서는 주권자의 권리만 행사한 것이 아니라, 일련의 사무를 처리했고, 소송사건을 재판했다. 모든 사람은 그 공적인 회합 장소에서 시민이라기보다는 판사처럼 보였다.

루소는 많은 사람이 한 장소에 모이는 어려움에도 불구하고 국민들이 빈번하게 모여서 국사를 처리한 것을 높이 평가하고 있다. 모든 사람이 판사처럼 보였다는 것. 그것 이상으로 주권자의 권위를 잘 보여주는 말도 없을 것이다. 루소는 국민이 한 장소에 모여야 비로소 주권자로서의 권력을 행사할 수 있다고 생각했다. 그러나 교통 통신이 발달한 오늘날 국민이 물리적으로 한 장소에 모여야 할 필요성은 사라졌다. 국민은 모이지 않더라도 컴퓨터나 이동통신 단말기, 스마트폰 등을 이용해서 언제 어디서든지 각자의 주권적 의사를 표시할 수 있다. 기술적 제약은 사라졌다. 이제 기술을 적용하는 일만 남아 있다.

프랑스대혁명 당시의 공포정치나 현대의 사회주의국가처럼 극소수 지도부에게 모든 권력을 몰아주고, 그 지도부의 뜻을 곧 인민 전체의 뜻이라고 의제하는 이른바 '동일시'는 민주주의와 동떨어진 것이다. 그와 같은 동일시는 대의제의 변종일 뿐이며, 대의제 위에 민주주의라는 껍데기를 씌워서 사실상 독재를 하는 것에 불과하다. 로베스피에르도 동일시의 이 같은 문제점을 인식하고 있었다. 공포정치 시절에 국민공회에 의한 독재가 반민주주의적이라는 공격을 받자, 그는 국민공회와 전체 인민을 동일시한 것이 "비상한 상황에서 혁명을 성공시키고 반혁명 세력을 제거하기 위한 비상수단"임을 솔직히 고백했다. 그러나 로베스피에르와 그가 이끄는 산악파가 단두대의 이슬로 사라지면서 그들은 비상 상황이 아닌 평온한 일상적 상황에서 민주주의가 어떻게 작동되는지를 보여줄 기회를 상실했다. 이후 민주주의는 피를 부르는 것, 무고한 희생을 초래하는 것, 불가능한 것, 무질서한 것과 동의어가 되어버렸다. 결국 민주주의는 대의제로 대체되었고, 대의제 없이는 민주주의도 존재할 수 없게 되어버렸다. 그러나 모든 국민이 정말로 국가의 구성원이 되는 민주주의의 용광로에 대한 인류의 영원한 로망은 이제 조금씩 현실이 되고 있다. 루소는 모든 국민이 구성원이 되는 회의체에 대해서 다음과 같이 말했다.

우리가 국가들의 초기 역사를 돌이켜본다면, 가장 고대의 정부들이, 비록 그 형태가 마케도니아나 프랑크 부족국가 같은 군주정이라 할지라도, 이와 비슷한 회의체를 가지고 있었음을 발견할 수 있다. 어찌됐든 내가 제시하는 한 가지 명백한 사실이 모든 어려움에 대한 답변이 될 것이다. 그것은 실존했던 것으로부터 가능성을 모색하는 것은 바람직한 논증이라는 것이다.

고대의 군주 국가에서도 존재했던 이러한 회의체로부터 루소는 국민주권과 민주주의의 원형을 발견한다. 그리고 민주주의는 우리의 상상 속에서만 존재하는 환상적인 정치체제가 아니라 역사적으로 실존했던 정치체제라는 점을 강조한다. 민주주의는 대의제가 아니라 주권자인 국민이 직접 의사 결정을 하는 정치체제다. 따라서 그 이외의 것들은 아무리 뒤에 민주주의라는 꼬리를 달고 있어도 민주주의는 아닌 것이다. 국민에 의한 직접 통치를 배제한 대의제는 민주주의가 아니며, 대의제의 한계를 보충하기 위한 다양한 시도, 예컨대 참여민주주의, 심의민주주의 등도 대의제의 변종일 뿐이다. 마찬가지로 오늘날 부분적으로 거론되는 '직접민주주의'도 그것이 민주주의의 전면적 실현이 아니라 대의제의 한계를 보완하기 위한 보조 수단으로만 머문다면 변종 민주주의의 일종에 불과하다. 하루아침에 전면적으로 민주주의를 도입하기는 쉽지 않을 것이다. 그러나 우리의 목표 지점이 민주주의인 것과 대의제를 기본으로 하되 약간의 직접민주주의를 가미할 것인가 하는 것은 전혀 다른 문제다. 민주주의의 역사적 맥락과 철학적 배경을 존중한다면, 그리고 오늘날 인류가 직면한 정치 경제적 현실과 과학기술의 발전 등을 고려한다면 우리의 선택은 민주주의의 원형인 순수민주주의가 될 것이다. 우리 헌법은 국민주권과 민주공화국을 채택하고 있다. 이것은 순수민주주의적 가치를 표현하고 있는 것이다(이 책에서 아무런 수식 없이 민주주의라고 쓴 것은 순수민주주의를 의미한다). 한편 우리 헌법은 대의제도도 함께 인정하고 있다. 그렇다면 우리 헌법이 추구하는 민주주의의 이상형은 무엇인가? 헌법이 민주주의를 기본 원리로 삼고 있다는 사실과 대의제도가 규정되어 있다는 사실이 서로 충돌하는 것은 아니다. 대의제의 한계를 보충하기 위하여 민주주의를 차용했듯이, 민주주의의 한계를 보완하기 위해서 대의제를 허용할 수 있는 것이다. 문제는 무엇이 원칙이고 무엇이 예외냐 하는 것이다. 지금까지는 예외가 원칙의 행세를 해왔다면 앞으로는 원칙이 제자리를 되찾게 될 것이다.

제3장
국민과 국가권력 사이의 장벽

대의제 이론의 원조는 아일랜드 출신의 영국인 에드먼드 버크 Edmund Burke(1729~1797)다. 그는 영국 휘그당 소속의 전형적인 보수 정치인이었으며 프랑스혁명에 반대했다. 그는 혁명이 프랑스의 왕권을 전복시키는 데는 성공했지만 자유를 회복시키지는 못했다고 주장했다. 그는 대의제를 주장하면서 민주주의에 반대했다. 그가 민주주의를 반대한 이유는 다음과 같다(Hamburger, 1995: 147~149).

첫째, 통치체는 어느 수준 이상의 지적 능력과 해박한 지식을 갖춰야 하는데, 일반 국민에게서 그러한 능력을 기대하기는 어렵다고 보았다.

둘째, 민주주의가 시행되어서 일반 국민이 의사 결성권을 갖게 되면 선동가들에 의해서 쉽사리 위험하고 격정적인 분노가 유발될 수 있다고 생각했다. 그는 이러한 격정에 의해서 강화된 독재적 충동이 전통과 종교를 파괴하고 폭력과 약탈로 치닫게 될 것을 우려했다.

셋째, 그는 상층계급에 의해서 보호되어야 할 비주류 소수파가 민주주의에 의해서 폭군화될 것이라고 경고했다.

프랑스혁명기의 가톨릭 사제이자 정치철학자인 시에예스 Emmanuel Sieyès(1748~1836)는 완고한 대의제 이론가로 알려져 있다. 시에예스가 당초에 꿈꾸었던 국가는 대의제에 기반한 입헌군주국이었다. 그는

1789년 1월 매우 강경한 논조로 작성한 「제3신분이란 무엇인가」라는 팸플릿을 발표했는데, 이는 그해 7월에 발생한 프랑스대혁명의 기폭제가 되었다. 그러나 사실 그는 혁명이 질서 있고 신속하게 정리되기를 원했던 인물이다. 결국 시에예스는 나폴레옹과 함께 1799년 브뤼메르18일의 쿠데타로 집권하여 통령이 되었다. 그는 혁명 전야에 발표한 「제3신분이란 무엇인가」에서 세 가지를 요구하는데 "인민은 자신이 그 무엇이기를, 실제로 가능한 최소한의 것이기를 원한다."는 말로 시작한다. 실제로 가능한 최소한의 것, 그것은 곧 대의제를 의미하는 것이다. 물론 그 '최소한의 것'조차도 당시의 지배층에게는 받아들이기 어려운 것이었을 것이다. 그가 요구한 세 가지는 다음과 같다. 그런데 이 세 가지 요구 사항은 각각 별개의 것이 아니라 하나의 요구 사항을 풀어서 쓴 것이다.

   1. 삼부회에 제3신분(농민과 부르주아)의 대표자들이 참여해야 한다. 그러나 삼부회에 제3신분의 이익에 반하는 세력이 지배적이라면 삼부회에 참석하는 것은 오히려 압제를 확고부동하게 할 뿐이다.
   2. 따라서 제3신분은 다른 두 신분(성직자와 귀족) 계층 대표자 전체와 동일한 수의 대표자를 요구한다. 그러나 각 신분별 의회가 분리된 채 표결권을 행사한다면 이러한 수적 동등함은 결국 공염불에 불과할 것이다.
   3. 그러므로 삼부회에서의 투표가 신분별이 아닌 개인별로 이루어질 것을 요구한다.

   이 3대 요구 사항은 표면적으로는 왕을 비롯한 지배층을 압박하기 위한 것이었으며, 궁극적으로는 삼부회를 무력화하고 새롭게 제3신분이 주도하는 국민의회를 구성하기 위한 전략적 포석이었다. 우리는 위의 3대 요구 사항에서 대의제의 강력한 옹호자인 시에예스가 역설적으로 대의제의 세 가지 문제점을 이야기하고 있다는 것을 다음과 같이 발견할 수 있다.

첫째, 대의제는 사회적 기득권자들이 압도적인 우위를 유지한 채, 소외 계층은 들러리만 서게 함으로써 오히려 압제를 강화하고 합리화하는 데 기여할 수도 있다. 이것은 대의제 자체의 근본적 결점이다.

둘째, 대의 기구의 구성 비율이나 의결 방식에 따라서 결과가 달라질 수 있다. 이것은 대의 기구를 어떻게 구성할 것인가의 문제인데, 지역구 의원과 비례대표 의원의 비율을 어떻게 할 것인가, 단원제로 할 것인가 양원제로 할 것인가, 공천권을 누가 가지느냐에 따라서 대의 기구의 의사 결정은 완전히 달라질 수 있다. 따라서 대의 기구가 주권자인 국민의 객관적 의사를 과학적으로 대변한다고 믿는 것은 환상이다.

셋째, 대의 기구 내에서의 파벌은 의사 결정을 왜곡시킬 수 있다. 현대 정치에서도 정당은 소속 의원들의 자유로운 의사 결정을 차단하고 당 지도부의 의사에 복종시키려고 하는데, 이것이 반드시 올바른 결과를 가져오는 것은 아니다. 때로는 정치적 이해관계에 의해서 국민적 여망을 저버린 여야 합의를 하는 경우도 있다.

이처럼 시에예스는 대의제의 문제점에 대해서 인식하고 있었다. 그러나 시에예스는 그러한 단점에도 불구하고 대의제야말로 최선의 선택이라고 생각했다. 시에예스의 이 같은 생각은 그의 동시대인들이 대의제를 인구와 국토 면적 등 여러 가지 여건을 감안한 불가피한 선택이라고 생각한 것과 대조적이다. 그가 대의제를 최선의 선택이라고 주장한 것은 당시 유럽에서 유행하던 아담 스미스의 『국부론』을 비롯한 정치경제학의 영향이다. 그는 프랑스대혁명이 발발하기 이전에 정치경제학을 연구했는데 그때 내린 결론은 '분업'이야말로 최선의 사회 원리라는 것이다.

그는 노동 분업론에 근거하여 근대사회에서 정부의 원리로서 대의제 정부론을 제기하게 된다. 그는 아담 스미스에게서 발전된 노동 분업론이 부의 축적과 인간의 성장에 기여하며, 또한 노동 분업은 '사회구성원 모두에게 공통된 이익'을 가져다줄 것이라고 주장한다(홍태영, 2004).

그러나 공적인 가치를 추구하는 정치 영역에서의 대의제를 이윤 원리가 지배하는 경제학의 분업 개념으로 조명하는 것은 적절치 않다. 특히 경제학에서도 분업은 노동 소외, 지루함, 정신적 고통, 산업재해 등을 일으키는 원인으로 지목되어왔다는 점을 감안하면 더욱 그러하다. 국가의 최고 의사 결정을 대의 기구에 속한 소수의 사람이 전담하는 것을 분업으로 합리화하는 것은 사실상 신분제의 부활이며 명백히 민주주의에 반하는 것이다. 시에예스의 말을 들어보자.

근대 상업 사회에서 정부는 민주주의적이기를 중단하고 대의제적인 것이 되어야 한다(E. Sieyès, 1789, "Quelques idées de Constitution applicables à la Ville de Paris", *Oeuvres des Sieyès* Tome II, En juillet 1789, Versaille: Baudouin; 홍태영, 2004에서 재인용).

프랑스는 민주주의가 아니며 민주주의가 될 수도 없다(P. Rosanvallon, 2000, *La démocratie inachevée. Histoire de la souveraineté du peuple en France*, Paris: Gallimard; 홍태영, 2004에서 재인용-).

인민은 결코 말할 수 없으며, 단지 자신의 대표자들에 의해서만 행위할 뿐이다(P.-H. Tavillot, 1999, "Fondation démocratique et autocritique libérale: Sieyès et Constant", A. Renaut. dir. *Les critiques de la modernitépolitique*, Paris: Calmann-Lévy; 홍태영, 2004에서 재인용-).

이처럼 대의제는 본디 민주주의에 대한 반대, 국민에 대한 불신에서 비롯된 것임을 알 수 있다. 역사적으로 보아도 민주주의와 대의제는 서로 상반되는 개념이었다. 그런데 근대 서양에서 혁명이 역병처럼 퍼져나가면서 민주주의에 대한 민중의 요구가 높아지자 이를 잠재우기 위해서 고안한 임시방편이 바로 대의제다. 그런데 그 임시방편이 200년이 넘도록 이어지면서 이제는 주인 행세를 하고 있다. 그 배경에는 국민에 의한 친정親政을 원하지 않는 정치인과 기득권 세력이 있다. 이들은 민주주의는 위험한 환상이라고 말한다. 국가의 규모가 커지고 인구가 늘어나서 국민의 총의를 모으는 것이 어려울 뿐만 아니라, 국가 운영에는 높은 전문성이 요구되며, 또 국정을 책임지는 누군가가 필요하다는 것이 대의제 옹호론의 논거다. 국민과 국가권력 사이에 선출직 공무원이 개입되는 것이 고전적 의미의 대의제였다. 그런데 현대에는 국민과 선출직 공무원 사이에 정당이라는 또 하나의 장벽이 쳐져 있다. 따라서 오늘날 국민과 국가권력 사이에는 정당과 선출직 공무원으로 이루어진 두 겹의 장벽이 쳐져 있는 셈이다.

| 국민 | 정당 | 선출직 공무원 | 국가권력 |

이 두 개의 장벽이 장벽으로서 존재하는 한 "모든 권력은 국민으로부터 나온다."는 헌법의 선언은 공염불에 그치고 만다. 권력은 나오자마자 벽에 갇힐 것이기 때문이다. 이 벽은 누구를 위한 것인가? 장벽의 구성원 또는 그 구성원이 되고자 하는 자, 그리고 이 장벽이 존재함으로 인해서 자신들의 기득권을 보다 안전하게 유지할 수 있는 계층을 위해 존재하는 것이다. 주권자로서의 국민에게는 선거에서 투표에 참여하는 것 이외에는 국가권력에 영향을 미칠 수 있는 공식적 통로가 없다. 국민들은 종종 집단적 분노를 표출하는 방식으로 주권자로서의 정치적 의사를 표시한다. 그러나 모든 공적 사안마다 그런 식으로 의사표시를 하는 것은 가능하지 않다. 대부분의 국민은 평상시에는 정치보다는 생업에 전념할 수밖에 없다. 반면에 '장벽'의 구성원들은 자신들의 개인적, 집단적 이해관계에 직결되는 정치 시스템이나 국가 운영에 대해서 24시간 생각한다. 그리고 어떻게 하면 자신들에게 이익이 되는 방향으로 이 시스템을 운영할 것인가를 궁리한다. 그러니 대의제는 세월이 갈수록 더욱 강고해지고, 국민과 국가권력의 거리는 점점 더 멀어지는 것이다.

대의제는 대통령, 국회의원과 같은 선출직 공무원들이 국민을 대신해서 국가의 주요 의사 결정을 자기들 마음대로 결정할 수 있는 정치 시스템을 말한다. 오늘날 대부분의 자유주의국가가 채택하고 있는 시스템이다. 그런데 이러한 시스템이 필요한 이유는 현대사회에서는 고도의 전문적 지식과 효율성이 필요하기 때문이라고 한다. 그렇다면 과연 대통령이나 국회의원과 같은 대표자들이 전문적 지식을 바탕으로 결정을 하는가? 국가 차원의 중대한 의사 결정은 대부분 전문적 식견이 아니라 정무적 판단에 의해서 내려진다. 이 과정에서 전문 지식이 필요한 경우에는 관료나 외부 전문가에게 맡기면 된다. 전문성을 이유로 대의제가 필요하다는 주장의 또 다른 논거는 정치 자체가 매우 전문적인 분야이기 때문에 정치 전문가들로 충원되는 대의제가 필요하다는 것이다. 이것은 얼핏 들으면 그럴듯해 보인다. 모든 분야에 각 방면의 전문가들이 있듯이, 정치에도 정치 전문가들이 포진하는 것은 당연한 일이 아닌가? 분업의 원리로 대의제를 이해한 시에예스나 '직업으로서의 정치'를 설파한 막스 베버가 그러한 생각을 했다. 그런데 정치적 의사 결정이 직업 정치인의 전권이 되는 순간 국민주권과 민주공화국은 사라진다. 정치가 '특수한 정치적 재능과 경험'을 가진 사람들만을 위한 직장이 되어야 한다는 생각은 곧 엘리트주의며, 엘리트주의는 국민을 권력에서 배제하는 결과를 초래한다. 이는 헌법에 위배된다. 민주공화국에서 영웅은 필요 없으며 오히려 해롭다. 영웅에 대한 갈망, 우상숭배의 풍조는 민주주의를 갉아먹는다. 국민들 중 일부라도 정치적 우상을 숭배하기 시작하는 순간 민주주의는 위태로워진다. 민주주의는 모든 국민이 주권자로서 주인공일 것을 요구하기 때문이다. 만약 주권자가 어떤 인물을 정치적으로 숭배한다면 그에게는 주권자로서의 자격이 없는 것이다. 타인을 숭배하는 사람이 어떻게 주권자가 될 수 있는가? 주권자는 누구도 숭배해서는 안 된다. 인간은 모두가 평등한 존재로서 인간의 존엄과 가치를 최대한 누려야 하므로, 누군가를 숭배한다는 것은 민주주의적 인간관에 위배된다. 민주주의에서는 사람들 사이에서 대등한 우애 관계가 있을 뿐이다. 정치인에 대한 세간의 평가는 많은 경우 '우상화'의 산물이다. 좋은 쪽으로든 나쁜 쪽으로든 정치인에 대한 우상화는 다양한 방식으로 이루어진다. 동상을 세우고 카드섹션을 하는 것만이 우상화가 아니다. 우리는 전체주의국가의 우상화를 비난하지만, 사실 우상화는 자유주의국가에서도 이루어지고 있다. 다만 그 방식이 교묘하게 감춰져 있을 뿐이다. 특정한 정치인의 인기에 이해관계를 가진 사람들이 그에 대한 대중의 평판을 조작하는데 그것이 바로 우상화 작업이다. 물론 정치권의 우상화 작업이 항상 성공하는 것은 아니다. 자유주의국가에서 우상화에 성공하려면 '대중의 동의'라는 절차를 거쳐야 한다. 전체주의국가에서의 우상화가 강요된 의식화라면, 자유주의국가에서의 우상화는 '자발성'이라는 환상에 의해서 국민들로 하여금 스스로 동의했다는 착각에 빠지게 만드는 것이 그 요체다. 그런데 그렇게 해서 일단 대중의 동의를 획득하게 되면 그다음부터는 일사천리다. 우상화를 끊임없이 재생산하는 다양한 메시지와 상징은 전적으로 자발적 대중의 창작에 의한 것으로 날조된다. 그렇게 함으로써 자유주의국가에서의 우상화는 우상화의 의심에서 벗어나 객관성을 확보한다. 그러나 어떤 방식으로든 우상화가 이루어지는 국가는 민주주의를 하고 있는 것이 아니며, 그런 나라는 결코 민주공화국이 아니다.

전문성과 더불어 의사 결정의 효율성을 위해서 대의제가 불가피하다는 주장도 있다. 모든 국민이 국가의 의사를 결정하는 것은 비효율적이라는 것이다. 그렇다면 군주국이나 전체주의국가는 어떠한가? 전문성과 효율성을 따진다면 한 사람의 영민한 군주나 독재자가 유능한 참모들의 조언을 수렴하여 결정을 내리는 것이 가장 효율적일 것이다. 그런데 계몽주의 시대의 대의제론자들은 군주정을 비판할 때 군주정의 정당성 결여를 문제 삼았을 뿐 군주제의 효율성에 대해서는 언급하지 않았다. 효율성보다 정당성이 중요하다고 보았기 때문이다. 따라서 오늘날 대의제 옹호론자들이 효율성을 이유로 민주주의보다 대의제를 지지한다면 그것은 스스로 구체제(앙시앙 레짐)임을 인정하는 것이다.

대의제는 선거에 의해서 뽑힌 선출직 공무원이 입법과 행정에 대한 모든 권한을 행사하는 제도이다. 이를 위해서 의회는 필수적이고, 최근에는 선출직 공무원의 후보자를 배출하는 정당 역시 대의제의 원활한 운영에 필수적 요소로 간주되고 있다. 현행헌법은 정당의 자유를 규정하고 있을 뿐만 아니라 정당에 대한 국고 지원까지 규정하고 있다. 헌법에서 정당을 이처럼 두텁게 보장하는 나라는 드물다. 현행헌법상 정당은 일반적인 결사의 자유와는 비교할 수 없을 정도로 강력하게 보호받고 있다. 정당의 필요성을 역설하는 이들은 △정당의 정치적 이념을 실현하고 △국민 여론을 수렴하며 △정치인들의 정치적 야망을 처리하기 위해서 정당이 필요하다고 주장한다.

먼저 정당이 정말로 정치적 이념을 실현하는 집단인지 살펴보자. 민주통합당이 여당이었을 때 한미FTA를 추진하고, 새누리당이 야당이었을 때 반값등록금을 대선 공약으로 내세운 것을 어떻게 설명할 것인가? 보수적이라는 새누리당이 이주 외국인과 탈북자를 비례대표 국회의원에 배치함으로써 진보의 전유물인 국제주의와 인권을 표방한 반면, 진보적이라는 민주통합당이 북한 인권보다는 북한 체제의 안정을 강조하는 현상을 어떻게 바라볼 것인가? 여기에 대해서는 심도 있는 연구가 필요하지만 이 같은 현상의 근본적인 원인은 양대 정당이 모두 이념보다는 정치적 실리를 목적으로 하기 때문이다. 당의 신념 체계보다는 그때그때의 정치 정세에서 자기 당이 보다 많은 표를 획득할 수 있는 정책 노선을 채택하다 보니 위와 같은 현상이 나타나는 것이다.

우리나라의 주요 정당들은 신념 조직이나 이념 조직이라기보다는 사실상 공기업처럼 운영되고 있다. 사장이 바뀌면 회사 방침이 바뀌듯 당의 지도부가 바뀌면 당의 색깔과 정체성이 바뀐다. 또 선거를 앞두면 어떤 정책이 인기를 끌 수 있는지를 보아서 공약을 내놓는다. 한국의 정당은 브랜드는 없고 트렌드만 남았다. 이런 현실에서 정당의 항구적인 이념을 기대하기는 어렵다. 정당이 이념에 의해서 구획되지 않은 상황에서는 누가 정당의 주류를 형성하느냐 하는 것이 그 정당의 노선을 결정한다.

예를 들면 2012년 4·11총선에서 새누리당은 친이명박계에서 친박근혜계로 세력 교체가 되고 민주통합당은 친노무현계 인사들이 대거 당선되어 향후 양당의 대립 구도는 현재의 시점에서 볼 때 친박 대 친노의 구도로 갈 가능성이 높아 보인다.

다음으로 국민 여론 수렴에 대해서 검토하자. 정당이 과연 여론 수렴을 통해서 주권자인 국민의 정치적 의사 형성에 도움을 주는가? 역대 정권에서 여당은 청와대에 압도당하여 국민 여론에 대해서는 백치나 다름없었고, 야당도 지지층의 여론 수렴에는 다소 신경을 쓰지만 주권자인 국민의 여론을 수렴하는 데에는 미흡했다. 어떤 때는 지지층의 여론도 제대로 수렴하지 못했다. 우리나라에서 정당은 여론 수렴이 아니라 싸우기 위해서 존재한다. 특히 여당이 폭주를 할 때 거기에 대해서 싸움을 걸고 제동을 걸 수 있는 것은 사실상 야당밖에 없다. 그렇게 해서 여권의 폭주에 실제로 제동을 거는가 하는 것은 중요하지 않다. 중요한 것은 싸우고 있다는 사실이고 이를 알리는 것이다. 우리나라에서는 이것이 거의 유일한 정당의 존재 의미다. 국민들도 정당에 대해서 그 이상의 역할과 기능을 바라지 않는 것 같다. 이렇게 된 근본적 이유는 우리나라 정당들이 대중들과 호흡하지 않고 매우 폐쇄적으로 운영되는 조직 문화에 익숙한 데서 비롯된다. 인사, 재정, 공천 등이 밀실에서 좌우되며 모든 자원의 배분이 철저히 인맥과 정실에 의해서 이루어진다. 이러한 정당 체제에서는 어떠한 창의적 아이디어도 생존할 수 없으며, 국민주권의 실현을 위한 어떠한 진지한 논의도 기대할 수 없다. 왜냐하면 정당은 그 행태의 측면에서 볼 때 이미 공기업인 동시에 이익단체 그 이상도 이하도 아닌 존재가 되어버렸기 때문이다.

　마지막으로 정치인들의 정치적 야망을 처리하기 위해서 정당이 필요하다는 주장에 대해서 살펴보자. 정치인의 개인적 야망이 우리에게 어떤 도움을 주는가? 정치적 야망, 즉 권력욕이 강한 사람이 선출직 공무원에 당선되는 것이 과연 우리에게 좋은 일인가? 어쩌면 권력욕이 강한 사람에게 권한을 위임하는 것과 동시에 우리의 자유도 넘겨주는 것은 아닐까? 대개 욕망이 강한 사람은 자신이 종사하는 분야에서 성공할 가능성이 높다. 그러나 그 분야가 정치라면 이야기는 달라진다. 왜냐하면 이러한 인간형은 수단 방법을 가리지 않고 경쟁에서 이기는 것만이 절대적으로 가치 있는 일이라고 생각하기 때문이다. 만약 공적인 봉사를 해야 하는 사람이 그처럼 완고한 성격의 소유자라면 그는 권력을 남용하여 공익보다 사익을 추구하는 것에 대해서 아무런 양심의 가책도 느끼지 않을뿐더러 더 나아가 자기를 뽑아준 국민을 지배하고 가르치려고 들 것이다. 그런 사람이 민주주의에 어떤 해악을 초래할지는 불을 보듯 뻔하다.

정당은 기업체나 시민사회와 달리 공직 후보자를 추천하는 집단이다. 그러므로 정당에 대해서는 엄격한 국민적 감시 감독이 필요하다. 국민주권이 현실화되기까지 정당에 대한 감시를 강화함으로써 주권에 대한 침해를 최소화하려는 노력이 필요하다. 정당의 모든 정보는 공개되어야 한다. 정당을 정치인의 사적 소유물로 여기는 태도는 근절되어야 한다. 한국 정당의 '가산주의家産主義'에 대해서 임혁백 교수는 다음과 같이 지적하고 있다.

> 정당 보스가 추종자의 충성에 대한 대가로 추종자의 복지를 책임지는 가산주의는 정당을 공공 이익을 추구하기보다 사적 집단의 사익을 추구하는 조직으로 만들었다. 1987년 민주화 이후 민주적 제도와 절차, 과정을 도입한 뒤에도 유교적인 가산주의 전통은 계속 존속했고 따라서 독재가 끝난 이후에도 공공성은 실현될 수 없었다(임혁백, 2011: 107).

임혁백은 한국 정당이 뿌리 깊은 가산주의에 젖어들게 된 이유로 "권위주의 독재의 억압과 감시하에 한국 민주화를 위해 투쟁했던 야당 지도자들은 조직의 보전과 추종자들의 충성을 확보하기 위해 권위주의 독재자가 추종자를 다루는 방식을 모방하지 않을 수 없었다. 권위주의 독재 정권과 싸우기 위해 독재 정권을 닮아가는 거울 효과mirror effect가 발생한 것"(임혁백, 2011: 106)이라면서 야당 지도자들이 사회의 민주주의를 회복하기 위해 조직 내부는 비민주적인 방식으로 운영하였다는 점, 일인 지배 구조 정당을 만들고 측근과 가신들에게 권력을 집중시키는 권력 비밀주의를 채택하였다는 점 등을 지적했다.

그리고 이러한 점들은 아직도 청산되지 않고 있다. 제왕적 권력을 누렸던 지도자들의 세대는 지나갔지만, 여전히 고위 당직에 선출되는 자들은 과거 제왕적 총재가 누리던 권력의 잔상에서 완전히 자유롭지 못하다. 그들은 어떠한 형태로든, 최소한 자신의 임기 동안이라도 사당화를 추구한다. 그러니 정당에서 공공성을 기대하기는 어렵다. 정당이 주권자인 국민을 위해서 복무할 것을 기대하는 것은 더욱 어렵다. 그럼에도 불구하고 정당은 존재하고 있으며 헌법이 그 존립과 지원을 보장하고 있다. 정당 활동이 주권자의 이해관계에 어긋나더라도 현실적으로 이를 통제할 수 있는 방법은 선거 이외에는 존재하지 않는다.

이상으로 대의제도와 정당 제도에 대해서 살펴보았는데 이 두 가지는 공통점이 있다. 즉 둘 다 '국민을 위한 정치'를 표방한다는 사실이다. 그런데 국민을 위한 정치는 과거 왕정이나 독재자들도 추구했던 것이다. 민주주의는 국민을 위한 정치에 머물러서는 안 되며 국민에 의한 정치, 국민의 정치를 추구해야 한다.

국민의 자기 지배, 즉 '국민에 의한', '국민의' 정치가 민주주의의 본질이라고 파악한 루소는 그의 『사회계약론』에서 대의제에 대한 가차 없는 비판을 쏟아내고 있다.

> 공공 업무가 더 이상 시민들의 주요 관심사가 아니게 되어, 자기 몸으로보다는 돈으로 봉사하기를 더 좋아하기 시작하면 국가는 이미 멸망에 다가와 있다. 전투에 나갈 필요가 있겠는가? 용병을 사고, 자신은 집에 남아 있으면 되는데 말이다. 총회에 나갈 필요가 있겠는가? 대표를 임명하고, 마찬가지로 자신은 집에 남아 있

으면 되는데 말이다. 나태로 인해, 또는 돈의 힘을 이용하여 그들은 마침내 용병을 삼으로써 조국을 노예 상태로 만들며, 대표자를 둠으로써 조국을 팔아먹는다.

조국애의 약화, 사익을 위한 활동, 국가의 거대화, 정복, 정부의 권력 남용은 총회에서 인민의 대의원 혹은 대표자를 생각해내게 만들었다. 주권은 양도할 수 없고 마찬가지로 대표될 수도 없다. …… 그것은 그것일 뿐이거나, 아니면 다른 것이다. 그 중간은 없다. 인민의 대의원은 그러므로 인민의 대표자도 아니며, 대표자가 될 수도 없다. 그들은 심부름꾼에 불과하다. 그들은 아무것도 확정적으로 결정할 수 없다. 인민이 직접 승인하지 않은 법은 어떤 법이든 무효다. 그러므로 그것은 법이 아니다.

영국 인민은 자신들이 자유롭다고 생각한다. 하지만 그들은 크게 잘못 생각하고 있다. 그들은 의회의 의원 선출 기간에만 자유로울 뿐이다. 의원을 선출하자마자 그들은 곧 노예가 되며, 별것 아닌 존재가 되어버린다. 그 짧은 자유의 기간 동안, 그들이 자유를 행사하는 것을 보면 자유를 빼앗겨도 마땅할 정도이다. 대표자의 개념은 근대적인 것이다. 그것은 인류의 품위를 훼손하고 인간이라는 말을 욕되게 만든 그 불공정하고 터무니없는 봉건정부에서 유래한다. 고대의 공화국, 심지어 전제정치에서조차 인민은 절대로 대표자를 갖지 않았다. 그 말을 알지도 못했다. 호민관들이 그토록 신성했던 로마에서 사람들은 그 호민관들이 인민의 역할을 가로챌 수 있을 것이라고 상상조차 하지 않았다는 것과, 그토록 많은 평민회의 결의 가운데 호민관들이 자신의 권한으로

단 한 건의 의결도 통과시키지 않았다는 것은 신기한 일이다.

이처럼 루소는 대의제에 대해서 증오에 가까운 반감을 표시하고 있는데, 이는 대의제가 국민주권을 침해하고 약화시킨다고 보았기 때문이다. 대의제는 인류가 민주주의로 가기 위해서 정치적 상상력을 발휘하여 돌파해야 할 또 하나의 장애물이다. 민주주의를 향한 인류의 꿈이 사라지지 않는 한 대의제는 언젠가는 반드시 민주주의로 대체될 것이다.

대의제를 '표상 정치'의 관점에서 깊이 분석한 이국운 교수는 표상 정치에 대한 투항이라는 속물적 선택과 정치에 대한 기대를 포기하고 영적 구원을 추구하는 종교적 선택의 양극단에 맞서려는 기획이 바로 헌법이라고 주장한다.

> 표상 정치에 대한 헌법의 긍정은 어디까지나 잠정적인 것이다. 표상 정치가 근본적으로 한계에 갇혀 있다는 점, 그렇기 때문에 표상 정치는 극복을 필요로 한다는 점을 헌법은 당위로 받아들인다(이국운, 2011a).

이러한 입장은 헌법을 현실 정치(물론 그 현실 정치는 표상 정치, 즉 주권자가 직접 플레이어가 되는 정치가 아니라 관전자에 머무는 정치다)와 현실 너머의 새로운 지평(그것은 궁극적으로 민주주의, 즉 순수민주주의일 것이다) 사이에 놓인 하나의 '예언'으로 간주하는 태도로 해석된다. 이국운은 민주주의의 탈근대적 재구성 논리로 두 가지 흐름을 제시한다. 첫째는 심의적 민주주의라는 온건한 흐름이고 둘째는 신자유주의적 세계화에 비판적으로 대처하는 직접행동

민주주의라는 급진적 흐름이다. 그러나 이 두 가지가 반드시 양자택일적인 관계에 있는 것은 아닐 것이다. 심의적 민주주의와 직접행동 민주주의가 각각의 영역에서 병행될 때 민주주의의 탈근대적 재구성은 더욱 앞당겨질 수 있다. 문제는 이 같은 작업이 일어나는 공간과 시간이다. 민주주의의 탈근대적 재구성이 결국은 민주주의의 원초적 이상으로 다가가기 위한 노력이라고 이해한다면, 그러한 시도가 21세기의 대한민국에서 가능할 것인가? 그런데 이미 그것이 가능할 수도 있다는 징조가 곳곳에서 나타나고 있다. 지금의 대의제와 정당 제도로는 도저히 만족할 수 없다는 목소리가 점차 높아지고 있다. 가능성이 곧바로 현실성으로 연결되는 것은 아니지만, 우리는 가능성의 토양을 모색할 자유가 있다. 이제 민주주의의 탈근대적 재구성이 일어나는 시공간으로서의 민주공화국에 대하여 살펴보도록 하자.

제4장
민주공화국 불러내기

　공화국republic의 어원은 기원전 중국과 그리스, 로마에서 비롯된다. 로마는 마지막 왕을 축출한 이후 자기들의 나라를 republic이라고 불렀다. republic은 '공공의 것res publica'이라는 라틴어에서 유래한다. 중국은 서주 시대에 폭군을 몰아낸 이후 왕이 없었던 14년 동안 연호를 '공화共和'로 썼다. 근대 이후 '공화국'은 왕이 없는 나라를 일컫는 말로 흔히 사용된다. 그러나 왕의 존재 여부로만 공화국을 식별하는 것은 공화국의 역사적 의미를 도외시하는 태도로서 올바른 분류법이 아니다. 예를 들면 루소는 주권자의 일반의지에 의해서 인도되는 모든 정부가 공화정이므로 군주정도 공화정이 될 수 있다고 말했고, 칸트는 오히려 군주국이 공화정을 실현하기에 적합하다고 말했다. 공화국을 연구한 학자들에 의하면 역사적으로 공화국, 또는 공화정은 왕을 없애는 데 관심이 있었던 것이 아니라 왕의 권력으로부터 벗어나는 데 관심을 가졌다고 한다. 우리는 '공화국' 하면 단지 왕이 없는 나라라고 배웠기 때문에 헌법이 제1조에 "대한민국은 민주공화국이다."라고 선언한 것에 대해서 그동안 별다른 감흥을 느낄 수 없었다. 왕조가 사라진 지 이미 오래되었고, 다시 왕조가 들어설 가능성도 없는데 '왕이 없는 나라'를 새삼 강조하는 것이 무슨 의미가 있겠는가? 따라서 공화국은 그저 형식적인 용어에 불과한 것으로 취급되었다.

그렇다 보니 과거에는 새로운 정부가 들어설 때마다 제○공화국이라고 명명했다. 예를 들면 전두환 정권은 제5공화국, 노태우 정권은 제6공화국이었다. 제6공화국을 끝으로 '제 몇 공화국'이라는 정부 이름 붙이기는 끝났다. 정부가 바뀔 때마다 공화국이 바뀐다는 것은 곧 나라가 바뀌는 것을 의미하고, 그것은 새로운 헌법을 제정하는 것을 의미한다. 그러나 그동안 아무도 대한민국이라는 나라가 망하고 새로운 나라가 세워졌다고 생각하지 않았을 뿐만 아니라, 헌법이 새로 제정된 것도 아니었다. 새로운 헌법을 제정하려는 시도는 있었다. 예컨대 5·16군사쿠데타 이후 1962년헌법 개정을 할 무렵에 일각에서는 기존 헌법을 폐지하고 새로운 헌법을 제정하자고 주장했다. 당시 국가재건최고회의에서 발간한 『최고회의보』를 보면 신헌법을 제정할 것인지 아니면 헌법 개정을 할 것인지에 대한 논쟁이 치열했음을 알 수 있다. 그러나 신헌법 제정은 무산되었고 이후 1962년헌법은 제헌이 아닌 전면 개정의 형태를 취하게 된다. 아무튼 더 이상 '제 몇 공화국'이라는 표현을 정부 명칭에 사용하는 잘못된 관행이 없어진 것은 다행이다.

그렇다면 공화국 혹은 공화주의는 무엇인가? 누구를 지배하거나 누구로부터 지배당하지도 않는 평등한 개인들의 동의에 의해서 만들어진 나라로서 사적 이해관계가 아닌 공적 가치에 의하여 구성되고 운영되는 나라를 공화국이라고 할 수 있다. 그리고 공화국을 지향하는 정치 이념을 공화주의라고 정의할 수 있을 것이다. 그러나 이 같은 정의만으로는 공화국이 무엇인지 선뜻 와 닿지 않을 것이다. 공화국의 경제체제, 정치체제가 어떠해야 하는지에 대해서는 아직 확립된 이론이 없기 때문이다.

때로는 극단적인 자유주의국가도 스스로 공화국이라고 하는가 하면, 무자비한 전체주의국가가 공화국을 자처하기도 한다. 또 20세기 이후 지구상에 존재한 공화국이 채택한 경제체제 중에는 공산주의, 자본주의, 사회주의, 사회민주주주의 등 모든 형태의 경제체제가 포함되어 있다. 우리가 그동안 공화국(혹은 공화주의) 담론에 대해서 별다른 관심을 기울이지 않은 것은 어쩌면 이처럼 공화국이 현실 세계에서 아무런 가이드 역할을 해주지 못했던 역사적 경험 때문인지도 모른다. 하지만 그렇다고 해서 공화국에 대한 미래 지향적 모색을 중단해서는 안 된다. 우리는 공화주의적 가치가 실종되면서 전 세계적으로 신자유주의의 폐해가 엄습하는 것을 똑똑히 목도했다. 따라서 신자유주의의 폐해를 극복하기 위해서는 신자유주의를 대체할 수 있는 국가 운영 원리를 수립해야 한다. 신자유주의에 따르면 기업의 맹목적 이윤 추구를 옹호하는 것이 국가의 거의 유일한 존재 의미라 해도 과언이 아니다. 그렇기 때문에 사회의 공적 질서와 시민적 덕성을 중요시하는 공화주의가 신자유주의의 대안으로 거론되는 것이다.

그런데 공화주의를 본격적으로 논하기 위해서는 무엇이 공화국인가에 대해서 명확한 상이 서 있어야 한다. 여기서는 '논리적 배제 방식'에 입각하여, 공화주의의 최소 강령(비지배, 평등, 공적 가치의 사적 이익에 대한 우위)을 공화국에 대한 판별 척도로 삼았을 때, 어떠한 나라를 공화국의 범주에서 뺄 것인지를 살펴보기로 한다. 이른바 "진짜를 가려내는 것보다 가짜를 가려내는 것이 보다 안전하고 쉽기" 때문이다.

보편적으로 인정되는 공화주의의 최소 강령에 입각했을 때 공화국이 될 수 없는 다섯 가지 유형은 다음과 같다.

첫째, 국가가 어떤 개인이나 집단의 소유물처럼 운영된다면 그 나라는 공화국이 아니다.

　국가는 진정한 공화주의적 사유가 살아 있던 인류의 고대사회가 무너진 이후 오랫동안 개인이나 집단의 사적 소유물이었다. 국가가 사적 소유물이 아니라는 생각이 다시 고개를 들기 시작한 것은 절대왕정이 무너지고 근대 입헌주의국가가 생기기 시작하면서부터이다. 따라서 햇수로 따지면 지금으로부터 불과 200~300년밖에 안 되었다. 국가가 사적 소유물이 아니라 공공의 것이라는 생각이 공식적으로 승인되기까지 인류는 막대한 희생을 치러야 했다. 그러나 아직도 우리는 국가가 특정인의 소유라는 착각에서 빠져나오지 못하고 있다. 왠지 국가에는 한 사람의 주인과 그를 둘러싼 주체 세력이 있어야 할 것 같다는 생각을 버리지 못하고 있다. 국민의 주권 문서인 헌법이 발효 중임에도 불구하고 우리의 뇌 속에서 국가는 여전히 지도자와 주체 세력이 필요한 존재로 그려지고 있다. 그러나 생각해보라. 왜 내가 누군가의 지도에 따라야 하는가? 왜 나와 내 가족이 타인—그가 대통령이든, 국회의원이든—의 결정에 복종해야 하는가? 그것이 노예의 삶과 무엇이 다른가? 그런 노예적 삶을 강요하는 구체제를 전복하고 세운 나라가 공화국인 것이다. 따라서 국가의 소유자는 국민 이외에는 존재할 수 없다. 대통령과 국회의원 같은 대의기관은 국가를 소유한 자가 아니라 국민에게 한시적으로 고용된 공무원에 불과하다. 따라서 대통령이나 국회의원이 국가를 사적 소유물로 취급하거나 또는 그렇게 생각하는 것은 월권이다. 만약 어떤 대통령이 자신의 업무에 몰두한 나머지 자신이 국가의 운명을 짊어진 사람이라고 생각한다면 그것은 건방진 생각이다. 물론 대통령은 혼신을 다해서 업무에 임해야 한다. 그러나 그것은 그가 국가의 운명을 짊어졌기 때문이 아니라 국민에게 고용되었기 때문에 그런 것이다. 국가의 운명을 짊어졌다는 엄청난 사명감은 얼핏 숭고해 보이지만 바로 그와 같은 과대망상으로 인해 우리나라의 역대 대통령들은 모두 불행해졌다. 사명감은 쉽사리 국가에 대한 소유 의식으로 변질되며, 거기서부터 모든 부정과 비리가 발생하고 헌법 체계보다는 측근으로 구성된 비선조직에 국정 운영을 의탁하게 된다. 이는 국회의원도 마찬가지다. 이들 대의기관은 본인뿐만 아니라 그 주변인들, 즉 가족, 참모 그룹, 친인척까지도 국가를 마치 자신들의 소유물처럼 주무르려고 한다. 역대 대통령들의 임기 중에 예외 없이 발생한 측근 및 친인척의 비리는 대통령과 그 주변인들이 우리나라를 자기들의 사적인 소유물로 생각했다는 반증이다. 그런 환상은 어디에서 비롯되는가? 대통령이나 국회의원이 되는 것을 출세로 생각하는 반反공화국적 사고에서 빚어진 일이다.

> 정치 지도가가 되었을 때 가지게 되는 무한한 권력과 치열한 경쟁에서 승리하였다는 선민의식이 결합되어 마침내 권력을 사유화하는 행태, 큰 부자가 되었을 때 부를 이용하여 투기를 일삼고 경제적 약자를 더욱 착취하는 행태, 그것이 우리 공화국 정신을 갉아먹는 주범이다(김동훈, 2010: 131).

공화국에서 책임 있는 지위를 맡는다는 것은 봉건시대의 '출세'나 '입신양명'과는 전혀 다른 성질의 일이 되어야 한다. 극단적으로 말해서 진정한 공화국이라면 아무도 자진해서 공직을 맡으려 하지 않을 것이다. 공화국에서 공직을 맡는다는 것은 달콤한 출세가 아니라 곧 엄청난 개인적 불이익을 의미하기 때문이다. 공화국에서는 공직자와 그 주변인들이 감히 국가의 소유자로 행세하는 것을 막기 위해서 그들을 완전히 발가벗겨야 한다. 예를 들면 대통령 당선자는 취임 전에 재임 기간 동안 집중적으로 관리해야 할 측근, 친인척의 명단과 그들의 재산 보유 현황을 포함한 자세한 신상 정보를 국민 앞에 공개해야 한다. 그리고 이들 관리 대상자들에 대해서는 대통령 재임 기간 동안 일정한 공직에의 취임을 제한할 뿐만 아니라 일체의 공개적인 정치적 언동을 금지해야 한다. 한마디로 대통령에 당선되는 것이 친인척과 측근에게는 '불행한 사건'이 되어야 한다. 그들이 입는 일신상의 불이익은 대통령 본인이 누리는 헌법적 권한과 국가로부터 합법적으로 제공받는 퇴임 전후의 각종 특혜에 의해서 상쇄된다. 대통령의 측근, 친인척이 대통령의 후광을 이용해서 어떠한 영향력도 행사할 수 없어야 비로소 공화국이 실현되었다고 할 수 있다. 대통령을 예로 들었지만 국회의원이나 지방자치단체장, 지방의원도 마찬가지다. 요컨대 공화국에서는 국민의 선거에 의해서 임명되고, 국민의 세금으로 부양을 받는 모든 선출직 공무원과 그 주변인은 항상 잠재적 범죄자로 취급되어야 한다. 그것이 공화국을 구현하기 위한 기본 조건이다. 국민이 주권자로서 공화국의 기강을 세우지 않는다면 선출직 공무원과 그 주변인에 의한 도둑질은 결코 근절되지 않을 것이며 국민의 주권자로서의 지위는 계속해서 침해될 것이다.

둘째, 국민이 국가적 의사 결정에 공식적으로 개입할 수 있는 가능성이 봉쇄된 나라는 공화국이 아니다.

공화국에도 대의제는 존재할 수 있다. 단 이 경우의 대의제는 국민의 직접적 의사 결정을 배제하지 않아야 한다. 만약 대의제가 국민의 직접적 의사 결정을 배제한다면 그것은 민주주의라고 할 수 없다. 민주공화국에서는 국민이 언제든지 어떤 사안에 대해서든지 그 의사 결정에 공식적으로 개입할 수 있는 가능성이 열려 있어야 한다. 물론 국민이 모든 의사 결정에 개입할 수도 없고 또 그렇게 할 필요도 없다. 국민은 중요한 의사 결정에 개입하면 된다. 그러나 어떤 사안이 국민이 개입해야 할 '중요한 사항'인지를 결정하는 것도 국민이다. 그러므로 국민은 일단 모든 국가적 사안에 대해서 개입할 수 있는 가능성을 보유해야만 한다. 특히 국민이 반드시 개입해야만 하는 영역은 입법 기능이다. 루소에 의하면 법은 국민의 일반의지의 표현이다. 따라서 법을 만드는 것은 국민의 고유한 업무인 것이다. 국민은 행정부와 사법부가 지켜야 할 법률을 장악함으로써 결과적으로 '모든 국가기관'을 장악할 수 있다. 그러나 현행헌법은 입법권은 국회에 속한다고 규정하고 있으며, 법률안 제출권은 국회의원과 정부에게만 부여하고 있다. 주권자로 하여금 주권자일 수 있도록 하는 유일한 힘을 거세해버린 것이다. 그러므로 현행헌법하에서 국민이 입법과 관련하여 할 수 있는 일은 기껏해야 국회에 입법을 청원하거나, 정당에 입법을 제안하는 것이다. 그러나 이러한 방식은 주권자의 지위가 아니라 피지배자, 피치자의 지위에서 인정되는 권리에 불과하다. 따라서 헌법 개정을 통해 국민 직접 입법의 길을 열어야 한다. 국민에 의한 직접 입법이 가능해지면 국민은 사실상 양원제 국가에서의 상원과 같은 역할을 하게 될 것이다. 그렇게 되면 국민은 국회에서 만든 법을 거부할 수도 있고, 독자적으로 법안을 발의해서 통과시킬 수도 있을 것이다. 국민이 입법권을 행사할 수 있는 길이 열려 있느냐 닫혀 있느냐 하는 것은 국민이 실질적인 주권자냐 아니냐를 판가름하는 중요한 요소이다. 국민 직접 입법권은 국민으로 하여금 주권자의 자각을 일깨우고 국가적 현안에 대한 관심을 고취하게 될 것이다. 공화국에 대한 많은 논문을 발표한 조승래 교수는 이탈리아 역사가 프랑코 벤투리의 말을 인용하면서 "인간이 공화국 안에서 산다는 것은 어떤 특정한 형태의 정부하에서 산다는 것이 아니라 어떤 특정한 형태의 삶을 살아야 한다는 것을 의미한다는 것이다. 그 삶이 바로 시민적 삶이다. 이때 시민이란 바로 아리스토텔레스가 말하는 폴리스적 동물로서 인간의 목적을 실현하는 인간이다. 공적인 일에 참여하여 공익을 실현함으로써 자기를 실현하는 삶이 인간다운 삶이라는 뜻이다. 그것은 공화국이 특정인의 것 혹은 특정 집단의 것이 아니라 공공의 것이라는 사실을 부단히 확인하는 삶이다."(조승래, 2008)라고 주장한다. 국민 직접 입법은 주권자인 국민이 공적인 일에 참여하여 공익을 실현하는 경험을 가지게 함으로써 국민 개개인의 인간다운 삶을 보장하고 공화국이 공공의 것임을 부단히 확인하는 삶을 살도록 해줄 것이다. 국민 직접 입법은 공화국에서의 공적인 일의 최첨단에 위치하며, 이것이 보장되지 않으면 아무것도 보장되지 않는 것이다.

셋째, 경제 원리가 전면적으로 지배하는 나라는 공화국이 아니다.

현대 자본주의국가는 기업 활동을 위한 플랫폼이나 마찬가지다. 기업은 국가와 정치인의 가장 큰 후원자이기 때문에 정부와 정치권은 기업 활동의 자유와 이윤 극대화를 보장하기 위한 제반 정책을 수립하고 집행한다. 따라서 국가는 대통령이 나서서 기업 프렌들리를 외치지 않아도 어차피 친기업적일 수밖에 없다. 이는 곧 국가가 비즈니스의 원리, 즉 경제 원리에 의해서 지배됨을 뜻한다. 그러나 국가는 비즈니스만을 위해서 만들어진 것은 아니다. 국가는 때로는 경제 원리에 반하는 일도 해야 한다. 알기 쉬운 예로 마약, 음란물, 살상 무기, 부정 식품과 같은 상품을 만들어서 유통시키는 것은 GDP를 증대시키기 때문에 경제 원리에 부합되는 일이다. 또 국가는 이들 업체 또는 개인에게 세금을 징수함으로써 재정을 확충할 수 있다. 또 대기업에 대해서 영업의 자유를 무제한 보장하면 이들 업체는 일감 몰아주기 등 온갖 편법을 동원하여 급속도로 성장해서 많은 세금을 낼 수 있으니 경제 원리에서만 본다면 이들의 전횡을 묵인하는 것이 더 좋을지도 모른다. 하지만 정신이 똑바로 박힌 국가라면 기업의 이러한 행위에 대해서 제동을 걸어야 할 것이다. 기업의 힘은 하늘을 찌르고 국가의 역할은 갈수록 위축되는 상황에서 무제한적인 이윤 추구에 저항하는 국가의 기능은 날로 중요해지고 있다. 일찍이 루소는 공화국과 돈이 양립하기 어렵다는 점에 착안하였다. 그는 『사회계약론』에서 다음과 같이 쓰고 있다.

> 상업과 숙련 기술에 대한 걱정, 이익에 대한 탐욕, 나태, 편리에 대한 욕심이 개인의 국가에 대한 의무를 돈으로 바꾸어놓는다. 금전finance이라는 말은 노예의 단어다. 그것은 공화국에서는 알려지지 않은 말이다. 국가가 더 잘 구성될수록 시민의 마음속에서는 공적인 일이 사적인 일보다 더 중시된다. 사적인 일은 훨씬 더 작게 여겨지기까지 한다. 왜냐하면 그러한 국가에서 공동의 행복은 각 개인의 행복의 총계보다 더 크며, 따라서 개인이 행복을 추구하기 위한 개별적인 노력이 절감되기 때문이다. 잘 운영되는 국가에서는, 모두 총회[주권자 집회]에 날 듯이 달려간다. 하지만 나쁜 정부에서는 아무도 그곳에 가기 위해 발을 떼려고 하지 않는다. 왜냐하면 그곳에서 행해지는 일에 대해 아무도 관심을 갖지 않으며, 그곳에서는 일반의지가 지배하지 않을 것으로 예상하며, 마지막으로 집안일을 돌보는 것에 온통 마음을 빼앗겨버리기 때문이다.

루소는 현대의 국가들이 완전히 돈의 노예가 될 것을 예언이라도 하듯 금전에 대한 탐욕이 공화국을 위협하게 될 것이라고 말하고 있다. 시민이 공적인 일보다 오로지 사적인 일, 금전적인 일에만 마음을 쓰게 만드는 정부—나쁜 정부—에서는 국민의 일반의지가 반영되지 않기 때문에 국민은 총회로 상징되는 국가의 의사 결정 과정에 관심을 가지지도 않고 그곳에 가보려고도 하지 않게 된다는 것이다. 오늘날의 국가들은 선거를 제외하고는 국민들이 국가의 의사 결정 과정에 직접 참여할 수 있는 공식적인 통로가 없기 때문에 국민들이 주권자 집회에 참여할지 여부에 대한 루소의 걱정은 아예 불필요해졌다. 의사 결정에의 참여는 봉쇄되었고 국민들은 정치인들만의 리그인 정치보다는 하루하루 일상을 지배하는 첨예한 경제적 이해관계에 날카롭게 신경을 곤두세운 채 살아가고 있다. 어쩌다가 선거를 앞두고 정치에 대한 관심이 생기더라도 그것은 기존 정치 세력 또는 특정인에 대한 감정적인 호-불호의 형태로 나타난다. 그러한 감정적 대응은 선거에서 황금분할을 이룰 수는 있어도, 사회의 장기적인 발전을 위해서는 실질적으로 아무런 기여를 하지 못한 채 일회성 배설로 끝나기 일쑤다. 이처럼 정치가 배설 행위 또는 기껏해야 무형의 소비 행위로 전락하게 된 것은 국민 개개인이 국가라는 거대한 시스템 속에서 의사 결정 주체로서 아무런 역할도 부여받지 못하고 있다는 좌절감의 발로라고 할 수 있다. 그렇다 보니 국민들은 정치적 본능을 거세당한 채 거대한 신자유주의적 시장경제 질서 속에서 경제적 동물로 사육되고 있는 것이다. 그러나 이처럼 경제 원리에 의해서 정치를 포함한 사회 전 분야가 지배되는 국가는 공화국이라고 부를 수 없다.

시장의 움직임에 따라 정치적 운명이 좌우되는 국가는 갈등을 조정하는 정치적 역할을 상실할 수밖에 없고, 시장의 냉혹함에 적응할 여력이 없는 시민은 스스로가 더욱 무력해질 수밖에 없는 상황을 피할 수 없다(곽준혁, 2008).

시장의 움직임에 따라 정치적 운명이 좌우될 것인가 아니면 정치적 움직임에 따라 시장의 운명을 좌우할 것인가? 여기서 공화국의 길을 갈 것이냐 자유주의국가의 길을 갈 것이냐가 결정된다. 공화국은 국민의 정치적 결정이 시장 논리보다 우선하는 국가이다. 그것은 적어도 경제가 우리 삶의 전부가 아니라 다양한 공적 혹은 개인적 삶의 영역의 한 부분일 뿐이라는 당연한 상식에 입각한 체제를 뜻한다. 그러나 현대사회는 돈이 인생의 전부가 되었고 사람들 사이의 유대 관계도 돈 없이는 지속될 수 없게 되었다. 자본주의는 "사람들 사이에 노골적인 이해관계와 냉혹한 현금 계산 외에는 아무런 관계도" 남겨 놓지 않았다(마르크스·엥겔스, 1988: 50). 그래서 자본주의의 인간소외를 극복하려고 대두된 것이 사회주의다. 그러나 종래의 사회주의는 국민의 연대 의식과 삶의 양식을 권력으로 '강요'했다. 강요된 연대는 지속될 수 없다. 공화국에서는 국민이 국가와 지역사회의 의사 결정에 실질적으로 참여하는 과정에서 주권자로서 대등한 연대 의식을 자연스럽게 형성할 수 있다. 타인에 대한 진정한 관심과 배려, 친절, 그것이 공화국 시민의 미덕이다. 돈이 아닌 연대 의식으로 결속된 사회, 그것이 공화국이다.

넷째, 불평등을 방치하거나 조장하는 나라는 공화국이 아니다.
한 사회의 평등은 항상 무너지려는 속성이 있다. 처음에는 평등하게 출발한 사회라도 작은 차이들이 누적되면서 나중에는 개인의 능력만으로는 극복하기 어려운 차등이 발생하게 된다. 한국의 대표 재벌인 삼성과 현대의 창업자들은 1950~60년대에 이미 당대의 거물급 기업인으로 부상했다. 그로부터 반세기가 지난 오늘날은 어떠한가. 한국은 새로운 대기업이 탄생하기 어려운 사회가 되었다. 지난 30년 동안 새로 창업해서 매출액 1조 원 이상의 기업으로 성장한 회사는 단 2곳 밖에 없다. 재벌의 2세, 3세들이 골목 상권까지 저인망식으로 싹쓸이하고 있다. 과거 한국은 왕조의 멸망과 일제강점, 한국전쟁 등을 겪으면서 계급 질서가 무너진 상태에서 출발했다. 따라서 그 출발선이 비교적 평등했다고 할 수 있다. 그리고 그러한 평등이 1960~70년대 고도성장의 사회적 인프라 역할을 했다. 그러나 평등했던 사회구조는 점차 히말라야산맥처럼 변했다. OECD가 2012년 2월 1일에 발표한 통계에 의하면 지니계수로 환산한 한국의 소득분배 수준은 OECD 34개 국가 중 20위(한국 0.315, OECD 평균 0.314)에 그치고 있는데 이는 2000년대 중반 17위에서 3계단이나 떨어진 것이다. 특히 65세 이상 노인 인구의 소득분배도는 회원국 중 32위(지니계수 0.409, OECD 평균 0.299)로 노인들의 소득 불평등이 대단히 심각한 것으로 나타났다. 민주공화국의 핵심적인 성립 조건은 평등이다. 극도의 경제적 불평등이 자리 잡은 사회에서는 공화국을 가능케 하는 정신적 가치, 즉 공적 사안에 대한 국민적 관심과 참여, 주권자로서의 덕성과 시민적 우애심 같은 것이 싹트기 어렵기 때문이다. 그런데 우리 사회의 소득 불평등도가 높다는 것, 특히 노인들의 소득 불평등도가 세계 최악의 수준이라는 것은 우리 자신은 물론 공화국의 미래도 암울하다는 것을 보여준다.

평등은 특히 권력자에 대한 통제와 연결될 수 있는데, 공화주의는 이 문제를 아주 중요하게 다룬다. 왜냐하면 공화주의는 시민 사이의 비의존성과 동등성을 중대한 공적 이익으로 보기 때문이다(김동훈, 2010).

그런데 불평등을 완화하기 위한 국가의 개입은 때로는 자유주의를 신봉하는 세력에 의해서 제지당하기도 한다. 대표적 사례가 종합부동산세에 대한 헌법재판소의 위헌 결정(헌재결 2008.11.13. 2006헌바112 등 병합)이다. 이 사건에 헌법재판소는 종부세의 과세 방법을 '인별 합산'이 아니라 '세대별 합산'으로 규정한 종합부동산세법 규정은 헌법 제36조 1항 "혼인과 가족생활은 개인의 존엄과 양성의 평등을 기초로 성립되고 유지되어야 하며, 국가는 이를 보장한다."에 위반된다고 판단했다. 당시 헌법재판관 9명 중 8명이 종합부동산세 부과 대상자였다는 사실은 위헌 결정의 공정성에 의문을 품게 만든다. 80% 가까운 국민이 지지하던 종합부동산세를 위헌으로 결정하자 이명박 대통령에 대한 지지율도 떨어졌고, 헌법재판소의 결정을 비난하는 국민 여론이 60%에 육박했다. 이는 민주공화국의 시각에서 본다면 명백히 자유주의에 치우친 결정이라고 할 수 있다. 불평등은 민주공화국을 좀먹는 치명적인 바이러스이다. 불평등은 공적 사안에 대한 국민들의 관심을 무의미하게 만들고, 국가와 정치에 대한 허무주의를 조장하기 때문이다. 우리 국민은 오랜 유교 문화의 영향으로 모든 것을 자기 탓으로 돌리는 성찰적 경향이 있다. 따라서 자신의 실패와 좌절도 철저히 개인적인 일로 치부한다. 그런데 이러한 지사적 태도는 "실패는 사회화하고 성공은 개인화하는" 자본의 속성과는 정반대이다. 공화국에서는 이 같은 관계가 뒤집혀야 한다. 즉 국민의 실패와 자본의 성공은 사회화시켜야 한다. 그렇게 하라는 것이 바로 헌법의 명령이다.

다섯째, 국민이 정부나 개인, 단체, 기업, 기관에 의해 지배당하고 있는 나라는 공화국이 아니다.

정부로부터 지배당하지 않는 것만으로 공화국은 완성된 것일까? 그렇지 않다. 완전한 공화국이 되기 위해서는 모든 국민이 다른 개인이나 기업, 단체 등에 의해서도 지배당하지 않아야 한다. 지배하려는 시도는 사회의 모든 분야에서 진행된다. 따라서 국가기관에 의한 지배를 막는 것만으로 지배가 사라지지는 않는다. 사적 영역에서의 지배까지 없어져야 공화국이라고 할 수 있다.

인간에게 보편적으로 마조히즘(피학대성 성격장애)적 유전자가 존재하지 않는 이상, 인류 사회는 아무리 시간이 걸리더라도 결국은 지배가 없는 사회로 진화할 것이다. 정상적인 인간이라면 아무도 지배당하기를 원치 않을 것이기 때문이다. 리더십 분야의 전문가들에 의하면 미래에는 리더 없는 사회가 도래하게 될 것이라고 하는데 이는 지배 없는 사회에 대한 전망과도 일맥상통한다. 민주공화국을 한마디로 정의하면 모든 지배가 사라진 나라다. 그것이 민주공화국의 완성된 모습이다. 지배가 없다는 것은 단지 자유로운 것과 다르다. 간섭하지 않는 너그러운 주인을 만난 노예도 자유로울 수는 있다. 하지만 그 노예가 아무리 자유롭다 하더라도 엄연히 주인이 존재하는 한 그는 지배당하고 있는 것이다. 노동자는 퇴근하면 자유롭게 쇼핑도 다니고 주말에는 여행도 갈 수 있다. 얼핏 보면 자유로운 존재다. 하지만 그가 만약 회사에서 해고를 당한다면 그 순간부터 그는 생존의 위기에 처하게 될 것이다. 그러므로 그는 해고를 피하기 위해서 회사가 요구할 때는 주말 근무와 철야 근무를 해야만 한다. 법적으로는 자유인이지만 경제적으로는 생존을 담보로 회사에 의해 지배당하고 있는 노예인 것이다. 지배는 꼭 강압적으로만 이루어지는 것은 아니다. 예컨대 사실적인 영향력이나 자발적인 복종에 의해서도 지배의 목적을 달성할 수 있다. 따라서 지배의 유형을 법으로 규정하는 것은 어려운 일이다. 그렇기 때문에 공화국의 시민은 자신 또는 타인이 누군가에 의해서 지배당하고 있는 것은 아닌가를 끊임없이 경계해야 한다. 지배 관계는 법으로 금지한다고 근절되는 것이 아니다. 서로가 동의할 경우에 지배 복종 관계가 발생할 수도 있기 때문이다. 따라서 지배를 없애기 위한 노력은 결국 지배가 발생하는 '환경'을 없애는 것에서부터 시작되어야 한다. 지배가 발생하는 원인 중에 중요한 한 가지는 경제적 이유다. 그러므로 지배-복종 관계 없이 경제적으로 자립할 수 있는 토대를 만들어야 한다. 그것이 바로 경제민주화다. 나아가 지배 없는 사회를 만들기 위해서는 경제민주화와 더불어 모든 종류의 지배를 거부하는 문화적이고 심리적인 토양을 조성해야 한다. 우리 사회는 다양한 방식으로 지배를 합리화하고 심지어는 지배를 동경하게 만든다. 청소년들은 조폭 문화를 동경하고 성인들은 카리스마 있는 독재자를 원한다.

 이 같은 심리는 그림자를 만들어낸다. 정치에 대한 혐오, 권위의 상속 등에서부터 왕따, 일진, 집단 괴롭힘과 같은 청소년 병리 현상에 이르기까지 그림자는 다양하게 나타난다. 지배를 근절해야 할 정치권조차도 지배를 당연시하는 풍조가 만연하다. 정당에서는 여전히 '지도부'라는 말을 즐겨 쓴다. '최고위원회'니 '중앙위원회'니 해서 '높음'과 '중앙'을 유독 강조하는 명칭을 고집한다. 그런데 이렇게 '높고' '가운데' 있는 것들은 민주주의와 상종할 수 없는 것들이다.

우리 헌법이 예정하고 있는 세계관, 즉 헌법적 세계관은 일체의 지배 복종 관계가 사라진 세상이다. 이 같은 세계관은 헌법전에 일관되게 관철되고 있다.

우리 헌법에 의하면 대한민국 국민은 민주공화국의 주권자로서 자유롭고 평등하게 기본권을 누리며, 누구 또는 무엇으로부터도 정신적, 물질적으로 지배당하지 않으면서 자신의 정치적 의사를 마음껏 결정하고 표현할 수 있는 사회적 존재이다.

제5장
한국의 자유민주주의는 정말 자유로운가

지하철을 타면 좌익 사범을 신고하라는 국가정보원 광고를 들을 수 있다. 그러나 우익 사범을 신고하라는 내용은 없다. 대한민국에서는 좌익이라는 것 자체만으로도 불법이라는 말인가? 만약 그렇다면 대한민국이 자유민주주의 국가임을 국가기관이 스스로 부정하는 것이다.

독일에는 우리나라의 국정원에 해당하는 연방헌법수호청Das Bundesamt für Verfassungschutz(BfV)이 있다. 연방헌법수호청의 임무에는 좌익과 우익의 극단주의자들에 대한 동향 파악과 감시가 포함되어 있다. 독일은 자신들의 역사적 과오를 통해서 일체의 극단주의를 배제해야 한다는 교훈을 얻었기 때문이다. 따라서 좌익에게도 우익에게도 사상의 자유는 인정되지만 그것이 어떠한 형태로든 극단주의로 흐르도록 방치해서는 안 되겠다는 것이 제2차 세계대전 이후 독일의 확고한 입장이다. 이것이 '자유의 적에게는 자유가 없다.'는 전투적 민주주의 이론에 입각한 독일의 '자유 민주적 기본 질서'의 모습이다.

그런데 우리는 어떠한가? 한국의 보수가 주장하는 자유민주주의는 반공을 명분 삼아 인권과 민주주의를 탄압하고 독재를 옹호하는 이데올로기로 기능했다. 따라서 우리 헌법의 올바른 독법을 위해서는 보수 세력이 전가의 보도처럼 휘둘러온 일그러진 자유민주주의의 실상을 분명히 해둘 필요가 있다.

본래 자유민주주의는 사상의 자유를 전제로 한다. 그러나 우리나라에서는 지금까지도 사상의 자유가 제대로 보장되지 않고 있다. 국정원의 좌익 사범 신고 광고는 한국의 자유민주주의가 무엇인지를 단적으로 말해주고 있다.

우리 헌법은 전문에서 4·19민주이념 계승을, 그리고 제1조에서 국민주권과 민주공화국을 규정함으로써 민주주의국가임을 밝히고 있다. 즉 우리 헌법의 최고 원리는 민주주의다. 최근 우리 헌법의 최고 원리가 민주주의냐 자유민주주의냐를 놓고 다툼이 있었다. 교육과학기술부가 2011년 역사교육과정을 고시하면서 2009년 역사교육과정에서 '민주주의'로 기술된 부분을 모두 '자유민주주의'로 변경했는데 이것이 논란의 발단이 되었다. 이에 11개 역사학회는 공동성명을 통해 교과부 고시는 절차와 내용 면에서 모두 문제가 있다며 역사학계와 국사편찬위원회의 전문성을 존중할 것을 촉구했다. 한편 언론에서는 연일 민주주의냐 자유민주주의냐를 둘러싼 논쟁이 전개되었다. 전문가들은 이번 사태를 빚은 일부 학자와 교과부의 행태가 일본의 우익 교과서 파동과 유사하다고 지적하고 있다.

그런데 앞에서 말했듯이 우리 헌법의 최고 원리이자 근본이념은 민주주의다. 자유민주주의는 민주주의의 한 유형에 불과하다. 그러나 우리 헌법은 변형된 민주주의가 아닌 오리지널 민주주의를 엄전하게 규정하고 있을 뿐이다. 따라서 '민주주의가 아닌 자유민주주의가 우리 헌법의 최고 이념'이라고 주장하는 것은 우리 헌법상의 민주주의를 협소하게 이해하는 것이고 이 같은 태도는 오리지널 민주주의를 부정하는 태도이며 결과적으로 헌법을 부정하는 것이다.

자유민주주의는 영어 '리버럴 데모크라시liberal democracy'를 번역한 것으로, 자유주의적 질서를 토대로 대통령, 국회의원과 같이 선출된 공무원들이 국민을 대신해서 의사 결정을 하는 대의제 민주주의를 뜻한다. 국제 인권 기구인 프리덤하우스도 자유민주주의를 "자유권 보호와 선거를 통한 민주주의"로 규정하고 있다. 이것이 자유민주주의의 본래 뜻이다. 그러나 우리나라에서는 달리 해석된다.

> 이른바 보수 진영은 대개 '자유주의'보다는 '자유민주주의'라는 명칭을 선호하면서 자유민주주의의 고향을 미국으로 보아 '미국에 반대하는 것은 자유민주주의에 반대하는 것이다.'라고 간주하고, 자유민주주의의 이름으로 사상의 자유에 대한 주장을 배척하는 한편, 경제적 평등 정책이나 재분배 정책을 사회주의적 정책이라고 주장한다(김동훈, 2010).

한편 우리 헌법은 유신헌법부터 현행헌법에 이르기까지 전문과 통일 조항(제4조)에서 '자유 민주적 기본 질서'라는 용어를 쓰고 있다. 이는 '리버럴 데모크라시'가 아니라 '프리 데모크라틱 베이직 오더free democratic basic order'를 번역한 것이다. 자유 민주적 기본 질서는 기본권 보장, 국민주권, 권력분립, 정당 활동의 자유, 사법부의 독립 등을 그 내용으로 한다. 그런데 그것은 민주주의의 요소일 뿐이므로, 한국 자유민주주의론자들의 '민주주의 NO, 자유민주주의 OK'라는 주장은 모순에 빠지게 된다.

한편 우리 헌법의 최고 원리가 자유민주주의라고 주장하는 사람들은 보통 자유민주주의를 자유 시장경제와 동일시하면서 여기에 대한 매우 온건한 비판에 대해서도 '반체제'라고 낙인을 찍어왔다. 그런데 이와 같은 낙인찍기는 그들 스스로 모순에 빠졌음을 폭로하는 것이다. 다음 글을 읽어보자.

> 제헌헌법은 시장경제를 기본으로 삼지 않았으며, 오히려 국가의 통제가 개인의 경제적 자유에 우선함을 분명히 선언하였다. 이 규정은 제2공화국 헌법에서도 토씨 하나 바꾸지 않고 이어졌다. 그렇다면 제헌헌법과 제2공화국 헌법은 자유 민주적 기본 질서에 반하는 헌법이라고 할 것인가(오승철, 2011).

유럽에서는 18세기 계몽주의 시대부터 자유주의와 민주주의의 대립이 있어왔다. 자유민주주의는 당시 자유주의와 민주주의의 타협의 산물이라고 할 수 있다. 그러나 방점은 자유주의에 있다. 자유주의가 근대 이후 사회의 지배계급의 사조가 되었기 때문이다. 현재 세계를 풍미하는 신자유주의는 자유주의의 후손이다. 정부 개입을 최소화하고 경제활동의 자유를 최대한 보장하는 것이 자유주의 이념이다. 이를 위해 자유주의는 정치권력을 국민이 직접 행사하는 민주주의가 아니라 유산 시민계급의 대표자—표면적으로는 국민의 대표자라고 한다—를 통해서 행사하는 대의제도가 바람직하다고 주장한다. 그러면서 그들은 선거제도라는 장벽을 쳐서 오로지 재산을 가진 사람만이 정치권력에 진입할 수 있도록 해두었다. 그렇기 때문에 자유주의와 자유주의가 뒷받침하는 대의제도는 당연히 유산 시민계급의 정치제도가 되었다.

일본 최초의 헌법인 '대일본제국헌법'(일명 메이지헌법)을 만든 이토 히로부미가 헌법을 공부하기 위해서 유럽을 순회하며 받아들인 사조가 바로 자유주의다. 사실 자유주의는 악마가 권력을 잡는다 해도 그 악마가 자유만 보장해준다면, 그 이외의 것은 아무래도 상관없다는 입장이다. 그러므로 자유주의는 정부의 권력이나 간섭에 제한을 가하려고 한다. 이토 히로부미도 "국가의 권력을 제약하는 것이 헌법의 존재 이유다."라고 말했다. 국가의 권력을 제약하는 이유는 국민의 자유를 보장하기 위해서다. 즉 국가권력의 제약에 비례해서 국민의 자유가 증대되어야 하는 것이다. 그러나 지금까지의 역사적 경험에 비추어보면 자유주의는 국민의 자유를 증대시키는 것이 아니라 힘 있는 자의 자유만 증대시켰다.

인간에게는 자유에 대한 로망이 있다. 자유롭게 살고 싶다. 자유를 만끽하고 싶다. 이것은 모든 인간의 꿈이다. 그러나 현실에서 정말 자유롭게 살 수 있는 사람이 몇이나 되는가? 그럼에도 불구하고 자유라는 말은 모두를 설레게 하는 마력이 있다. 자유주의는 실제로 사람들의 자유에 대한 갈망을 충족시켜주지는 않으면서도 그 같은 갈망을 먹으면서 무럭무럭 자라났다. 모든 제국주의 국가는 자유주의국가다. 자유주의는 힘 있는 자의 자유였다. 힘없는 자의 자유는 자유주의에 끼어들 틈이 없다. 힘없는 자의 자유는 민주주의를 통해서만 보장될 수 있다. 시민혁명을 통해서 민중이 확보하고자 한 것도 힘없는 자의 자유와 복리였다. 그리고 그러한 혁명의 결과물을 명시해놓은 문건이 바로 헌법이다.

제6장
혁명의 열매, 법치주의를 만나다

우리는 '헌법' 하면 일상생활과는 동떨어진 것, 따분한 말만 골라서 모아놓은 종잇조각, 또는 법률가에게나 필요한 것 정도로 생각한다. 그러나 헌법의 '혁명성'을 인식한다면 헌법을 보다 새로운 시각으로 바라볼 수 있다. 헌법은 인류 역사를 뒤바꾸어놓은 혁명의 자식이다. 헌법은 구시대의 항복문서인 동시에 새 시대의 승전보이며, 국가의 강령과 주권의 소재를 밝힌 국가의 최고 법규범이다.

영국의 명예혁명을 통해서 승인된 「권리장전」(1689), 미국독립전쟁의 결과물인 '미합중국 연방헌법'(1787), 프랑스대혁명의 산물인 「인간과 시민의 권리선언」(1789)은 아직까지도 이들 나라의 현존하는 헌법으로 작동하고 있으며, 오늘날 대부분의 국가가 채택하고 있는 근대 헌법의 원형이 되었다. 영국의 「권리장전」은 군주가 아닌 의회에 의한 입법권을 규정하고, 세금을 부과할 때는 의회의 승인을 얻도록 하였으며, 의회에서의 자유로운 토론을 보장함으로써 왕의 전횡을 막고 의회민주주의를 선언했다. 「미합중국 연방헌법」은 몽테스키외의 삼권분립과 공화국 개념을 도입한 헌법으로써, 제정 당시에는 기본권 규정이 빠져 있었으나, 1789년 프랑스에서 혁명 직후 「인간과 시민의 권리선언」을 발표하자 이에 자극받아 1791년에 기본권과 관련된 10개 조항의 수정안이 추가되었다. 프랑스대혁명 기간 중에 선포된 「인간과 시민의 권리선언」은 오늘날 우리가 누리고 있는 모든 기본권의 모델이 되고 있다. 모두 17개 조항으로 구성된 선언은 국민주권, 평등권, 종교 및 사상의 자유, 재산권의 신성불가침, 삼권분립, 인신 보호, 무죄 추정의 원칙 등을 규정하여 오늘날 보편적인 기본권 규정의 효시가 되었다. 현재의 프랑스헌법에는 평등권, 선거권, 신체의 자유 이외에 기본권 규정이 별도로 없는데, 이는 1789년에 발표된 「인간과 시민의 권리선언」이 프랑스헌법의 기본권 조항으로 작동하고 있기 때문이다. 즉 프랑스헌법 전문에는 "프랑스 국민은 1789년 「인간과 시민의 권리선언」에서 규정되고 1946년 헌법 전문에서 확인·보완된 인권과 국민주권의 원리 …… 를 준수할 것을 엄숙히 선언한다."고 규정하고 있는데, 이에 대해서 프랑스헌법위원회는 프랑스헌법 전문이 1789년 「인간과 시민의 권리선언」을 현행 프랑스헌법의 일부로 수용하고 있는 것으로 해석한다.

권력분립과 기본권, 민주주의라는 입헌주의의 기틀은 이 같은 혁명 과정을 거쳐서 구축되었다. 따라서 혁명을 떼어놓고 헌법을 논할 수 없으며, 혁명을 이해하는 것이 곧 헌법을 이해하는 것이다.

한편 세계 최초의 사회주의 헌법은 1917년 시월혁명 이후 성립된 '러시아 사회주의연방 소비에트공화국 헌법'(1918), 일명 '레닌헌법'이다. 주요 산업의 국유화, 착취 금지, 사회주의 건설을 요지로 한 레닌헌법은 한때 지구상에 존재하는 국가의 절반 가까이를 차지했던 사회주의국가들의 헌법에 영향을 미쳤지만, 1990년대 초 소련 붕괴와 사회주의국가들의 몰락으로 인하여 사회주의 헌법은 사실상 자취를 감추었다. 북한과 중국 등 극히 일부 나라가 지금도 헌법에서 사회주의를 표방하고는 있지만 실제로는 각국의 상황에 따라서 시장경제질서(중국)를 도입하거나 독자적인 유일사상체계(북한)를 표방하는 등 본래 의미의 사회주의 헌법과는 거리가 있다.

시민혁명의 발원지인 국가들에서도 헌법이 자리를 잡기까지는 많은 시간이 걸렸다. 하물며 시민혁명을 통하지 않고 헌법을 받아들인 국가에서는 더욱 그러했다. 이들 후발국에서는 오랫동안 헌법이 군주의 권력을 강화하거나 독재자의 폭정을 은폐하는 수단으로 남용되기도 했다. 그러나 1987년 이후의 우리나라는 물론 20세기 후반에 세계적으로 민주화가 급물살을 타면서 이들 후발 국가들에서도 헌법은 독재의 장식물이라는 생각이 서서히 사라지고, 헌법재판제도 등을 통해서 헌법의 규범적 효력이 실질적으로 발휘되기 시작했다. 헌법은 그것을 수호하고 실천하려는 의지가 뒷받침되지 않으면 아무런 구속력도 없는 종잇조각에 불과하다. 헌법이 우리의 삶 속에서 살아 숨 쉬도록 하기 위해서는 매 순간 헌법을 처음 만들 당시의 혁명적 기풍을 불러내야만 한다. "이제 다 되었다. 질풍노도의 시절은 가고 태평성대가 도래했다."며 안도한다면 그 순간 헌법이 있을 곳은 장롱 서랍밖에 없다. 우리는 헌법을 장롱 속이 아니라 대문에, 담벼락에 붙여놓아야 한다. 우리가 만든 법 이외의 그 무엇도 우리를 규율할 수 없다.

원래 모든 법규범은 힘을 가진 세력이 자신들의 이익을 지속적으로 보장받기 위하여 만드는 것이다. 그런 측면에서는 헌법도 예외가 아니다. 자본주의국가에서 채택하고 있는 근대 헌법도 결국은 자본가의 이윤을 안정적이고 지속적으로 보장하기 위한 것이라고 할 수 있다.

그럼에도 불구하고 근대 헌법의 형식과 내용은 오늘날 전 세계로 확산되어 극소수를 제외한 지구상의 거의 모든 나라가 수용하고 있다. 그것은 근대 헌법이 표방하는 법치주의 때문이다. 근대에 접어들면서 사적인 법률관계에서는 과거의 봉건적 예속 관계가 파괴되고 자유롭고 대등한 개인들 사이에서의 계약자유의 원칙이 지배하게 되었다면, 반대로 국가적인 차원에서는 종래의 절대군주에 의한 자의적 통치에서 벗어나 법에 의한 통치, 즉 법치주의가 지배하게 되었다. 법치주의는 국가의 모든 작용은 국민(또는 국민의 대표)이 만든 법률에 근거해서 이루어져야 한다는 것을 뜻한다. 법치주의는 평등의 원칙과 결합되어 부자나 가난한 사람, 지위가 높은 사람이나 낮은 사람 할 것 없이 모두 똑같이 법을 지킬 것을 요구한다. 바로 이러한 점이 근대 헌법으로 하여금 세계사적인 보편성을 획득하도록 만들어주었다.

법치주의는 원래 국가 작용은 내용과 상관없이 법률의 형식에 의하면 된다는 의미로 쓰였다(형식적 법치주의). 그런데 영미권에서 '법의 지배rule of law'라는 개념이 나오면서 단순히 법률의 형식을 갖추는 것만으로는 부족하고 법률 내용까지도 실질적으로 헌법에 들어맞아야 한다는 의미로 확장되었다(실질적 법치주의). 또한 미국 연방대법원의 판례를 통해서 확립된 위헌 심판 제도가 널리 확산되어 오늘날 대부분의 나라에서 헌법재판이 시행되고 있다. 헌법재판은 크게 두 가지 기능을 하는데 하나는 법률이 헌법에 위반되는지 여부를 심사하여 위반될 경우에는 해당 법률 조항을 무효화하는 위헌법률심판이고 다른 하나는 국가의 공권력 행사가 헌법에 위반될 경우 이를 무효화하는 헌법소원이다. 우리 헌법은 이 두 가지를 모두 인정하고 있다. 많은 한계에도 불구하고 헌법재판제도는 헌법이 현실에서 작동한다는 것을 리얼하게 보여주고 있으며 실질적 법치주의의 실현에 기여하고 있다.

법치주의는 기본권의 보장, 국가권력의 분립, 법의 형식성, 국가 작용의 법에의 귀속, 법적 안정성, 법의 실효성, 사법적 권리 구제를 그 내용으로 한다(정종섭, 2011: 166).

첫째, 법치주의는 무엇보다 기본권의 실현에 기여한다. 즉 국가 공권력의 행사는 기본권을 침해해서는 안 되며, 국가는 기본권 신장을 위해서 노력할 의무가 있다. 기본권은 국가 대 개인뿐만 아니라 경우에 따라서는 개인과 개인 간에도 적용됨으로써 모든 국민이 인간다운 삶을 영위할 수 있도록 사회질서를 형성한다.

둘째, 법치주의가 작동하기 위해서는 무엇보다도 국가권력의 자의적인 발동을 억제해야 한다. 그러기 위해서는 국가권력을 분립시켜서 서로 견제와 균형을 이루게 해야 한다. 즉 권력분립은 법치주의를 이루기 위한 조건이다.

셋째, 법의 형식성이란 법이 누구나 알 수 있도록 법으로서의 일정한 형식을 갖춰야 한다는 것을 뜻한다. 형식성의 요구로부터 법의 내용이 애매하거나 막연하지 않고 명확해야 한다는 원칙이 나오는데 이것을 '명확성의 원칙'이라고 한다. 명확성의 원칙은 특히 형벌 조항과 같이 국민의 기본권을 제한하는 경우에 더욱 엄격하게 요구된다. 또한 법은 지나치게 개별적인 사안에 직접적으로 개입해서는 안 되며 객관적이고 일반적인 성격을 유지해야 한다. 이것을 '일반성의 원칙'이라고 하는데 오늘날에는 어느 정도의 개별적 법률을 인정하는 추세다.

넷째, 국가권력은 자의적으로 행사되어서는 안 되며 법에 의해서 이루어져야 한다. 법치주의의 본래적 개념을 의미하는 이러한 원리를 '국가 작용의 법에의 귀속'이라고 한다. 이로부터 적법절차의 원칙이니 과잉 금지의 원칙 등이 도출된다. 적법절차의 원칙은 예컨대 경찰이 피의자인 범인을 체포할 때에는 법률이 정하는 바에 따라 변호인의 도움을 받을 권리가 있다는 것을 알려줘야 하는데, 만약 그렇게 하지 않으면 불법체포가 되는 것처럼 법이 정한 절차를 지켜야 한다는 원칙을 의미한다. 과잉 금지의 원칙은 예컨대 어떤 편의점이 미성년자에게 담배를 딱 한 번 팔았는데 그 편의점에 대해서 영업허가 취소를 하는 것처럼 어떤 행위에 대한 제재 조치가 그 행위에 비해서 과도해서는 안 된다는 것을 뜻한다.

다섯째, 법치주의를 통해서 법적 안정성이 유지될 수 있다. 법적 안정성은 여러 가지 의미로 쓰일 수 있는데, 예를 들면 법이 만들어지고 집행되는 과정에서의 예측 가능성, 법적으로 확립된 질서의 유지, 법질서에 대한 국민의 신뢰 보호 등이 그것이다. 그런데 법적 안정성은 현상을 중시하기 때문에 개별 사안이나 사람에 따른 구체적 타당성이나 정의 관념과 충돌할 수 있다. 이 같은 충돌 문제를 어떻게 처리할 것인가 하는 것은 어려운 문제로서 법학의 중요한 과제이다.

여섯째, 법치주의가 종이호랑이가 아니라 정말로 '한다면 하는' 것을 법의 실효성이라고 한다. 법을 위반한 자를 처벌하고 법이 침해되었을 때는 그것을 바로잡지 않으면 법치주의는 공염불이 되고 말 것이다. 그런데 법이 실효성이 있기 위해서는 이처럼 사후적으로 처벌 및 원상회복을 하는 것만으로는 부족하고, 법이 만들어질 때부터 충분한 의견 수렴을 거쳐서 그 법이 지킬 수 있는 법이 되도록 하는 것이 중요하다.

일곱째, 국민이 자신의 권리가 침해되었을 때 구제받을 수 있어야 한다. 앞에서 본 법의 실효성을 개별 국민의 입장에서 바라본 것이다. 그런데 특정인의 권리가 침해되었다는 것을 확인하고 그에 따른 구제책을 결정하는 것을 사법부, 즉 법원에 맡기는 것을 사법적 권리 구제라고 한다.

이상으로 간략하게 법치주의를 살펴보았는데, 주의할 점은 법치주의가 특정 계급이 아닌 전체 국민을 대상으로 하고 있다는 점이다. 여기서 계급적 이익은 겉으로는 두드러지게 나타나지 않는다. 예를 들면 헌법에는 사유재산권과 경제활동의 자유를 보장하는 규정이 있지만 이것은 자본가뿐만 아니라 사회 구성원 모두의 재산권과 경제활동을 보장하는 형식으로 규정되어 있다. 즉 자본가는 자신들의 이익을 적나라하게 헌법에 표출하는 것을 포기하고, 그 대신 헌법의 보편적인 인권 이념 속에 자신들의 기득권을 영속시킬 수 있는 근거를 심어놓았다. 이것은 매우 교활하고 현명한 처사였다. 그들이 자신의 이익에 보편성의 외피를 걸치자 그들의 이익은 보편적으로 보장받을 수 있게 된 것이다. 이 점에서 근대 헌법과 사회주의 헌법은 확연히 구별된다. 사회주의 헌법은 사회주의를 자신의 이념으로 명확히 내세운다. 예를 들면 중화인민공화국 헌법 제1조는 "중화인민공화국은 노동계급이 지도하고 노농동맹을 기초로 하는 인민민주주의 독재의 사회주의국가이다. 사회주의 제도는 중화인민공화국의 근본 제도이다."라고 규정하고 있다. 그러므로 특정한 정치 경제적 이념을 내세우지 않은 근대 헌법은 사회주의 헌법보다도 훨씬 더 유연할 수 있었다. 그런데 그 유연성은 지금까지는 주로 특권층에게 유리한 쪽으로 작용했다.

예를 들면 모든 국민이 법 앞에 평등하다는 평등의 원칙은 어떤 특정 계급을 위한 것이 아니지만 실제로는 서민보다는 재벌 등 특권층에게 보다 많은 혜택을 준 것이 사실이다. 일반 국민은 자본가가 누리는 이윤 획득의 기회는커녕 안정적인 소득조차 보장받지 못하면서 관념적으로는 자본가와 평등한 지위에 놓이게 되면서 오히려 현실적인 불평등이 고착되었다. 즉 탈계급적인 헌법의 명제들은 그 이면에 교묘한 계급적 이해관계를 숨겨놓고 있었던 것이다.

그러나 근대 헌법의 탈계급성과 그 이면에 은폐된 계급적 이해관계가 처음부터 그렇게 설계된 것은 아니다. 근대 헌법의 탈계급성은 18~19세기 유럽에서 시민혁명 당시 민중 봉기의 확산과 이에 따른 민중의 정치 참여 욕구가 자본가들의 경제적 욕구와 충돌하면서 일종의 타협책으로 나타난 것이다. 그러나 이 타협은 불안한 미봉책이었다. 타협의 당사자들 사이의 대립과 긴장은 근대 헌법의 탄생 직후부터 지금까지도 계속되고 있다. 냉전이 종식되면서 자본주의의 극치를 추구하는 신자유주의가 대두했다. 그런데 신자유주의는 저성장, 저고용, 고물가와 극심한 양극화를 가져오면서 자본주의를 체제 내부에서부터 흔들고 있다. OECD 국가들의 빈부 격차는 30년 만에 최대치에 달해 전체 회원국 평균을 내보면 상위 10% 부유층의 소득이 하위 10%의 9배다. 미국은 상위 10%와 하위 10%의 소득 격차가 14 대 1, 우리나라는 10 대 1이다. 자본주의 종주국인 미국은 지난 30년간 하위 20%의 소득은 18% 증가에 그쳤지만, 상위 1%의 소득은 275%나 늘었다. 미국민의 6명 중 1명이 빈곤층이다. 미국 정부의 국가 채무는 15조 달러를 넘어서 미국 전체 GDP에 맞먹는 수준이다(KBS뉴스 2012년 1월 30일 보도 내용 참조).

다보스포럼에서는 자본주의가 위기에 처했다는 탄식이 흘러나오고, 월스트리트에서는 분노한 시위대가 월가를 점령하라는 구호를 연일 외치고 있다. 자본주의와 월스트리트의 위기, 등록금과 전세 대란의 위기 앞에서 헌법은 과연 어떤 일을 할 수 있을까? 어쩌면 이 상황은 헌법의 위기라고 할 수도 있다. 근대 헌법의 탈계급성이라는 외피 아래 은폐되어 있는 계급적 이해관계를 뒤집지 못하면 헌법이 설

자리는 없을 것이기 때문이다. 은폐된 계급적 이해관계를 뒤집어서 예컨대 평등의 원칙이 재벌이 아닌 민중에게 유리하게 작동될 때 헌법은 진정으로 탈계급적인 헌법이 될 수 있을 것이다. 헌법이 강자의 편에 서는 것은 헌법의 타락이다. 하지만 헌법이 약자의 편에 서는 것은 언제나 정당하다. 왜냐하면 국가는 강자들에 의해서 움직이기 때문이다. 경제적 강자, 정치적 강자가 지배하고 그들의 이익이 관철되는 국가에서 헌법은 마땅히 약자의 편에 섬으로써 국가 전체적으로 이익의 균형추 역할을 해야 한다. 헌법이 균형추 역할을 하도록 하려면 일차적으로 법치주의의 단계에서 균형을 잡아줘야 한다. 즉 법치주의는 강자에게 보다 엄격해야 할 것이며 약자에게는 보다 관대할 필요가 있다. 그렇게 하더라도 법이 강자에게 부당하게 적용되는 경우는 거의 없을 것이다. 강자는 자신을 보호할 수 있는 수단을 다양하게 보유하고 있기 때문이다. 반면 약자에게 법치주의를 관대하게 적용하는 것이 약자에게 특혜를 주는 것 아니냐는 의문이 들 수 있지만 약자는 자기를 보호할 수단이 거의 없기 때문에 관대한 법치주의에 의해서도 충분히 고통을 받는다. 관대한 법치주의는 이미 오래전부터 강자들에게 적용되어왔다. 이제는 강자들에게만 적용되던 완화된 법치주의를 약자들에게만 적용할 차례다. 약자들에게 법치주의를 관대하게 적용하자는 것은 법치주의의 예외를 인정하자는 말이 아니다. 그것은 약자들에게 법치주의를 적용하는 과정에서 헌법 원리가 지켜지도록 하자는 것이다. 즉 인간의 존엄과 가치, 적법절차의 원칙, 과잉 금지의 원칙 등이 정확하게 관철되도록 하자는 것이다. 종래의 법치주의에서는 이러한 원리가 약자들에게는 충분히 보장되지 않았다. 약자들은 사회적 지위, 기댈 수 있는 인맥의 결여, 법률 지식의 부족으로 말미암아 법치주의의 혜택을 받지 못했다. 그러므로 앞으로는 법치주의가 내포한 (인권옹호라는) '혜택의 측면'을 최대한 보장하자는 것이다. 이것이 관대한 법치주의의 의미다.

자본주의국가에서 헌법은 자본주의를 이념으로 내세우지 않는다. 그래서 '사회주의 헌법'이라는 말은 있어도 '자본주의 헌법'이라는 말은 없다. 이것은 무엇을 뜻하는가? 생산양식의 일종인 자본주의가 한 국가의 정치적 목표가 될 수는 없다는 것이다. 자본주의는 노골적이고 냉혹한 이윤 추구의 원리이기 때문에 한 사회의 공통된 정치적 목표로 삼기에는 부적절하다. 가장 자본주의적인 국가의 헌법, 예를 들면 미국헌법에서도 자본주의의 냄새를 포착하기는 쉽지 않다. 세계 각국의 헌법이 자본주의국가의 헌법이라는 것을 짐작하게 해주는 용어는 기껏해야 시장경제, 재산권 보호 정도이다. 그런데 중국과 같은 사회주의국가도 시장경제를 명시하고 있으며 나아가 재산권도 보호한다. 즉 중화인민공화국 헌법 제15조는 "국가는 사회주의 시장경제를 실시한다. 국가는 경제 입법을 강화하며 거시적인 조정과 통제를 완벽하게 한다. 국가는 법에 따라 어떠한 조직이나 개인이 사회경제 질서를 교란시키는 것을 금지한다."고 하여 사회주의 시장경제를 선언하고 있다. 시장경제 질서의 교란을 금지하는 것은 독점을 규제하고 불공정 거래 행위를 금지하는 자본주의국가와 크게 다를 바 없다. 또한 중화인민공화국 헌법 제13조는 "공민의 합법적인 사유재산은 불가침이다. 국가는 법률이 정한 데 따라 공민의 사유재산을 징수 또는 징용하고 보상을 줄 수 있다."고 규정하여 사유재산권까지도 보호하고 있다. 따라서 중국의 헌법 규정만 놓고 보면 자본주의국가와의 차이점을 발견하기 어렵다. 헌법에 명시된 '사회주의'라는 네 글자만이 중국이 사회주의국가임을 말해주고 있는 것이다.

세계 모든 나라의 헌법은 국민주권, 민주주의, 기본권 보장, 권력 통제, 국가기관 구성이라는 점에서 서로 비슷해지는 경향이 있는데 그 같은 경향은 근대 헌법으로부터 비롯되었다. 모든 국민이 주권자이며 평등하게 권리와 의무의 주체가 된다는 근대 헌법의 선언은 인류가 만든 규범이 도달할 수 있는 최대치를 보여준다. 근대 헌법의 휴머니즘은 완벽해서 자본주의사회의 첨예한 계급 갈등을 은폐하거나 무마하는 데 탁월한 성능을 발휘했으며, 때로는 자본주의의 폭주에 대해서 적절한 선에서 제재를 가하기도 했다. 근대 헌법은 자본가의 이익에 무조건 봉사하는 미련한 방식 대신 모든 국민의 보편적인 자유와 권리를 보장함으로써 헌법에 대한 대중의 승인을 이끌어낼 수 있었다. 이에 비하여 과거 사회주의국가들은 근대 헌법의 핵심 가치인 국민주권과 기본권의 보장 및 국가권력에 대한 통제의 중요성에 대해 무지하거나 외면했다. 사회주의국가들의 이러한 국가 운영 행태는 곧 사회주의 자체에 대한 회의로 이어지면서 결국 사회주의국가들의 연쇄적인 붕괴를 초래했다. 앞으로도 한 국가가 어떤 이념, 어떤 체제를 선택하든 그 나라가 안정적으로 유지되고 발전하기 위해서는 국민주권과 민주주의, 기본권 보장과 국가권력의 통제를 핵심으로 하는 근대 헌법을 받아들이지 않을 수 없을 것이다. 그러나 근대 헌법의 황금시대는 아직 도래하지 않았다. 마지막 남은 과제, 즉 헌법의 봉인을 뜯는 일이 남아 있다. 헌법을 얽어매고 있는 이런저런 '현실'이라는 이름의 봉인 말이다. 헌법의 봉인을 뜯는다는 것은 현실을 뛰어넘어 새로운 현실을 창조하는 것을 의미한다. 이때 가장 중요한 것은 헌법과 주권자 개개인과의 긴밀한 심리적 연관성이다. 이를 위해서 헌법은 법전 속에서 걸어 나와 우리의 삶 속으로 들어와야 한다. 헌법의 문구들이 일상 속에서 재발견되어야 하고 지속적으로 확인되어야 한다. 이러한 점에서 헌법에 대한 심리학적 접근을 시도했던 막스 임보덴Max Imboden의 다음과 같은 진술은 경청할 만하다.

헌법은 매우 엄숙하고 매우 가시적으로 문서화된 법 원리의 총괄 개념으로서 집단의 의식 지배의 노선을 나타낸다. 헌법 문서의 밝은 빛에 기록된 것은 특히 보호할 필요가 있다는 시험을 거친 것이다. 중요한 공동체 형성의 원리에 대하여 명확성을 유지하는 능력은 한 사회조직의 진정한 발전 정도를 나타낸다. 그런 한에서 모든 헌법은 개별 인간들에게는 심리적 의지처를 의미한다. 헌법은 인류가 역사 속에서의 투쟁을 통해 획득한 정신적 수준niveau mental을 보장하고, 이를 바탕으로 인간의 자유로운 의식이 계속적으로 활동하기 위한 견고한 출발점을 만들어낸다. 자유와 의식은 함께 전체를 이룬다. 진정한 인간의 자율은 의식화에 있다(임보덴, 2011: 134).

제7장
국가 운영 체계로서의 헌법

몇 년 전에 아이작 아시모프의 공상과학소설을 영화화한 〈아이, 로봇〉이 상연되었다. 이 영화를 보면 모든 로봇이 지켜야 할 '로봇 3원칙'이 나오는데 그 내용은 다음과 같다.

제1원칙, 로봇은 어떠한 경우에도 인간에게 해를 가해서는 안 된다. 또한 인간이 위험에 처했을 경우 구조해야 한다.
제2원칙, 로봇은 제1원칙에 위배되지 않는 한, 인간의 명령에 복종해야 한다.
제3원칙, 로봇은 제1원칙과 제2원칙에 위배되지 않는 한 자신을 지켜야 한다.

그렇다면 이와 같은 로봇 3원칙도 일종의 '헌법'이라고 볼 수 있을까? 한 가지 더 예를 들어보자. 삼성의 이건희 회장은 언젠가 "앞으로 신경영을 하려면 헌법이 있어야 하지 않겠냐."면서 인간미, 도덕성, 에티켓, 예의범절을 삼성그룹의 이른바 4대 헌법으로 제시했다고 한다. 이건희 회장이 말한 삼성의 '4대 헌법'도 과연 헌법에 포함될 수 있을까?
어떤 공동체든지 지켜야 할 가장 으뜸가는 규범이 있기 마련이다.

예를 들면 고조선의 8조 법금이나 모세의 10계명이 그것이다. 이처럼 공동체가 지켜야 할 최고의 규범을 헌법이라고 본다면, '로봇 3원칙'이나 삼성의 '4대 헌법'도 헌법이라고 할 수 있다. 그뿐만 아니라 단체나 친목 모임의 정관도 그 안에서 최고 규범의 역할을 하는 이상 헌법의 일종이라고 할 수 있을 것이다. 그러나 우리가 일반적으로 말하는 헌법은 이처럼 온갖 종류의 모임, 공동체, 기관 따위의 규범이 아니라 어디까지나 '국가'의 '최고' 규범이다.

국가의 최고 규범인 헌법은 모든 국민에게 적용되는 것은 물론 입법부, 사법부, 행정부를 포함한 모든 국가기관에 적용되며, 또한 헌법의 하위에 있는 모든 법령도 헌법에 근거해서 헌법에 맞게 만들어질 것을 요구한다.

헌법은 주권의 소재를 밝힌 주권 문서이다. 쉽게 말해서 국가에 대한 등기부인 셈이다. 오늘날 대부분의 헌법에서는 국민을 주권자로 명시하고 있다. 주권은 양도할 수 없고 나눌 수 없으며 대표될 수 없다.

또한 헌법에는 국민이 누리는 기본권과 국가에 대해 부담하는 의무의 목록이 담겨 있다. 기본권은 모든 국민이 국민(또는 인간)으로서 당연히 누리는 권리로서 여기에는 기본권의 원리에 해당하는 인간의 존엄과 가치, 평등권이 규정되어 있으며, 개별적인 기본권은 크게 자유권적 기본권, 정치적 기본권, 그리고 사회권적 기본권, 청구권적 기본권으로 분류된다.

1. 자유권적 기본권

신체의 자유, 양심의 자유, 종교의 자유, 학문·예술의 자유, 언론·출판의 자유, 집회·결사의 자유, 주거의 자유, 사생활의 비밀

과 자유, 통신의 자유, 거주·이전의 자유, 직업의 자유, 재산권의 보장, 노동3권

2. 정치적 기본권

선거권, 공무담임권, 청원권, 국민투표권

3. 사회권적 기본권

인간다운 생활을 할 권리, 근로의 권리, 교육을 받을 권리, 환경권, 보건에 관한 권리

4. 청구권적 기본권

재판청구권, 국가배상청구권, 손실보상청구권, 형사보상청구권, 범죄피해자구조청구권

국민의 자유와 권리에 대한 침해는 국가안전보장, 질서유지, 공공복리를 위한 경우에 법률에 의해서만 가능하며, 이 경우에도 기본권의 본질적 내용은 침해해서는 안 된다(헌법 제37조 2항).

현행헌법은 이 밖에도 헌법에 열거되지 않은 기본권까지 보호하는 규정(헌법 제37조 1항)을 두고 있다. 한편 현행헌법은 국민의 의무로 병역의무, 납세의무, 교육의무, 근로의무를 규정하고 있다.

헌법은 국가조직 규정인 동시에 권력 통제 규범이다. 국가조직 규정으로서 헌법은 대통령, 국회, 법원, 헌법재판소, 감사원, 선거관리위원회와 같은 주요 국가기관의 설치 및 운영에 관한 대강을 규정하고 있다. 그런데 모든 권력은 항상 '갈 때까지 가려는' 성향이 있으며, 절대 권력은 절대 부패한다는 것이 철칙이다. 헌법은 입법, 사법, 행정을 포함한 주요 국가기관에 대하여 규정하고 있는데 그것은 국가기관의 조직에 대한 헌법적 근거를 부여하는 동시에 그들 기관의 권력을 통제하기 위한 것이다. 주권자의 입장에서 국가기관의 권력 남용

을 막기 위해서는 가급적 그 힘을 분산시킬 필요가 있다. 권력분립을 통해서 국가기관 간의 견제와 균형이 이루어진다. 권력분립은 국가기관의 전횡을 방지함으로써 궁극적으로 기본권 실현에 기여한다.

이상의 내용을 한마디로 말하자면 헌법은 국가의 운영 체계라고 할 수 있다. 국가를 컴퓨터에 비유할 때, 헌법은 윈도우나 유닉스와 같은 운영 체계에 해당하고, 컴퓨터에 수시로 탑재되거나 삭제되는 개별 응용프로그램들은 각종 법령과 예산, 그리고 이에 의하여 뒷받침되는 정책에 해당한다. 국민은 이 국가라는 '컴퓨터'의 주인이다. 컴퓨터에 어떤 프로그램을 설치할 것인지, 삭제할 것인지는 전적으로 주인의 결정에 달려 있다. 마찬가지로 국가에 어떤 법령을 둘 것인지에 대한 궁극적인 결정자는 주권자인 국민이다. 법령은 국가의 운영 체계인 헌법에 어긋나서는 안 된다. 이처럼 국가와 헌법의 관계는 컴퓨터와 운영 체계의 관계와 유사하지만 결정적인 차이점이 있다. 즉 컴퓨터의 운영 체계는 응용프로그램이 자신과 맞지 않을 경우에는 기계적으로 그 프로그램의 실행을 거부하거나 아예 처음부터 프로그램의 설치를 거부한다. 그러나 국가의 경우에는 헌법과 어긋나는 법령이 만들어져도 이를 바꾸지 않는 한 그대로 시행된다. 따라서 위헌인 법률에 의하여 헌법을 침해하는 행위가 반복적으로 자행되어도 이를 방치하고 있으면 국민은 속수무책으로 당할 수밖에 없다. 헌법과 현실의 불일치를 시정하는 작업은 컴퓨터처럼 자동으로 수행되지 않기 때문에 국민이 나서서 끊임없이 바로잡지 않으면 안 된다. 그렇게 해야 헌법의 운영 체계로서의 역할과 실효성이 계속해서 유지될 수 있기 때문이다.

그렇다면 이처럼 국가의 운영 체계인 헌법은 인류 역사에서 어떠한 의미를 차지해왔으며, 또 앞으로의 운명은 어떻게 될 것인가?

어떤 외계의 방문자가 지구라는 혹성을 관찰한다고 상상해보자. 그는 반드시 다음과 같은 결론을 얻을 것이다. '각종 조직이나 제도를 만들고 안전을 위해서 모든 노력을 기울이며, 비를 피할 목적으로 집을 짓고, 몸을 따뜻이 하기 위해 의복을 만들고, 여행을 낙으로 삼기 위해 길을 만든 인간들은 확실히 자기 자신을 지상의 모든 생물 중에서 가장 약하다고 느끼고 있음에 틀림없다.'라고(아들러, 2011).

생물은 두려움에서 벗어나 새로운 희망을 찾기 위해서 진화를 거듭해왔다. 공룡의 일종이었던 새는 천적에게 잡아먹히는 것에 대한 두려움에서 벗어나기 위해서 수천만 년 동안 몸부림치는 과정에서 서서히 신체 구조가 변화하여 마침내 하늘을 날게 되었고, 하늘 위에서 지상의 먹이를 사냥하기 위해서 노력하다 보니 더 잘 비행할 수 있게 되었다.

아들러의 말대로 지상에서 가장 약한 존재라고 할 수 있는 인간은 천적과 자연재해로부터 자신을 방어하고 생존의 위협에서 벗어나기 위해서 문명을 건설했으며, 자신들이 만든 사회에서 무자비한 힘의 논리가 지배하는 것에 제동을 걸고 평화와 예측 가능성을 부여하기 위해서 법과 제도를 만들었다. 그중에서도 특히 헌법은 인류의 진화 역사상 가장 최근의 산물인데, 이 헌법에는 권력의 횡포에 대한 두려움과 미래에 대한 희망이 압축되어 있다. 서양에서 근대 헌법이 처음 탄생한 것은 지금으로부터 약 300년 전의 일인데, 이것은 인류 역사를 5000년이라고 보았을 때 100분의 6에 해당하는 시간이다. 또한 지구상 대부분의 나라에서 근대 헌법을 도입하고 헌법이 최고 규범으로서 기능하기 시작한 것은 30년 정도밖에 되지 않았는데 이것은 지금까지 세계 역사의 1000분의 6에 불과한 시간이다. 인류가 앞으로 지구상에서 생존할 기나긴 시간을 감안하면, 우리는 지금 막 헌법이 태동하는 시기에 살고 있는 것이다. 이렇듯 헌법이 보편화된 것은 최근의 일이지만 헌법에는 인류의 오랜 역사적 경험과 지혜가 담겨 있다.

> 아리스토텔레스로부터 시작되는 분명히 추적될 수 있는 노선이 1787~88년 미국헌법의 기초를 닦기 위한 기억할 만한 공동 작업에까지 이어지고 있다. 이 위대한 계열에서 나온 모든 뛰어난 작품은 그 이전의 모범들과의 논쟁에서 성립되었다. 그 속에는 수백 년, 필경은 수천 년에 걸쳐 집적된 경험과 인식이 잔존하였다 (임보덴, 2011: 14).

가령 평등권과 자유권을 보자. 모든 인간이 자유롭고 평등한 존재라고 보는 사고는 정치사상만이 아니라 주요 종교에서도 찾아볼 수 있다. 기독교, 불교, 유교, 이슬람교 같은 종교들의 핵심 교리는 절대적 진리의 관점에서 모든 인간은 평등하고 자유로운 존재라는 사실을 전제하고 있다. 이슬람교는 성직 계급 제도가 없는데, 이는 모든 신자가 평등하다는 생각에 기반하고 있으며, 자신들이 정복한 지역의 주민들에게 개종을 강요하지 않는 전통이 있다. 기독교는 이웃에 대한 사랑을 가장 중요한 덕목으로 설정하고 사람에 대한 차별을 인정하지 않는다. 유교의 경전인 『예기』는 미래의 대동 세계를 묘사하고 있는데 현대적 시각에서 보아도 대단히 진보적이다. 불교는 사람에서 한 걸음 더 나아가 생명을 가진 모든 존재에까지 자비의 영역을 넓히고 있으며, 인간 사회의 절대적 평등은 물론 나아가 경제적 해방—요즘식으로 표현하면 경제민주화—까지 제시하고 있다.

그러나 이들 종교의 비전은 현실의 장벽에 가로막히거나 또는 현실과 타협하면서 내세로 표현되는 머나먼 미래에 대한 희망으로 전환되어 신념의 영역에 머물러야 했다.

그런데 시민혁명을 거치면서 평등과 자유가 마침내 헌법에 평등권과 자유권의 형태로 명시되었다. 근대 헌법이 성공적일 수 있었던 것은 이처럼 장구한 세월에 걸쳐 축적된 인류의 지혜와 희망을 농축해 놓았기 때문이다. 따라서 헌법은 어느 의미에서는 인류의 위대한 문화유산이라고 할 수 있다. 그것도 정치 현실에 직접 적용이 가능한 유일한 문화유산 말이다.

그런데 우리는 이 유산의 가치를 과연 얼마나 알고 있는가? 헌법의 가치를 아는 것은 고사하고 "헌법이 나와 도대체 무슨 상관이 있는가?" 하고 대답할 사람이 더 많을 것이다. 그러나 헌법은 우리가 알든 알지 못하든 언제, 어디서나, 누구에게나 적용되는 규범이다. 헌법은 24시간 발효 중이며 우리 모두는 헌법의 시공간 속에서 살아가고 있다. 다시 말해 모든 국민은 헌법의 당사자인 것이다. 설령 우리가 집에 틀어박혀서 두문불출한 채 아무 일도 하지 않더라도 헌법은 적용된다. 두문불출한 채 '잠수 탈' 자유까지도 헌법은 보장하고 있는 것이다. 만약 우리에게 헌법이 없다면, 어느 날 갑자기 정부가 아침마다 우리를 강제로 집 밖으로 나오게 해서 마을 청소를 시키고, 이 과정에서 단속 요원이 마음대로 우리 집에 들어와서 활보를 해도 속수무책으로 당해야 할 것이다. 그러나 법치주의, 사생활의 비밀과 자유, 주거의 자유, 신체의 자유 등을 규정한 헌법이 있기 때문에 우리는 그러한 비이성적인 억압으로부터 자유로울 수 있다. 헌법 덕분에 정치적으로는 권력의 전횡을 막고 국민이 국가의 의사 결정에 참여할 것을 요구할 수 있게 되었고, 경제적으로는 보다 정의롭고 풍요로운 사회를 지향할 수 있는 가능성이 열렸다. 헌법이라는 도구가 없었다면 우리는 모두가 동의할 수 있는 사회의 기본 방향을 도출하기 위해서 어떤 논쟁이 발생하는 매 순간마다 모든 것을 처음부터 다시 시작해야 했을 것이다. 그런 측면에서 헌법은 우리가 현안에 대해서 사회적 합의를 도출하는 데 소요되는 시간을 단축시켜준다고도 볼 수 있다. 그러나 이 모든 것은 헌법에 대한 사회 구성원들의 확고한 이해가 전제될 때 가능한 일이다. 만약 헌법에 대한 무관심과 냉소가 팽배하고 헌법에 대하여 무지하다면 우리는 헌법으로부터 어떠한 이로운 결과도 기대하기 어려울 것이다.

우리는 집을 사거나 전세 계약을 맺을 때 계약서를 꼼꼼히 읽는다. 만약에 집주인이 집을 담보로 대출을 받아 소유권이 제한되는 사유가 있을 경우에 자칫하면 소유권을 제대로 행사하지 못하거나 전세보증금을 떼이는 경우가 발생하기 때문이다. 서민들에게 집은 전 재산이나 다름없으므로 그 같은 불행한 사태가 발생하면 감당할 수 없는 경제적 위기에 놓이게 된다. 따라서 등기부등본을 떼어보는 것은 물론이요 계약서의 한 구절 한 구절에 극도로 예민하게 신경 쓰게 된다. 이처럼 사람은 누구나 자기의 권리, 의무와 관련된 사항에 대해서는 촉각을 곤두세운다. 하지만 헌법에 대해서는 어떠한가?

헌법은 우리의 주권 문서이다. 국가의 소유권자는 우리며, 우리는 불가침의 기본권을 누린다는 것을 명시한 것이 헌법이다. 그러나 정작 우리는 헌법에 대해서 과연 얼마나 관심을 가지고 있는가? 아마도 평생 동안 헌법을 한 번도 읽지 않은 사람이 대부분일 것이다. 이것은 마치 자신의 권리를 보호하고 관철시킬 수 있는 강력한 무기를 장롱 속에 넣어두고 썩히는 것과 다름없다. 사회적 동물인 인간은 그가 가진 권리와 의무에 의해서 그가 어떤 사람인지 규정된다. 따라서 자기의 권리와 의무를 모르는 사람은 자기가 누구인지를 모르는 것이다. 자기 자신에 대해서 보다 잘 알기 위해서는 헌법을 알아야 한다. 우리가 헌법에 보다 많은 관심을 기울이고, 헌법이 내포하는 가치들을 지속적이고 집요하게 주장하면 할수록 우리는 기득권을 가진 사람들과의 다툼에서 조금이라도 더 유리한 고지에 설 수 있다. 문제는 얼마나 많은 사람이 얼마나 지속적으로 집요하게 주장하느냐다. 만약 우리가 헌법으로 무장하고 매일같이 삶의 모든 공간에서 헌법을 부르짖는다면, 헌법은 점점 더 우리의 무기로 변화될 것이다. 반대로 우리가 헌법에 대해서 무관심하고 냉소적인 태도를 취한다면 헌법은 계속해서 기득권자들의 농단에 의해 이빨 빠진 호랑이로 남아 있을 것이다. 헌법을 우리의 무기로 만들 것인가, 아니면 종이호랑이로 만들 것인가. 지금 우리는 그 선택의 기로에 서 있다.

  헌법의 중요성을 바로 보기 위해서는 먼저 헌법에 대한 잘못된 편견을 버려야 한다.

  첫 번째 편견은 헌법이 단지 장식물로서 지배 체제를 미화하기 위한 통치 기술의 산물이라고 보는 시각이다. 이는 헌법을 피상적으로만 이해한 것이며, 실제로 헌법이 국가를 유지하는 데 미치는 광범위한 영향력을 무시한 것이다. 헌법을 장식물로만 보아서는 헌법의 잠재력을 이해하고 그 힘을 차용할 수 없다. 이탈리아 공산당의 지도자였던 그람시는 "지배적인 주요 집단(즉 지배계급)이 사회생활에 부과한 일반적인 방향에 대한 인민대중의 자발적 동의"를 창조하는 과정을 표현하기 위해서 헤게모니라는 개념을 사용했는데(조성민, 1987: 152), 그렇다면 우리 주권자는 헌법을 헤게모니 투쟁의 중심축에 놓아야 한다. 그렇게 하지 않으면 주권자의 모든 정치적 행동과 주장은 선거를 통해서 정치권의 전리품으로 귀속되기 때문이다. 헌법을 중심에 두지 않은 모든 정치투쟁은 '죽 쒀서 개 주는' 결과가 되고 마는 것이다.

두 번째 편견은 헌법이 오로지 경제적 기득권층의 이익을 영속적으로 관철시키기 위한 것이라고 보는 입장이다. 이것은 이론에 치우친 좌파 관념론의 태도라고 할 수 있다. 앞에서도 말한 것처럼 자본주의와 함께 성장한 근대 헌법은 자본가의 이익을 노골적으로 내세우기보다는 민주주의와 인권, 자유 등의 보편적 가치를 지향하는 태도를 취했다. 그리고 헌법 스스로의 내적 일관성과 신뢰성을 유지하기 위하여 법치주의를 도입했다. 이 같은 근대 헌법의 태도에는 단순한 경제 논리를 초월하는 역사적, 문화적, 심리학적 의미가 내포되어 있다. 그리고 근대 헌법의 그러한 점이 결과적으로 자본주의가 전 지구적으로 확산될 수 있도록 하는 데 크게 기여했다. 만약 근대 헌법이 노골적으로 경제적 기득권층의 이익 수호에만 급급했다면 지금처럼 번성할 수 없었을 것이고 자본주의도 무너졌을 것이다. 오히려 기득권층의 탐욕에 재갈을 물리고 사회적 약자를 배려하는 데서 근대 헌법은 생명력을 얻었다고 볼 수 있다. 따라서 헌법을 기득권층의 것이라고 간단하게 도외시할 것이 아니라, 오히려 헌법에 내재된 보편적 가치의 측면을 최대한 활용해서 주권자의 헤게모니를 강화하기 위한 기획에 주력하여야 한다. 그렇다면 주권자의 헤게모니 강화를 위해서 무엇을 해야 하는가? 다음 장에서는 이에 대해서 살펴보자.

제8장
주권자를 위한 5대 헌법 전략

드라마 〈뿌리 깊은 나무〉에 이런 대사가 나온다.

"백성들이 문자를 아는 세상은 어떤 세상일까?"

극소수의 지식인들만이 문자를 알던 시절에는 문자를 아는 것이 곧 권력이었다. 그러나 결국 문자는 모든 이의 것이 되었다. 대중이 문자를 알게 되자 현대 문명이 일어났다. 같은 논리를 권력에 대해서도 적용해볼 수 있다. 권력은 문자와 마찬가지로 오랫동안 극소수의 전유물이었고 지금까지도 그러하다. 그래서 '국민의 권력'이라는 말은 아직도 단순한 정치적 구호나 광고 카피로 들린다. 우리 헌법은 제1조 2항에서 "대한민국의 주권은 국민에게 있으며, 모든 권력은 국민으로부터 나온다."고 선언하고 있다. 이 조항은 다른 의미로는 해석할 수 없도록 아주 명확하고 단호하게 서술되어 있다. 그런데 현실은 그렇지 못하다. 권력은 여전히 국가기관과 정당, 그리고 정치인의 전유물이다. 재벌은 직접 정치권력을 행사하지는 않지만 영속적이고 막강한 힘으로 정치에 영향력을 행사한다. 또 강력한 이익단체 등도 때때로 주권자의 정치적 의사를 왜곡한다.

헌법 제1조가 규정하고 있는 국민주권이 단지 정치적 수사에 불과하다면 우리는 차라리 이 조항을 없애고 "대한민국은 힘 있는 자가 지배하는 국가이다. 대한민국의 모든 권력은 돈과 조직의 힘을 가진 자에게 있고 그들의 후원을 받아 당선된 선출직 공무원이 그 권력을 행사한다."로 솔직하게 쓰는 것이 바람직하지 않을까? 첫 번째 조항부터 지켜지지 않은 채 방치되어 있다면 헌법 전체의 실효성이 상실될 것이기 때문이다. 만약 헌법 제1조를 그대로 존치시키고자 한다면 규정한 대로 해야만 한다. 헌법 제1조가 규정한 대로 한다는 것은 이 조항을 침해하는 세력과 싸워야 한다는 것을 뜻하고, 싸운다는 것은 전략이 필요하다는 것을 뜻한다. 이 싸움의 목표는 국민의 주권을 회복하는 것이다. 어떻게 하면 헌법 제1조를 침해하고 있는 세력과 싸워서 이길 수 있을 것인가? 이를 위해서는 5가지 전략이 필요하다.

첫째, 헌법에 반하는 태도가 어떤 것인지 분명히 해야 한다.

반헌법적 태도는 개인, 단체, 집단, 또는 우리 사회의 뿌리 깊은 관행이나 문화의 모습으로 존재한다. 이들은 의도적으로 헌법을 침해하기도 하지만 경우에 따라서는 헌법에 대한 무지 때문에 본의 아니게 침해하는 경우도 있다. 예를 들면 민주주의의 실현을 위해서 노력한다고 주장하면서도 민주주의의 방식과 목표를 망각한 채 모든 문제를 오직 의회와 정당의 테두리 내에서 해결하려고 하는 사람은 주권자를 의사 결정 과정에서 소외시킴으로써 헌법을 침해하고 있는 것이다. 반헌법적 태도가 주로 발견되는 지대는 대의기관을 포함한 국가기구와 정치적, 경제적 기득권층이다. 반헌법적 태도에 물든 이들은 출세했다는 생각과 선민의식, 그리고 자신들이 획득한 지위를 유지하는 것에 대한 욕망 때문에 국민을 주권자로 보기보다는 통치의 대상으로 보는 데 익숙하다. 그들은 대부분 우리 사회의 리더로 행세하면서 자신들만의 특권적 네트워크를 강화한다. 그런데 반헌법적 태도를 보이는 이들이 항상 보수적이거나 경제적 기득권층인 것은 아니다. 진보주의자들 가운데서도 반헌법적 태도를 찾아볼 수 있다. 요컨대 반헌법적 태도는 극우파와 극좌파 모두에게서 발견된다. 그렇다면 무엇이 반헌법적 태도인가? 다음 명제들은 반헌법적 태도를 보여주는 예시들이다. 반헌법적 태도는 많은 경우에 위헌이지만 반드시 위헌인 것은 아니다. 즉 현실적으로 위헌적 결과를 초래하지 않더라도 헌법 정신의 실현에 방해가 되거나 이를 지연시키는 것을 넓게 반헌법적 태도라고 할 수 있다.

반헌법적 태도 예시

- 국가 정통성의 근거는 헌법이 아닌 '반공'이나 '민족' 등 초헌법적 이념에 있다.
- 정파적 이익을 위해 국민을 이념이나 지역, 정치적 성향으로 분열시킬 수도 있다.
- 현대사회에서는 경제성장이 정치의 가장 중요한 과제다.
- '국민주권'에서 국민이란 국민 개개인이 아니라 전체 국민이다.
- 민주주의는 곧 대의제도를 의미한다.
- 개인들 사이에 기본권이 충돌할 때에는 국가가 개입해서는 안 된다.
- "모든 권력은 국민으로부터 나온다."는 헌법 규정은 문학적 표현일 뿐이다.
- 범죄의 원인은 범죄자 개인의 윤리 의식 부족 때문이다.

- 실업과 빈곤은 개인의 나태 때문이다.
- 정당은 집권과 선거 승리라는 목적 달성을 위해서 불투명하고 비민주적으로 운영되어도 무방하다.
- 사교육비가 부담스럽지만 개인의 자유 영역이기 때문에 어쩔 수 없다.
- 대학 등록금 인하의 명목으로 학교 재단의 자율적 운영을 침해해서는 안 된다.
- 노조 파업이나 시위는 시민을 불편하게 하기 때문에 허용해서는 안 된다.
- 일정한 규모를 넘는 대형 언론사의 왜곡, 편파 보도는 언론의 자유에 속한다.
- 종교 집회에서 특정 정치인에 대한 지지 발언을 하는 것은 종교의 자유로 허용된다.
- 의무교육의 내용에 급식은 포함되지 않는다.
- 대통령을 개그의 소재로 삼거나 모독하는 예술 창작 행위는 금지해야 한다.
- 유명 연예인이 정치에 관여하거나 정치적 발언을 하는 것은 옳지 않다.
- 국민이 국가기관의 명예를 훼손하면 형사처벌을 받거나 손해배상을 해야 한다.
- 재벌 개혁은 사유재산권을 침해하는 행위다.
- 대통령이 장·차관 등 주요 공직을 자신의 측근들로 대거 임명하는 것은 대통령제하에서는 당연하다.
- 대통령이 개인적 취향과 이해관계로 추진하는 국책 사업은 존중해야 한다.

- 재벌 그룹의 오너는 국가 경제에 많은 기여를 했으므로 설사 범죄를 저질렀어도 사면하는 것이 바람직하다.
- 국위를 떨친 스포츠선수에게는 병역을 면제해줘도 괜찮다.
- 부자에게만 세금을 늘리는 것은 조세 정의에 어긋난다.

둘째, 헌법 해석에 대한 주권자의 주도권을 확보해야 한다.

헌법의 궁극적 해석권자는 주권자인 국민이다. 헌법재판소가 헌법소송이 제기된 개별 사안에 대한 헌법 해석의 최종 담당자라면, 국민은 모든 사안에서 헌법의 최초 해석자이자 최종 해석자다. 이 밖에도 국회나 행정부도 헌법의 해석권자이다. 우리는 국가기관 가운데 헌법재판소만이 유일한 헌법 해석 기관이라고 착각하기 쉬운데 그렇지 않다. 국회는 일상적인 입법 작용을 통해서 헌법을 구체화해야 하므로 헌법에 대한 해석을 늘 수행하고 있다. 행정부는 집행 작용을 통해서 헌법 정신을 구현하기 때문에 역시 헌법에 대한 해석을 해야 한다. 사법부는 법의 해석을 위해서 헌법 해석 작업을 수행해야 하며 명령, 규칙의 위헌 여부를 심사한다. 국회나 정부, 또는 법원의 헌법 해석이 올바른 것인가의 여부는 다른 문제이다. 때로는 틀릴 수도 있다. 그 경우에는 헌법재판소가 최종적으로 판단하게 된다. 국회나 행정부, 법원의 헌법 해석은 헌법재판소의 헌법 해석에 복종해야 한다. 그러나 국민의 헌법 판단이 헌법재판소와 충돌할 경우에는 당연히 주권자인 국민의 판단이 우선한다. 국민은 주권자이자 헌법 제정권자이므로 국민의 헌법 해석은 국민 스스로 뒤집기 전에는 아무도 그것을 거부할 수 없다. 다만 현실적으로는 국민의 판단이 무엇인지를 확정하기가 쉽지 않다. 예컨대 다수 국민이 전국적이고 지속적인 집단 의사표시를 통해서 헌법적 현안에 대한 의사를 밝히기 전에는 국민의 헌법 판단은 수면 아래 잠겨 있어서 알 수가 없을 것이다. 그래서 헌법에 대한 주권자의 의사가 무엇인가를 확정짓는 절차가 필요하다. 이것은 헌법 해석을 위해서뿐만 아니라 국민이 주권자로서 실체를 가지고 중요한 국가적 의사 결정에 참여하기 위해서 필요한 절차다. 이미 기술적 문제는 해결되었다. IT 기술의 발전과 소셜 네트워크의 확산으로 국민은 자신의 의사를 표현하는 데 익숙해지고 있다. 다만 노인, 빈곤층에서는 여전히 디지털 격차로 인해서 접근성에 한계가 있지만 이는 행정적으로 극복할 수 있다. 루소가 말한 주권자 총회는 현대의 온라인 공간에서 또는 지방자치의 공간에서 가능해질 것이다. 다만 어떤 요건과 절차로 온라인 '주권자 총회'를 소집할 것인가에 대해서는 앞으로 여론 수렴을 거쳐서 방향을 찾고 필요한 법제화가 이루어져야 한다. 그런데 헌법 해석에 대한 주권자의 주도권을 확보하기 위해서는 무엇보다도 국민의 헌법적 소양이 가장 중요하다. 국민이 자기의 개인사는 물론이고 모든 사회적 현안을 헌법적 시각에서 바라볼 수 있도록 헌법 교육이 충실하게 이루어지고 일상생활 속에서 헌법이 삶의 한 축으로 자리 잡았을 때 헌법 해석에 대한 주권자의 주도권은 확립될 것이다.

셋째, 헌법 교육의 활성화가 필요하다.

"알아야 면장을 한다."는 옛말처럼, 국민도 헌법을 알아야 주권자 노릇을 할 수 있다. 헌법 교육은 어렸을 때부터 시작해야 한다. 유치원에서는 인간의 존엄과 가치, 평등의 원칙, 신체의 자유, 표현의 자유 등과 같은 기본권에 대하여 가르칠 수 있을 것이다. 초등학교에서는 기본권에 대한 보다 심화된 이해와 더불어 국민주권과 민주주의에 대한 교육까지 이루어져야 한다. 헌법 교육은 단순한 개념 소개로 그쳐서는 안 되며 헌법에 내재된 가치를 체화시켜서 헌법적인 인간상을 갖추도록 하는 수준에 이르러야 한다. 즉 사회현상이나 개인이 처한 상황을 헌법적으로 분석할 수 있는 능력을 배양하고 이를 토대로 헌법적 가치에 어긋나는 현실을 바로잡기 위해서는 어떻게 해야 하는지 가르쳐야 올바른 헌법 교육이라고 할 수 있다. 현재는 이러한 수준의 헌법 교육은 전혀 이루어지지 않고 있다. 헌법 교육이 부실하게 이루어지는 까닭은 마치 조선 시대에 사대부들이 한글에 반대하는 것과 같은 이유다. 사대부들은 민중이 문자를 알면 다루기가 어려워지기 때문에 한글을 반대했다. 헌법도 문자와 마찬가지다. 주권자들이 헌법을 알게 되면 현재의 권력자들에게 권력을 내놓으라고 요구할 것이다. 그렇게 되면 현재 권력을 누리고 있는 자들은 자신의 권력이 감소되거나 권력 행사에 많은 제약이 따르게 된다. 정부나 정치권은 헌법 교육에 소극적일 수밖에 없다. 자기가 점유하고 있는 권력을 자진해서 반납하는 경우는 거의 없다. 따라서 초기에는 학자나 법조인, 시민들의 역할이 중요하다. 이 사람들이 다양한 방법으로 헌법 교육을 확산시키고, 필요한 네트워크를 구축해야 한다. 헌법 교육에 동조하는 양심적인 지식인, 법조인, 정치인이 결합해서 자생적인 헌법 교육의 체계를 갖춰야 한다. 이렇게 해서 헌법 교육에 힘이 붙으면 그 힘으로 국가권력을 압박해서 헌법 교육의 법적 근거를 마련하고 예산을 확보해야 한다. 우선 할 일은 유치원과 초중등교육부터 대학, 군대, 기업체에 이르기까지 헌법 교육을 필수로 하는 일이다. 또한 공무원(선출직 포함), 또는 공기업, 공공 기관의 임직원이나 정당의 간부가 되고자 하는 자는 공인된 기관으로부터 헌법적 소양에 대한 검증을 거쳐야 할 것이다. 전국의 광역, 기초 지자체에 헌법 회관을 설치하여 이곳에서 해당 지역의 헌법 교육을 주관함은 물론, 주민들의 헌법에 대한 이해를 높일 수 있는 각종 프로그램을 운영하고 주민들이 헌법을 매개로 시민적 우애를 쌓고 지역사회 발전에 함께 기여할 수 있도록 여건을 조성해야 한다. 헌법 교육 활성화를 위해서는 전담 인력의 양성이 필요하다. 헌법 교육 전담 인력은 기존의 교원이나 교수 중에서 선발할 수도 있고, 별도의 전형 절차를 거쳐서 선발할 수도 있을 것이다.

넷째, 헌법 개정을 통해서 국민주권을 보다 구체화해야 한다.

현행헌법이 개정, 발효된 지 25년이 되었다(2012년 기준). 이제 현행 헌법도 시대 변화에 맞게 손질을 할 때가 되었다는 것이 중론이다. 개헌은 어느 정치 세력이 보다 강한 힘과 의지를 가지고 있느냐에 따라서 큰 틀의 방향이 정해진다. 보수 세력이 강하면 보수적으로 흐를 것이고, 진보 세력이 강하면 진보적으로 흐를 것이다. 개헌을 하게 되면 그동안 너무나 소략해서 정치적 수사에 불과하다는 오해를 사온 국민주권과 민주주의에 대한 조항을 보다 명확하고 구체적으로 확립할 필요가 있다. 이를테면 헌법의 궁극적 해석권자가 국민이라는 것을 밝힌다든지, 헌법 교육의 근거를 마련한다든지, 국민이 직접 입법권을 행사할 수 있는 길을 열어놓는 등의 조항을 생각할 수 있다. 국민 전체의 의사를 확정하는 (가칭)'주권자 총회'의 설치 및 운영에 관한 검토도 필요할 것이다. 주권자 총회의 구성원에는 순수한 주권자만 포함되어야 한다. 공직자처럼 주권자인 동시에 주권자의 피고용자라는 이중적 지위를 가진 사람이나, 정당의 당원과 같이 주권자이지만 정파적 이익에 치우쳐 있는 사람에게는 주권자 총회의 구성원 자격을 부여해서는 안 된다.

헌법 개정은 초안 작성 단계에서부터 폭넓은 국민적 의견 수렴을 거쳐야 할 것이다. 밀실에서 정치적 야합을 통해 결정된 초안에 찬반 투표만 하는 것은 민주적인 헌법 개정이라고 보기 어렵다. 개헌은 국민이 스스로 원하는 헌법 초안을 만들고 거기에 대해서 최종적으로 국민이 승인을 하는 국민적 축제가 되어야 한다. 이번 개헌에서는 특히 경제 조항, 통일 관련 조항, 사회복지와 관련된 사회권적 기본권 조항 등을 놓고 보수와 진보 양대 진영의 격돌이 예상된다. 우리 헌법은 1948년 제헌헌법부터 경제에 대한 통제와 공정한 분배, 사회정의를 중시하는 전통을 가지고 있다. 따라서 이러한 헌법적 전통을 폐지하려는 시도는 반헌법적 태도이자 국가 정체성을 흔드는 행위로 지적받아 마땅하다. 또한 '민주공화국' 조항(헌법 제1조 1항)의 실질적인 의미에 대한 사회적 합의를 도출할 필요가 있다. 공화국 내에서의 일체의 지배·종속 관계의 배제, 법 앞의 평등을 넘어서는 정치·경제적 평등, 국가 의사 결정, 특히 입법 작용에 국민의 참여 가능성 개방, 집단·세력의 힘이나 재력을 이용한 공직 진출 금지, 선출직 공무원의 측근 및 친인척에 대한 철저한 감시, 검찰, 경찰, 국정원, 국세청 등 국가 공권력의 정치적 중립 준수 및 공정한 권한 행사의 의무 등이 그것이다. 이러한 것들은 불과 몇 년 전만 해도 이상주의적인 것으로 간주되던 것들이다. 그러나 오늘날에는 더 이상 이상적인 것이 아니다. 국민의 교육 및 생활수준은 비약적으로 발전했고, 인터넷·스마트폰과 같은 통신수단의 발달로 엄청난 양의 정보에 접근할 수 있게 되었다. 그뿐만 아니라 국민은 이처럼 발달된 통신수단과 소셜 네트워크 시스템을 통해서 스스로 자기 조직화하기 시작했다. 마침내 국민은 현실적인 주권자로서 역사의 전면에 등장할 준비를 갖춘 것이다.

다섯째, 헌법 정치가 생활 속에 스며들어야 한다.

앞에서 열거한 네 가지 헌법 전략은 결국 현실 정치에 의해서 수용되어야만 결실을 맺을 수 있다. 즉 여야 정치인들이 스스로의 정치적 기득권을 삭감시키게 될 '주권자의 헌법 전략'을 받아들이고 이를 법제화해야 하는 것이다. 재선 혹은 대권을 의식해야 하는 정치인들은 비록 자기가 속한 정치족政治族 전체로서는 손해일지라도 단기적 이익에 부합된다면 주권자의 헌법 전략을 실현하는 데 앞장설 수도 있을 것이다. 문제는 그렇게 되기까지의 과정이다. 즉 헌법 정치가 어느 정도의 실체와 파워를 형성해서 정치권이 무시할 수 없는 힘을 축적할 때까지는 아무런 근거 법률도 예산 지원도 없는 상태에서 주권자들 개개인의 선각자적 노력이 중요하다. 헌법 정치는 주권자들이 헌법 전략을 실천하기 위한 모든 활동을 말한다. 현실 정치는 선출직 공무원들만의 몫이지만 헌법 정치는 주권자의 영역이다. 공적인 영역에서는 물론이거니와 일상생활에서도 헌법을 말하고 실천하는 것이 헌법 정치다. 헌법 정치가 점차 흐름을 타게 되면 헌법 정치를 위한 시민들의 자발적인 조직이 결성될 수 있을 것이다. 그런데 이때의 조직은 기존의 정치조직처럼 대표-임원-평회원의 위계질서를 가져서는 안 된다. 모든 가입자는 평등하며 다만 업무 영역별로 담당자가 있어서 사무를 맡도록 하면 충분하다. 또한 이 조직에는 선출직 공무원이 되고자 하는 자나 정당의 당원이 가입해서는 안 된다. 이것이 바로 모든 주권자 조직—미래의 '주권자 총회'를 포함한—의 기본이 되는 조직 이념이다. 주권자의 조직은 어떠한 경우에도 정파적 이익에서 자유로워야 한다. 주권자 조직은 자체적인 규율 체계를 만들어서 자신들이 정파적 이익에 치우치고 있는지 여부를 끊임없이 체크하고 만약 특정 정당에 경도되었다는 증거가 있으면 즉시 이를 시정하여야 할 것이다.

제9장
헌법 논쟁 사례:
미국의 '살아 있는 헌법 대 원의주의' 논쟁

미국의 보주주의자들은 과거 35년에 걸쳐 40억 달러 이상을 들여 우파 지식인이 운영 위원으로 있는 수십 개의 정책 연구소와 교육기관의 체계를 구축했다(레이코프·로크리지연구소, 2007). 이들 우파 지식인들의 광범위한 네트워크가 한 일은 신자유주의적 경제정책과 테러와의 전쟁을 이론적으로 뒷받침하는 일이었다. 테러와의 전쟁은 보수주의자들에게는 당연시되는 프레임이지만 무엇이 국가의 진정한 힘인가 하는 진보적 프레임으로 바라본다면 참된 국력은 외교적 노력으로 동맹국과 국제사회의 지지를 획득하는 것이며, 테러와의 전쟁은 오히려 미국의 힘을 감퇴시키는 자충수가 되는 것이다. 그런데 이와 같은 프레임 싸움은 결국 헌법 논쟁으로 귀착되고 있다. 오바마 행정부가 건강보험 개혁과 증세를 추진하면서 미국에서는 최근 헌법 논쟁이 한창이다. 미국에서의 헌법 논쟁의 핵심 쟁점은 '살아 있는 헌법' 대 '원의주의(또는 헌법주의)'의 논쟁이다.

『워싱턴포스트』의 칼럼니스트로 활동하고 있는 보수 논객 찰스 크로서머Charles Krauthammer는 「헌법주의」라는 제목의 칼럼(2011년 2월 26일자)에서 오바마 행정부와 민주당의 재정지출 확대와 건강보험 개혁 등 일련의 정책을 미국헌법에 위배되는 것으로 단정하고, 공화당이 이에 맞서서 헌법을 근거로 대응할 것을 촉구하고 있다. 이에 반해서 미국의 진보 진영은 헌법이 시대 상황에 맞게 재해석되고 적응되어야 한다는 '살아 있는 헌법론'을 제기하고 있다. 그러나 보수 진영은 진보 진영의 '살아 있는 헌법론'이 헌법의 아버지들의 의도를 망각하고 있다면서, 헌법은 헌법을 만든 사람들이 의도했던 대로 엄격하게 해석해야 한다고 주장한다. 보수주의자들의 이 같은 태도는 미국의 사법부를 중심으로 한 이른바 '원의주의Originalism'에서 비롯되었는데 크로서머는 이러한 원의주의의 입장에서 정치권에도 '새로운 헌법주의'를 관철시켜야 한다고 말하고 있다. 반면 데이비드 스트라우스David Strauss와 같은 '살아 있는 헌법'의 주장자들은 원의주의가 사회 발전을 저해하는 도그마라면서 선례(우리나라의 판례에 해당)와 관습에 기반을 두고 있는 영미의 보통법 전통에서 '살아 있는 헌법'의 이론적 근거를 찾고 있다.

  미국의 이 같은 헌법 논쟁은 대선을 목전에 두고 있는 2012년 대한민국에도 많은 시사점을 던져주고 있다. 특히 복지, 재벌 개혁, 조세, 북한 문제 등에서 예상되는 첨예한 이념 논쟁은 결국 헌법을 둘러싼 논쟁으로 귀착될 것이다. 즉 "누가 헌법을 선점하는가." "누가 헌법을 제대로 해석하고 제대로 구현해낼 수 있을 것인가." 하는 질문에 대한 답변이 올해 2012년 대선의 결과가 될 것이다. 우리보다 앞서 헌법 논쟁에 돌입한 미국의 사례를 살펴봄으로써 머지않아 우리 사회에서도 촉발될 수 있는 헌법 논쟁에 대한 마음의 준비를 할 필요가 있다. 이를 위해서 두 개의 짧은 글을 읽어보자. 찰스 크로서머가 '헌법주의'에 대해서 쓴 『워싱턴포스트』의 칼럼과 데이비드 스트라우스가 시카고대학 웹사이트에 게재한 「살아 있는 헌법」과 관련한 논설의 일부다.

헌법주의 Constitutionalism

수십 년 동안 민주당원과 공화당원들은 누가 미국의 국기를 소유하느냐를 놓고 다투었다. 이제 그들은 누가 헌법을 소유하느냐를 가지고 싸우고 있다. 헌법은 메시지가 있는 문서이다. 헌법은 우리가 맺은 사회계약의 구체적인 내용을 규정한다. 우리의 공적인 삶에서 그 어느 것도 헌법보다 중요하지 않다. 미국인들은 헌법에 규정된 정부의 권력과 역할 범위에 대한 거대한 논쟁의 한가운데에 놓여 있다. 그 논쟁은 현 정부의 과감한 정부 확대, 즉 대대적인 재정지출 확대, 건강보험, 금융 규제와 에너지 경제통제를 위한 다양한 시도로부터 촉발되었다. 이는 헌법의 아버지들이 의도했던 제한적인 정부에 대한 비전을 요구하는 대중적 반발을 낳았다. 티파티로 상징되는 이 같은 대중적 반발은 그러나 티파티에 국한되는 것이 아니라, 실제로는 훨씬 더 광범위한 것이다. 그것을 헌법주의라고 하자. 본질적으로 헌법주의는 사법부의 '원의주의' 운동의 결과물이다. (안토닌 스칼리아를 비롯한 저명한 보수적 법조인들이 선도하는) 사법부의 원의주의자들은 법의 해석은 헌법 조항에 구속되어야 하는데, 이때의 헌법은 헌법을 처음 작성한 사람들과 그 동시대인들이 이해했던 것과 같은 의미대로 이해되어야 한다고 주장한다. 사법부의 원의주의는 국가 운영에서 헌법주의로 나타난다. 헌법주의는 통치행위가 헌법 조항에 근거한 제약을 받아야 한다고 요구한다. 정치철학으로서의 헌법주의는 개혁적이고 자율적인 보수주의를 대변한다. 최소 정부와 헌법 조항의 의미에 대한 대통령과 입법부의 자의적 해석을 통제할 것을 요구하는 것이 그 같은 보수주의의 입장이다. 그러므로 제112차 하원 본회의가 열렸을 때, 헌법 낭독으로 시작한 것은 대단히 상징적인 사건이다. 이 같은 일은 예전에는 없던 일이다. 이날의 헌법 낭독은 지난 대통령 선거 이후 2년 동안 작은 정부로부터 큰 정부로 너무 멀리 갔다는 우리의 우려를 강력하게 표현한 것이다. 과도한 전환의 가장 자극적인 예는 민주당의 건강보험 개혁이다. 이것은 경제의 6분의 1에 혁명적 변화를 가져올 것이며, 건강보험 회사와 사적으로 계약을 체결하지 않는 사람들에게 벌금을 부과하는 방식으로 개인들을 강제할 것이다.

지금부터 공화당이 다수당을 차지한 새로운 하원은 제출된 모든 법안에 대한 헌법적 근거를 서면으로 요구하게 될 것이다. 비록 나는 그 헌법적 근거라는 것의 90%가 단지 "공공복리" 조항에 대한 의례적인 호소가 될 것이라고 생각하지만, 어쨌든 그렇게라도 하겠다는 것은 좋은 생각이다. 그러나 이 단계에서는 아직은 상징적인 수준에 불과하다. 공화당의 새로운 헌법주의에 대한 진짜 테스트는 입법과정이 될 것이다. 그들은 정말로 정부 지출을 삭감할까? 그들은 정말로 규제 완화를 할까? 헌법주의에 편승하는 것은 별로 어려운 일이 아니다. 문제는 공화당이 헌법주의에 걸맞은 행동을 할 자세가 되어 있는가 하는 것이다. 학습과 낭독의 병행을 통해 헌법이라는 위대한 문서에 집중하기로 하면서, 오바마 시대의 개혁된 보수주의는 스스로가 단순한 상징이 아니라 닻이라는 것을 스스로 발견했다. 정치적 성향으로서의 헌법주의는 사법부의 원의주의와 마찬가지로 신중하고 사려 깊은 발전을 요구하고 있다. 그것의 광범위한 호소력과 철학적 깊이는 보수적인 미래를 향한 약속된 첫걸음을 보장하고 있

다(Charles Krauthammer, *Washington Post*, 2011. 2. 26).[1]

살아 있는 헌법 The Living Constitution

우리는 살아 있는 헌법을 가지고 있는가? 우리는 살아 있는 헌법을 원하는가? 살아 있는 헌법은 공식적인 개정 작업 없이도 진화하고 시대에 따라 변화하며, 새로운 환경에 적응해나가는 헌법을 말한다. 살아 있는 헌법 이외에 현실적인 대안은 없다. 우리의 성문헌법[미국헌법]은 220년 전에 도입되었다. 그것은 개정될 수는 있으나 그 개정 절차는 대단히 어렵다. 가장 중요한 개헌은 150년 전 남북전쟁 발발 무렵에 있었으며 그 이후의 많은 개헌은 상대적으로 사소한 사안에 대한 것이었다. 그동안 세계는 급격히 변했다. 영토는 넓어졌고 인구는 수차례에 걸쳐 배증했다. 기술, 국제 환경, 경제, 사회 관습 등은 헌법 초안이 작성될 당시에는 상상조차 할 수 없을 정도로 변했다. 더딘 개헌 절차가 이 같은 변화들을 따라잡을 수 있을 것이라고 기대하는 것은 비현실적이다. 그러므로 헌법이 변화해야 한다는 것은 불가피해 보인다. 그것은 또한 좋은 일인데, 왜냐하면 변화하지 않는 헌법은 우리 사회에서 적합성이 매우 떨어질 것이기 때문이다. 그 경우 헌법은 무시되거나 또는 우리 사회의 발전을 가로막는 장애물이

---

1 이 글의 '헌법주의'는 원문의 Constitutionalism을 번역한 것이다. Constitutionalism은 우리나라에서는 보통 '입헌주의'로 번역하고, 학자에 따라서는 '헌정주의'로 번역하기도 한다. 여기서는 '헌법주의'로 번역했는데, 그 이유는 이 글 원문에서의 Constitutionalism은 종래 헌법학계에서 사용하는 '입헌주의'나 '헌정주의'와는 뉘앙스가 다르기 때문이다. 크로서머는 이 칼럼에서 미국 법조계의 헌법에 대한 '원의주의 Originalism'가 정치에 구현되는 것을 Constitutionalism으로 쓰고 있다.

되거나 우리 사회가 제대로 돌아가는 것을 방해할 것이다.

그러나 한편으로는 살아 있는 헌법이라는 아이디어에 대한 비판이 너무 강해서 헌법에 대해서 글을 쓰는 사람들은 "살아 있는 헌법"이라는 말을 빈정대기 위한 경우 이외에는 거의 쓰지 않는다. 헌법은 바위처럼 굳건한 기초이며 우리의 가장 근원적인 원칙이 응집된 존재라는 것이 보편적인 생각이다. 여론은 그때그때 달라지지만 우리의 기초적 원칙, 우리의 헌법적 원칙들은 상수로서 남아 있어야만 한다. 그렇지 않을 것이라면 도대체 무엇 때문에 헌법이 있겠는가?

설상가상으로 살아 있는 헌법은 조작이 가능하다. 만약 헌법이 고정적이지 않고 그때그때 변한다면 그것은 누군가가 그의 의도대로 바꾼다는 것을 의미한다. 그 "누군가"는 대개 특정한 판사들의 그룹이라고 생각할 수 있다. 그렇게 되면 살아 있는 헌법은 전혀 헌법이 아닌 것이 된다. 그것은 헌법이 아닐뿐더러 [헌법보다 하위에 있는] 법률도 아니다. 그것은 단지 특정 시점에서 우연히 재판권을 가진 판사에게 떠오른 얄팍한 아이디어에 불과하다.

그러므로 우리에게는 살아 있고, 적응력이 있으며, 변화하면서도 동시에 인간적인 조작에 저항하는 뛰어난 안정성과 견고함을 갖춘 헌법이 필요한 것으로 여겨진다. 어떻게 해야 이 어려운 상황에서 벗어날 수 있을까?

좋은 소식은 우리도 모르는 사이에 그 어려운 상황으로부터 거의 탈출했다는 것이다. 우리의 헌법 시스템은 수세기 전에 만들어진 고대의 법원法源[법의 원천]을 일깨웠다. 그 고대의 법은 보통법common law이다. 보통법은 헌법과 같이 권위적이고, 근본적이며, '신성한' 텍스트의 토대 위에 구축된 법률 시스템이 아니다. 보통법은 오랜 세월 축적된 선례와 관습에 터 잡고 있다. 그들 선례는 오로지 일정한 틀 내에서 적응과 변화의 여지를 남겨 두고 있다. 헌법 시스템은 선례와 관행을 중시하는 일종의 보통법 체계가 되었다. 보통법적 헌법은 "살아 있는 헌법"이다. 그것은 일시적인 대중의 의견에 맞서 근본 원칙을 보호할 수 있으며, 판사들(또는 그 밖의 누구라도)이 자신의 고유한 생각에 의해서 쉽게 조작하지도 못한다.

나쁜 뉴스는 이 문제가 잘 해결되었다는 것을 깨닫지 못한 채 헌법에 대한 부적절하고 잘못된 이론들이 고집스럽게 버티고 있다는 점이다. 그중의 하나인 "원의주의"라고 불리는 이론은 특히 강고하게 버티고 있다. 원의주의는 살아 있는 헌법에 대한 반대 명제로서 헌법의 조문들은 1790년대 또는 1860년대에 그것을 도입한 사람들이 생각했던 의미대로 이해해야 한다는 입장을 일컫는다. 헌법이 오늘날 요구하고 있는 것은 그것이 처음 제정되었을 당시에 요구했던 것과 같기 때문에 헌법은 공식적인 개정 절차 이외의 방법으로 적응시키거나 변화시킬 필요가 없다는 것이 원의주의다.

원의주의에는 뭔가 거부할 수 없는 자연스러움이 있다. 만약 우리가 어떤 문서의 의미를 이해하려고 할 때, 그것을 쓴 사람이 무엇을 의도했는가를 탐구하는 것보다 더 좋은 출발점은 없을 것이다. 또한 모든 사람은 때로는 원의주의자다. 우리가 어떤 사안이 헌법에 위반된다고 생각할 때—예컨대 미국 시민에 대한 광범위한 도청이 일어나고 있다고 가정하자—그것은 곧 '건국의 아버지들'이 용인하지 않았을 것이라는 것을 뜻한다. 그리고 자주는 아니지만 때로는 원의주의가 헌법적 현안에 접근하는 올바른 방법인 경우가 있다. 그러나 복잡하고 논쟁적인 헌법 현안의 경우에는 원의주의는 전적으로 부적절한 접근 방식이다. 그것은 단지 부적절한 것이 아니라 해롭다. 그것은 의사 결정의 실질적인 기초를 은폐한다. 그러나 만약 살아 있는 헌법을 옹호하고자 한다면, 단지 경쟁적인 이론―원의주의―을 비난하는 것만으로는 충분하지 않다. 그러므로 나는 우리의 살아 있는 헌법적 전통의 핵심에 실제로 존재하는 접근 방식, 보통법과 선례 그리고 관습으로부터 도출되는 접근 방식을 묘사하고자 한다(David A. Strauss, The University of Chicago, The Law School. http://www.law.uchicago.edu/alumni/magazine/fall10/strauss).

이처럼 해외의 헌법 논쟁을 소개하는 이유는 우리도 이 같은 헌법 논쟁에 익숙해질 필요가 있기 때문이다. 특히 앞으로 개헌을 하게 되면 헌법 논쟁이 우리 사회의 전면적인 화두가 될 것이므로 그러한 상황에서 어떻게 하면 헌법을 보다 진보적이고 인간적으로 만들 수 있을 것인가를 논쟁을 통해서 설파할 수 있어야 한다. 앞에서 살펴본 원의주의와 살아 있는 헌법 논쟁은 일차적으로는 미국의 특수한 법 현실에서 비롯된다. 즉 미국은 영국과 마찬가지로 원래 선례와 관습법을 중시하는 보통법common law 체계를 택하고 있는데 유독 헌법만은 영국과 달리 성문헌법을 채택하고 있다. 그렇다 보니 헌법에서도 보통법 체계와 마찬가지로 선례와 관습을 인정할 것인지 여부를 놓고 다툼이 있는 것이다. 그런데 이 같은 다툼의 밑바닥에는 미국의 보수와 진보의 대립이 자리 잡고 있다. 보수주의자들은 헌법의 소략한 문구를 곧이곧대로 받아들이는 원의주의가 작은 정부를 지향하는 보수주의에 맞는다고 생각한다. 사법부의 원의주의자들은 원의주의 그 자체는 보수적인 것도 진보적인 것도 아니라고 주장하지만 주로 보수주의자들이 원의주의를 지지하는 것은 바로 그러한 이유 때문이다. 반면 진보주의자들은 2세기 전에 만들어진 헌법 조항만으로는 복잡한 현대사회를 제대로 규율할 수 없다고 본다. 특히 헌법 제정 당시에는 몰랐던 복지, 분배 등의 첨예한 문제를 풀기 위해서는 헌법의 자구에 얽매여서는 어렵기 때문에 시대적 환경에 따라서 변화하고 적응하는 살아 있는 헌법을 주장하게 되는 것이다.

그런데 재미있는 것은 원의주의와 살아 있는 헌법의 대립을 우리나라에 적용해보면 미국에서와 정반대의 결과가 나온다는 사실이다. 즉 우리나라에서는 원의주의가 더 진보적 입장이 될 것이고 살아 있는 헌법론은 보수주의에 의해서 지지될 것이다. 그 이유는 우리 헌법은 미국헌법과 비교할 수 없을 정도로 다양한 사회적 기본권과 경제민주화 조항을 두고 있기 때문이다. 헌법재판소가 수도 이전을 관습헌법 위반이라고 판단한 것도 살아 있는 헌법과 원의주의의 대립이라는 관점에서 볼 수 있다. 즉 보수적인 헌법재판소가 살아 있는 헌법론을 차용해서 성문헌법 국가에서는 있을 수 없는 관습헌법을 인정한 것이다. 만약에 원의주의적 입장을 택한다면 우리 헌법에는 수도 조항이 없으므로 수도 이전은 헌법에 근거가 없어도 가능한 것이 된다. 이처럼 원의주의와 살아 있는 헌법의 논쟁은 국가에 따라서 그 의미가 180도 달라질 수 있다. 모든 법이론은 그 이면에 숨겨진 이해관계를 보고 취사선택을 해야 한다. 그런 점에서 보면 미국 사법부의 원의주의자들이 "원의주의 그 자체는 보수적인 것도 진보적인 것도 아니다."라고 주장하는 것도 과히 틀린 말은 아니다.

제2부
국민의 힘, 대한민국헌법의 모든 것

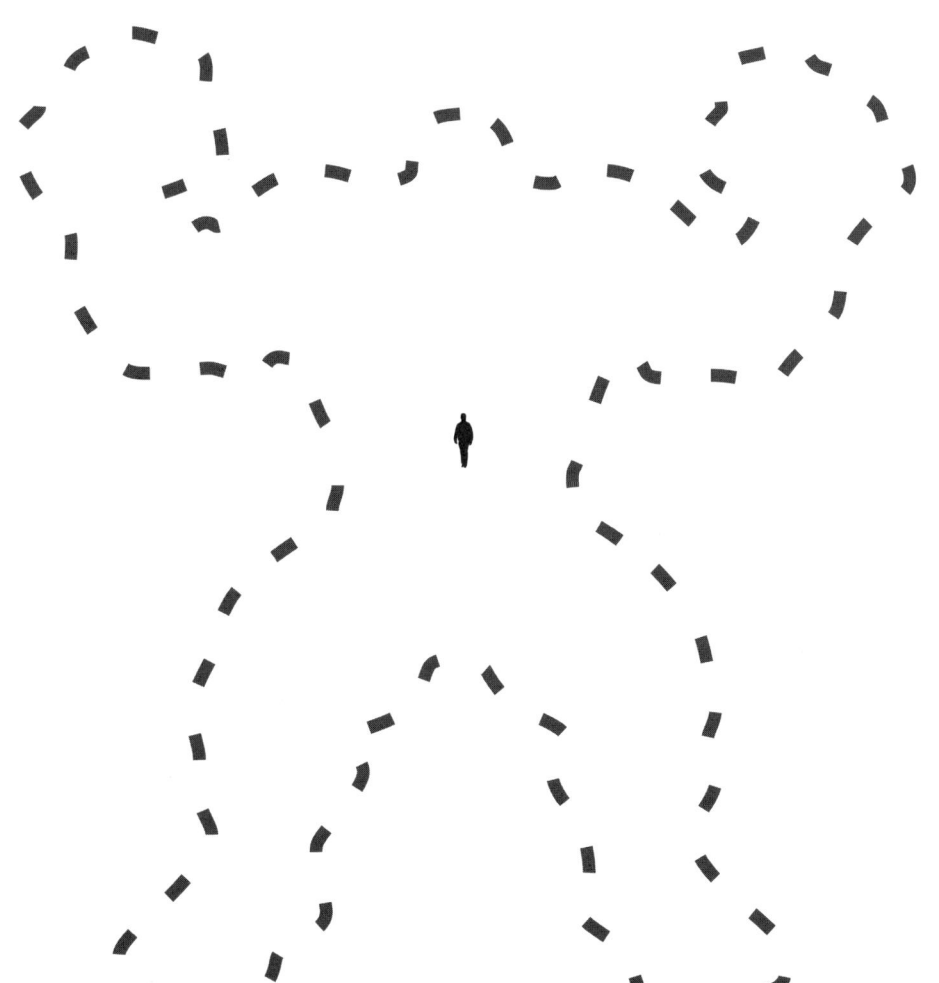

전문前文

유구한 역사와 전통에 빛나는 우리 대한국민은 3·1운동으로 건립된 대한민국임시정부의 법통과 불의에 항거한 4·19민주이념을 계승하고, 조국의 민주개혁과 평화적 통일의 사명에 입각하여 정의·인도와 동포애로써 민족의 단결을 공고히 하고, 모든 사회적 폐습과 불의를 타파하며, 자율과 조화를 바탕으로 자유 민주적 기본 질서를 더욱 확고히 하여 정치·경제·사회·문화의 모든 영역에 있어서 각인의 기회를 균등히 하고, 능력을 최고도로 발휘하게 하며, 자유와 권리에 따르는 책임과 의무를 완수하게 하여, 안으로는 국민 생활의 균등한 향상을 기하고 밖으로는 항구적인 세계평화와 인류공영에 이바지함으로써 우리들과 우리들의 자손의 안전과 자유와 행복을 영원히 확보할 것을 다짐하면서 1948년 7월 12일에 제정되고 8차에 걸쳐 개정된 헌법을 이제 국회의 의결을 거쳐 국민투표에 의하여 개정한다.

우리 헌법 전문은 하나의 문장으로 되어 있다. 주어는 '우리 대한국민'이고 동사는 '개정한다'이다. 따라서 전문을 포함한 헌법의 모든 조항은 주권자인 '우리 대한국민'이 화자, 즉 말하고 있는 주체다. 전문은 헌법의 핵심 원리가 담겨 있는 헌법 중의 헌법이다.

제헌국회 당시 국회의장 이승만은 헌법 전문에 대해서 이렇게 말했다(속기록의 원문을 오늘날 어감에 맞게 수정하였다).

> 따라서 내 생각은 전문, 이것이 긴요한 글입니다. 거기에 즉 우리의 국시, 국체가 어떻다 하는 것이 표시될 것입니다. 내가 여러분에게 간절히 요구하는 것은 …… '우리는 민주국 공화체이다.' 하는 것을 쓰는 것입니다. 기미년 독립선언문에도 있는 것입니다. 그후 정부가 상해에 있든 남경에 있든 독재제가 아니라 민주정권이다 하는 것을 썼습니다. 이 정신은 벌써 35년 전에 세계에 공포하고 내세운 것입니다. …… 그런 까닭에 여기서 우리가 헌법 전문에 …… '우리 대한국민은 유구한 역사와 전통에 빛나는 민족으로서 기미년 3·1혁명에 궐기하여 처음으로 대한민국 정부를 세계에 선포하였으므로 그 위대한 독립 정신을 계승하여 자주독립의 조국 재건을 하기로 함'이라는 구절을 넣을 것을 제의하는 것입니다. 우리와 이후의 우리 동포들이 잊어버리지 않도록 헌법 벽두에 민주국이다 하는 것, 35년 전의 정신을 쓰는 것이 좋겠습니다. 이것이 나의 요청이며 또 부탁하는 것입니다(제헌국회 제1회 제22차 본회의, 단기 4281년(서기 1948년) 7월 1일 헌법안 제2독회에서).

헌법 전문은 단순한 선언문에 그치는 것이 아니라 법적 규범으로 작용한다. 헌법재판소는 헌법 전문에 명시된 "대한민국임시정부의 법통" "계승"을 근거로 국가는 독립 유공자와 그 유족에 대하여 응분의 예우를 할 헌법적 의무가 있다고 밝힘으로써 헌법 전문의 규범으로서의 효력을 인정했다(헌재결 2005.6.30. 2004헌마859). 그뿐만 아니라 헌법재판소는 헌법 전문의 "각인의 기회를 균등히 하고" 부분에 대하여 이것은 우리 헌법의 최고 원리로 국가가 입법을 하거나 법을 해석하고 집행함에 있어 따라야 할 기준이라고 판단했다(헌재결 1989.1.25. 88헌가7).

1948년 제헌헌법의 전문에 있던 내용 가운데 상당 부분이 현행헌법 전문에도 남아 있다. 전문 중 제헌헌법에도 존재했던 문구를 추려내면 다음과 같다.

1. "유구한 역사와 전통에 빛나는 우리 대한국민은 3·1운동으로 건립된 대한민국"
2. "정의·인도와 동포애로써 민족의 단결을 공고히 하고, 모든 사회적 폐습과 불의를 타파"
3. "정치·경제·사회의 모든 영역에 있어서 각인의 기회를 균등히 하고, 능력을 최고도로 발휘하게 하며"
4. "책임과 의무를 완수하게 하여, 안으로는 국민 생활의 균등한 향상을 기하고 밖으로는 항구적인 세계평화에 이바지함으로써 우리들과 우리들의 자손의 안전과 자유와 행복을 영원히 확보할 것을 다짐"

1번 문구는 대한민국의 기원을 밝히고 있다. 이 부분의 제헌헌법 원문은 "유구한 역사와 전통에 빛나는 우리들 대한국민은 기미 3·1운동으로 대한민국을 건립하여 세계에 선포한 위대한 독립 정신을 계승하여 이제 민주 독립국가를 재건함에 있어서"로 되어 있다.

즉 제헌헌법은 대한민국이 1919년 3·1운동으로 '건립'되었음을 분명히 하고 1948년의 대한민국 정부 수립이 '건국'이 아니라 '재건'임을 선언하고 있는 것이다. 또한 현행헌법도 대한민국임시정부의 법통(법적 정통성)을 계승한다고 밝히고 있다. 따라서 일부 보수 단체에서 주장하는 8·15 '건국절'은 역사적으로나 헌법적으로 아무 근거가 없다.

중요한 것은 제헌헌법에서 현행헌법에 이르기까지 일관되게 "균등"을 강조하고 있다는 점이다. 즉 3번의 "정치·경제·사회의 모든 영역에 있어서 각인의 기회를 균등히 하고"와 4번의 "국민 생활의 균등한 향상을 기하고"라고 하여 전문 안에서 "균등"이라는 단어를 두 번이나 쓰고 있다. 3번이 기회의 균등을 말하고 있다면 4번은 결과적 평등까지 말하고 있다. 따라서 이것은 제헌헌법의 기초자들은 물론 현행헌법의 초안을 만든 사람들에 이르기까지 균등, 곧 평등이 우리 헌법에서 민주주의와 더불어 가장 중요한 가치라고 생각했다는 것을 뜻한다.

제헌헌법 전문에는 "자유 민주적 기본 질서"가 없었다. 전문뿐만 아니라 제헌헌법 어디에도 자유 민주적 기본 질서나 자유민주주의라는 말은 없다. "자유 민주적 기본 질서"가 처음 등장한 것은 유신헌법에서다. 권력분립을 무력화하고 대통령의 연임 제한을 없앤 유신헌법에 자유 민주적 기본 질서가 처음 등장한다.

현행헌법 개정 과정에서 전문과 관련해서는 세 가지가 쟁점이 되었다. 그것은 (1) 5·18광주의거 (2) 국군의 정치적 중립 (3) 국민 저항권의 명문화였다. 이 세 가지를 둘러싸고 당시 여당인 민정당과 야당인 통일민주당의 주장이 맞섰다. 통일민주당은 이와 관련한 헌법 전문 개정 시안을 다음과 같이 제안하였다(민병로, 2010: 255).

> 4·19의거와 5·18광주의거로 부당한 국가권력에 대하여서는 단호히 거부하는 국민의 권리를 극명히 하였고, 군인의 정치 개입을

단호히 반대하고 문민정치의 이념을 천명함으로써 자유민주주의 체제를 확립하며

그런데 통일민주당 측에서 군의 정치적 중립을 헌법 총강에 넣으면 전문 중 광주의거 부분은 삭제 가능하다고 양보하는 입장을 표명했고, 이어서 양당은 1987년 8월 26일 개최된 8인 정치 회담에서 헌법 전문에 5·18을 넣지 않는 대신 저항권, 군의 정치 개입 금지는 총강 등에 적절히 삽입키로 했다. 결과적으로 5·18과 저항권은 반영되지 않았고, 군의 정치적 중립성만 제5조 2항에 규정되었다. 이에 국민운동본부에서는 "너무 쉽게 많은 부분을 양보하고 있는 것 같다."며 불만을 표시했다(강원택 외, 2011).

당시 여야는 개헌안 단일안 작성을 위해 8인 정치 회담을 구성했는데, 그 구성원은 민정당의 권익현, 윤길중, 최영철, 이한동, 통일민주당의 이중재, 이용희, 박용만, 김동영이었다.

5·18민중항쟁과 6월항쟁의 성과에 의해 이루어진 87년 개헌에서는 우리 헌정사에서 대단히 중요한 의미를 갖는 '5·18정신의 계승'이 누락됨으로써 5·18민중항쟁이 갖는 헌정사적 의미와 다양한 헌법적 의미를 담보해내지 못하고 말았다. 이러한 원인과 배경은 전두환이 그대로 권좌에 머무른 채, 그의 전위 정당인 민정당과 정략적 이익을 앞세운 야당이 개헌의 주도권을 가지고 주권자인 국민을 배제한 채 개헌 협상을 이루었기 때문이다. 물론 이로 인해 대통령직선제와 군의 정치적 중립성, 헌법재판소의 설치 등 획기적인 내용의 헌법 개정을 하게 되지만, 87년 개헌의 근본적 동력이라고 할 수 있는 5·18민중항쟁과 저항권은 여야 간

협상 과정에서 정략적 야합에 의해 삭제되고 만 것이다(민병로, 2010: 269).

당시 정략적 야합의 내용이 무엇인지는 알 수 없지만, 5·18광주민주화운동 정신 계승을 거래의 대상으로 삼은 것은 두고두고 비판받아야 한다. 한국 정치는 관대할 때와 엄격해야 할 때를 잘 구별하지 못한다. 관대해야 할 때에는 오히려 지나치게 엄격하고, 엄격해야 할 장면에서는 오히려 놀랍도록 관대하다. 이 같은 현상은 사회가 정상적인 발전 경로에서 이탈되어 있음을 뜻한다. 5·18정신 계승을 헌법 전문에서 누락시킨 것은 엄격해야 할 시점에서 터무니없이 관대했던 대표적인 사례로 기록될 것이다.

제1장
총강

1. 대한민국은 민주공화국이다.

    제1조 ① 대한민국은 민주공화국이다.
    ② 대한민국의 주권은 국민에게 있고, 모든 권력은 국민으로부터 나온다.

제1항은 제헌헌법 제1조, 제2항은 제헌헌법 제2조와 같다.
헌법 제1조는 우리 헌법에서 가장 '정치적'이고 '혁명적'인 부분이다. 우선 '권력'이라는 단어에 주목하기 바란다. '권력'은 법률 용어가 아니다. 법조문에서는 '권리', '권한', '권원'이라는 말은 써도 '권력'이라는 단어는 쓰지 않는다. 그런데 국가의 최고 법규범인 헌법에서 권력이라는 말을 쓰고 있다. 당신은 권력이라는 단어에서 무엇을 연상하는가? "모든 권력은 총구에서 나온다."는 말처럼 총이 연상될 수도 있고, 칼이 연상될 수도 있다. 이처럼 '권력'은 의지와 감정이 담긴 대단히 정치적인 말이다. 그런데 이처럼 정치적인 단어를 우리나라의 최고 법규범인 헌법에서 쓰고 있다는 것은 무엇을 뜻하는가? 그것은 헌법이 고도로 정치적인 문서임을 뜻한다. 이 점을 뼈저리게 실감하지 못하면 헌법에서 어떠한 감동도, 전율도 느낄 수 없다. 그래서 어떤 학자는 헌법 제1조를 이렇게 읽어보라고 권한다.

"우리 대한국민은 말한다. 대한민국은 민주공화국이다."

"우리 대한국민은 말한다. 대한민국의 주권은 우리 대한국민에게 있고, 모든 권력은 우리 대한국민으로부터 나온다."(이국운, 2011b)

뭔가 느낌이 다르지 않은가?

주권은 국가의 모든 의사 결정의 궁극적인 원천이 되는 힘이다. 주권은 국가를 만들고 국가기관을 조직하는 시원적인 힘이며, 일단 국가가 만들어진 이후에는 국가의 모든 작용을 가능하게 하고 정당화하는 근거가 된다. 따라서 주권자의 의사에 반하는 국가 작용은 무효인 것이다.

국민주권이 헌법에 처음으로 규정된 것은 1789년에 발표된 프랑스 인권선언이다. 1789년은 프랑스대혁명이 발발한 해이다. 이 하나의 문구를 넣기 위해서 혁명 기간에 무려 200만 명이 목숨을 잃었다. 우리나라도 국민주권을 위해 많은 사람이 희생됐다. 국민주권은 실로 엄청난 피의 대가다. 그리고 지금도 매순간 끊임없이 긴장하고 노력하지 않으면 유지할 수 없는 것이 바로 국민주권이다. 그것이 권력의 속성이다. 권력은 항상 도전받고 있다.

국민주권이 탄생되기 전에는 군주주권론, 법주권론, 의회주권론, 이성주권론 등의 다양한 주권론이 횡행했다. 그러나 국민주권이 확립되면서 다른 주권론은 자취를 감추었다. 국민주권보다 더 진보적인 주권론은 상상하기 어렵다.

2. 국민의 요건

제2조 ① 대한민국의 국민이 되는 요건은 법률로 정한다.
② 국가는 법률이 정하는 바에 의하여 재외국민을 보호할 의무를 진다.

제1항은 제헌헌법 제3조와 같다. 제2항은 1980년헌법에서 신설된 내용이다.

이 조항에 따라서 국민이 되는 요건은 국적법으로, 재외국민 보호 의무는 재외국민등록법, 재외동포의 출입국과 법적 지위에 관한 법률 등으로 정하고 있다.

먼저 국민이 되는 요건을 살펴보자. 국적법은 대한민국의 국민이 되는 요건으로 크게 출생, 인지認知, 귀화歸化의 세 가지를 규정하고 있다.

첫째, 출생에 의한 국적취득.

출생 당시에 아버지 또는 어머니가 대한민국 국민이거나, 출생 전에 아버지가 사망했는데 아버지가 사망할 당시에 대한민국 국민이었던 경우에는 대한민국 국적을 취득한다. 이른바 혈통주의 원칙이다. 그리고 부모가 둘 다 누구인지 분명하지 않거나 부모 모두 무국적자인 경우에는 대한민국에서 출생한 사실만으로 국적을 취득하는데 이것은 예외적으로 출생지주의를 적용한 것이다(국적법 제2조).

둘째, 인지에 의한 국적취득.

'인지'란 부모가 특정인이 자기 자녀임을 인정하는 것을 뜻하는 법률 용어다. 외국인이 부모의 인지에 의해서 대한민국 국적을 취득하려면, 그 외국인이 출생할 당시에 부모 중 적어도 한 명이 대한민국 국민이어야 하고, 또 외국인이 우리 민법상 미성년자(즉 만 20세 미만)이어야 한다. 이 두 가지 요건이 갖추어진 상태에서 법무부장관에게 인지를 신고하면 국적을 취득한다(국적법 제3조).

셋째, 귀화에 의한 국적취득.

대한민국 국적을 취득한 적이 없는 외국인은 법무부장관의 귀화허가를 받아야 국적을 취득할 수 있다. 귀화에는 일반 귀화, 간이 귀화, 특별 귀화의 세 가지 방식이 있다(국적법 제4조~제7조).

위의 세 가지 방법 외에 대한민국의 국민이었던 외국인은 국적회복의 방식으로 국적을 취득할 수 있다(국적법 제9조). 또 외국인 부모가 대한민국 국적을 취득할 때 미성년자인 자녀가 부모와 함께 국적을 취득하는 수반 취득도 있다(국적법 제8조).

한편 국적법은 그동안 악용될 소지가 있는 이중국적을 불허해왔는데, 최근 이른바 사회 지도층과 그 자녀들의 이중국적이 계속해서 사회적 물의를 빚자, 국회는 정부가 제출한 국적법 개정안을 받아 2010년에 법을 개정해서 일정한 요건하에 이중국적을 허용했다. 이 법이 2011년부터 발효되자 미국의 한 교포신문에는 이런 제목의 기사가 났다. "미국인이면서 한국인 받는 혜택 모두 누린다. 한국에서 선거권·세제 혜택 등 동등 처우, 여권·주민등록증 발급받아. 미국에서 소셜시큐리티(사회보장) 연금 수혜 지속……" 원래 이중국적은 미국과 같이 국적취득에 출생지주의를 채택한 나라에서 부득이하게 인정되는 것이다. 그런데 이중국적 제도는 병역기피, 탈세, 기타 각종 범죄에 악용될 수 있다. 행정적으로도 복잡한 문제가 발생한다. 보다 근본적으로는 한 사람이 두 개 이상의 나라의 주권자가 될 수 있느냐 하는 의문이 있다. 그래서 오늘날 대부분의 나라는 이중국적을 허용하지 않는다.

북한 주민의 국적취득도 문제된다. 헌법 제3조는 북한 지역도 대한민국의 영토로 보기 때문이다. 따라서 헌법의 논리로 일관하면 북한 주민도 태어날 때부터 대한민국 국민이라는 결론에 도달하게 된다. 헌법재판소는 우리 헌법이 제헌헌법 이래로 이 조항을 두고 있다고 하면서도, 북한 주민의 한국 국적취득에 대해서는 헌재의 입장을 직접 밝히는 대신 대법원 판례를 인용하는 데 그치고 있다. 즉 헌법재판소는 대법원이 "북한 지역도 대한민국의 영토에 속하는 한반도의 일부를 이루는 것이어서 대한민국의 주권이 미치고 북한 주민도 대한민국 국적을 취득·유지하는 데 아무런 영향이 없는 것"으로 해석하고 있다고 확인한 바 있다(헌재결 2000.8.31. 97헌가12). 헌법재판소가 인용한 대법원 판례는 중국 거주 북한 국적자로서 주중 북한대사관에서 북한의 해외공민증을 발급받은 사람에 대한 것이다(대판 1996.11.12. 96누1221).

한편 북한 이탈 주민이 입국한 경우에는 일단 관계 기관의 조사를 받은 후 하나원에 입소하여 8주간 교육을 받고 주민등록을 하게 되는데, 북한 이탈 주민은 사실상 이때 대한민국 국적을 취득한다. 국적취득 전에는 국제법상 난민의 지위를 가진다. 다만 중국 정부는 북한 이탈 주민의 난민지위를 인정하지 않고 있다. 우리 헌법과 국적법은 현재 북한 주민의 국적 문제에 대해서 침묵하고 있다. 독일통일 전 서독 기본법은 제116조에서 "1937년 독일제국 당시 독일 국적이었던 사람과 그 배우자, 직계비속은 독일연방공화국 국적자로 간주한다."고 명시하여 동독 지역 주민도 자국민으로 인정했다.

다음으로는 재외국민 보호를 살펴보자. 헌법은 재외국민 보호만을 규정하고 있지만, 재외동포의 출입국과 법적 지위에 관한 법률은 우리 국적을 가진 '재외국민'과 현재 우리 국적이 없는 '외국 국적 동포'까지 모두 '재외동포'로 한데 묶어서 법적인 보호를 하고 있다.

이 법에서는 재외동포를 두 가지로 분류하는데 (1) 대한민국 국민으로서 외국의 영주권을 취득한 자 또는 영주할 목적으로 외국에 거주하고 있는 자(=재외국민) (2) 대한민국의 국적을 보유하였던 자(대한민국 정부 수립 전에 국외로 이주한 동포를 포함) 또는 그 직계비속으로서 외국 국적을 취득한 자 중 대통령령으로 정하는 자(=외국국적 동포)(재외동포의 출입국과 법적 지위에 관한 법률 제2조)가 그것이다. 재외동포가 국내 거소 신고증을 발급받으면 부동산거래, 금융거래 등에서 내국인과 동등한 권리를 갖고, 90일 이상 국내 체류 시 건강보험 적용을 받는 등의 혜택을 누릴 수 있다.

3. 대한민국의 영토

제3조 대한민국의 영토는 한반도와 그 부속도서로 한다.

제헌헌법 제4조와 같다.

헌법 조항 중 우리를 가장 헷갈리게 만드는 조항이 바로 이 영토 조항이다. 다른 나라 헌법에서는 영토 조항을 찾아보기 힘들다. 연방제를 채택한 국가들 가운데에는 헌법에 소속 연방을 나열한 경우는 있어도, 이렇게 지리적으로 영토를 규정한 나라는 없는 것 같다. 내가 찾아보려고 애를 썼지만 하나도 찾지 못했다. 문제는 영토를 규정한 조항이면서도 정작 영토의 경계는 규정하지 않았다는 점이다. 한반도를 어디서부터 어디까지로 볼 것인지, 부속도서는 어디까지인지가 모호하다. 제헌헌법을 만들 때도 이 조항의 문제점을 놓고 논쟁이 있었다. 제헌의원들은 독도, 간도, 심지어 대마도까지도 거론했다. 논란의 소지가 있으니 차라리 영토 조항을 넣지 말자는 의견도 있었다. 하지만 결국은 헌법기초위원회의 주장대로 통과되었다. 무슨 이유였을까?

영토 조항에는 보다 중요한 의도가 담겨져 있었기 때문이다. 그것은 다름 아니라 대한민국이 한반도의 유일한 합법 정부라는 선언의 의미였다. 남한 정부의 통치권이 북한 지역까지 미친다는 헌법적 선언, 다시 말해 북한 정부는 진압되어야 할 반란 단체라는 의미를 담은 규정이었던 것이다(이영록, 2006).

대한민국이 한반도의 유일한 합법 정부라는 인식은 유엔이 그렇게 결의했다는 것이 그 근거로 제시되어왔다. 그런데 아래 기사는 우리에게 그동안 알려졌던 것과는 전혀 다른 사실을 말해주고 있다.

1948년 12월 12일 '유엔총회 결의 195(III)'에서는 한국 정부를 'the only such Government in Korea(코리아 내 유일 정부)'라고 표현하고 있다. 역사학계에서는 여기의 'Korea'란 표현을 두고 한반도 전체냐, 남한만이냐에 대한 논란이 있어왔다. 그러나 1949년 1월 19일 방송된 '미국의 소리 Voice of America' 방송에서 미국과 영국은 "한국 정부는 한반도 전체의 유일 합법 정부가 아니라, 유엔 감시하에 자유선거가 거행된 구역 안에서의 법적으로 유일한 자치 독립 정부라고 인정한 것"이라는 공식 견해를 밝힌 바 있다(『경향신문』 인터넷판 2011. 11. 8).

이 기사가 사실이라면 영토 조항은 잘못된 정보 혹은 의도적으로 왜곡한 정보를 토대로 만들어진 것이라는 이야기가 된다. 대한민국이 한반도 내 유일 합법 정부라는 주장을 뒷받침해준 유엔 결의 내용이 실제로는 '남한에서의 유일한 합법 정부'를 뜻하는 것이었다면, 결국 '한반도에서의 유일 합법 정부론'은 대한민국 국민이 그렇게 생각한다는 사실에서 근거를 찾아야 할 것이다.

이후 이 조항 때문에 우리 헌법이 북한 주민들에게도 적용되는 것인가를 놓고 계속 논쟁이 되었고, 남북한동시유엔가입과 남북기본합의서 체결, 그리고 두 차례의 남북정상회담을 거치면서 조항의 유효성 자체가 도마에 오르기도 했다.

독일통일 전 서독기본법은 제23조에서 "기본법은 우선적으로 독일연방공화국[서독] 내에서 효력이 있고, 독일의 다른 지역에서는 독일연방공화국에 편입된 이후에 그 효력을 발생한다."고 규정하여 이 같은 논란의 소지를 없앴다.

우리 헌법의 영토 조항은 그동안 국가보안법의 존치를 합리화하는 근거로 사용되었다.

4. 평화통일

제4조 대한민국은 통일을 지향하며, 자유 민주적 기본 질서에 입각한 평화적 통일 정책을 수립하고 이를 추진한다.

제헌헌법은 통일과 관련해서 아무런 언급이 없었다. 헌법에 통일 관련 내용이 처음 들어간 것은 유신헌법이다. 유신헌법은 '조국의 평화적 통일'이라는 말을 무려 네 번이나 강조하고 있다.

1. 조국의 평화적 통일의 역사적 사명(유신헌법 전문).

2. 통일주체국민회의는 '조국의 평화적 통일'을 위한 국민의 주권적 수임 기관(유신헌법 제35조).

3. 대통령은 '조국의 평화적 통일'을 위한 성실한 의무를 진다(유신헌법 제43조 3항).

4. 대통령 취임 선서문의 '조국의 평화적 통일'을 위한 노력(유신헌법 제46조).

이는 유신 정권이 민주주의 억압과 영구 집권을 위한 명분으로 '조국의 평화적 통일'을 상정했음을 뜻한다. 유신헌법의 통일 관련 조항들이 가면에 불과하다는 것은 유신헌법 부칙에서도 나타난다. 즉 유신헌법 부칙 제10조는 "이 헌법에 의한 지방의회는 조국 통일이 이루어질 때까지 구성하지 아니한다."고 밝힘으로써, 국민의 다양한 정치적 의견 표출을 막고 1인 독재를 실시하는 데 조국 통일을 방패막이로 활용하려 했음을 드러내고 있다. 1972년 7월 4일에 발표한 「7·4남북공동성명」도 결국은 유신 체제로 가기 위한 하나의 수순이었다는 평가를 받고 있다. 남한뿐만 아니라 북한도 이후 김정일에 대한 권력 승계 작업에 박차를 가하는 등 남과 북의 최고 지도자들이 민족의 염원인 통일을 이용해서 서로 적대적 공존을 모색한 것이라는 비판에서 자유롭기 어렵다. 이후 남북의 통일 노력은 오랜 기간 중단되었고, 첨예한 군사적 긴장이 계속되었다.

그러나 현행헌법에 제4조가 도입된 이후에는 사정이 달라졌다. 1991년에 체결된 「남북기본합의서」(공식 명칭은 「남북 사이의 화해와 불가침 및 교류·협력에 관한 합의서」)는 「7·4남북공동성명」에서 양측이 합의한 조국 통일 3대 원칙—자주, 평화, 민족 대단결—을 재확인하고, 대결 상태 해소, 민족적 화해, 무력 침략과 충돌 방지, 긴장 완화와 평화 보장, 교류 협력 실현을 통해 민족 공동의 이익과 번영을 도모하고, 쌍방 사이의 관계가 나라와 나라 사이의 관계가 아닌 통일을 지향하는 과정에서 잠정적으로 형성되는 특수 관계라는 점을 인정했다.

이러한 상호 인식하에 남북 화해의 차원에서 서로 상대방의 체제를 인정 및 존중하고, 내정불간섭, 비방 중지, 상대방에 대한 파괴·전복 행위 금지, 정전 상태의 평화 상태로의 전환 등이 규정되었다.

남북 불가침과 관련해서는 무력 침략 금지, 분쟁의 평화적 해결, 현재의 경계선과 관할구역 존중, 군사당국자 간의 직통전화 설치 등이 규정되었다.

교류·협력과 관련해서는 경제 교류·협력을 비롯한 여러 분야의 교류·협력 실시, 자유 왕래 접촉 실현, 이산가족 왕래 실현, 철도·도로 연결 및 항로 개설, 우편 전기통신 교류 시설의 설치, 국제무대에서의 상호 협력 등이 규정되었다.

두 차례에 걸친 남북정상회담도 역사적인 맥락에서 본다면 이 같은 「남북기본합의서」의 취지를 실현하는 차원에서 이루어졌다고 할 수 있다. 따라서 남북정상회담을 남한 '좌익 세력'의 준동, 퍼주기로 곡해하는 일부 보수 진영의 태도는 자기모순이며(「7·4남북공동성명」은 박정희가, 「남북기본합의서」는 노태우가 추진했다) 궁극적으로 헌법 제4조를 무시하는 행위다.

헌법상 통일 조항과 관련하여 시간적으로 3단계로 구분하여 헌법 개정의 방향을 제시하는 입장이 제기되고 있다(김승대, 2010). 즉 1단계로 통일 전의 개헌에서는 통일을 위한 '유용성'이 주로 고려되어야 하고, 2단계 통일 실현 과정의 개헌에서는 통일의 '신속성'이 가장 우선되어야 하며, 3단계 통일 후의 개헌에서는 통일 헌법으로서의 '완전성'이 추구되어야 한다는 것이다. 그리고 통일 전 단계인 현시점에서 헌법상 통일 조항을 개정한다면 다음의 내용을 추가할 필요가 있다고 한다.

1. 제4조 ② 통일은 분단에 의한 민족적 고통을 민족적 화해와 용서의 숭고한 정신에 의하여 해소시켜야 하며 보복의 기회로 활용되어서는 안 된다.
2. 제6조 ③ 한반도의 영토적 상황에 관하여 체결된 국제조약은 통일 이후에도 그 효력을 유지한다. ④ 대한민국은 통일 이후 모든 인접국과의 기존의 국경 상태를 존중하며 핵무기의 개발이나 보유를 지향하지 아니한다.
3. 제60조 ③ 국회는 조국의 평화적 통일을 목적으로 한 통일 합의서의 체결에 대한 동의권을 가진다. ④ 제3항의 동의는 국회재적의원 3분의 2 이상의 찬성이 있어야 한다. ⑤ 제3항의 통일 합의서에는 조국의 평화적 통일을 완수하기 위하여 필요 불가결한 헌법 개정 사항을 포함할 수 있다.
4. 제120조 ③ 통일은 국토의 효율적 이용에 적합한 방향으로 추진되어야 하고 토지에 관한 법적 관계를 불안하게 하여서는 아니 된다.

1은 분단 체제하에서의 남북 간의 상호 갈등과 충돌로 빚어진 모든 사건에 대한 정치적 보복을 포기함으로써 남측의 통일에 대한 강한 의지와 진심을 입증하고 남북 양측의 주민들로 하여금 통일에 대한 불안감을 떨쳐버리게 하기 위한 것이다.

2는 한반도 주변국들에 대하여 남북통일에 대한 불안감을 떨쳐버리게 하기 위한 것이다. 남북한이 통일되면 한반도 전역을 포괄하는 인구 7,500만의 강대국이 탄생하게 되는데, 이는 미국, 일본, 중국, 러시아 등 주변국들로 하여금 동아시아의 안정에 대한 우려감을 가지게 할 수 있다. 특히 북한이 핵을 보유한 상황에서 남북이 통일을 하는 것은 주변국들 입장에서는 꺼리게 될 것이다.

3은 통일 과정에서 국회의 통제와 개입을 가능하게 함으로써 통일에 대한 민주적 정당성을 확보하는 한편 양측의 통일 합의서에 대한 신중한 검토를 위한 것이다.

4는 남북 양측의 현재의 영역 내에 확립된 토지의 소유 또는 이용권을 존중하기 위한 것이다.

한편 북한 헌법(조선민주주의인민공화국 사회주의 헌법)은 제9조에서 통일과 관련하여 다음과 같이 규정하고 있다.

> 조선민주주의인민공화국은 북반부에서 인민정권을 강화하고 사상, 기술, 문화의 3대혁명을 힘 있게 벌려 사회주의의 완전한 승리를 이룩하며 자주, 평화통일, 민족 대단결의 원칙에서 조국 통일을 실현하기 위하여 투쟁한다.

한편 또 다른 분단국가인 중화인민공화국은 통일과 관련하여 헌법 전문에서 다음과 같이 규정하고 있다.

> 대만은 중화인민공화국의 신성한 영토의 일부이다. 조국 통일의 대업을 성취하는 것은 대만 동포를 포함하는 전 중국 인민의 신성한 의무이다. 중화인민공화국은 전국의 여러 민족 인민이 공동으로 창건한 통일된 다민족국가이다. 평등·단결·상호 원조의

사회주의 민족체계는 이미 확립되어 있고 계속하여 강화될 것이다. 민족의 단결을 지키는 투쟁 중에서 대大민족주의 특히 대大한민족주의를 반대하고 또 지방 민족주의도 반대하여야 한다. 국가는 전력을 다하여 전국 각 민족의 공동의 번영을 촉진한다.

이제 통일은 먼 미래의 일이 아니라 언제든지 도래할 수 있는 현실의 과제로 부각되고 있다. 통일이 지향하는 궁극적 목표 지점은 물론 완전한 1민족 1체제 1정부일 것이다. 그러나 그 이전의 남북 교류, 상생, 공존공영의 단계도 단순한 통일의 전 단계가 아니라 통일 과정으로서, 일종의 불완전한 통일로 파악하고 그에 맞게 헌법을 개정할 필요성이 있다. 현행헌법은 북한을 평화통일의 상대방으로 보는(헌법 전문, 헌법 제4조 평화통일 조항) 동시에 대한민국 영토를 불법적으로 점유한 반국가 단체로 보는(헌법 제3조 영토 조항) 이중적 태도를 견지하고 있다. 그리고 이 같은 헌법의 자기모순적 태도는 평화통일이라는 궁극적 목표에 상반되는 것일 뿐만 아니라 끊임없는 남남 갈등의 원인이 되고 있다. 향후 개헌을 할 때에는 헌법에서 북한을 어떻게 규정할 것인가에 대한 국민적 합의가 모아져야 할 것이다.

5. 국제평화 및 국군의 정치적 중립성

제5조 ① 대한민국은 국제평화의 유지에 노력하고 침략적 전쟁을 부인한다.
② 국군은 국가의 안전보장과 국토방위의 신성한 의무를 수행함을 사명으로 하며, 그 정치적 중립성은 준수된다.

제헌헌법 제6조와 부분적으로 같다. 제1항의 국제평화 유지 노력은 1962년헌법에서 추가되었다. 제2항의 "국가의 안전보장"은 1980년헌법에서 추가되었고, "정치적 중립성은 준수된다."는 현행헌법에서 추가되었다.

우리나라는 이 조항을 근거로 국제사회의 일원으로서 다양한 평화 유지 활동을 하고 있다. 국방부는 국제평화 유지 활동에 대해서 다음과 같이 개념 짓고 있다.

"국제평화 유지 활동은 분쟁이 악화되어 당사자 간 자체 해결이 곤란한 지역에서 이루어지는 것으로, 유엔안보리가 채택한 결의안에 따라 유엔이 직접 주도하거나 유엔의 위임하에 특정 지역 기구 또는 동맹국 주도하에 이루어진다. 국제평화 유지 활동은 과거에는 분쟁지역 정전 감시가 주된 임무였으나, 최근에는 인도적 지원, 선거 지원, 국가 재건 활동 지원 등으로 임무가 확대되는 추세이고 참여 대상도 군인뿐만 아니라 경찰, 공무원, 민간인 등으로 확대되고 있다."(국방부 홈페이지)

우리나라가 지금까지 유엔안보리 결의와 국회 동의를 거쳐서 국군을 해외에 파병한 지역은 2011년 10월 말 현재 총 10곳으로 걸프전(91년 1월 21일 국군의료지원단, 91년 2월 7일 공군수송단), 소말리아(93년 5월 18일 상록수부대), 서부사하라(94년 7월 14일 국군의료지원단), 앙골라(95년 7월 15일 국군공병부대), 동티모르(99년 9월 28일 상록수부대), 아프간(01년 12월 6일 공군수송지원단·해군수송지원단·동의부대, 03년 12월 4일 다산부대, 10년 2월 25일 PRT방호부대), 이라크(03년 4월 2일 서희·제마부대, 04년 2월 3일 자이툰부대), 레바논(06년 12월 22일 동명부대), 소말리아 해역(09년 3월 2일 청해부대), 아이티(10년 2월 9일 단비부대)이다. 괄호 안의 날짜는 국회가 동의해준 날짜다(국방부 홈페이지 참조).

그런데 이들 지역 가운데 아프간과 이라크는 미국이 벌인 대테러 전쟁에 국제사회가 말려든 것이다. 아프간 대테러 전쟁과 이라크전쟁에 파병을 한 것이 과연 헌법적으로 정당한 것인지에 대해 의문이 있다. 헌법은 '침략적 전쟁을 부인'한다고 규정하고 있다. 만약 이들 전쟁이 침략 전쟁이라면 우리 정부가 국군을 파병한 것은 제1항 위반이 된다. 침략적 전쟁을 부인한다는 것은 우리가 다른 나라를 침략하지도 않거니와, A국이 B국을 침략할 때 동참하지도 않는다는 뜻이기 때문이다. 그런데 헌법재판소는 "이라크전쟁이 침략 전쟁인지 여부 등에 대한 판단은 대의기관인 대통령과 국회의 몫이고, 성질상 한정된 자료만을 가지고 있는 우리 재판소가 판단하는 것은 바람직하지 않다."는 이유로 사법적 판단을 자제했다(헌재결 2004.4.29. 2003헌마814).

"(국군의) 정치적 중립성은 준수된다." 이 부분이 삽입된 것은 현행 헌법에 들어와서다. 군인들에 의한 헌정 중단 사태의 재발을 막기 위한 조치이다. 이 조항은 국민이 국군에게 명령하는 말투, 즉 "국군은 정치적 중립성을 준수하여야 한다."로 바꿔야 한다.

우리 군은 그동안 많은 정치적 사건에 관여했고, 두 번의 쿠데타를 일으켜 30년 동안 장기 집권을 했다. 또한 1980년 5·18광주민주화운동 당시에는 계엄군에 의해서 무고한 국민들이 다수 희생되기도 했다. 우리 군은 해방 뒤 어수선한 상황에서 일본군, 만주군 출신들이 대거 들어와 군의 주류를 형성했고, 그로부터 다수의 정치군인을 양산했다. 국군의 정치적 중립은 아직도 지켜지지 않고 있다. 불온 도서 목록 사건이 대표적이다. 국방부는 2008년에 23권의 불온서적 목록을 내려보낸 데 이어, 2011년 11월에는 공군의 모 전투비행단에서 여기에 19권을 추가했다. 이처럼 불온 도서 목록을 만들어서 장병들이 그 책들을 못 읽게 하는 것은 국군의 정치적 중립성에 위배될 뿐만 아니라 헌법이 보장한 기본권의 본질적 내용을 침해하는 행위다. 장병의 정신 전력을 약화시킨다는 것이 금서 목록의 이유인데, 그런 이유라면 장병들이 부재자투표를 할 때 야당 후보, 특히 진보 정당 후보를 지지하는 것을 어떻게 설명할 것인가? 그것을 두고 정신 전력이 붕괴된 것이라고 할 것인가? 또 그들에게는 진보적 공약이 담긴 선거 홍보물의 열람을 금지시킬 것인가?

2008년 국방부 불온 도서 목록에 대해서 헌법소원을 제기한 군 법무관들은 징계를 당했으며, 이에 대한 소송이 지금도 진행 중이다. 국군의 정치적 중립성 준수를 헌법에 규정한 이유가 무엇인지를 군 당국은 깊이 생각해야 한다.

6. 조약과 국제법규

> 제6조 ① 헌법에 의하여 체결·공포된 조약과 일반적으로 승인된 국제법규는 국내법과 같은 효력을 가진다.
> ② 외국인은 국제법과 조약이 정하는 바에 의하여 그 지위가 보장된다.

제헌헌법 제7조와 같다.

조약이란 그 명칭에 관계없이 서면 형식으로 국가 간에 체결되며 또한 국제법에 의하여 규율되는 국제적 합의를 뜻한다. 따라서 꼭 조약이라는 말이 붙지 않아도 이 같은 요건을 충족하면 조약으로 본다. 조약은 국가 간의 자유로운 동의와 신의성실의 원칙 및 '약속은 준수하여야 한다.'는 원칙을 바탕으로 한다. 1980년에 우리나라도 가입한 '조약법에 관한 비엔나 협약'에 의하면 이 협약의 당사국들은 제 국민의 평등권과 자결, 모든 국가의 주권 평등과 독립, 제 국가의 국내문제에 대한 불간섭, 힘의 위협 또는 사용의 금지 및 모든 사람의 인권과 기본적 자유에 대한 보편적 존중 등 국제법의 원칙에 유념한다고 밝히고 있다. 헌법 제6조는 주권자인 우리 국민이 외국과 맺은 약속인 조약과 국제사회에서 일반적으로 승인된 국제법규를 지키고, 아울러 우리나라에 거주하는 외국인에 대해서도 그 지위를 보장해주겠다는 의지를 밝힌 것이다. 일반적으로 승인된 국제법규로는 국제관습법(예: 민족자결의 원칙)과 일반적으로 승인된 국제조약(예: 유엔 헌장, 집단 학살Genocide 금지 협정) 등이 있다.

일단 조약이 발효되면 국내법과 같은 효력을 가지기 때문에 헌법재판소의 위헌 판단 대상이 된다. 헌법재판소는 공무원의 노동운동을 금지한 지방공무원법 규정이 국제노동기구(ILO) 협약에 위배되는지에 대하여, ILO 제87호 협약(단결권 보장), 제98호 협약(단결권 및 단체교섭권 원칙의 적용), 제151호 협약(공공 부문에서의 단결권 보호 등)은 우리나라가 비준한 바 없고, 이들 협약이 일반적으로 승인된 국제법규로서 헌법적 효력을 갖는 것이라고 볼 만한 근거가 없다면서, 이들 ILO 협약 조항은 공무원 노동운동 금지 규정에 대한 위헌성 심사의 척도가 될 수 없다고 했다(헌재결 2005.10.27. 2003헌바50). 또 헌법재판소는 같은 사건에서 ILO가 우리나라에 대해서 가능한 한 빨리 모든 영역의 공무원들에게 근로3권을 보장할 것을 권고하고 있다 하더라도 그것만으로 위 법률 조항이 위헌인 것은 아니라고 했다.

외국인의 지위는 보통 상호주의에 따라, 상대국이 우리 국민에게 대우해주는 만큼 우리도 그 나라 국민을 대우한다는 원칙이 적용된다.

조약의 체결 및 비준 권한은 대통령에게 있다. 즉 헌법 제73조는 "대통령은 조약을 체결·비준하고, 외교사절을 신임·접수 또는 파견하며, 선전포고와 강화를 한다."고 규정하고 있다. 조약의 체결은 넓게는 비준까지 포함하지만 헌법은 체결과 비준을 분리하고 있다. 헌법에서 말하는 '조약의 체결'은 조약 체결의 전권을 대통령으로부터 위임받은 전권대표가 상대국과 협의를 하고 협의 결과 합의된 내용을 서면으로 작성한 뒤에 여기에 서명(조인)하는 것을 말한다. 조약이 체결되면 조약 내용은 확정되지만 아직 조약으로서 성립한 것은 아니고 비준을 거쳐야 한다. 비준이란 대통령이 최종적으로 체결된 조약을 확인하고 동의하는 절차를 뜻한다. 비준이 되어야 조약이 마침내 성립한다.

그런데 우리 헌법은 조약을 체결·비준하는 경우, 국회의 동의를 거쳐야 하는 경우를 열거하고 있다. 즉 "상호원조 또는 안전보장에 관한 조약, 중요한 국제조직에 관한 조약, 우호통상항해조약, 주권의 제약에 관한 조약, 강화조약, 국가나 국민에게 중대한 재정적 부담을 지우는 조약 또는 입법사항에 관한 조약"은 그 체결 및 비준에 각각 국회의 동의를 요한다고 규정하고 있다(헌법 제60조 1항).

조약에 따라서는 전권대표의 서명만으로 발효되는 경우도 있으므로, 그러한 경우에는 그 서명 전에 국회의 동의를 받아야 한다. 대통령의 비준이 있어야 발효되는 조약의 경우에는 대통령이 비준을 하기 전에 국회의 동의를 받아야 한다. 국회의 동의를 거친 조약은 국내법상 법률과 같은 효력을, 그리고 국회의 동의 없이 발효된 조약은 국내법상 대통령령과 같은 효력을 가진다고 보는 것이 일반적이다. 일단 체결·비준되어 발효된 조약이라 하더라도 그것이 헌법에 위배되는 내용일 경우에는 국내법과 마찬가지로 헌법재판소의 위헌법률심판 대상이 된다.

　최근 한미자유무역협정(FTA)에 대한 비준 동의안이 국회에서 여당 의원들에 의하여 강행 처리되어 커다란 정치적 파문을 일으켰다. 우리는 이미 다른 여러 나라와 FTA를 체결했다. 그런데 왜 유독 한미FTA만 논란이 되는 것일까? 그것은 다른 나라들과 달리 미국은 자국의 경제 시스템을 그대로 상대국에 적용하는 대단히 공격적인 FTA(이른바 미국형 FTA)를 구사하기 때문이다. 그런데 정부는 이처럼 중대한 협상을 진행하면서 철저한 비밀주의로 일관했고, 나중에 공개된 한글본에는 수백 군데에서 오역이 발견되었다. 그러니 국민의 입장에서는 한미FTA협정이 온전하게 체결되었는지 의문이 드는 것은 당연한 일이다. 더욱이 투자자-국가 제소권, 서비스 시장의 네거티브 방식 개방, 래칫 조항 등 12개의 독소 조항이 있어서 우려를 사고 있다.

　한미FTA의 내용과 더불어 체결 과정도 문제가 되었는데 그 이유는 국민경제에 중대한 영향을 미치는 조약임에도 불구하고 국회에서 사전에 통제할 수 있는 방법이 없기 때문이었다. 즉 국회는 정부가 체결한 조약안에 대하여 찬성, 반대만 표시할 수 있을 뿐이었다. 그래서 여야는 '통상조약의 체결 절차 및 이행에 관한 법률'(약칭 통상절차법) 제정안을 2012년 1월 17일에 통과시켰다. 이 법은 2012년 7월 18일부터 시행된다. 이 법은 "통상조약의 체결 절차 및 이행에 관하여 필요한 사항을 규정함으로써 국민의 이해와 참여를 통하여 통상조약 체결 절차의 투명성을 제고하고, 효율적인 통상 협상을 추진하며, 통상조약 이행 과정에서 우리나라의 권리와 이익을 확보하여 국민경제의 건전한 발전에 이바지함"을 목적으로 한다(동법 제1조). 구체적으로 이 법은 정부의 정보 공개(동법 제4조), 국회에 대한 보고 및 서류 제출

의무(동법 제5조), 통상조약 체결 계획의 수립 및 국회 보고 의무(동법 제6조), 공청회 개최 의무(동법 제7조), 국민의 의견 제출(동법 제8조), 경제적 타당성 검토(동법 제9조), 국회의 의견 제시(동법 제10조), 국내에 미치는 영향 평가(동법 제11조) 등을 규정하고 있다. 통상절차법의 통과는 한미FTA가 이러한 절차 없이 정부의 독단에 의해 추진되었다는 것을 의미한다.

7. 공무원의 책임

> 제7조 ① 공무원은 국민 전체에 대한 봉사자이며, 국민에 대하여 책임을 진다.
> ② 공무원의 신분과 정치적 중립성은 법률이 정하는 바에 의하여 보장된다.

제헌헌법 제27조에서 공무원의 국민에 대한 책임을 규정했다. 공무원의 신분과 정치적 중립성 보장은 1960년6월헌법에서 신설되었다.

제헌헌법은 이 부분을 "공무원은 주권을 가진 국민의 수임자이며 언제든지 국민에 대하여 책임을 진다."라고 하여 국민주권을 강조하고, 공무원의 권한이 국민으로부터 위임받은 것임을 명확히 했다(제헌헌법 제27조 1항). 그러나 "주권을 가진 국민의 수임자" 구절은 5·16군사쿠데타 이후 개정된 1962년헌법부터 "국민 전체에 대한 봉사자"로 바뀌어 현행헌법에 이르고 있다. 앞으로 개헌을 하게 되면, 이 부분은 제헌헌법 당시의 표현대로 복원되어야 한다. 벤자민 프랭클린은 "자유 정부에서는 집권자는 국민의 종이고, 국민이 집권자의 주인이며 권력을 가진다."라고 했다. 이는 곧 대통령 이하 모든 공무원이 국민의 종이라는 것을 의미한다. 이런 관점에서 볼 때 "공무원은 주권을 가진 국민의 수임자"라는 제헌헌법의 표현이 현행헌법보다 국민주권과 민주공화국의 본질을 더 잘 나타내고 있다.

공무원의 신분보장과 정치적 중립성은 4·19혁명 직후 개정된 1960년6월헌법에서 처음 규정되었다. 3·15부정선거에 공무원들이 대대적으로 동원되었을 뿐만 아니라, 4·19 당시 경찰이 시민에게 발포한 것이 이 조항을 신설하는 계기가 되었다. 이후 군사독재 시절에는 군인의 정치 개입이 문제가 되었다. 공무원의 선거 개입은 과거에 비하면 많이 사라졌지만 아직도 부분적으로는 관권 선거 시비가 끊이지 않고 있다. 특히 최근에는 선거법 등 정치 관계법에 대한 1차적 해석권과 불법 선거운동에 대한 단속권을 가진 선거관리위원회의 정치적 중립성이 도마 위에 오르고 있다.

일본헌법은 "공무원을 선정하고 파면하는 것은 국민의 고유한 권리이다."(일본헌법 제15조 1항)라고 규정하여 주권자인 국민이 공무원의 궁극적 임명권자임을 분명히 하고 있으며, "공무원 선거에서는 성년자에 의한 보통선거가 보장된다."(일본헌법 제15조 3항)라고 규정하여 선출직도 엄연히 공무원이라는 것을 밝히고 있다. 선출직 공무원을 공무원이 아닌 정치인으로 부르는 우리나라의 관행은 국민주권과 민주주의에 어긋난다.

8. 정당 설립의 자유와 보호

제8조 ① 정당의 설립은 자유이며, 복수정당제는 보장된다.
② 정당은 그 목적·조직과 활동이 민주적이어야 하며, 국민의 정치적 의사

형성에 참여하는 데 필요한 조직을 가져야 한다.

③ 정당은 법률이 정하는 바에 의하여 국가의 보호를 받으며, 국가는 법률이 정하는 바에 의하여 정당 운영에 필요한 자금을 보조할 수 있다.

④ 정당의 목적이나 활동이 민주적 기본 질서에 위배될 때에는 정부는 헌법재판소에 그 해산을 제소할 수 있고, 정당은 헌법재판소의 심판에 의하여 해산된다.

제헌헌법에는 정당에 대한 규정이 없었다.

4·19혁명 이후 개정된 1960년6월헌법에 정당 규정이 추가되었다. 그 배경은 1958년에 진보당이 자유당 정부에 의해 강제해산되고 당수인 조봉암이 사형을 당한 이른바 '진보당사건' 때문이다. '진보당사건'은 1956년 대통령 선거에서 진보적 성향의 무소속 조봉암이 당시 유권자 수가 가장 많았던 경남(유권자 수 164만 명)과 경북(유권자 수 149만 명) 그리고 서울(유권자 수 70만 명)에서 이승만을 10만~30만 표의 근소한 차이로 추격한 것이 발단이 되었다. 조봉암과 진보 계열의 약진에 위기감을 느낀 이승만은 이후 조봉암이 진보당을 창당하자 '진보당사건'을 조작하여 조봉암을 간첩으로 몰아 사형시키고 진보당의 등록을 말소했다. 이에 정당의 지위를 헌법적으로 보장할 필요가 대두되었다. 그래서 1960년6월헌법은 언론·출판·집회·결사의 자유 조항에 "정당은 법률이 정하는 바에 의하여 국가의 보호를 받는다."는 규정을 추가하고, 이어서 정당은 헌법재판소의 판결에 의해서만 해산할 수 있도록 하여 정당 활동을 보장했다. 그러다가 박정희가 집권하면서 극단적인 정당 국가화로 치닫는다. 즉 1962년헌법에서는 정당의 공천을 받지 못하면 대통령과 국회의원에 출마조차 할 수 없게 만들어버린 것이다. 박정희는 자신의 멘토였던

친형 박상희가 남조선노동당(남로당) 활동을 하다가 경찰에 사살된 이후 남로당에 입당했는데, 이때 당의 필요성과 활용 가치를 알게 되었다. 박정희의 참모 그룹도 정치적 기반이 약한 군이 권력을 확고하게 장악하기 위해서는 강력한 정당의 힘이 필요하다고 보았다. 이것이 1962년헌법에서 극단적인 정당 국가를 추구하게 만든 배경이다. 그러나 유신헌법에서는 이 같은 극단적 정당 국가에서 후퇴하여 무소속 입후보를 허용했다. 이는 박정희가 이미 완벽한 일인 독재 체제를 확립했기 때문이다. 이처럼 정당은 그때그때의 정치적 상황에 따라 그 위상에 변화가 있었다. 이는 국민, 대통령, 정당의 이해관계가 때로는 일치되고, 때로는 상반되기 때문에 발생하는 현상이다.

세계적으로 정당에 대한 자금 지원을 규정한 헌법은 드물다. 독일 기본법은 오히려 정당 자금의 출처와 사용, 그리고 재산 상황을 공개해야 한다고 규정하여 정당 활동의 투명성과 공개성을 요구하고 있다. 독일연방헌법재판소는 1966년 정치교육 사업의 명목으로 정당에 대한 국고보조금을 지급하는 것은 위헌이라고 결정했다(정종섭, 2011: 157). 정종섭 교수는 정당이 스스로 존립할 수 있는 경우에 국민의 세금으로 파당적이고 정파적인 집단에게 국가가 일정 금액을 지급하는 것은 타당하지 않다고 주장한다(정종섭, 2011: 156). 국민의 세금으로 파당적인 정치집단의 운영까지 책임지는 것은 국가 보호주의적 태도라는 것이다. 생각건대 정당에 대한 보조금 지원의 적절성 여부는 논외로 하더라도 이를 헌법에서 규정하는 것이 과연 타당한지 의문이다. 헌법 조항 중에서 국가가 누군가에게 아무 조건 없이 돈을 지급하도록 규정한 것은 정당에 대한 국고보조금 조항밖에 없다.

독일기본법 제21조는 정당에 대해서 다음과 같이 규정하고 있다.

① 정당은 국민의 정치적 의사 형성에 참여하며, 그 설립은 자유이다. 정당의 내부 질서는 민주주의적 원칙에 부합하여야 한다. 정당은 자금의 출처와 사용, 그리고 재산 상황을 공개하여야 한다.
② 정당의 목적이나 당원의 행동이 자유민주주의적 기본 질서를 침해, 폐지하거나 또는 독일연방공화국의 존립을 위태롭게 하는 정당은 위헌이다. 이에 대해서는 연방헌법재판소가 결정한다.
③ 자세한 사항은 연방 법률로 정한다.

프랑스헌법은 정당에 대해서 정치단체와 함께 규정하고 있다.

즉 프랑스헌법 제4조 1항은 "정당 및 정치단체는 선거권의 행사에 협력한다. 정당 및 정치단체는 자유롭게 결성하고 활동한다. 정당 및 정치단체는 국민주권 및 민주주의의 원리를 존중해야 한다."라고 하여 국민주권과 민주주의 원리를 존중할 것을 강조하고 있다. 이는 민주주의와 정당, 국민주권과 정당이 상호 긴장 관계에 있다는 것을 암시한다.

9. 민족문화의 창달

제9조 국가는 전통문화의 계승·발전과 민족문화의 창달에 노력하여야 한다.

제헌헌법에는 없다. 1980년헌법에 신설되었다.

문화 발전은 학문의 자유, 양심의 자유, 사상의 자유 등이 뒷받침될 때만 가능하다. 정치적 억압은 문화 발전을 가로막는다. 사회가 자유로울 때 문화가 꽃을 피운다는 것을 역사는 증명하고 있다.

이 조항이 문화적 국수주의로 해석되어서는 안 될 것이다. 문화는 다양한 외래문화와 영향을 주고받으면서 발전하는 속성이 있다. 세계 역사상 위대한 문화를 꽃피운 나라들의 공통점은 개방적 태도로 외래문화와 소통했다는 점이다. 문화적 폐쇄주의, 국수주의는 전통문화의 계승 발전이나 민족문화의 창달에 역행하는 것이다. 특히 최근 다문화가정이 늘어나면서 다양한 문화적 배경을 가진 사람들도 늘고 있는데, 이러한 현상을 우리 전통문화의 위기가 아니라 오히려 민족문화가 새롭게 한 단계 도약하는 계기로 삼아야 할 것이다.

제2장
국민의 권리와 의무

10. 인간의 존엄과 가치

제10조 모든 국민은 인간으로서의 존엄과 가치를 가지며, 행복을 추구할 권리를 가진다. 국가는 개인이 가지는 불가침의 기본적 인권을 확인하고 이를 보장할 의무를 진다.

제헌헌법에는 없다. 인간의 존엄과 가치는 1962년헌법에 신설되었고, 불가침의 기본적 인권과 행복을 추구할 권리는 1980년헌법에 추가되었다.

참고로 우리 헌법 제10조에 해당하는 독일기본법 제1조는 "① 인간의 존엄은 불가침이다. 모든 국가기관은 이를 존중하고 보호하여야 한다. ② 그러므로 독일 국민은 침해할 수 없고 양도할 수 없는 인권이 모든 공동체의 기초이며, 세계평화와 정의의 기초임을 확인한다. ③ 아래에 명시된 기본권들은 직접적으로 적용 가능한 규범으로서 입법, 사법, 행정을 구속한다."라고 규정한다. 기본권이 입법, 사법, 행정의 3권을 구속한다고 규정한 점이 특징이다.

행복추구권은 1776년 미국 독립선언에서 "우리는 모든 인간이 평등하게 태어났으며, 박탈될 수 없는 천부적 권리를 부여받았고, 그 속에는 생명, 자유 및 행복추구가 포함되어 있다고 믿는다."고 명시한 것에서 유래하는데, 이것을 헌법에 처음 규정한 것은 일본헌법이다. 일본헌법 제13조는 "모든 국민은 개인으로서 존중된다. 생명, 자유 및 행복추구에 대한 국민의 권리에 대해서는 공공복지에 반하지 않는 한, 입법 그 밖의 국정에서 최대한 존중될 필요가 있다."라고 규정하고 있다. 행복추구권을 헌법에 일찌감치 명시한 일본에서는 생명, 자유, 행복추구의 세 가지 권리를 통칭해서 '행복추구권'이라고 부른다.

헌법 제10조는 우리 헌법이 명시적으로 규정하지 않은 생명권의 근거가 되며, 초상권, 성명권, 명예권과 같은 인격권의 근거이기도 하다. 헌법재판소는 인간의 존엄과 가치 및 행복추구권으로부터 휴식권과 문화 향유권도 인정했다. 또 이 조항과 관련해서는 최근 인간 배아(수정란 및 수정된 때부터 발생학적으로 모든 기관이 형성되는 시기까지의 분열된 세포군)를 어떻게 볼 것인가에 대해서 논란이 되고 있다.

헌법재판소는 행복을 추구할 권리에서 '일반적 행동 자유권'이 도출되며, '일반적 행동 자유권'으로부터 자기 운명 결정권, 개성의 자유로운 발현권, 계약의 자유, 자기 책임의 원리 등이 나온다고 한다. 헌법재판소는 노무현 전 대통령 서거 당시 경찰이 서울광장에 차벽車壁을 친 것이 국민들의 일반적 행동 자유권을 침해한 것이라고 판단했다(아래 헌재결 2011.06.30. 2009헌마406 참조).

노무현 전 대통령이 서거한 2009년 5월 23일부터 대한문 앞에 설치된 분향소에 전국 각지에서 조문객들이 방문하기 시작했다. 조문객의 숫자가 폭증하자 경찰은 분향소가 설치된 대한문 맞은편 서울광장에서 시민들이 불법·폭력 집회나 시위를 개최할 것을 우려하여 경찰 차량으로 광장을 둘러싸는 소위 차벽을 만들어서 시민들의 서울광장 통행을 막고 있었다. 참여연대 소속 서울 시민들이 2009년 6월 3일 서울광장을 가로질러 통행하려고 하다가 차벽에 의하여 통행을 못하게 되자 경찰의 이와 같은 통행 제지 행위가 서울 시민들의 일반적 행동 자유권을 침해한다면서 2009년 7월 21일에 그 위헌 확인을 구하는 헌법소원 심판 청구를 하였다. 이에 대해서 헌법재판소는 다음과 같이 판단하였다.

이 사건 통행 제지 행위는 서울광장에서 개최될 여지가 있는 일체의 집회를 금지하고 일반 시민들의 통행조차 금지하는 전면적이고 광범위하며 극단적인 조치이므로 집회의 조건부 허용이나 개별적 집회의 금지나 해산으로는 방지할 수 없는 급박하고 명백하며 중대한 위험이 있는 경우에 한하여 비로소 취할 수 있는 거의 마지막 수단에 해당한다. 서울광장 주변에 노무현 전 대통령을 추모하는 사람들이 많이 모여 있었다거나 일부 시민들이 서울광장 인근에서 불법적인 폭력 행위를 저지른 바 있다고 하더라도 그것만으로 폭력 행위일로부터 4일 후까지 이러한 조치를 그대로 유지해야 할 급박하고 명백한 불법·폭력 집회나 시위의 위험성이 있었다고 할 수 없으므로 이 사건 통행 제지 행위는 당시 상황에 비추어 필요 최소한의 조치였다고 보기 어렵고,
설사 전면적이고 광범위한 집회 방지 조치를 취할 필요성이 있었다고 하더라도, 서울광장에의 출입을 완전히 통제하는 경우 일반 시민들의 통행이나 여가·문화 활동 등의 이용까지 제한되므로 서울광장의 몇 군데라도 통로를 개설하여 통제하에 출입하게 하거나 대규모의 불법·폭력 집회가 행해질 가능성이 적은 시간대라든지 서울광장 인근 건물에의 출근이나 왕래가 많은 오전

시간대에는 일부 통제를 푸는 등 시민들의 통행이나 여가·문화 활동에 과도한 제한을 초래하지 않으면서도 목적을 상당 부분 달성할 수 있는 수단이나 방법을 고려하였어야 함에도 불구하고 모든 시민의 통행을 전면적으로 제지한 것은 침해의 최소성을 충족한다고 할 수 없다.

또한 대규모의 불법·폭력 집회나 시위를 막아 시민들의 생명·신체와 재산을 보호한다는 공익은 중요한 것이지만, 당시의 상황에 비추어볼 때 이러한 공익의 존재 여부나 그 실현 효과는 다소 가상적이고 추상적인 것이라고 볼 여지도 있고, 비교적 덜 제한적인 수단에 의하여도 상당 부분 달성될 수 있었던 것으로 보여 일반 시민들이 입은 실질적이고 현존하는 불이익에 비하여 결코 크다고 단정하기 어려우므로 법익의 균형성 요건도 충족하였다고 할 수 없다.

따라서 이 사건 통행 제지 행위는 과잉 금지 원칙을 위반하여 청구인들의 일반적 행동 자유권을 침해한 것이다(헌재결 2011.06.30. 2009헌마406).

11. 모든 국민은 법 앞에 평등하다

제11조 ① 모든 국민은 법 앞에 평등하다. 누구든지 성별·종교 또는 사회적 신분에 의하여 정치적·경제적·사회적·문화적 생활의 모든 영역에 있어서 차별을 받지 아니한다.

② 사회적 특수계급의 제도는 인정되지 아니하며, 어떠한 형태로도 이를 창설할 수 없다.

③ 훈장 등의 영전은 이를 받은 자에게만 효력이 있고, 어떠한 특권도 이에 따르지 아니한다.

제헌헌법 제8조와 같다.

평등 원칙이라는 말과 평등권이라는 말은 함께 쓰인다. 역사적으로는 평등 원칙이 먼저 선언되었고 이후 평등권이 확립되었다. 국가의 모든 작용이 평등해야 한다는 객관적 관점에서 보면 평등 원칙이고, 그것을 개인의 입장에서 국가에 대하여 평등한 대우를 요구할 주관적 권리라는 측면에서 본다면 평등권이 된다. 1776년 미국 독립선언에서는 "모든 사람은 평등하게 만들어졌으며 박탈할 수 없는 천부적 권리를 신으로부터 부여받았다."고 하여 평등 원칙을 처음 표명했다. 1789년 프랑스 인권선언에서는 "사람은 자유와 권리에 있어서 평등하게 태어났으며, 또한 그렇게 살아야 한다."고 명시했다.

독일의 헌법학자 콘라드 헤세Konrad Hesse는 평등 원칙이 단지 만인의 법 앞에서의 평등이나 불평등의 평준화에서 끝나지 않으며, 오히려 급부 및 배분적 국가 행위의 법적 기본 원리라고 주장했다. 즉 평등 원칙은 국가의 급부의 분배 여부의 척도이자 동시에 분배 정도의 척도이기도 하다는 것이다. 따라서 헤세는 평등 원칙이 사회적 법치국가에서 핵심적 의미를 가진다고 했다(헤세, 1988: 161).

1962년헌법에 인간의 존엄과 가치 조항이 신설되기 전까지는 평등 조항이 국민의 권리와 의무의 맨 앞에 놓여 있었다. 이는 우리 헌법의 기초자들이 평등을 가장 중요한 기본권으로 생각했다는 증거다. 평등권이 중요한 이유는 이것이 다른 모든 기본권의 가이드라인 역할을 하는 메타 기본권이기 때문이다. 이는 다른 종류의 기본권이 쟁점이 되었을 때, 항상 평등권이 함께 고려되어야 한다는 것을 의미한다.

예를 들면 어떤 사안에서 '직업선택의 자유'의 침해 여부가 문제될 경우, 그 사안이 평등권에 위배되는지 여부가 직업선택의 자유에 대한 침해 여부를 판단하는 데 하나의 근거가 될 수 있다.

헌법은 제11조에서 평등의 원칙을 규정하고 있을 뿐만 아니라, 교육 기회의 평등(제31조 1항), 선거권의 평등(제41조 1항, 제67조 1항), 여성 차별 금지(제32조 4항), 혼인과 가족생활에서 남녀평등(제36조 1항)을 규정하고 있어서 평등의 원칙이 우리 헌법을 관통하는 핵심 원리임을 보여주고 있다.

평등 원칙은 민주공화국의 존립 기반이다. 민주공화국에서 국가는 모든 국민을 평등하게 대해야 할 뿐 아니라, 주권자 모두가 모두에 대해서 평등할 때 존립 가능하다. 마키아벨리는 평등이 없는 곳에서는 공화국이 존재할 수 없다고 말했다. 민주공화국의 국민은 모든 사람을 평등하게 보고, 평등하게 대우할 줄 알아야 한다. 그것이 공화국 시민의 덕성이다. 때로는 미덕에 그치는 것이 아니라 법적으로 강제성을 띠는 경우도 있을 것이다. 국가인권위원회법은 법인, 단체 또는 사인에 의하여 차별 행위를 당한 경우에 국가인권위원회에 진정할 수 있게 하여 국가가 개입할 수 있는 길을 열어놓고 있다(국가인권위원회법 제30조 1항).

사적인 고용 관계에 국가가 어디까지 개입할 수 있는가 하는 것은 논쟁이 되고 있는데, 남녀 고용 평등과 일·가정 양립 지원에 관한 법률은 고용에서의 성에 의한 차별을 "사업주가 근로자에게 성별, 혼인, 가족 안에서의 지위, 임신 또는 출산 등의 사유로 합리적인 이유 없이 채용 또는 근로의 조건을 달리하거나 그 밖의 불이익한 조치를 취하는 경우"라고 정의하면서 다만 직무의 성격에 비추어 특정 성이 불가피하게 요구되는 경우나 근로 여성의 임신·출산·수유 등 모성보호를 위한 조치를 취하는 경우, 그 밖에 이 법 또는 다른 법률에 의하여 적극적 고용 개선 조치를 취하는 경우(동법 제2조)에는 예외로 하고 있다. 그런데 학자에 따라서는 국가가 평등을 근거로 하여 사인의 영업의 일정 부분을 강제하는 경우에 노동법적인 법리에 의하여 정당화되지 않는 한 개인의 영업의 자유를 침해하는 것이라고 하는데(정종섭, 2011: 458) 과연 그렇게 협소하게 보는 것이 타당한지 의문이다. 오히려 그러한 정부의 개입은 헌법 제119조 2항 "국가는 균형 있는 국민경제의 성장 및 안정과 적정한 소득의 분배를 유지하고, 시장의 지배와 경제력의 남용을 방지하며, 경제주체 간의 조화를 통한 경제의 민주화를 위하여 경제에 관한 규제와 조정을 할 수 있다."에 부합되는 것이라고 볼 수 있기 때문이다. 따라서 사적 노동관계에 대한 국가의 개입이 일률적으로 금지된다고 할 수는 없으며 국가가 개입을 하게 된 이유, 개입의 수단과 정도, 개입으로 인하여 얻는 공공복리와 침해되는 사익의 비교 형량 등을 종합적으로 고려해서 판단해야 할 것이며, 이 경우에 헌법 제119조 2항의 취지가 최대한 반영되도록 해야 할 것이다.

회사가 소속 노동자들을 합리적인 이유 없이 불평등하게 대우하면 그것은 평등권을 침해하는 결과가 될 수 있다. 비정규직이 그 예다. 우리나라의 비정규직은 선진국처럼 자발적인 것이 아니라 어쩔 수 없이 비정규직으로 있는 사람들이 많다. 또한 같은 일을 하면서도 봉급은 절반에 못 미친다. 인간적으로도 모멸감을 느끼게 되는 경우가 허다하다. 비정규직에 대한 처우 개선과 인격적 대우는 이제 미룰 수 없는 헌법적 과제다.

헌법상 사회적 특수계급은 인정되지 않으며 '어떠한 형태'로도 이를 창설할 수 없다. 사회적 특수계급은 국가 차원에서 명시적으로 만들지 않더라도 사회생활에서 암묵적으로 그리고 사실상 만들어지는 경우가 대부분이다. 따라서 그러한 경우에도 평등권을 침해하는 것으로 봐야 한다. 특히 공적인 영역에서 이러한 사회적 특수계급이 암암리에 형성되는 것은 공화국 질서를 허물어뜨리는 행위로서 근절되어야 한다. 사회적 계급이 뭐냐에 대해서 논란이 있지만 이것은 우리의 상식으로 판단해야 한다. 예를 들면 특정 학교 동문들끼리, 혹은 특정 지역 출신들끼리 단합해서 자신이 속한 조직을 장악하는 것이 대표적이다. 이 경우 특정 학교 졸업자, 특정 지역 출신이라는 사실은 그 조직 내에서 실제로 사회적 신분이나 계급으로 작용한다. 정부 기관이나 공기업 등에서 이 같은 관행은 뿌리 깊게 자리 잡고 있다. 이런 조직은 실력이나 업적이 아닌 정실에 의해서 움직인다. 정실이 작용하면 국가의 공적 시스템이 무력화된다. 그로 인한 폐해는 엄청나다. 정부 부처나 공공 기관 등에 근무하는 사람들이 학연, 지연 등을 매개로 모임을 갖는 것이 단순한 친목 도모를 넘어서 자기들끼리 작당해서 사리사욕을 도모하는 지경에 이른다면, 이는 사회적 특수계급을 만드는 행위이므로 제재를 가해야 한다. 일단 가장 먼저 해야 할 일은 공직 사회에서 동창 모임을 금지하는 일이다. 선출직이든 시험을 통해서 뽑힌 임명직이든 공무원이 사사로운 동창 모임을 결성하고 참석하는 것은 국민의 종으로서 본분을 망각한 행동이다. 그렇게 사사로운 삶을 즐기고 싶다면 공직을 떠나면 되는 것이다. 국민의 혈세로 생활을 유지하는 자가 동창 모임 같은 사적인 모임을 나가기 시작하면 당연히 동창들에게 음으로 양으로 특혜를 베풀기 마련이다. 동창 모임이란 주로 그러한 목적으로 이루어지는 경우가 많다.

  가문은 사회적 신분이 될 수 있을까? 가계나 혈통에 의해 이루어지는 가문도 사회적 신분에 포함되는 것으로 보아야 할 것이다.

독일기본법 제3조 3항은 "누구라도 자신의 성별, 가문, 인종, 언어, 고향과 출신, 신앙, 종교적 또는 정치적 견해 때문에 불이익을 받거나 우대받지 아니한다. 누구나 장애를 이유로 불이익을 받지 아니한다."고 규정하여 가문을 이유로 한 차별 대우를 금지한다.

일본헌법 또한 사회적 신분과 아울러 문지門地(우리말의 가문에 해당)에 의한 차별도 명시적으로 금지하고 있다. 즉 일본헌법 제14조 1항은 "모든 국민은 법 앞에 평등하며 인종, 신조, 성별, 사회적 신분 또는 문지에 의해서 정치적, 경제적 또는 사회적 관계에서 차별받지 않는다."고 규정한다. 오늘날 한국의 대표적인 재벌들은 개발 시대에 엄청난 특혜를 받아서 성장했다. 한국 재벌들의 창업주는 사실상 박정희의 경제 관료나 다름없는 존재들이었고, 그들은 실제로 국영기업체적인 메커니즘 속에서 성장해왔다. 따라서 그 기업은 창업자 개인의 것이 아니라 국민의 기업인 것이다. 그러나 이들은 기업을 철저히 가문의 소유로 만들었다. 2세, 3세에게 막대한 탈세를 저지르면서 기업 경영권을 물려주고 그것으로도 모자라서 일감까지 몰아주고 있다. 정부보다 막강한 힘을 가진 재벌의 편법 상속을 지켜보는 국민들에게 과연 평등을 말할 수 있을까?

동서고금을 막론하고 평등은 철학자나 정치사상가에게 가장 중요한 문제였다. 노자는 『도덕경』에서 평등을 '하늘의 도'로 격상시키면서, 하늘의 도와 거꾸로 가는 인간 세상을 질타한다.

> 하늘의 도는 높은 것은 억제하고 낮은 것은 들어 올리며, 여유 있는 곳에서 덜어내고 부족한 곳을 보탠다. 사람의 도는 그렇지 않아서 부족한 곳에서 덜어내어 여유 있는 곳에 보탠다. 누가 능히 여유 있는 곳에서 덜어내서 천하를 받들 것인가? 도를 가진 자만

이 그렇게 할 수 있다[天之道 損有餘而補不足 人之道則不然 損不足以奉有餘. 孰能有餘以奉天下 唯有道者](『도덕경』77장).

12. 신체의 자유

제12조 ① 모든 국민은 신체의 자유를 가진다. 누구든지 법률에 의하지 아니하고는 체포·구속·압수·수색 또는 심문을 받지 아니하며, 법률과 적법한 절차에 의하지 아니하고는 처벌·보안처분 또는 강제노역을 받지 아니한다.
② 모든 국민은 고문을 받지 아니하며, 형사상 자기에게 불리한 진술을 강요당하지 아니한다.
③ 체포·구속·압수 또는 수색을 할 때에는 적법한 절차에 따라 검사의 신청에 의하여 법관이 발부한 영장을 제시하여야 한다. 다만 현행범인인 경우와 장기 3년 이상의 형에 해당하는 죄를 범하고 도피 또는 증거인멸의 염려가 있을 때에는 사후에 영장을 청구할 수 있다.
④ 누구든지 체포 또는 구속을 당한 때에는 즉시 변호인의 조력을 받을 권리를 가진다. 다만 형사피고인이 스스로 변호인을 구할 수 없을 때에는 법률이 정하는 바에 의하여 국가가 변호인을 붙인다.
⑤ 누구든지 체포 또는 구속의 이유와 변호인의 조력을 받을 권리가 있음을 고지받지 아니하고는 체포 또는 구속을 당하지 아니한다. 체포 또는 구속을 당한 자의 가족 등 법률이 정하는 자에게는 그 이유와 일시·장소가 지체 없이 통지되어야 한다.
⑥ 누구든지 체포 또는 구속을 당한 때에는 적부의 심사를 법원에 청구할 권리를 가진다.

⑦ 피고인의 자백이 고문·폭행·협박·구속의 부당한 장기화 또는 기망 기타의 방법에 의하여 자의로 진술된 것이 아니라고 인정될 때 또는 정식재판에 있어서 피고인의 자백이 그에게 불리한 유일한 증거일 때에는 이를 유죄의 증거로 삼거나 이를 이유로 처벌할 수 없다.

제1, 3, 4, 6항은 제헌헌법 제9조와 같은 내용이다.
제2항은 1962년헌법에서 신설되었다. 제5항은 현행헌법에서 신설되었다. 제7항은 1980년헌법에서 신설되었다.

신체의 자유에 대한 속박은 사람에 대한 가장 강력한 위협이다. 그래서 헌법은 신체의 자유와 그 제한에 대한 원칙을 규정하고 있다. 즉 법률에 의하지 않고는 신체의 자유를 침해할 수 없다. 이 조항에서 말하는 법률로는 형법, 형사소송법, 군사법원법, 경찰법, 계엄법, 소년법, 보안관찰법, 치료감호법 등이 있다. 특히 형사소송법이 주로 이 문제를 규율하고 있다.

먼저 제1항을 보자.

① 모든 국민은 신체의 자유를 가진다. 누구든지 법률에 의하지 아니하고는 체포·구속·압수·수색 또는 심문을 받지 아니하며, 법률과 적법한 절차에 의하지 아니하고는 처벌·보안처분 또는 강제노역을 받지 아니한다.

신체의 자유에 대하여 헌법재판소는 신체의 안전성과 신체 활동을 임의적이고 자율적으로 할 수 있는 자유를 의미한다고 한다(헌재결 1992.12.24. 92헌가8).

제1항은 적법절차의 원칙과 죄형법정주의를 규정하고 있다.

적법절차에 대해 헌법재판소는 "인신의 구속이나 처벌 등 형사절차만이 아니라 국가 작용으로서의 모든 입법 작용과 행정작용에도 광범위하게 적용되는 독자적인 헌법 원리의 하나로, 절차가 형식적 법률로 정하여져야 할 뿐만 아니라 적용되는 법률의 내용도 합리성과 정당성을 갖춘 적정한 것이어야 함을 요구하는 것이다."라고 밝힌 바 있다(헌재결 1997.11.27. 92헌바28).

죄형법정주의는 법률이 없으면 범죄도 없고 형벌도 없다는 의미다. 여기서부터 몇 가지 원칙이 나온다. 우선 범죄와 형벌을 규정한 법률은 그 내용이 명확해서 누구나 그 법조문을 읽으면 자기의 행위가 범죄를 구성하는지 여부를 알 수 있어야 한다. 또한 형벌 법규를 함부로 유추해석해서 적용 범위를 확대해서는 안 된다. 아울러 현행 헌법 제13조는 소급입법에 의한 처벌을 금하고 있는데 이것도 죄형법정주의의 한 원칙이다.

조문 내용을 몇 가지 용어를 중심으로 살펴보자.

체포

체포는 어떤 이(피의자)가 범죄를 저질렀다고 의심할 만한 상당한 이유가 있을 경우에 검사나 사법경찰관이 법원에서 발부해준 '체포영장'을 가지고 가서 사람을 붙잡는 것을 말한다.

단 '사형, 무기 또는 장기 3년 이상의 징역이나 금고'에 해당하는 죄를 저질렀다고 의심되는 사람이 증거를 인멸할 염려가 있거나 또는 도망갈 우려가 있을 경우에는 영장 없이 바로 '긴급체포'를 할 수 있다. 이 경우에는 나중에 사후영장을 발부받아야 한다. 현행범인인 경우도 마찬가지다(헌법 제12조 13항, 형사소송법 제200조의 3).

사람을 체포한 경우에 붙잡아둘 수 있는 최대 시간은 48시간이다. 체포한 사람을 '구속'할 필요가 있을 때에는 48시간 이내에 판사에게 영장 청구를 해야 하고, 만약 이 시간 내에 영장 청구를 하지 않은 때에는 즉시 석방해야 한다(형사소송법 제200조의 2 제5항).

구속

구속은 어떤 이(피의자 또는 피고인)가 범죄를 저질렀다고 의심할 만한 상당한 이유가 있는데, 그에게 일정한 주거가 없거나, 증거를 인멸할 염려가 있거나, 도망하거나 도망할 염려가 있을 때에 법원, 검사 또는 사법경찰관이 법원이 발부해준 구속영장을 가지고 가서 그를 잡아 가두는 것이다. 검사는 지방법원판사에게 영장을 청구해서 발부받고, 사법경찰관은 검사에게 영장 신청을 하면 검사가 지방법원판사에게 영장을 청구해서 발부받는다.

구속 기간은 구속을 누가 했느냐에 따라 다른데, 법원이 피고인을 구속한 경우에는 2개월이고, 심급마다 2개월 단위로 2차까지 구속 기간을 갱신할 수 있다. 따라서 2차까지 갱신을 할 경우 해당 심급에서의 구속 기간은 최대 6개월이 된다. 단 상소심(2심인 항소심과 3심인 상고심)에서는 경우에 따라 3차까지 갱신할 수 있다. 이 경우는 해당 심급에서의 구속 기간이 최대 8개월이다(형사소송법 제92조).

사법경찰관이 피의자를 구속한 경우에는 10일 이내에 피의자를 검사에게 인치하지 않으면 석방해야 한다(형사소송법 제202조).

검사가 피의자를 구속하거나 사법경찰관으로부터 피의자를 인치받은 때에는 10일 이내에 공소를 제기하지 않으면 석방해야 한다. 단 검사는 지방법원판사의 허가를 받아 1차에 한해 10일을 초과하지 않는 범위에서 구속 기간을 연장할 수 있다. 따라서 검사는 최대 20일까지 피의자를 구속할 수 있다(형사소송법 제203조, 205조).

압수

압수는 법원, 검사 또는 사법경찰관이 범죄의 증거물 또는 장차 몰수할 물건의 점유를 강제로 취득하는 것을 말한다. 압수를 하려면 영장이 필요하지만, 때로는 영장 없이 압수할 수 있는 경우도 있다(형사소송법 제215조~218조).

수색

수색은 법원, 검사 또는 사법경찰관이 사람의 신체, 물건 또는 주거 기타 장소를 검색하는 것이다. 수색에도 영장이 필요하지만, 때로는 영장 없이 수색할 수 있는 경우도 있다(형사소송법 제215조~217조).

심문

알고 있는 사실을 캐묻는 것이다. 흔히 심문審問과 신문訊問이 혼용되는데 심문은 법원이 어떤 결정(예: 영장실질심사)을 내리기 위해서 어떤 사건과 관련한 당사자나 이해관계자, 참고인 등의 의견을 묻는 것이고, 신문은 법원은 물론 검찰, 경찰 등 수사기관이나 변호사가 범죄 여부를 가리기 위해서 수사 과정 또는 재판 과정에서 피의자, 피고인, 증인, 참고인 등에게 묻는 것을 말한다.

처벌

형법에서 정한 형벌(사형, 징역, 금고, 자격상실, 자격정지, 벌금, 과료, 몰수) 외에 여기서는 질서벌, 행정벌도 포함한다.

보안처분

형벌만으로는 범인의 교정과 재범 방지 그리고 원만한 사회생활을 기대하기 어려운 경우 법에 의해서 부과하는 처분을 말한다. 치료감호, 보호관찰, 보안관찰 등이 있다.

강제노역

범죄행위자에 대해서 노동력의 제공을 강제하는 것이다. 단 징역형을 받은 수형자에 대한 작업 부과, 벌금 또는 과료를 부과받은 자가 돈을 내지 못하는 경우에 부과하는 노역장 유치(구금을 수반한다)는 법률에 근거한 것이므로 금지되는 강제노역에 해당하지 않는다.

* 노역장 유치(형법 제69조 2항)

- 벌금을 내지 않은 사람은 1일 이상 3년 미만의 기간 동안 노역장에 유치하여 작업에 복무하게 한다.
- 과료를 내지 않은 사람은 1일 이상 30일 미만의 기간 동안 노역장에 유치하여 작업에 복무하게 한다.

단 경제적인 이유로 벌금을 내지 못한 사람이 노역장 유치로 인하여 구금되는 경우를 최소화기 위해서 2009년에 '벌금 미납자의 사회봉사 집행에 관한 특례법'이 제정되었다. 이 법은 일정한 요건하에 노역장 유치를 사회봉사로 대신할 수 있도록 하였다.

이제 제2항을 살펴보자.

② 모든 국민은 고문을 받지 아니하며, 형사상 자기에게 불리한 진술을 강요당하지 아니한다.

제2항은 고문 금지와 진술거부권을 규정하고 있다.

고문을 통해서 나온 진술은 재판에서 절대로 증거로 쓸 수 없다. 즉 그러한 진술은 '증거능력'이 전혀 없다. 따라서 고문으로 얻은 진술을 증거로 삼아 사람을 처벌할 수 없다. 형법 제125조는 재판, 검찰, 경찰 기타 인신 구속에 관한 직무를 행하는 자 또는 이를 보조하는 자가 '폭행 또는 가혹 행위(=고문)'를 한 경우에 5년 이하의 징역과 10년 이하의 자격정지에 처하고 있다.

또 모든 국민은 형사상 자기에게 불리한 진술을 강요당하지 않는다. 형사소송법 제244조의 3은 검사 또는 사법경찰관이 피의자를 신문하기 전에 진술거부권 등을 고지하도록 했고, 형사소송법 제283조의 2는 재판장으로 하여금 피고인에게 진술거부권이 있음을 고지할 의무를 지웠다.

검사 또는 사법경찰관이 진술거부권을 고지하지 않은 상태에서 피의자가 한 진술은 증거능력이 없다는 것이 대법원의 입장이다(대판 1992.6.26. 92도 682).

말로 하는 진술이 아닌 음주 측정, 혈액 채취, 필적 감식 등은 진술거부권의 대상이 아니다.

다음 제3항을 읽어보자.

③ 체포·구속·압수 또는 수색을 할 때에는 적법한 절차에 따라 검사의 신청에 의하여 법관이 발부한 영장을 제시하여야 한다. 다만 현행범인인 경우와 장기 3년 이상의 형에 해당하는 죄를 범하고 도피 또는 증거인멸의 염려가 있을 때에는 사후에 영장을 청구할 수 있다.

이는 제1항을 설명할 때 함께 다룬 내용이다. 한 가지 용어 문제가 있다. 헌법은 분명히 "검사의 '신청'에 의하여 법관이 발부한 영장"이라고 되어 있는데, 형사소송법에서는 검사의 '청구'라고 하고 있다. 그런데 '청구'라는 표현은 마치 검사가 자기가 맡겨놓은 물건을 법관에게 내놓으라고 하는 것과 같은 뉘앙스를 풍긴다. 형사소송법의 '청구'라는 단어는 헌법에 규정된 대로 '신청'으로 바꿔야 한다.

한편 형사소송법은 사법경찰관이 피의자를 체포, 구속, 압수 또는 수색을 하고자 할 때에는 검사에게 영장을 '신청'하고(여기서는 신청이라는 말을 썼다), 사법경찰관으로부터 영장 신청을 받은 검사가 법관에게 영장을 '청구'하여 발부받도록 규정하고 있다.

제4항과 5항은 함께 읽어보자.

④ 누구든지 체포 또는 구속을 당한 때에는 즉시 변호인의 조력을 받을 권리를 가진다. 다만 형사피고인이 스스로 변호인을 구할 수 없을 때에는 법률이 정하는 바에 의하여 국가가 변호인을 붙인다.
⑤ 누구든지 체포 또는 구속의 이유와 변호인의 조력을 받을 권리가 있음을 고지받지 아니하고는 체포 또는 구속을 당하지 아니한다. 체포 또는 구속을 당한 자의 가족 등 법률이 정하는 자에게는 그 이유와 일시·장소가 지체 없이 통지되어야 한다.

영화에서 경찰이 범인을 체포할 때 "당신은 지금부터 묵비권이 있으며, 변호인의 도움을 받을 권리가 있습니다."라고 말하는 것을 본 적이 있을 것이다. 미국에서 확립된 이른바 미란다원칙이다. 묵비권은 제2항에서 살펴본 진술거부권이고, 변호인의 도움을 받을 권리가 제4항과 5항에 규정되어 있다.

이 조항은 "누구든지 체포 또는 구속을 당한 때에는"이라고 적혀 있지만 불구속 상태인 피의자·피고인, 임의동행의 형식으로 수사기관에 연행된 사람도 변호인의 도움을 받을 수 있다는 것이 대법원과 헌법재판소의 입장이다. 이처럼 헌법의 규정보다 국민의 기본권을 넓게 확대해서 보장하는 것은 바람직스러운 일이며 헌법의 정신에도 부합되는 일이다.

변호인의 도움을 받을 권리로는 변호인 선임권, 변호인 접견교통권, 미결수용자와 변호인 사이의 서신 비밀 보장, 변호사를 통한 소송관계 서류의 열람, 등사권 등이 인정되고 있다.

국선변호인은 형사피고인에게만 인정된다. 피의자는 국선변호인의 도움을 받지 못한다는 것이 헌법재판소의 견해다(헌재결 2008.9.25. 2007헌마1126).

형사소송법은 법원이 반드시 직권으로 국선변호인을 선임해야 할 경우로 피고인이 구속된 때, 피고인이 미성년자인 때, 피고인이 70세 이상인 때, 피고인이 농아자인 때, 피고인이 심신장애의 의심이 있는 때, 피고인이 사형, 무기 또는 단기 3년 이상의 징역이나 금고에 해당하는 사건으로 기소된 때를 열거하고 있다. 만약 피고인이 빈곤이나 그 밖의 사유로 변호인을 선임할 수 없는 때에는 피고인의 청구가 있으면 국선변호인을 선임하여야 한다. 법원은 피고인의 권리 보호를 위해 필요하다고 인정할 때에는 피고인의 명시적 의사에 반하지 않는 범위 안에서 국선변호인을 선정해야 한다(형사소송법 제33조).

체포 또는 구속을 당한 자의 가족 등에게 그 이유와 장소, 일시 등을 통지하도록 한 것은 현행헌법이 처음 규정한 것이다. 이는 과거 독재 정권 시절에 공권력의 남용으로 인하여 가족들이 겪은 고초를 감안하여 명시한 것이다.

다음으로 제6항을 보자.

⑥ 누구든지 체포 또는 구속을 당한 때에는 적부의 심사를 법원에 청구할 권리를 가진다.

제6항은 체포·구속적부심사제도를 규정한 것이다. 체포·구속적부심사제는 제헌헌법부터 보장되어오다가 유신헌법에서 삭제된 것을 1980년헌법이 제한적으로 수용(즉 법률이 정하는 바에 한하여 인정함)하였고 현행헌법에서 제한 없이 모든 범죄행위에 대하여 전면적으로 인정하기에 이르렀다. 체포와 구속의 적부심사의 구체적인 절차와 관련된 사항은 형사소송법 제214조의 2에서 자세히 규정하고 있다.

한편 2007년에 제정된 인신보호법은 위법한 행정처분 또는 사인에 의한 시설에의 수용으로 인한 부당한 인신 구속에 대한 구제 절차를 마련하고 있다.

마지막으로 제7항을 보자.

⑦ 피고인의 자백이 고문·폭행·협박·구속의 부당한 장기화 또는 기망 기타의 방법에 의하여 자의로 진술된 것이 아니라고 인정될 때 또는 정식재판에 있어서 피고인의 자백이 그에게 불리한 유일한 증거일 때에는 이를 유죄의 증거로 삼거나 이를 이유

로 처벌할 수 없다.

앞부분은 피고인의 자백이 고문 등에 의한 것인 경우 그 자백의 증거능력을 절대적으로 배제하는 것이고, 뒷부분은 정식재판에서 자백이 범죄행위의 유일한 증거일 때에는 증거능력은 인정하되 증명력을 제한한 것이다. 따라서 후자의 경우에는 보강증거가 있으면 그것과 함께 자백을 유죄의 증거로 삼을 수 있다. 또 정식재판이 아닌 즉결심판 등 약식재판에서는 자백만으로도 처벌할 수 있다.

13. 법률의 시간적, 인적 적용 범위

제13조 ① 모든 국민은 행위 시의 법률에 의하여 범죄를 구성하지 아니하는 행위로 소추되지 아니하며, 동일한 범죄에 대하여 거듭 처벌받지 아니한다.
② 모든 국민은 소급입법에 의하여 참정권의 제한을 받거나 재산권을 박탈당하지 아니한다.
③ 모든 국민은 자기의 행위가 아닌 친족의 행위로 인하여 불이익한 처우를 받지 아니한다.

제1항은 제헌헌법 제23조와 같다. 제2항은 1962년헌법에서 신설되었고, 제3항은 1980년헌법에서 신설되었다.
제1항은 형벌불소급의 원칙과 이중 처벌 금지를 규정하고 있다. 형벌불소급의 원칙은 행위 시에는 범죄가 아니었는데, 나중에 재판을 할 시점에는 법이 바뀌어서 처벌할 수 있게 된 경우 재판시법으로 처

벌할 수 없다는 원칙이다.

형벌이 아닌 보안처분도 소급입법으로, 즉 재판시법으로 부과할 수 있는지에 관해서는 헌법재판소와 대법원이 상반된 입장을 가지고 있다. 헌법재판소는 소급입법에 의한 보호감호처분(보안처분의 일종)은 허용될 수 없다고 한 반면, 대법원은 보안처분의 일종인 보호관찰에 대해서 재판시법을 근거로 명할 수 있다고 했다.

범죄가 행하여진 이후에 공소시효를 연장하는 것이 형벌불소급 원칙에 위반되는지에 대해서 헌법재판소는 공소시효의 정지 규정(이는 공소시효를 정지된 기간만큼 연장하는 효과가 있다)을 과거에 이미 행한 범죄에 대해서 적용하는 것은 형벌불소급의 원칙에 위배되는 것으로 단정할 수 없다고 했다(헌재결 1996.2.16. 96헌가2, 96헌바7, 96헌바13). 이 사건은 5·18민주화운동 등에 관한 특별법 제2조가 1979년 12월 12일(12·12군사반란사건)과 1980년 5월 18일(5·18광주민주화운동)을 전후하여 이른바 신군부에 의해 발생한 헌정 질서 파괴 범죄행위에 대하여 그 범죄행위의 종료일부터 군사정권이 종식된 1993년 2월 24일까지를 '국가의 소추권 행사에 장애 사유가 존재한 기간'으로 보아 공소시효의 진행이 정지된 것으로 본다고 규정한 것이 헌법상 평등의 원칙(제11조 1항)과 죄형법정주의(제12조 1항 후단), 형벌불소급의 원칙(제13조 1항 전단) 등에 위배된다는 청구인들의 위헌 제청 사건이었다. 헌법재판소는 이에 이 법 조항이 합헌이라면서, 타당하게도 다음과 같이 선언하고 있다.

> 위 법률 조항의 경우에는 왜곡된 한국 반세기 헌정사의 흐름을 바로잡아야 하는 시대적 당위성과 아울러 집권 과정에서의 헌정 질서 파괴 범죄를 범한 자들을 응징하여 정의를 회복하여야 한

다는 중대한 공익이 있는 반면, 공소시효는 행위자의 의사와 관계없이 정지될 수도 있는 것이어서 아직 공소시효가 완성되지 않은 이상 예상된 시기에 이르러 반드시 시효가 완성되리라는 것에 대한 보장이 없는 불확실한 기대일 뿐이므로 공소시효에 대하여 보호될 수 있는 신뢰 보호 이익은 상대적으로 미약하여 위 법률 조항은 헌법에 위반되지 아니한다.

독일은 1972년에 모살謀殺죄에 대해서 공소시효를 철폐하여 나치 범죄를 영원히 처벌할 수 있도록 했다. 프랑스에서는 '적전 도망죄'의 공소시효가 없다. 영미권의 보통법 체계에서는 모든 범죄에 대해 공소시효가 없다.

제2항은 이중 처벌 금지 원칙, 즉 일사부재리의 원칙을 선언한 것이다. 여기서 '처벌'의 의미가 무엇이냐를 놓고 입장이 갈린다. 즉 처벌이 형법상의 형벌만을 뜻한다는 견해와, 형벌에 국한하지 않고 넓게 불이익을 주는 것이라는 견해가 대립한다. 앞의 견해를 따르면 일단 명확하기는 하지만 형벌 이외의 수단으로 국민을 실질적으로 두 번 처벌하는 결과를 초래할 수 있다. 뒤의 견해는 국민의 기본권을 두텁게 보호할 수 있지만, 처벌의 개념이 지나치게 확대되어 불명확하다는 단점이 있다.

헌법재판소는 성범죄자의 신상 공개(헌재결 2003.6.26. 2002헌가14), 추징금 미납자에 대한 출국 금지(헌재결 2004.10.28. 2003헌가18), 음주운전자에 대한 면허취소(헌재결 2010.3.25. 2009헌바83) 등은 이중 처벌에 해당하지 않는다고 판단했다. 이처럼 헌법재판소는 이중 처벌 금지에서의 '처벌'을 형법상의 형벌에 국한하는 경향이 있다.

제3항은 연좌제 금지 조항이다. 연좌제는 과거에 주로 시국 사범의

친족에게 신분상, 재산상의 불이익을 주던 제도이다. 헌법재판소는 반국가 행위자의 친족이 소유한 재산을 몰수할 수 있도록 한 '반국가 행위자의 처벌에 관한 특별 조치법' 제8조가 헌법이 금지한 연좌제에 해당한다며 위헌 결정을 내렸다(헌재결 1996.1.25. 95헌가5).

반면에 배우자의 중대한 선거범죄를 이유로 후보자의 당선을 무효로 하는 것은 연좌제가 아니라고 보았다. 배우자는 후보자와 불가분의 선거 운명 공동체를 형성하여 활동하기 때문이다(헌재결 2005.7.21. 2005헌마19).

14. 거주·이전의 자유

제14조 모든 국민은 거주·이전의 자유를 가진다.

제헌헌법 제10조에 주거의 자유와 함께 규정되었다.

헌법재판소는 거주·이전의 자유는 국가의 간섭 없이 자유롭게 거주지와 체류지를 정할 수 있는 자유인바, 자유로운 생활 형성권을 보장함으로써 정치·경제·사회·문화 등 모든 생활 영역에서 개성 신장을 촉진하게 하는 기능을 한다고 설명한다(헌재결 2004.10.28. 2003헌가18 참조). 또한 이러한 의미와 기능을 갖는 거주·이전의 자유는 국민이 원활하게 개성 신장과 경제활동을 해나가려면 자유롭게 생활 근거지를 선택하고 변경하는 것이 필수적이라는 고려에 의하여 생활 형성의 중심지, 즉 거주지나 체류지라고 볼 만한 정도로 생활과 밀접한 연관을 갖는 장소를 선택하고 변경하는 행위를 보호하는 기본권으로서 생활의 근거지에 이르지 못하는 일시적인 이동을 위한 장소의 선택과 변경까지 그 보호 영역에 포함되는 것은 아니라고 판단했다(헌재결 2011.6.30. 2009헌마406 참조).

대법원은 거주·이전의 자유에 대해서 이렇게 정의를 내리고 있다.

> 거주·이전의 자유란 국민이 원하는 곳에 주소나 거소를 설정하고 이전할 자유를 말하며 그 자유에는 국내에서의 거주·이전의 자유 이외에 해외여행 및 해외 이주의 자유가 포함되고, 해외여행 및 해외 이주의 자유는 대한민국의 통치권이 미치지 않는 곳으로 여행하거나 이주할 수 있는 자유로서 출국의 자유와 외국 체류를 중단하고 다시 우리나라로 돌아올 수 있는 입국의 자유를 포함한다(대판 2008.1.24. 2007두10846).

물론 거주·이전의 자유는 개별 법률에 의해서 제약이 가능하다. 예를 들면 군인은 영내에 거주할 의무가 있고, 수형자는 교도소 밖으로 나올 수 없다. 전염병 등 각종 질병의 예방을 위해서 제한되는 경우도 있다. 거주·이전의 자유는 연혁적으로는 다음에 살펴볼 직업선택의 자유와 관련이 있다. 직업을 자유롭게 선택하고, 직업 활동을 영위하기 위해서는 거주·이전의 자유가 필요하기 때문이다. 유럽의 봉건시대에는 평민에게 거주·이전의 자유가 보장되지 않았는데, 석공과 같은 직인들에게는 거주·이전의 자유를 부여하여 직업 활동을 보장했다.

한편 학계에서는 부부의 동거의무, 친권자에 의한 자녀의 거소지 정권 등을 거주·이전의 자유에 대한 법률상 제한으로 보는데, 이것이 과연 거주·이전의 자유에 대한 제한에 해당되는지 의문이다. 만약 그런 식으로 본다면 아이의 학교 때문에 부모가 특정 지역에 사는 경우 뺑뺑이 제도(고교 입시 평준화 제도)를 규정한 법률도 부모의 거주·

이전의 자유를 제한한다는 결론이 나온다. 이상하지 않은가? 그러나 헌법재판소는 거주지에 따른 고교 입시 평준화 제도에 대해서 "학부모는 원하는 경우 언제든지 자유로이 거주지를 이전할 수 있으므로 거주·이전의 자유를 제한한다고 볼 수 없다."고 했다(헌재결 1995.2.23. 91헌마204).

부부도 언제든지 합의를 하면 거주지를 바꿀 수 있고, 자녀도 친권자에게 요구해서 거주지를 바꿀 수 있기 때문에 부부 동거의무나 자녀에 대한 친권자의 거소지정권은 거주·이전의 자유에 대한 제한으로 보기 어렵다. 부부의 동거의무나 부모가 자식의 거주지를 지정하는 것은 거주·이전의 자유를 제한하는 것이 아니라 가족제도의 한 내용으로 보는 것이 옳을 것이다.

헌법재판소는 병역의무자에 대한 국외 여행 허가제(헌재결 1990.6.22. 90헌마310), 추징금 미납자에 대한 출국 금지(헌재결 2004.10.28. 2003헌가18), 전쟁이나 테러의 위험이 있는 해외 위난 지역에서의 여권 사용 제한(헌재결 2008.6.26. 2007헌가1366), 해외 체재자의 병역의무 면제 연한을 36세로 하여 일반인의 입영 의무 면제 연한인 31세보다 많게 한 것(헌재결 2004.11.25. 2004헌바15) 등은 거주·이전의 자유를 침해한 것이 아니라고 결정했다.

거주·이전의 자유는 자연인만이 아니라 법인도 누린다. 헌법재판소는 지방세법이 법인의 대도시 내 부동산등기에 통상 세율의 5배를 규정하였더라도 법인이 향유해야 할 직업 수행의 자유나 거주·이전의 자유를 침해한 것이 아니라고 하였다(헌재결 1998.2.27. 97헌가79).

거주·이전의 자유는 인간의 권리가 아니라 국민의 권리이다. 따라서 외국인은 거주·이전의 자유의 주체가 아니며 외국인의 입국은 허가를 요한다.

15. 직업선택의 자유

제15조 모든 국민은 직업선택의 자유를 가진다.

제헌헌법에는 없다. 1962년헌법에 신설되었다.

헌법 조문에는 "직업선택의 자유"라고 명기했지만 이 조항은 좁은 의미의 직업선택(=결정)과 직업 수행의 자유를 보장하는 규정이다(정종섭, 2011: 660).

직업 수행의 자유는 직업 결정의 자유보다 상대적으로 폭넓은 규제가 가능하다는 것이 헌법재판소의 입장이다(헌재결 2007.5.31. 2003헌마579).

직업 결정의 자유에는 직업 교육장 선택의 자유, 겸직의 자유가 포함된다. 직업 수행의 자유에는 영업의 자유, 경쟁의 자유, 직장 선택의 자유가 포함된다.

여기서 말하는 직업의 개념은 무엇인가? 헌법재판소는 직업을 "생활의 기본적 수요를 충족시키기 위해서 행하는 계속적인 소득 활동"이라고 정의하고 있다(헌재결 2007.3.29. 2005헌마1144). 직업의 자유와 관련해서는 헌법재판소에 대단히 많은 결정례가 축적되어 있다.

직업의 자유와 관련하여 헌법재판소에서 위헌 결정을 내린 대표적인 사건 몇 가지를 보면 다음과 같다(정종섭, 2011: 667 이하 참조).

- 대학 및 이와 유사한 교육기관의 정화 구역 안에 당구장 영업을 금지하는 것은 위헌(헌재결 1997.3.27. 94헌바196 등).
- 학교 정화 구역 안에서 극장 시설 및 영업을 금하는 학교보건법 규정은 위헌(헌재결 2004.5.27. 2003헌가1 등).

- 변호사의 개업지에 대하여 제한하는 것은 위헌(헌재결 1989.11.20. 89헌가102).

- 식품이나 식품의 용기·포장에 "음주 전후" 또는 "숙취 해소"라는 표시를 금지하는 것은 위헌(헌재결 2000.3.30. 99헌마143).

- 당구장을 경영하는 영업주로 하여금 당구장 출입문에 18세 미만의 자의 출입 금지를 반드시 표시하도록 하는 것은 위헌(헌재결 1993.5.13. 92헌마80).

- 의료인이 태아의 성별을 고지하는 것을 금지하는 법률은 위헌(헌재결 2008.7.31. 2004헌마1010 등).

- 검찰총장의 직에서 퇴임한 후 2년 이내에 모든 공직에의 임명과 국공립대학의 총장·학장, 교수 등에 임명될 수 없게 하는 것은 직업선택의 자유를 침해하는 것(헌재결 1997.7.16. 97헌마26).

- 시각장애인에 한하여 안마사 자격을 부여하는 이른바 비맹제외기준非盲除外基準을 규정한 보건복지부령 '안마사에 관한 규칙'에 대해서 헌법재판소는 처음에는 합헌이라고 판단했다가(헌재결 2003.6.26. 2002헌가16), 나중에는 일반인의 직업선택의 자유를 침해한 것으로 보아 위헌으로 변경(헌재결 2006.5.25. 2003헌마715, 2006헌마368 병합 전원재판부). 이에 장애인들이 한강에 투신하는 등 격렬한 반발이 일어났고, 국회는 헌법재판소의 위헌 결정으로 폐지된 보건복지부령의 규정을 의료법에 편입시켜 시각장애인의 안마사 독점 지위를 법률로 보장. 그러자 이 의료법 규정에 대해서 또다시 헌법소원이 제기되었고 헌법재판소는 이에 대해서는 합헌이라고 판단(헌재결 2008.10.30. 2006헌마1098).

직업의 자유도 헌법 제37조 2항에 따라 국가안전보장, 질서유지 또는 공공복리를 위하여 제한될 수 있는데, 직업의 자유에 대한 제한 이론으로 이른바 '단계이론'이 있다. 단계이론은 직업의 자유를 제한할 때는 일정한 단계를 밟아야 한다는 이론으로 △ 1단계는 직업 수행의 자유의 제한 △ 2단계는 주관적 사유에 의한 직업 결정의 자유의 제한 △ 3단계는 객관적 사유에 의한 직업 결정의 자유의 제한이다.

이상의 단계 구분은 처음에는 제한의 정도가 낮은 단계에서 점차 높은 단계로 올라간다는 특징이 있다. 그렇게 해야 직업의 자유에 대한 침해를 최소화할 수 있기 때문이다.

이 같은 단계이론은 독일의 '약국 판결'에 의해 확립되었고 우리나라 헌법재판소도 이를 적극 수용하고 있다. 약국 판결이란 약국의 거리 제한이 약사들의 직업 선택(결정)의 자유를 침해하는 것인가가 문제된 사안에서 독일연방헌법재판소가 이 같은 제한에 대해서 위헌 결정을 한 사안이다. 즉 독일연방헌법재판소는 "약국의 증가로 주민 건강이 위험해진다는 사정은 존재하지 않는다. 즉 일반적으로 약국 신설이 자유롭게 되더라도 약국 수가 무한히 증대한다고는 생각되지 않는다. 그리고 약국이 규제되지 않고 증가한 경우 법적 의무를 충족할 수 없을 정도로 경영력이 저하한다든가 주민의 건강을 해치는 의약품 공급을 야기한다든지 하는 것들은 증명할 수 없다."고 판단했다.

단계이론에 대한 우리 헌법재판소의 입장은 다음과 같다(헌재결 2004.10.28. 2002헌바41; 헌재결 1995.6.29. 90헌바43; 헌재결 2002.4.25. 2001헌마614 등 참조).

첫째, 직업 수행의 자유에 대해서는 비교적 넓은 법률상의 규제가 가능하다는 입장이다. 물론 이 경우도 헌법 제37조 2항이 정한 비례의 원칙을 위배해서는 안 된다.

둘째, 일정한 주관적 요건을 갖춘 자에게만 특정 직업에 종사하게 하는 경우에는 주관적 요건 자체가 그 제한 목적과 합리적 관계에 있어야 한다는 비례의 원칙이 적용되어야 한다.

셋째, 당사자의 능력이나 자격과 무관한 객관적 사유에 의한 제한은 직업의 자유에 대한 제한 중에서도 가장 심각한 제한이므로 월등하게 중요한 공익을 위하여 명백하고 확실한 위험을 방지하기 위한 경우에만 정당화된다.

16. 주거의 자유

제16조 모든 국민은 주거의 자유를 침해받지 아니한다. 주거에 대한 압수나 수색을 할 때에는 검사의 신청에 의하여 법관이 발부한 영장을 제시하여야 한다.

제헌헌법 제10조는 주거의 자유를 거주·이전의 자유와 함께 규정했다.

주거란 사람이 살거나 활동하는 공간으로서, 아무나 드나들도록 개방되어 있지 않은 곳이다. 따라서 집, 대학 강의실, 연구실, 동아리방, 호텔, 여관방, 작업장 같은 곳이 주거에 해당한다.

거주·이전의 자유에서의 '거주'와 헷갈리면 안 된다. 거주는 폭넓게 자기가 사는 지역을 뜻한다. 즉 서울에 집이 있는 사람은 서울에 거주하지만, 서울이 그의 주거는 아닌 것이다. 주거의 자유는 사생활의 비밀과 자유의 한 내용이기도 하다.

법인에게도 주거의 자유가 인정되는지에 대해서는 견해가 나뉘는데, 다수설은 주거의 자유가 자연인에게만 인정된다고 보아 법인에게는 주거의 자유를 인정하지 않는다.

형법은 주거의 자유를 침해하는 행위를 주거침입죄로 보호하고 있다. 백화점이나 상점같이 개방된 장소라 하더라도 관리자의 명시적이거나 추정적 의사에 반해서 들어간 경우에는 주거침입죄가 성립한다. 예컨대 대중음식점에 도청기를 설치하러 들어간 경우에는, 그 사실을 관리자가 미리 알았다면 출입을 저지했을 것이라고 추정할 수 있으므로 주거침입죄에 해당한다는 대법원 판례가 있다(대판 1997.3.28. 95도2674).

또한 대법원은 타인을 위해서 시험을 대신 응시하는 이른바 '대리 응시자'들의 시험장 입장은 시험 관리자의 승낙 또는 추정적 의사에 반한 불법 침입이라 아니할 수 없고 이와 같은 침입을 교사한 이상 주거침입죄의 교사범이 성립된다고 판단했다(대판 1967.12.19. 67도1281).

한편 대법원은 타인의 처와 간통을 저지르기 위해 그 처의 승낙을 얻어 주거에 들어간 경우, 남편의 주거에 대한 사실상의 평온이 깨졌다고 보아서 주거침입죄가 성립한다고 했는데(대판 1984.6.26. 83도685), 이 사안에서 주거침입죄를 적용하는 것이 과연 타당한가 하는 문제가 있다. 이 판례는 여성을 남편에 예속된 존재로 보아서는 안 된다는 남녀평등의 이념과 간통죄 자체의 위헌성 논란을 감안할 때 장차 폐기되어야 한다.

17. 사생활의 비밀과 자유

제17조 모든 국민은 사생활의 비밀과 자유를 침해받지 아니한다.

제헌헌법에 없다. 1980년헌법에서 신설되었다.

사생활의 비밀과 자유에는 △사생활의 비밀의 불가침 △사생활의 자유의 불가침 △개인 정보 자기 결정권이 있다.

'사생활의 비밀의 불가침'은 타인이 나의 사생활 영역을 들여다보는 것으로부터 보호를 받을 수 있도록 하는 기본권이다. 도청, 녹취, 도촬 등으로부터 보호받는 것은 바로 사생활의 비밀의 불가침 때문이다.

'사생활의 자유의 불가침'은 타인이 나의 자유로운 사생활을 방해하거나 금지하는 것으로부터 보호받는 기본권이다. 사생활의 비밀의 불가침보다 적극적인 내용이다. 예컨대 나의 연애, 결혼, 낙태, 성생활, 동성애, 자녀와 관련된 사항 등이 그것이다.

헌법재판소는 사생활의 비밀과 자유에 의해서 보호되는 구체적인 권리로 개인의 내밀한 내용의 비밀을 유지할 권리, 개인이 자신의 사생활의 불가침을 보장받을 수 있는 권리, 개인의 양심 영역이나 성적 영역과 같은 내밀한 영역을 보호받을 권리, 인격적인 감정 세계를 존중받을 권리, 정신적인 내면생활이 침해받지 아니할 권리 등을 들고 있다(헌재결 2003.10.30. 2002헌마518).

'개인 정보 자기 결정권'이란 자신에 관한 정보의 공개와 유통을 스스로 결정하고 통제할 수 있는 권리로서, 여기에는 자기 정보 처리 금지 청구권, 자기 정보 열람 청구권, 자기 정보 정정 청구권 등이 포함된다(정회철, 2011: 434). 이 같은 개인 정보 자기 결정권을 규정한 법률로는 공공 부문에서 적용되는 '공공 기관의 개인 정보 보호에 관한 법률', 민간 부문에 적용되는 '정보 통신망 이용 촉진 및 정보 보호 등에 관한 법률', 그리고 신용 정보에 대해서 적용되는 '신용 정보의 이용 및 보호에 관한 법률'이 있다.

사생활의 비밀과 자유는 언론의 자유와 충돌한다. 이 문제를 해결하기 위해서 인격 영역 이론(인격을 △공개 영역, △사회적 영역, △사적 영역, △비밀 영역, △내밀 영역으로 나눔), 권리 포기 이론(스스로 사생활의 비밀에 대한 권리를 포기한 것으로 볼 수 있는 경우, 예컨대 자살을 하거나 스스로 사생활을 노출시킨 경우에는 사생활의 비밀이 축소된다는 이론), 공적 인물 이론(유명한 사람은 사생활의 공개를 감내해야 한다는 이론), 공공 이익 이론(알 권리의 대상은 국민에게 알리는 것이 공공의 이익이 된다는 이론) 등이 있다.

이 가운데 공적 인물 이론과 관련하여 대법원은 "공적 인물에 대하여는 사생활의 비밀과 자유가 일정한 범위 내에서 제한되어 그 사생활의 공개가 면책되는 경우도 있을 수 있으나, 이는 공적 인물은 통상인에 비하여 일반 국민의 알 권리의 대상이 되고 그 공개가 공공의 이익이 된다는 데 근거한 것이므로, 일반 국민의 알 권리와는 무관하게 국가기관이 평소의 동향을 감시할 목적으로 개인의 정보를 비밀리에 수집한 경우에는 그 대상자가 공적 인물이라는 이유만으로 면책될 수 없다."고 밝혔다(대판 1998.7.24. 96다42789). 이 사건은 보안사의 민간인 사찰을 폭로한 '윤석양 이병' 사건으로, 보안사가 법령에 규정된 직무 범위를 벗어나 민간인들을 사찰하여 비밀리에 정보를 수집·관리한 경우에 (사찰 대상이) 공적 인물이라고 하더라도 불법행위를 구성한다고 판시한 것이다(정회철, 2011: 443).

한편 최근 사회적으로 문제가 된 총리실 민간인 불법 사찰 사건은 국가권력에 의한 불법적인 사생활 침해를 보여주는 대표적 사례다. 민간인인 김종익 KB한마음 대표는 이명박 대통령을 패러디한 동영상을 인터넷상에 올렸다는 이유로 2008년 국무총리실 산하 공직윤리지원관실에 의하여 사찰 대상이 되었다. 이후 이 사건이 언론을 통해서 보도되면서 사건은 일파만파로 커져갔다. 즉 이 사건에 대통령의 고향 인맥인 영포회가 관련되었다는 의혹이 제기되었고 권력 최고 실세가 개입했다는 정황이 드러났다. 사찰 대상에는 민간인과 야당 정치인은 물론 여당의 중진 의원들까지 포함되어 있었다. 2012년 4·11총선을 앞두고 공직윤리지원관실의 사찰 문건 2,691건이 공개되면서 민간인 불법 사찰은 큰 파문을 일으켰다. 민간인 사찰은 국민의 사생활의 비밀과 자유를 침해하는 명백한 불법행위다.

18. 통신 비밀의 보호

제18조 모든 국민은 통신의 비밀을 침해받지 아니한다.

제헌헌법 제11조에 규정되었다.

통신이란 무엇인가? 공간적으로 떨어져 있는 사람들 사이에 통신 수단을 매개로 의사소통을 하는 것을 통신이라 한다. 통신의 자유는 인간의 권리이므로 내국인은 물론 외국인에게도 보장되어야 한다.

통신비밀보호법은 통신의 자유 보호와 관련하여 "누구든지 이 법과 형사소송법 또는 군사법원법의 규정에 의하지 아니하고는 우편물의 검열, 전기통신의 감청 또는 통신 사실 확인 자료의 제공을 하거나 공개되지 아니한 타인 간의 대화를 녹음 또는 청취하지 못한다."고 규정하고 있으며(통신비밀보호법 제3조 1항 본문), 우편물의 검열 또는 전기통신의 감청과 같은 통신 제한 조치는 범죄 수사 또는 국가안전보장을 위하여 보충적인 수단으로만 이용되어야 한다고 규정하고 있다(통신비밀보호법 제3조 2항).

통신비밀보호법은 통신의 자유를 더욱 두텁게 보호하기 위하여 우편물의 불법 검열 또는 전기통신의 불법 감청에 의하여 획득된 내용은 재판 또는 징계 절차에서 증거로 사용할 수 없도록 규정하고 있다(통신비밀보호법 제4조).

마주보고 앉아서 이야기하는 것은 통신 비밀로 보호받는 게 아니라 사생활로 보호받는다. 그런데 통신비밀보호법 제14조는 "누구든지 공개되지 아니한 타인 간의 대화를 녹음하거나 전자장치 또는 기계적 수단을 이용하여 청취할 수 없다."고 하는데 이때는 멀리 떨어져 있는 사람들의 통신뿐만 아니라 같은 장소에 있는 사람들 사이의 대화도 포함되는 것으로 해석된다.

범죄 수사를 위해서 검사 또는 사법경찰관이 통신 사실 확인 자료를 제공받기 위해서는 관할 지방법원 또는 지원의 허가를 요하며(통신비밀보호법 제13조 1항), 정보 수사기관의 장이 국가안전보장을 위한 통신 사실 확인 자료를 제공받기 위해서는 고등법원 수석부장판사 또는 대통령의 승인을 얻어야 한다(동법 제13조의 4 제1항).

2011년에 새누리당(당시 한나라당) 한선교 의원의 민주당 대표실 도청 의혹이 제기되었다. 한 의원은 2011년 6월 24일 국회 문방위 전체 회의에서 민주당 비공개회의 발언 내용 녹취록을 토씨 하나 틀리지 않고 그대로 읽었다. 당시 이 녹취록을 작성한 장본인은 민주당 회의장에 휴대폰을 놓고 간 KBS의 모 기자라는 의혹이 제기되었으나, 폐쇄 회로 TV와 이메일 송수신 내역, 해당 기자의 노트북과 휴대폰 등은 물론 관계자를 소환 조사한 결과 도청 사실을 입증할 만한 증거가 발견되지 않았다는 이유로 검찰에 의해 불기소처분되었다. 정당의 비공개회의가 불법적으로 녹취되었다는 것도 놀라운 일이지만, 그에 못지않게 황당한 것은 헌법기관인 국회의원이 통신 비밀에 대한 기본 상식조차도 모르고 있었다는 점이다. 불법 녹취에 의해 작성된 것이 분명한 자료를 보란 듯이 읽어 내려간 한선교 의원은 자신의 행위가 법에 위반된다는 점에 대해서 전혀 인식이 없었던 것 같다.

19. 양심의 자유

제19조 모든 국민은 양심의 자유를 가진다.

제헌헌법 제12조에서는 '신앙의 자유'와 함께 규정되었다.

벤자민 프랭클린은 1722년에 "양심의 자유가 없으면 지혜가 있을 수 없다. 언론의 자유가 없으면 공적인 자유도 없다."고 말했다. 양심의 자유는 종교의 자유에서 기원하지만 그것보다 광범위하다. 또 양심의 자유는 언론·출판의 자유와도 밀접한 관계가 있다. 언론·출판의 자유는 곧 양심을 표출할 자유라고 할 수 있기 때문이다.

양심이란 무엇인가? 헌법재판소는 양심에 대해서 "헌법상 보호되는 양심은 어떤 일의 옳고 그름을 판단함에 있어서 그렇게 행동하지 아니하고는 자신의 인격적인 존재 가치가 허물어지고 말 것이라는 강력하고 진지한 마음의 소리로서 절박하고 구체적인 양심을 말한다."고 했고(헌재결 2002.4.25. 98헌마425 등), 또 다른 사건에서는 "양심은 옳고 그른 것에 대한 판단을 추구하는 가치적·도덕적 마음가짐으로, 개인의 소신에 따른 다양성이 보장되어야 하고 그 형성과 변경에 외부적 개입과 억압에 의한 강요가 있어서는 아니 되는 인간의 윤리적 내심 영역이다. 보호되어야 할 양심에는 세계관·인생관·주의·신조 등은 물론, 이에 이르지 아니하여도 보다 널리 개인의 인격 형성에 관계되는 내심에 있어서의 가치적·윤리적 판단도 포함될 수 있다."고 했다(헌재결 2002.1.31. 2001헌바43).

한편 양심의 자유의 기능과 관련해서는 "인간의 존엄성 유지와 개인의 자유로운 인격 발현을 최고의 가치로 삼는 우리 헌법상의 기본권 체계 내에서 양심의 자유의 기능은 개인적 인격의 정체성과 동질성을 유지하는 데 있다."고 했다(헌재결 2004.8.26. 2002헌가1).

양심의 자유에 양심 형성(결정)의 자유가 있다는 점에 대해서는 대체로 의견이 일치되나 양심 실현의 자유가 포함되는지에 대해서 학계에서는 오랫동안 견해의 대립이 있었다. 그런데 헌법재판소는 양심의 자유에 △양심을 표명하거나 또는 양심을 표명하도록 강요받지 아니할 자유(양심 표명의 자유) △양심에 반하는 행동을 강요받지 아니할 자유(부작위에 의한 양심 실현의 자유) △양심에 따른 행동을 할 자유(작위에 의한 양심 실현의 자유)가 모두 포함된다고 하여 양심 실현의 자유를 인정하고 있다(헌재결 2004.8.26. 2002헌가1).

양심 형성의 자유와 관련하여 과거 사상 전향 제도가 양심 형성의 자유를 침해하는 것 아니냐는 논란이 있었다. 사상 전향 제도라 함은 과거 '(구)가석방 심사 등에 관한 규칙'에서 국가보안법 위반 등 수형자에 대해 사상 전향 여부를 심사하고 필요한 경우 전향에 관한 성명서를 제출하도록 함으로써 사상 전향서의 제출을 가석방 조건으로 삼거나 '(구)사회안전법' 시행령에서 보안처분의 면제 요건으로 "반공정신이 확립되었을 것"으로 규정하고, 이를 확인하기 위해 사상 전향서를 첨부한 신청서를 관할 경찰서장에게 제출하도록 규정했던 것을 말한다. 그런데 이 같은 사상 전향 제도는 일제시대의 조선사상범 보호관찰령에서 시작된 것으로서 일찍이 독립투사들을 탄압하기 위한 수단으로 악용되었다. 해방 이후에도 전향 제도는 양심의 자유를 침해하고, 이를 거부 시 각종 불이익을 줌으로써 사실상 강제적으로 운영되어왔다. 정부는 1998년 8·15 사면을 단행하면서 사상 전향 제도를 폐지하고 준법 서약 제도를 도입했다. 준법 서약 제도에 대해서 헌법재판소는 합헌 판결을 내렸다(정회철, 2011: 475~476). 그러나 이 또한 양심의 자유를 침해한다는 여론이 높자 법무부는 2003년에 준법 서약서 제도를 폐지키로 의결했다.

양심에 반하는 행동을 강요당하지 않을 자유와 관련해서는 △양심적 병역거부 △사죄 광고 △국기에 대한 경례 거부 등이 쟁점이 된다. 헌법재판소는 양심적 병역거부 행위를 처벌하는 병역법 규정에 대해서 합헌이라고 했고(헌재결 2004.8.26. 2002헌가1), 사죄 광고에 대해서는 "사죄 광고의 강제는 양심도 아닌 것을 양심인 것처럼 표현할 것을 강제하는 것으로 인간 양심의 왜곡·굴절이고 겉과 속이 다른 이중인격 형성을 강요하는 것으로 침묵의 자유의 파생인 양심에 반하는 행위의 강제 금지에 저촉"된다고 판단했다(헌재결 1991.4.1. 89헌마160). 국기에 대한 경례에 대한 헌법재판소의 결정은 아직 없다. 미 연방대법원은 국기에 대한 경례를 강제하는 것이 개인의 자유 침해이며 침묵의 자유 침해라고 판단했다. 반면 우리나라 대법원은 국기에 대한 경례를 우상숭배라고 하여 거부한 학생을 제적 처분한 것은 정당하다고 판결했다(대판 1976.4.27. 75누249). 대법원의 이 같은 판결은 국가주의가 기승을 부리던 유신 독재 시절에 나온 판결로서 그 타당성이 의심스럽다. 이 경우 설령 학생을 징계하더라도 제적까지 하는 것은 과잉 금지에 위배될 가능성이 있다. 오늘날 이와 유사한 사건이 문제가 된다면 다른 결과가 나올 수 있을 것이다. 애국심은 숭고한 것이지만 이를 강요할 수는 없다. 그것은 사랑의 감정을 강요할 수 없는 것과 마찬가지다.

사람은 누구나 자신만의 생각과 신념이 있다. 자기가 생각하는 것, 그것이 곧 자기 자신이다. 양심의 자유는 개인의 내면적 실존을 보호하고 있다. 민주공화국의 구성원은 각자 다른 생각을 할 자유가 있어야 한다. 모두가 다른 생각을 할 수 있고, 다른 생각을 말할 수 있다는 것은 민주주의의 기본 중의 기본이다.

양심의 자유는 사상의 자유와 불가분의 관계에 있다. 사상의 자유를 별도로 규정하지 않은 우리 헌법은 해석상 양심의 자유에 사상의 자유가 포함된다고 보아야 한다.

일본헌법 제19조는 "사상 및 양심의 자유는 침해당해서는 아니 된다."고 규정하여 양심의 자유와 함께 사상의 자유를 명시했다. 독일기본법도 제4조 1항에서 "세계관적 신조의 자유는 침해되지 아니한다."고 규정하여 사상의 자유를 명시적으로 허용하고 있다. '사상'이라는 단어에 대한 우리 사회의 트라우마를 치유하기 위해서 다음 개헌에서는 반드시 사상의 자유를 명시해야 한다.

20. 종교의 자유

제20조 ① 모든 국민은 종교의 자유를 가진다.
② 국교는 인정되지 아니하며, 종교와 정치는 분리된다.

제헌헌법 제12조에서 '양심의 자유'와 함께 규정되었다.
이 조항은 종교의 자유, 국교 부정, 정교분리를 규정하고 있다.
종교의 자유는 믿을 자유, 믿지 않을 자유, 믿음을 바꿀 자유를 포함한다. 종교의 자유가 국가 차원에서 공식 인정된 것은 1598년 낭트칙령에서다. 낭트칙령은 30년에 걸친 프랑스의 위그노전쟁(구교인 가톨릭과 개신교인 위그노 간의 전쟁)을 종식시킨 앙리 4세의 작품이다. 앙리 4세의 선왕들은 개신교를 엄격히 금지했다. 어느 정도로 금지했냐 하면 가톨릭 이외의 '이단'을 믿으면 엄벌에 처했을 뿐만 아니라 대학입학도 못하고 관직에도 나갈 수 없었다. 그러나 앙리 4세는 스스로 개신교에서 가톨릭으로 개종을 하면서 낭트칙령으로 개신교도들에게 종교의 자유를 허용했다. 하지만 낭트칙령은 신구교도 양측으로부터 불만을 사서, 앙리 4세 치세 이후에도 종교 분쟁은 끊이지 않았고, 가톨릭 전통이 뿌리 깊은 프랑스에서는 결국 수십만 명의 위그노들이 주변국으로 망명하는 사태까지 일어났다. 이처럼 종교의 자유는 개신교가 가톨릭에 저항하면서 역사에 등장하게 되었던 것이다.

　최근 종교의 자유와 관련하여 사회적 주목을 받았던 강의석 씨 사건이 있다. 강 씨는 개신교계 학교인 대광고등학교 재학 시절 학생들에 대한 예배 강요에 반대하는 시위를 했다가 2004년에 퇴학을 당했다. 강 씨는 단식투쟁을 하면서 법원과 국가인권위원회에 이 문제를 제기했고, 강 씨에 대한 퇴학 처분은 결국 철회되었다. 이후 강 씨는 학교 재단을 상대로 손해배상 청구를 제기하여 대법원까지 간 끝에 결국 2010년에 승소했다. 대법원은 강 씨 사건에 대해서 다음과 같이 판시했다.

> 종립학교의 학교법인이 국공립학교와 달리 종교교육을 할 자유와 운영의 자유를 가진다고 하더라도, 그 종립학교가 공교육체계에 편입되어 있는 이상 원칙적으로 학생의 종교의 자유, 교육을 받을 권리를 고려한 대책을 마련하는 등의 조치를 취하는 속

에서 그러한 자유를 누린다고 해석하여야 한다. 종립학교가 고교 평준화 정책에 따라 강제 배정된 학생들을 상대로 특정 종교의 교리를 전파하는 종파적인 종교 행사와 종교 과목 수업을 실시하면서 참가 거부가 사실상 불가능한 분위기를 조성하고 대체 과목을 개설하지 않는 등 신앙을 갖지 않거나 학교와 다른 신앙을 가진 학생의 기본권을 고려하지 않은 것은 우리 사회의 건전한 상식과 법 감정에 비추어 용인될 수 있는 한계를 벗어나 학생의 종교에 관한 인격적 법익을 침해받는 학생이 있을 것임이 충분히 예견 가능하고 그 침해가 회피 가능하므로 과실 역시 인정된다(대판 2010.4.22. 2008다38288).

제2항은 정교분리의 원칙을 규정하고 있다. 오늘날 우리 사회에서는 이 헌법 조항이 얼마나 지켜지고 있을까? 특히 대통령 개인의 종교에 따라 특정 종교가 우대받거나 차별받고 있는 것은 아닐까? 대통령이 특정 종교의 독실한 신자일 경우에 정치인, 공직자, 사업가 등이 대통령과 같은 종교임을 과시하거나 대통령과 인연을 맺기 위해서 대통령이 즐겨 다니는 종교 시설을 다니는 일은 비일비재하다. 또 대통령은 그러한 사람들 중에서 요직에 앉힐 사람을 고르기도 한다. 이와 같은 행태는 종교를 이용해서 정치적 영향력을 강화하려는 것으로 헌법 제20조가 규정한 정교분리의 원칙에 위배된다. 따라서 향후 대통령과의 종교적 인연을 빌미로 인사상 또는 영업상의 이익을 챙기려는 시도를 저지하기 위한 대책이 필요하다. 예컨대 대통령과 같은 종교 시설에 다니는 사람들에 대해서는 청와대 민정수석실에서 대통령 친인척에 준해서 감시, 감독할 필요가 있다.

한편 종교의 자유와 관련하여 최근 논란이 되고 있는 것은 종교에 대한 과세 문제다. 우리나라처럼 종교인 또는 종교 단체에 대해서 전면적인 면세 혜택을 주는 나라는 찾아보기 힘들다. 기독교의 종주국이라는 미국에서도 성직자에 대해서 세금을 부과하고 있다. 하지만 우리나라는 천주교 성직자들이 주교회의 결정에 따라 1994년부터 소득세를 내는 것을 제외하고는 종교인 또는 종교 단체가 세금을 내는 경우는 없다.

전국에 예배당과 사찰, 성당이 9만 300개다. 성직자는 2008년 기준으로 36만 5,000명이다. 교단 입장에서는 수익 사업 아닌 공익 사업이기 때문에 내야 할 세금도 없다는 것이지만 영리와 공익 사이에는 회색 지대도 많다. 교단의 회계도 불투명하다. 그러나 종교인의 개인소득세는 전혀 다른 문제다. 세법에는 종교인들이 소득세를 내지 않아도 좋다는 면세 조항이 전혀 없다. 그동안 국세청이 걷지 않았을 뿐이다. 천주교 신부들이 세금을 내고 있는 터에 종교인 비과세가 관습법의 지위를 얻을 수도 없다. 결국 국세청의 직무 유기였던 것이다(『한국경제신문』 2011. 12. 13 「정규재 칼럼」).

종교인들 가운데는 이처럼 세금을 내지 않으면서 정치적 활동을 하거나 정치적 발언을 하는 경우가 종종 있다. 선거 때 특정 후보를 노골적으로 지지하는 것은 물론 심지어 국가정책에 대해서까지 관여한다.

2011년 2월 24일 여의도순복음교회 조용기 목사는 정부가 추진 중인 수쿠크법(이슬람채권법)에 반대하면서 이렇게 말했다. "수쿠크법에 정부가 동의를 하면 나는 영원히 대통령과 싸우겠다. 대통령을 당선시키려고 기독교인들에게 많은 노력을 한 것만큼 하야시키기 위해 싸우겠다."이슬람 채권, 즉 수쿠크의 거래 행위는 사실상 일반 채권의 거래이지만 이슬람교 율법상 이자가 금지되기 때문에 어쩔 수 없이 금융거래가 아닌 현물거래 형식으로 융통이 된다. 그렇다 보니 각종 세금이 부과되어 부당한 측면이 있으므로 수쿠크에 부과되는 세금 부담을 일반 채권과 비슷한 수준으로 맞춰주려고 하는 것이 정부의 수크크법안의 요지였다.

조용기 목사의 발언이 있기 얼마 전인 2011년 2월 17일 한국기독교총연합회 길자연 회장은 여당인 한나라당 지도부를 만나서 "수쿠크법이 국회에서 통과되면 낙선 운동도 불사하겠다."고 으름장을 놓았다. 결국 한나라당은 2월 말 원내 대책 회의에서 수쿠크법안을 보류하기로 했고, 야당인 민주당도 개신교계를 의식해서 수쿠크법에 반대하기로 했다(『한겨레21』 2011. 9. 20).

우리나라는 종교인의 이러한 행동에 대해서 아무런 제재도 하지 못한다. 공화국의 기강이 전혀 없기 때문이다. 종교에 대해서 관대한 미국에서조차 이런 경우는 그냥 두지 않는다. 미국은 연방헌법에 의해서 종교의 자유를 보호하고 있다. 동시에 종교와 국가, 종교와 정치의 엄격한 분리를 강조하고 있다. 정교분리의 원칙이다. 정교분리의 원칙은 종교가 국가로부터 자유로울 권리인 동시에 국가가 종교로부터 자유로울 권리이기도 하다. 즉 종교와 국가(정치)가 서로의 영역을 인정하고 서로 간섭하지 않는 것을 조건으로 종교의 자유가 인정되는 것이라고 할 수 있다. 종교의 자유와 여기서 파생되는 정교분리의 원칙에 의해서 미국의 연방 세법 Internal Revenue Code(IRC)은 교회 또는 종교 단체가 종교 활동에만 전념할 경우에는 일반적인 민간 비영리단체와 마찬가지로 과세에서 제외시키고 있다. 하지만 교회나 종교 단체가 선거운동과 같은 정치 활동, 입법 활동을 할 경우에는 규제세의 부과나 종교 활동에 대한 과세처분 등으로 엄격하게 대처한다. 교회 등 종교 단체가 국가로부터 세금 혜택을 받으면서 세속적인 정치 활동에 개입하는 것은 온당하지 못하다는 판단에서 취해진 조치이다. 이는 기독교의 교회는 물론 이슬람교의 모스크, 유대교의 시나고그, 불교의 템플 등에 모두 해당되는 사항이다(이기욱, 2010).

21. 표현의 자유

제21조 ① 모든 국민은 언론·출판의 자유와 집회·결사의 자유를 가진다.
② 언론·출판에 대한 허가나 검열과 집회·결사에 대한 허가는 인정되지 아니한다.
③ 통신·방송의 시설 기준과 신문의 기능을 보장하기 위하여 필요한 사항은 법률로 정한다.
④ 언론·출판은 타인의 명예나 권리 또는 공중도덕이나 사회윤리를 침해하여서는 아니 된다. 언론·출판이 타인의 명예나 권리를 침해한 때에는 피해자는 이에 대한 피해의 배상을 청구할 수 있다.

제1항은 제헌헌법 제13조와 같은 내용이다.
제2항과 제3항은 현행헌법에 신설되었고, 제4항은 1980년헌법에 신설되었다.
동서양을 막론하고 인류는 예로부터 언론을 중시했다. 일찍이 고대 아테네, 로마공화정, 이슬람 세계에서도 언론의 중요성을 인식하고 있었다. 인류가 오랜 역사를 통해 언론의 중요성을 강조했다는 것은 역설적으로 많은 경우에 언론의 자유가 보장되지 않았음을 뜻한다. 근대 시민혁명을 거치면서 비로소 언론의 자유가 정착되었다.

언론의 자유를 누리기 위해서는 몇 가지 전제가 필요하다. 먼저 정보와 사상에 접할 수 있는 자유가 필요하다. 알 권리, 취재의 자유가 그것이다. 또 내가 가진 정보와 사상을 자유롭게 전파할 수 있어야 한다. 여기서 출판의 자유, 액세스권 등이 나온다. 액세스권이란 대중매체가 소수에 의해 독점되는 현실을 감안하여 일반 국민이 매체에 접근하거나 매체를 이용할 수 있도록 하는 권리인데, 정정보도청구권이나 반론보도청구권이 액세스권의 일종이다.

헌법 제21조는 언론의 자유를 포함한 표현의 자유를 포괄적으로 규정한 조항이다. 또한 표현의 자유를 강력하게 보호하기 위하여 언론·출판·집회·결사의 자유에 대한 허가나 검열 등 사전적 제한을 금지하고 있다. 언론의 자유는 언론사만이 아니라 모든 사람이 누리는 자유다. 언론의 자유는 결국 '말할 자유'이기 때문이다. 헌법재판소는 언론·출판의 자유의 보호 대상이 되는 의사 표현 또는 전달 매개체의 범위는 어떤 형태로든 가능하다면서 "담화·연설·토론·연극·방송·음악·영화·가요 등과 문서·소설·시가·도화·사진·조각·서화 등 모든 형상의 의사 표현 또는 의사 표현의 매개체를 포함한다."고 밝히고 있다(헌재결 2001.8.30. 2000헌가9).

언론의 자유는 공화국 생활의 모든 영역에서 보장된다. 개인 간에도 보장된다. 누군가가 나로 하여금 하고 싶은 말을 못 하게 하고 침묵을 강요하면 형법상 강요죄에 해당하여 처벌받을 수도 있다.

언론·출판에 대한 허가와 검열은 금지된다고 할 때, '허가'와 '검열'의 차이는 무엇인가? 헌법재판소는 두 가지 모두 언론·출판에 대한 사전적 제한이라는 점에서 본질적으로 같은 것이라고 보았다. 즉

'검열'이란 행정권이 주체가 되어 사상이나 의견 등이 발표되기 이전에 예방적 조치로서 그 내용을 심사, 선별하여 발표를 사전에 억제하는, 즉 허가받지 않은 것의 발표를 금지하는 제도이므로 검열과 허가는 같은 의미라는 것이다(헌재결 2001.5.31. 2000헌바43).

사전 검열은 '절대적'으로 금지된다. 헌법재판소는 "언론·출판에 대하여 사전 검열이 허용될 경우에는 국민의 예술 활동의 독창성과 창의성을 침해하여 정신생활에 미치는 위험이 크고 행정기관이 집권자에게 불리한 내용의 표현을 사전에 억제함으로써 이른바 관제 의견이나 지배자에게 무해한 여론만이 허용되는 결과를 초래할 염려가 있기 때문에 헌법이 절대적으로 금지하는 것이다."라고 밝혔다(헌재결 2001.8.30. 2000헌가9).

집회·결사의 자유는 언론·출판의 자유에서 한 걸음 더 나아가서 집단적으로 의견을 주장하고 요구할 수 있는 자유다. 시위는 '움직이는 집회'로서 역시 집회의 자유로 보장된다. 집회·결사가 꼭 정치적일 필요는 없지만, 집회·결사의 자유가 가장 위력을 발휘하고 꼭 필요한 분야가 정치적 반대 의사를 가진 사람들의 집단적 의사표시다. 정치적 반대 의사를 가진 사람들에게 이 자유가 허용되지 않는 한, 다른 집회·결사의 자유를 아무리 풍부하게 보장해준다고 하더라도 집회·결사의 자유는 없는 것이다. 이는 다른 모든 기본권에서도 마찬가지다. 우리 헌법에 정당이 처음 규정된 것은 4·19 직후 개정된 1960년 6월헌법인데, 이때는 정당 규정이 지금처럼 독립된 조항이 아니라 집회·결사의 자유 조항에 들어 있었다. 정당 규정을 집회·결사의 자유 조항에 넣었다는 것 자체가 집회·결사의 자유의 정치적 기본권으로서의 성질을 잘 나타내고 있다. 헌법재판소도 집회의 자유가 개인의 인격 발현의 요소이자 민주주의의 구성 요소라는 이중적 기능을 한다고 밝혔다. 즉 "인간의 존엄성과 자유로운 인격 발현을 최고의 가치로 삼는 우리 헌법 질서 내에서 집회의 자유는 일차적으로는 개인의 자기 결정과 인격 발현에 기여하는 기본권이며, 집회를 통하여 국민들이 자신의 의견과 주장을 집단적으로 표명함으로써 여론의 형성에 영향을 미친다는 점에서 표현의 자유와 더불어 민주적 공동체가 가능하기 위하여 불가결한 근본 요소에 속한다."(헌재결 2003.10.30. 2000헌바67, 83 병합)

그런데 일부 보수 세력은 국민들이 반정부적인 집회를 하거나 자신들의 권리를 관철시키기 위해서 시위를 하는 것을 '떼를 쓴다'라는 비열한 표현으로 모독하고, 법 위에 '떼법'이 횡행하고 있다면서 2008년에는 이른바 '떼법방지법'(불법 집단 행위에 대한 집단소송법)이라는 엉터리 법까지 발의했다. 이 '떼법방지법'은 국민의 정당한 권리 행사마저도 '떼법'으로 몰아 당사자에게 금전적 불이익을 입힘으로써 헌법이 보장한 집회·시위의 자유의 본질적 내용을 침해하겠다는 무모하기 짝이 없는 법안이었다. 다행이 이 법안은 결국 통과되지 않았지만, 이 법안을 둘러싼 논의가 결국 집회·시위에 대한 경찰의 과잉 대응과 노조 파업에 대한 기업 측의 손해배상 청구를 양산하는 결과를 가져왔다.

이명박 정권에서 한국의 민주주의는 후퇴했다. 민주주의 후퇴의 핵심은 언론의 자유에 대한 탄압이었다. 국경 없는 기자회는 YTN 사태와 미네르바 구속을 지켜보면서 "민주화된 한국에서 어떻게 이런 일이 있을 수 있는가?"하고 경악을 했다고 한다. 신문 방송 겸영을 허용한 2009년 방송법 날치기 통과와 2011년 조선·중앙·동아·매일경제의 종합편성채널(종편) 방영은 민주주의의 앞날에 암운을 드리우고 있다. 그러나 진실은 반드시 밝혀지게 되어 있다. 법원은 정연주

사장 무죄, 미네르바 박대성 씨 무죄, PD수첩 무죄, YTN 노조원 해고 무효 판결 등으로 정부의 언론 탄압에 경종을 울렸다. 보수적인 사법부조차 정부의 시대착오적 언론 탄압에 개탄을 금치 못하고 있는 것이다. 정부는 종편에 대해서 엄청난 특혜를 제공했다. 대표적인 특혜 몇 가지만 열거하자면 케이블 의무 송신 혜택, 광고대행사(KOBACO)를 통하지 않는 직접 광고 영업 허가, 지상파에 인접한 10번대 황금 채널 배정, 지상파에는 금지된 중간 광고 허용, 국내 제작 프로그램 의무 편성 비율을 지상파의 60~80%보다 현저하게 낮은 20~50% 할당 등을 들 수 있다. 특히 10번대 황금채널 배정은 광고 수주와 시청률의 측면에서 지상파 방송국과 경쟁을 하기 위해서는 반드시 필요한 결정적 특혜이다. 이처럼 정부로부터 막대한 혜택을 받았다면 그에 상응하는 공공성을 발휘해야 하는데 현재의 종편 4사—TV조선, JTBC, 채널A, MBN—에게서는 그러한 의지를 찾아보기 어렵다. 따라서 종편 4사에 대한 과감한 개혁을 통해 종편을 공공성의 영역으로 이끌어내야 한다. 근본적으로는 신문 방송 겸영을 허용한 방송법의 재개정을 서둘러야 할 것이다.

언론의 자유는 일차적으로는 국가권력으로부터의 자유를 의미하지만, 그에 못지않게 중요한 것은 언론이 자본으로부터 독립되어 언론 본연의 기능을 회복하는 것이다. 오늘날 우리나라 신문 시장은 보수적인 몇몇 매체가 사실상 독점하다시피 하고 있다. 조중동으로 대표되는 보수 매체의 논조는 사주의 이해관계나 정치적 취향에서 벗어나기 어렵다. 이는 결과적으로 여론의 왜곡, 사실의 왜곡을 가져옴으로써 민주주의 발전에 장애물로 작용한다. 따라서 민주주의의 내실 있는 발전을 위해서는 거대 언론 권력을 특정인, 특정 계층의 전유물로 만들고 있는 현재의 언론 시스템에 대한 개혁이 꼭 필요하다. 나는 청와대에 근무하던 2003년에 일정 규모 이상의 신문사에 대해서는 기업공개를 강제하는 법 개정을 통해서 언론을 사주의 영향력으로부터 벗어나게 해야 한다고 대통령에게 제안한 바 있다. 그러나 이같은 제안은 당시에 받아들여지지 않았다. 미국의 『워싱턴포스트』나 『뉴욕타임스』는 모두 기업공개가 되어 있다. 우리도 언론사 사주의 오너십을 보장하되 편집권을 사주의 영향력으로부터 독립시키기 위한 지혜가 필요하다. 이를 위해서는 대형 언론사의 기업공개를 포함하여 다양한 법적·제도적 정비와 시민사회의 노력이 필요하다.

22. 학문과 예술의 자유

제22조 ① 모든 국민은 학문과 예술의 자유를 가진다.
② 저작자·발명가·과학기술자와 예술가의 권리는 법률로써 보호한다.

제헌헌법 제14조와 같은 내용이다. 과학기술자의 권리 보호는 현행헌법에서 추가되었다.

학문의 자유는 진리 탐구의 자유, 탐구 결과 발표의 자유 내지 가르치는 자유를 의미한다. 그런데 헌법재판소는 진리 탐구의 자유는 신앙의 자유, 양심의 자유처럼 절대적인 자유인 반면, 발표 내지 가르치는 자유는 표현의 자유와도 밀접한 관련이 있는 것으로, 표현의 자유와 마찬가지로 제약이 따를 수 있다고 보았다(헌재결 1992.11.12. 89헌마88). 그런데 대학에서 가르치는 자유는 '교수의 자유'라 하고, 초·중등학교에서 가르치는 자유는 '수업의 자유'라고 한다. 헌법재판소는 이에 대해서 "수업의 자유는 두텁게 보호되어야 합당하겠지만 그것은 대학에서의 교수의 자유와 완전히 동일할 수는 없을 것이며 대학에서는 교수의 자유가 더욱 보장되어야 하는 반면, 초중고교에서의 수업의 자유는 제약이 있을 수 있다."고 했다(헌재결 1992.11.12. 89헌마88).

한편 헌법재판소는 다른 판결에서 "진리 탐구의 과정과 무관하게 단순히 기존의 지식을 전달하거나 인격을 형성하는 것을 목적으로 하는 '교육'은 학문의 자유의 보호 영역이 아니라 교육에 관한 기본권(헌법 제31조)의 보호 영역에 속한다."고 했다.

이와 관련하여 『위키피디아』에 소개된 미국의 고교 교사 제이 베니시 사건을 살펴보자.

제이 베니시는 미국 콜로라도 주 오버랜드고등학교의 사회, 역사, 정치, 경제 교사다. 2006년 2월 1일 한 학생이 그의 강의를 녹음했다. 그 학생은 강의 녹취 파일을 언론사에 넘겼고, 이 사건은 국제적인 화제가 되었다. 녹취에 의하면 베니시는 세계지리 수업 시간에 조지 W 부시의 연설에 대해서 이야기하다가, 부시의 논조가 자민족 중심주의라는 점에서 히틀러와 유사하다고 말하는가 하면, 자본주의는 인권과 맞지 않는다는 이야기도 했다. 베니시는 또한 "어느 나라가 지구상에서 가장 폭력적인 국가인가?"라고 질문을 했고, 학생들은 "우리나라[미국]요." 하고 대답했다. 베니시는 다른 나라들이 미국을 볼 때 어떻게 보겠느냐면서 아메리카 원주민들에게 미국 국기는 나치 깃발과 다르지 않다고 말했다. 그리고 팔레스타인 사람들에게는 이스라엘인이야말로 진정한 테러리스트로 보일 것이라고 했다. 미국 정부가 콜롬비아에서 벌이고 있는 '마약과의 전쟁'에 대해서는, 그와 똑같은 이유로 다른 나라들은 미국의 담배 농장에 화학약품을 뿌릴 이유가 있다면서, 그렇게 함으로써 그들 나라에서 수많은 사람을 죽게 하고 천문학적 의료비를 지출하게 만든 담배 농장을 파괴하고 싶을 것이라고 말했다. 녹취록은 이렇게 끝난다. "너희들이 나에게 동의해달라는 것이 아니다. 그러나 나는 너희들이 이런 이슈에 대해서 좀 더 깊이 생각하도록 하고 싶다." 그런데 그의 강의 내용 중 일부 사실과 다른 내용이 있었던 것이 문제가 되었고 베니시는 정직 처분을 받았다. 학생들은 베니시의 정직 처분에 항의하는 집회를 했다. 이 사건은 삽시간에 전국의 언론에 보도되었다. NBC 투데이쇼 인터뷰에 응한 베니시는 자신의 강의 녹취록이 부분적이라면서, 수업 후반부에서 상반되는 관점에 대해서도 이야기했는데 학생이 그 부분은 녹음하지 않았다고 말했다. 많은 언론이 그를 반미 교사로 여겼고, 학생들에게 지식을 가르치기보다는 교조적인 시각을 가지게 만들었다고 말했다. 베니시 본인은 물론 녹취를 한 학생, 그리고 베니시의 아버지에게까지 죽이겠다는 협박이 수없이 있었다. 하지만 실제로 그런 시도는 없었다. 그의 변호사는 헌법상 표현의 자유가 위기에 처했다고 주장했다. 반면 몇몇 법학자는 헌법상의 표현의 자유는 고등학교 수업에서는 보호되지 않는다고 주장했다. 한편 베니시는 한 라디오 인터뷰에서 자신의 소속 정당에 대해서 밝히기를 거부했다. 2006년 3월, 마침내 지방 교육청은 베니시의 복직을 발표했고, 베니시는 곧바로 오버랜드고등학교에 출근하기 시작했다. 지방교육청 교육감은 이렇게 말했다. "베니시는 칭찬받을 일도 하지 않았지만, 그렇다고 해고될 일을 한 것도 아니다. 제이 베니시는 교사로서의 지위를 약속받았지만, 그의 수업 방식은 보다 세련되게 다듬어질 필요가 있다." 복직한 베니시는 학생들에게 앞으로는 토론에 초점을 두기보다 교과서에 충실한 수업을 하겠다고 말했다. 학생들은 그 같은 변화에 탄식했다. 한 학생은 말했다. "베니시 선생님의 강의에서 배우는 것이 교과서로 배우는 것보다 더 재미있다. 교과서에는 세상 돌아가는 것에 대한 지식이 없다. 예전처럼 많은 것을 배울 수 없게 되어 유감이다."

한편 예술의 자유와 관련해서 요즘 우리의 관심 사항은 예술인, 특히 대중적 영향력이 큰 작가, 대중문화 스타들의 정치적 발언, 정치 참여를 어떻게 볼 것이냐 하는 것이다. 예술인도 주권자이므로 당연히 정치 행위를 할 수 있어야 한다. 그런데 문화 예술인의 정치 행위 내지 정치적 성향이 그의 예술 활동을 위축시키는 결과로 귀결되는 것이 우리 사회의 현실이다. 방송인 김미화, 가수 윤도현, 개그맨 김제동도 석연치 않은 이유로 진행하던 프로그램에서 도중하차했다. 그리고 평소 진보적 행보를 보인 배우 김여진, 탤런트 권해효, 작가 공지영 등에 대해서도 보수 진영의 비난이 끊이지 않았다. 작가 이외수의 경우에는 자신의 트위터에 정치적 메시지가 담긴 글을 올렸다가 비난을 받았다. 이 또한 예술인의 정치적 행위, 발언에 대한 우리 사회의 잘못된 인식을 보여주고 있다.

정치 성향을 이유로 예술인에게 불이익 또는 비난을 가하는 것은 다른 문화 예술인 나아가 일반 국민의 예술의 자유까지 위축시킨다. 예술인은 국민의 한 사람으로서 정치 행위를 할 수 있을 뿐만 아니라 예술을 통해서 정치적 의사표시를 할 수 있어야 한다. 예술가들 중에는 오로지 순수한 예술을 추구한 사람들도 있지만, 역사상 많은 예술가가 자신의 사회적, 정치적 메시지를 예술 활동을 통해서 대중들에게 전달하고자 했으며, 실제로 정치에 참여하기도 했다. 유럽은 예술가들이 정치적 이유로 탄압받고 망명하고 고초를 당한 이야기로 넘쳐난다. 전체주의국가에서 예술을 철저히 통제하고 관변 예술인을 양성하는 이유가 무엇인가? 그것은 대중심리에 미치는 예술의 파괴력을 잘 알기 때문이다. 따라서 예술의 자유를 인정하는 국가는 전체주의국가가 될 수 없으며, 전체주의국가에서 예술의 자유는 존재하지 않는다.

　제2항의 저작자·발명가·과학기술자와 예술가의 권리 보호를 위한 법으로는 저작권법, 특허법, 실용신안법, 디자인보호법 등이 있다.

　저작권법은 저작물로 다음 아홉 가지를 예시하고 있다(저작권법 제4조). 이것은 예시에 불과하기 때문에 이 외에도 얼마든지 다른 형태의 저작물이 존재할 수 있다.

1. 소설·시·논문·강연·연설·각본 그 밖의 어문 저작물
2. 음악 저작물
3. 연극 및 무용·무언극 그 밖의 연극 저작물
4. 회화·서예·조각·판화·공예·응용미술 그 밖의 미술 저작물
5. 건축물·건축을 위한 모형 및 설계도서 그 밖의 건축 저작물
6. 사진 저작물(이와 유사한 방법으로 제작된 것을 포함)
7. 영상 저작물
8. 지도·도표·설계도·약도·모형 그 밖의 도형 저작물
9. 컴퓨터 프로그램 저작물

　원저작물을 번역·편곡·변형·각색·영상 제작 그 밖의 방법으로 작성한 창작물(2차적 저작물)과 편집 저작물도 독자적인 저작물로서 보호된다(저작권법 제5조, 제6조).

　특허법은 발명을 보호·장려하고 그 이용을 도모함으로써 기술 발전을 촉진하여 산업 발전에 이바지함을 목적으로 하는데, 여기서 "발명"이라 함은 자연법칙을 이용한 기술적 사상의 창작으로서 고도한 것을 말한다(특허법 제1조, 제2조).

　실용신안법은 실용적인 고안을 보호·장려하고 그 이용을 도모함으로써 기술의 발전을 촉진하여 산업 발전에 이바지함을 목적으로 하는데, 여기서 "고안"이라 함은 자연법칙을 이용한 기술적 사상의 창작을

말한다. 발명과 고안은 '고도한 것'인지 여부에 의해서 구별된다.

디자인보호법은 디자인의 보호 및 이용을 도모함으로써 디자인의 창작을 장려하여 산업 발전에 이바지함을 목적으로 하는데, 여기서 "디자인"이라 함은 물품(물품의 부분 및 글자체를 포함)의 형상·모양·색채 또는 이들을 결합한 것으로서 시각을 통하여 미감을 일으키게 하는 것을 말한다.

23. 재산권과 공공복리

> 제23조 ① 모든 국민의 재산권은 보장된다. 그 내용과 한계는 법률로 정한다.
> ② 재산권의 행사는 공공복리에 적합하도록 하여야 한다.
> ③ 공공 필요에 의한 재산권의 수용·사용 또는 제한 및 그에 대한 보상은 법률로써 하되, 정당한 보상을 지급하여야 한다.

제헌헌법과 같은 내용이다. 다만 제3항의 '정당한 보상'은 제헌헌법에서는 '상당한 보상'이라고 규정하고 있었다(제헌헌법 제15조).

재산권 보장과 관련한 가장 중요한 법률은 민법이다. 그 밖에 각종 행정법(예: 건축법, 하천법, 도로법 등)으로 재산권에 대해서 일정한 경우 제한을 가하고 있다.

재산권의 행사가 공공복리에 적합해야 한다는 제2항은 재산권의 사회적 제약의 근거 규정이다.

제3항은 공용 침해(공용수용, 공용사용, 공용제한)와 그에 따른 정당한 보상을 규정하고 있는데, 이때의 '공공 필요'는 공공복리보다

넓은 개념으로 국가안전보장, 질서유지도 포함된다고 한다(정종섭, 2011: 685).

재산권에 대한 공용 침해와 재산권의 사회적 제약은 구별해야 한다. 즉 공용 침해는 보상을 요하지만 사회적 제약은 공공복리를 위해서 재산권의 본질적 내용을 침해하지 않는 범위에서 보상 없이 제한을 받는 것이다. 즉 보상의 필요성 유무에 따라서 공용 침해와 사회적 제약이 구별된다. 헌법재판소는 개인이 소유한 문화재에 대한 법률상의 각종 규제는 헌법 제23조 3항이 정하고 있는 재산권의 제한(=공용 침해)이 아니라 재산권의 사회적 제약에 해당한다고 판시했다(헌재결 2007.7.26. 2003헌마377).

국민의 모든 자유와 권리는 양심의 자유와 같은 절대적 기본권을 제외하고는 헌법 제37조 2항에 의해서 국가안전보장, 질서유지 또는 공공복리를 위하여 필요한 경우에 법률로 제한할 수 있다. 그럼에도 불구하고 재산권에 대해서는 유독 그 내용과 한계를 법률로 정한다고 하고 있을 뿐만 아니라 재산권의 행사가 공공복리에 적합해야 한다고 재차 강조하고 있다. 그만큼 재산권의 사회적 의무를 강조한 것이다.

재산권 행사의 공공복리 적합 의무는 사법의 영역에서는 권리 남용 금지의 원칙으로 발현된다. 그런데 권리 남용 금지의 원칙에 대한 대법원의 입장은 변화하고 있다. 즉 1990년대 초반까지는 권리 남용이 되려면 "권리자가 권리 행사라는 구실로 상대방에게 손해를 가할 것만을 목적으로 하거나(주관적 요건) 객관적으로 공공복리를 위한 권리의 사회적 기능을 무시하고 신의성실의 원칙과 국민의 건전한 권리의식에 반하는(객관적 요건) 행위"여야 한다고 하여 객관적 요건만으로도 권리 남용을 인정했다(대판 1991.10.25. 91다27273).

그런데 1990년대 후반부터는 주관적 요건을 필수적인 것으로 보아 권리 남용을 이전보다 까다롭게 인정한다(대판 1998.6.26. 97다42823 참조). 이는 대법원이 공공복리보다는 재산권 보장에 더 치중하기 시작했다는 것을 의미한다. 사법부의 이 같은 태도가 타당한 것인지에 대해서는 의문이다. 신자유주의의 폐해로 양극화가 극심해지고 부의 대물림, 계층 이동 가능성의 봉쇄 등 사회적 병리 현상이 만연한 상황에서 공공복리보다 가진 자의 재산권 보장에 더 치중한다는 것은 시대에 역행하는 것이다.

24. 선거권

제24조 모든 국민은 법률이 정하는 바에 의하여 선거권을 가진다.

제헌헌법 제25조와 같은 내용이다. 그런데 제헌헌법에서는 "모든 국민은 법률의 정하는 바에 의하여 공무원을 선거할 권리를 가진다."라고 규정하고 있었다. 즉 선출직도 공무원임을 명확히 한 것이다. 그런데 현행헌법에는 그냥 선거권이라고 하고 누구를 선거한다는 것인지는 명시하지 않았다. 선출직 공무원에 대해서 공무원이라는 말을 쓰지 않겠다는 의도가 깔려 있다. 이는 선출직 공무원과 임명직 공무원 모두 국민의 공복에 불과하다는 국민주권의 시각에서 볼 때 바람직하지 못한 자세다. 제헌헌법 규정이 국민주권에 더 충실하다.

선거권에 대해서는 공직선거법이 무척 자세하게 규정하고 있다. 너무 자세하고 시시콜콜해서 국민의 정치 활동을 제한하는 법이 아닌가 하는 생각이 들 정도다.

현재로서는 주권자가 정치에 공식적으로 참여할 수 있는 유일한 통로가 선거권이다. 공직선거법은 19세 이상의 국민에게 선거권을 부여하고 있다. 선거권은 대의제도와 불가분의 관계에 있다. 대의기관을 뽑는 행위가 곧 선거이기 때문이다.

헌법재판소는 "대의민주주의를 원칙으로 하는 오늘날의 민주정치 아래에서 국민의 참여는 기본적으로 선거를 통하여 이루어진다. 따라서 선거는 주권자인 국민이 그 주권을 행사하는 통로인 것이다."(헌재결 2007.6.28. 2004헌마644)라고 판단하여 오늘날의 민주정치가 대의민주주의를 원칙으로 한다고 밝혔다. 그러나 '대의제=민주주의'의 등식은 성립되지 않는다는 것을 우리는 앞서 살펴보았다. 또 대의제가 헌법재판소의 표현대로 오늘날 민주정치의 원칙일 수는 있지만 우리 헌법의 최고 원리는 아니다.

세계 각국의 투표제도는 투표 참여 여부를 개인의 자유의사에 맡기는 자유투표제를 채택하고 있으나 벨기에, 오스트리아, 그리스, 태국 등 몇몇 나라는 투표를 하지 않을 경우 벌금 부과, 공무원 임용 자격 제한 등의 제제 조치를 가하는 강제투표(또는 의무 투표)를 실시하고 있다. 강제투표는 투표를 개인의 권리 이전에 국가기관을 구성하기 위한 공무로 본다. 그러나 투표에 참여하지 않는 것도 정치적 의사표시로 본다면 투표를 강제하는 것은 투표에 참여하지 않을 권리를 침해하는 것이 될 것이다.

한편 우리나라는 2012년부터 재외국민에게도 투표권이 부여되었다.

25. 공무담임권

제25조 모든 국민은 법률이 정하는 바에 의하여 공무담임권을 가진다.

제헌헌법 제26조와 같다.

공무담임권은 임명직 또는 선출직 공무원이 될 권리다. 이와 관련하여 공직선거법, 국가공무원법, 지방공무원법, 교육공무원법, 외무공무원법, 국회법, 법원조직법 등이 규율한다.

공무담임권과 관련하여 여성 할당제가 쟁점이 되고 있다.

2012년에 당선된 프랑스의 신임 올랑드 대통령은 자신의 선거공약대로 내각을 남성 17명, 여성 17명으로 구성함으로써 '성평등 내각'을 출범시켰다. 그리고 이 가운데는 한국계인 플뢰르 펠르랭 중소기업·혁신·디지털 경제 담당 장관도 포함되어 있다. 고용이나 공직 임용에서 성평등이 가장 철저하게 지켜지는 곳은 스웨덴 등 북유럽 국가들로 이들 나라에서는 어느 한 성의 비율이 40% 이하로 내려가는 것을 법적으로 금지하고 있다. 현재 우리나라에서도 부분적으로 여성 고용 할당제가 도입되고 있으나 좀 더 과감하게 확대 실시될 필요가 있다. 비례대표 국회의원의 경우에는 남녀 구성 비율을 50 대 50으로 하도록 강제하고 있으나 지역구에서는 이러한 제한이 없어서 여전히 지역구 국회의원은 남성들의 독무대가 되고 있다. 우리나라 국회의원 중 여성 의원은 제18대 국회(2008~2012)에서 41명(정원의 13.7%, 비례 27명, 지역구 14명), 제19대 국회(2012~2016)에서 47명(정원의 15.7%, 비례 28명, 지역구 19명)이다. 2008년을 기준으로 우리나라의 여성 국회의원 비율은 세계 189개국 중 81위에 그치고 있다. 여성 의원의 비중이 높은 곳으로는 스웨덴(47.3%), 노르웨이(37.9%), 네덜란드(36.7%), 오스트리아(32.2%), 독일(31.6%) 등을 들 수 있다(2008년 여성가족부, IPU 자료 참조).

26. 청원권

제26조 ① 모든 국민은 법률이 정하는 바에 의하여 국가기관에 문서로 청원할 권리를 가진다.
② 국가는 청원에 대하여 심사할 의무를 진다.

제헌헌법 제21조와 같다.
청원권을 구체화한 법률이 청원법이다.
청원 대상 기관은 국가기관, 지자체와 그 소속 기관, 법령에 의하여 행정권을 가지고 있거나 행정 권한을 위임 또는 위탁받은 법인, 단체 또는 그 기관이나 개인이다(청원법 제3조).
청원 사항은 다섯 가지다.
1. 피해의 구제
2. 공무원의 위법·부당한 행위에 대한 시정이나 징계의 요구
3. 법률·명령·조례·규칙 등의 제정·개정 또는 폐지
4. 공공의 제도 또는 시설의 운영
5. 그 밖에 국가기관 등의 권한에 속하는 사항

그리고 다음 사항을 청원할 경우에는 청원을 접수하지 않는다(청원법 제5조).
1. 감사·수사·재판·행정심판·조정·중재 등 다른 법령에 의한 조사·불복 또는 구제 절차가 진행 중인 때

2. 허위의 사실로 타인으로 하여금 형사처분 또는 징계처분을 받게 하거나 국가기관 등을 중상모략하는 사항인 때

3. 사인 간의 권리관계 또는 개인의 사생활에 관한 사항인 때

4. 청원인의 성명·주소 등이 불분명하거나 청원 내용이 불명확한 때

청원은 청원인의 성명과 주소를 기재하고 서명한 문서로 해야 하며, 여러 사람이 공동으로 청원할 때에는 처리 결과를 통지받을 3인 이하의 대표자를 선임하여 이를 청원서에 표시해야 한다. 청원서에는 청원의 이유와 취지를 밝히고 필요한 때에는 참고 자료를 첨부할 수 있다(청원법 제6조).

청원을 받은 기관은 헌법에 따라서 심사 의무가 있다. 청원을 접수한 기관은 특별한 사유가 없는 한 90일 이내에 그 처리 결과를 청원인에게 통지하여야 한다. 부득이한 사유로 90일 이내에 처리 곤란한 경우에는 60일의 범위 내에서 1회에 한하여 처리 기간을 연장할 수 있다. 이 경우에는 연기 사유와 처리 예정 기한을 지체 없이 청원인에게 통지하여야 한다(청원법 제9조). 여기서는 기관의 통지 의무만을 규정하고 있는데, 국민의 헌법상 기본권인 청원권을 실질적으로 보장하기 위해서는 설명 의무도 추가되어야 할 것이다.

타인을 모해謀害(=해코지)할 목적으로 허위의 사실을 들어서 청원을 해서는 안 되며, 이를 위반하면 처벌받는다(청원법 제11조 모해의 금지). 따라서 진실한 사실인 경우에는 설사 해코지할 목적이 있어도 처벌받지 않는다. 단 그렇다고 청원서에 기재된 내용이 처음부터 끝까지 객관적 사실에 부합할 것을 요구하는 것은 아니며 일부 객관적 사실과 다른 점이 있어도 청원 내용이 전체적으로 객관적 사실과 같으면 된다(대판 2009.9.10. 2009도6027).

27. 재판받을 권리

제27조 ① 모든 국민은 헌법과 법률이 정한 법관에 의하여 법률에 의한 재판을 받을 권리를 가진다.
② 군인 또는 군무원이 아닌 국민은 대한민국의 영역 안에서는 중대한 군사상 기밀·초병·초소·유독 음식물 공급·포로·군용물에 관한 죄 중 법률이 정한 경우와 비상계엄이 선포된 경우를 제외하고는 군사법원의 재판을 받지 아니한다.
③ 모든 국민은 신속한 재판을 받을 권리를 가진다. 형사피고인은 상당한 이유가 없는 한 지체 없이 공개재판을 받을 권리를 가진다.
④ 형사피고인은 유죄의 판결이 확정될 때까지는 무죄로 추정된다.
⑤ 형사피해자는 법률이 정하는 바에 의하여 당해 사건의 재판 절차에서 진술할 수 있다.

제1항은 제헌헌법 제22조와 같고, 제3항은 제헌헌법 제24조 1문과 같다.

제2항은 1962년헌법에서 신설되었고, 제4항 무죄 추정의 원칙은 1980년헌법에 처음 도입되었다. 제5항 형사피해자의 재판 진술권은 현행헌법에 처음 도입되었다.

민사소송법, 형사소송법, 행정소송법 등에 의해서 재판을 받을 권리가 구체화된다. 일반 국민은 제2항에 규정한 경우 외에는 군사법원의 재판을 받지 않도록 했다. 제4항은 공소가 제기된 형사피고인의 무죄 추정권을 규정하고 있는데, 그렇다면 당연히 공소 제기 이전 단계에 있는 피의자에게도 무죄 추정권이 인정된다. 형사소송법에서는 이 점을 명백히 하고 있다.

제1항 법관에 의한 재판을 받을 권리와 관련해서는 배심제와 참심제가 문제된다. 배심제는 일반 국민이 사실판단에 관여하는 제도이고, 참심제는 일반 국민이 사실판단과 법률판단에 관여하는 제도이다. 사실판단에만 관여하는 배심제는 헌법상 문제가 되지 않지만, 법률판단까지 관여하는 참심제는 허용될 수 없다는 의견이 많다. 2008년 1월 1일부터 시행되고 있는 국민 참여 재판은 배심제의 일종이나, 법원이 배심원의 판단에 기속되지 않기 때문에 법관에 의한 재판을 받을 권리를 침해하는 것은 아니다. 국민 참여 재판은 (1) 특수공무집행방해치사, 현주건조물방화치사 등 형법상의 일부 범죄 (2) 특가법상 뇌물죄 등 특별형법상의 일부 범죄 (3) 법원조직법 제32조 1항 3호에 따른 합의부 관할 사건 중 대법원 규칙(국민 참여 재판 규칙)으로 정하는 사건—여기에 강도, 강간 등이 들어감 (4) 위에 해당하는 사건의 미수, 교사, 방조, 예비, 음모에 해당하는 사건 (5) 이상의 사건과 관련된 사건으로서 병합하여 심리하는 사건에서 실시할 수 있다(국민의 형사재판 참여에 관한 법률).

헌법과 법률이 정한 법관이라고 할 때의 '법관'에는 판사, 대법관, 대법원장의 세 부류가 있다. 따라서 배석판사, 부장판사, 지원장, 법원장 등의 법원 내 보직은 법관의 종류가 아니며 이들은 모두 같은 판사일 뿐이다. 헌법재판관이나 헌법재판소장은 법관이 아니다.

28. 형사보상청구권

제28조 형사피의자 또는 형사피고인으로서 구금되었던 자가 법률이 정하는 불기소처분을 받거나 무죄판결을 받은 때에는 법률이 정하는 바에 의

하여 국가에 정당한 보상을 청구할 수 있다.

제헌헌법 제24조 2문은 "형사피고인으로 구금되었던 자가 무죄판결을 받은 때에는 법률의 정하는 바에 의하여 국가에 대하여 보상을 청구할 수 있다."고 규정했다. 현행헌법에는 형사피의자가 추가되었고, 법률이 정하는 불기소처분을 받은 경우에도 보상받을 수 있게 하였다.

형사보상청구권은 피의자 또는 피고인이 수사기관에 의하여 '적법하게' 구금되었다가 불기소처분 또는 무죄판결을 받은 경우에 공평의 관점에서 그 손실을 보상하는 것이다. 따라서 국가기관의 불법적인 구금으로 인한 피해는 형사보상청구권의 대상이 아니라 국가배상청구권의 대상이다.

형사보상법이 이에 대해서 규율하고 있다. 청구권을 가진 자가 사망한 경우에는 상속인이 청구할 수 있다.

넓은 의미의 불기소처분에는 협의의 불기소처분('혐의 없음', '죄가 안 됨'), 기소중지 처분(피의자의 소재 불명 등으로 수사를 종결할 수 없을 경우에 그 사유가 해소될 때까지 기소를 중지하는 결정), 기소유예 처분(피의 사실은 인정되나 제반 사정을 참작하여 소추가 필요하지 않은 경우)이 있는데 이 가운데 형사보상청구의 대상이 되는 '법률이 정하는 불기소처분'은 협의의 불기소처분을 의미한다.

그런데 협의의 불기소처분이 있어도 다음 경우에는 피의자에 대한 보상의 일부 또는 전부를 하지 않을 수 있다(형사보상법 제26조 2항).

1. 본인이 수사 또는 재판을 그르칠 목적으로 허위의 자백을 하거나 다른 유죄의 증거를 만듦으로써 구금된 것으로 인정되는 경우

2. 구금 기간 중에 다른 사실에 대하여 수사가 행하여지고 그 사실

에 관하여 범죄가 성립한 경우

3. 보상을 하는 것이 선량한 풍속 기타 사회질서에 반한다고 인정할 특별한 사정이 있는 경우

헌법이 규정한 '정당한 보상'은 손실의 완전한 보상을 의미한다(정종섭, 2011: 842). 따라서 법원이 보상 금액을 산정할 때에는 구금의 종류 및 기간의 장단, 기간 중에 받은 재산상의 손실과 얻을 수 있었던 이익의 상실 또는 정신상의 고통과 신체상의 손상, 경찰·검찰·법원의 각 기관의 고의 또는 과실의 유무 기타 모든 사정을 고려하여야 한다(형사보상법 제4조 2항).

29. 국가배상청구권

제29조 ① 공무원의 직무상 불법행위로 손해를 받은 국민은 법률이 정하는 바에 의하여 국가 또는 공공단체에 정당한 배상을 청구할 수 있다. 이 경우 공무원 자신의 책임은 면제되지 아니한다.
② 군인·군무원·경찰공무원 기타 법률이 정하는 자가 전투·훈련 등 직무집행과 관련하여 받은 손해에 대하여는 법률이 정하는 보상 외에 국가 또는 공공단체에 공무원의 직무상 불법행위로 인한 배상은 청구할 수 없다.

제헌헌법 제27조는 다음과 같이 규정했다.

공무원은 주권을 가진 국민의 수임자이며 언제든지 국민에 대하여 책임을 진다. 국민은 불법행위를 한 공무원의 파면을 청원할 권리가 있다. 공무원의 직무상 불법행위로 인하여 손해를 받은

자는 국가 또는 공공단체에 대하여 배상을 청구할 수 있다. 단 공무원 자신의 민사상 또는 형사상 책임이 면제되는 것은 아니다.

제헌헌법은 이와 같이 국가배상청구권을 규정하면서 공무원이 주권자인 국민의 수임자임을 선명히 하고, 불법행위를 한 공무원에 대해서는 파면을 청원할 권리까지 인정했다.

국가배상청구권이 성립하려면 공무원의 직무상 불법행위가 있어야 한다. 공무원에는 국가공무원법, 지방공무원법상의 공무원뿐만 아니라 널리 실질적으로 공무에 종사하는 자를 포함한다. 즉 향토예비군, 집행관, 통장 등도 이에 해당된다. 그리고 공무원의 직무상 행위에는 권력작용과 관리 작용이 포함되지만 단순한 사경제의 주체로 활동하였을 경우는 해당되지 않는다(대판 1999.6.22. 99다7008). 공무원의 직무집행인지 여부는 공무원의 행위의 외형을 객관적으로 관찰하여 결정한다(외형설, 대판 1966.6.28. 66다781).

제2항은 군인, 군무원, 경찰공무원 등(이하 군인 등)에 대한 이중배상 금지 조항인데 제헌헌법에는 없는 조항이다. 이 조항은 주의 깊게 읽어야 한다. 왜냐하면 제1항은 공무원의 '직무상 불법행위'에 대한 국민의 배상청구권을 규정한 데 반해, 제2항은 군인 등이 '직무집행과 관련하여 받은 손해'에 대해서 규정하고 있기 때문이다. 그런데 제2항의 손해에 대해서는 법률이 정하는 보상 외에 국가 또는 공공단체에 대해서 공무원의 직무상 불법행위로 인한 배상은 청구하지 못한다고 하고 있다. 왜 이런 규정을 두었을까? 그 내력은 멀리 월남전으로 거슬러 올라간다. 월남에 파병된 국군 장병들의 희생이 늘어나면서 국가배상청구 사건이 폭증했다. 이에 당시 박정희 정권은 처음에는 국가배상법을 개정해서 군인 등에 대한 이중 배상을 금지했다.

그러자 대법원이 1972년 7월에 국가배상법의 이중 배상 금지 조항에 대해 위헌판결을 내렸다. 이른바 사법 파동이다. 결국 대법관 9명이 전원 재임용에서 탈락했고, 박정희 정권은 그해 12월 유신헌법을 만들면서 아예 국가배상법의 이중 배상 금지 조항을 헌법에 넣어버린 것이다. 이후에도 이 조항에 대한 헌법소원이나 위헌법률심판 제청이 몇 차례 있었으나 이미 헌법 조항이 되었기 때문에 위헌심사의 대상이 될 수 없다는 이유로 합헌 판결을 받았다. 그러나 이 조항은 유신 독재의 낡은 잔재이자 군인 등이 전투 및 훈련 중에 다른 공무원(군인 등을 포함)의 불법행위로 손해를 입은 경우에 국가배상을 받을 권리를 원천적으로 박탈함으로써 평등권과 국가배상청구권 등 기본권의 본질적인 내용을 침해하는 조항이다. 다음번 개헌에서는 삭제되어야 한다.

30. 범죄 피해 구조

제30조 타인의 범죄행위로 인하여 생명·신체에 대한 피해를 받은 국민은 법률이 정하는 바에 의하여 국가로부터 구조를 받을 수 있다.

현행헌법에 신설된 조항이다.

국민이 타인의 범죄행위로 피해를 받은 경우 국가가 범죄로부터 국민을 보호할 의무를 다하지 못한 것이기 때문에 국가에게 피해자에 대한 구조 책임을 부여한다. 구조 책임의 성격은 범죄로 인해서 피해를 입은 국민의 생존권적 기본권을 보장하기 위한 것이다. 이 조항을 법률로 구체화한 것이 범죄피해자보호법이다. 범죄피해자보호법의 기본 이념은 (1) 범죄 피해자는 범죄 피해 상황에서 빨리 벗어나 인간의 존엄성을 보장받을 권리가 있고 (2) 범죄 피해자의 명예와 사생활의 평온은 보호되어야 하며 (3) 범죄 피해자는 해당 사건과 관련하여 각종 법적 절차에 참여할 권리가 있다는 것이다(범죄피해자보호법 제2조).

구조금 지급 요건은 (1) 피해자가 피해의 전부 또는 일부를 배상받지 못했거나 또는 (2) 자기 또는 타인의 형사사건의 수사 또는 재판에서 고소·고발 등 수사 단서를 제공하거나 진술, 증언 또는 자료 제출을 하다가 구조피해자가 된 경우다(범죄피해자보호법 제16조). 범죄피해자에 대한 구조금 지급에 관한 사항을 심의 의결하기 위하여 각 지방검찰청에 범죄피해구조심의회를 둔다(범죄피해자보호법 제24조).

31. 교육을 받을 권리

제31조 ① 모든 국민은 능력에 따라 균등하게 교육을 받을 권리를 가진다.
② 모든 국민은 그 보호하는 자녀에게 적어도 초등교육과 법률이 정하는 교육을 받게 할 의무를 진다.
③ 의무교육은 무상으로 한다.
④ 교육의 자주성·전문성·정치적 중립성 및 대학의 자율성은 법률이 정하는 바에 의하여 보장된다.
⑤ 국가는 평생교육을 진흥하여야 한다.
⑥ 학교교육 및 평생교육을 포함한 교육제도와 그 운영, 교육재정 및 교원의 지위에 관한 기본적인 사항은 법률로 정한다.

제헌헌법 제16조는 다음과 같이 규정했다.

모든 국민은 균등하게 교육을 받을 권리가 있다. 적어도 초등교육은 의무적이며 무상으로 한다. 모든 교육기관은 국가의 감독을 받으며 교육제도는 법률로써 정한다.

"균등하게 교육을 받을 권리"에 "능력에 따라"라는 구절이 추가된 것은 1962년헌법이다. "능력에 따라 균등하게 교육을 받는다."는 표현은 모순적으로 보인다. 좋은 입법 태도는 아니다. 여기서 '능력'은 개인의 재능을 뜻하는 것이다. 부모의 경제력은 '능력'에 포함시키면 안 된다. 그러나 현실적으로 그러한가? 부모의 경제력, 조부모의 경제력이 곧 아이의 경쟁력인 시대이다. 교육을 비즈니스로 접근하기 시작하면서 이 모든 사단이 났다. 한국의 교육은 오직 부유층만 감당할 수 있는 방향으로 가고 있다. 불과 10년 사이에 대학 등록금은 세계 최고 수준으로 치솟았다. 이대로는 공멸이다. 교육 문제 해결을 위해서 대통령이 긴급재정경제명령을 발동해야 하는 상황이 올 수도 있다.

제2항 초등교육 외에 법률이 정하는 교육도 의무화할 수 있도록 한 것은 유신헌법이다.

제3항 무상 의무교육의 원칙은 제헌헌법부터 있었다.

제4항 "교육의 자주성·전문성·정치적 중립성 및 대학의 자율성" 중, '자주성과 정치적 중립성'은 1962년헌법에, '전문성'은 1980년헌법에, 그리고 '대학의 자율성'은 현행헌법에 각각 추가되었다. 자주성은 국가나 외부의 압력을 받지 않는다는 것인데, 국가가 어느 정도 개입하는 것은 허용된다. 전문성은 일정한 자격을 가진 사람만 교육에 종사할 수 있음을 뜻한다. 정치적 중립성은 최근 가장 논란이 되고 있

다. 외국에서는 대부분 교사의 정치 활동을 허용한다. 교사 출신으로 국회의원이 되는 경우도 많다. 그러나 우리나라는 교사 출신으로 국회의원이 되었다는 사람을 찾아보기 어렵다. 정당법에 의해서 대학교수는 정치 활동을 할 수 있다. 여기서 정치 활동을 할 수 있다는 것은 정당의 당원이 될 수 있다는 의미다. 우리나라도 정당법을 개정하여 교사의 정치 활동을 보장해야 할 것이다.

의무교육의 '의무'란 과연 누가 얼마만큼 지는 것일까? 헌법재판소는 의무교육에 대해서 국민들로 하여금 자녀들을 취학시키도록 의무를 부과하는 측면보다 국가가 의무교육을 위한 인적·물적 시설을 정비하고 교육 환경을 개선하도록 의무를 부담하도록 하는 측면이 더 중요한 의미를 갖는다고 밝혔다(헌재결 2005.3.31. 2003헌가20).

의무교육의 무상이란 수업료 면제만이 아니라 국가의 재정이 허용하는 경우에는 학용품을 비롯한 급식의 무상까지도 포함된다고 할 것이다(정회철, 2011: 736).

핀란드헌법 제16조는 교육을 받을 권리에 대해서 다음과 같이 규정하고 있다.

> 모든 국민은 무상으로 기본 교육을 받을 권리가 있다. 교육을 받을 의무에 관해서는 법률로 정한다. 공공 기관은 법률에 자세히 규정된 대로 모든 국민이 자기 능력과 특별 요구에 따라 다른 교육 서비스를 받을 평등한 기회뿐 아니라 경제적 곤란에 구애받지 않고 자기를 개발할 기회를 보장한다. 과학과 예술 및 고등교육의 자유도 보장된다.

32. 근로 조항

제32조 ① 모든 국민은 근로의 권리를 가진다. 국가는 사회적·경제적 방법으로 근로자의 고용의 증진과 적정임금의 보장에 노력하여야 하며, 법률이 정하는 바에 의하여 최저임금제를 시행하여야 한다.
② 모든 국민은 근로의 의무를 진다. 국가는 근로의 의무의 내용과 조건을 민주주의 원칙에 따라 법률로 정한다.
③ 근로조건의 기준은 인간의 존엄성을 보장하도록 법률로 정한다.
④ 여자의 근로는 특별한 보호를 받으며, 고용·임금 및 근로조건에 있어서 부당한 차별을 받지 아니한다.
⑤ 연소자의 근로는 특별한 보호를 받는다.
⑥ 국가유공자·상이군경 및 전몰군경의 유가족은 법률이 정하는 바에 의하여 우선적으로 근로의 기회를 부여받는다.

제헌헌법 제17조에 해당하는 규정이다.

제헌헌법 제17조는 "모든 국민은 근로의 권리와 의무를 가진다. 근로조건의 기준은 법률로써 정한다. 여자와 소년의 근로는 특별한 보호를 받는다."고 단출하게 규정했다.

제1항에서 "국가는 사회적·경제적 방법으로 근로자의 고용의 증진[에 노력하여야 한다]" 부분은 1962년헌법에 추가되었고, "적정임금의 보장"은 1980년헌법에 추가되었다. 그리고 "최저임금제를 시행하여야 한다."는 현행헌법에 추가되었다.

제2항 후문 "국가는 근로의 의무의 내용과 조건을 민주주의 원칙에 따라 법률로 정한다."는 1962년헌법에 추가되었다.

제3항의 "인간의 존엄성을 보장하도록"은 1980년헌법에 추가되었

다. 근로조건에 관해서는 근로기준법으로 정하고 있다.

제4항에 "[여자는] 고용·임금 및 근로조건에 있어서 부당한 차별을 받지 아니한다."는 현행헌법에 추가되었다. 이를 위해 '남녀 고용 평등과 일·가정 양립 지원에 관한 법률'이 있다.

제5항은 제헌헌법과 같다. 다만 제헌헌법에서는 연소자 대신 소년이라는 표현을 썼다. 연소자의 근로에 대해서는 '근로기준법'에서 특별히 보호하고 있다.

제6항은 1980년헌법에 추가되었다. '국가유공자 등 예우 및 지원에 관한 법률'이 있다.

제1항 "모든 국민은 근로의 권리를 가진다."는 조항은 최근 우파 학자들이 삭제를 주장하고 있다. 있으나 마나 한 조항, 즉 지킬 수 없는 조항이니 없애자는 것이다. 그러나 그러한 주장은 이 조항이 제헌헌법에서 어떤 경로를 통해서 들어가게 되었는지를 외면한 주장이다. 헌법 초안을 작성한 유진오는 현행헌법 제32조에 해당하는 제헌헌법 제17조에 대해서 "원래 각인의 근로는 자유주의 사상이 농후하던 때에는 각인의 자유로 인정되어 국가는 그에 간섭하는 일이 적었으며 또 국가가 각인에게 근로의 기회를 부여하도록 적극적으로 노력한 일도 적었다. 그러나 최근에 이르러서는 국가는 모든 국민에게 인간다운 생활을 확보시키기 위하여 국민의 근로에 적극적으로 간섭하게 된 것"이라고 그 입법 취지를 밝히고 있다(유진오, 1957: 81).

그는 근로의 권리와 의무는 도의적인 것이 아니라 헌법상의 권리 의무이지만, 헌법 규정만으로 곧 구체적 권리 의무가 창설되는 것은 아니므로 그것을 구체화하는 법률이 제정되어야 할 것이라면서 "헌법의 규정이란 입법의 근본 방침을 지시하는 것이므로 근로에 관한 본 항의 규정도 장래의 근로 입법의 방향을 결정하며 그를 지시하는 것이라 할 것이다."라고 했다. '근로의 권리'에 관하여 유진오는 "모든 국민이 직장을 가지는 권리를 가지고 있는 것을 의미하므로 국가는 국민 중에 실업자가 있을 때에는 그에게 직업을 알선하여주어야 하는 의무를 지는 것이며, 만일 그것이 불가능하다면 실업수당의 교부 또는 기타 수단으로 최소한의 생활을 보장하여주어야 하는 의무를 지는 것"이라고 밝혔다(유진오, 1957: 81).

한편 근로의 의무와 관련하여 유진오는 "근로 능력이 있는 자는 생활의 위협을 받지 않는다 하더라도 국가 전체의 경제적 이익을 위하여 반드시 근로하지 않으면 안 된다는 의미"라고 설명하면서 이 같은 조항은 "자유주의, 개인주의 시대에는 상상도 하지 못하던 규정이며, 무위도식자를 일소하고 국가의 발전을 위하여 국민 개로皆勞 체제를 수립하고자 한 것"이라고 밝히고 있다(유진오, 1957: 82).

헌법 제정 당시에는 이 조항을 둘러싸고 심지어 국가의 '직장 부여 의무'를 규정하는 수정안을 제출한 의원도 있었다(이하 이흥재, 2010 참조).

즉 김동준 의원(1905년생, 서산을, 무소속, 일본 호세이대학 법문학부 졸업, 만주 고등문관시험 합격)은 국민의 권리와 의무를 뒷받침하기 위해서는 국가의 국민에 대한 직장 부여 의무가 전제되어야 한다고 주장하며 다음과 같은 취지로 말했다. '국민에게 직장을 부여하는 의무를 국가에게 지우는 것은 노동자에게 일터를 주지 않고는 노동자가 근로의 권리와 의무를 가질 수가 없기 때문이다. 국민에게 직장을 부여할 의무를 국가에게 규정함으로써 국민은 근로의 의무를 다할 수 있다. 현실적으로 우리나라의 700만 이상의 근로자에게 국가가 어떻게 직장을 알선하느냐 하는 문제는 대중 기업체를 국영 또는 공영으로 하여 원활히 운영하면 될 것이다. 그러면 반드시 국가는 근로자에게 직장을 부여할 수 있을 것이다. 따라서 헌법 17조에 '국가는 국민에게 직장을 부여할 의무를 진다.'는 것을 넣어야 하는 것이다.'

여기에 대해서 서이환 의원(1896년생, 울릉, 무소속, 울릉도 공립보통학교 졸업, 울릉도 북남면장)은 국민의 근로의 권리를 보장해줄 의무는 국가가 당연히 지는 것이므로 국가의 국민에 대한 직장 부여 의무 규정은 불필요하다며 원안대로 통과시킬 것을 주장했다. 결국 직장 부여 의무 명시를 규정한 김동준 의원의 수정안은 재석의원 175인 중 찬성 3인, 반대 93인으로 부결되어 원안대로 확정되었다.

이처럼 제헌헌법에서 심사숙고하여 탄생한 '근로의 권리'를 없애자는 주장은 국민의 생존권을 없애자는 것으로 헌법 파괴적 발상이다.

헌법재판소는 이 부분과 관련하여, "근로의 권리는 사회적 기본권으로서, 국가에 대하여 직접 일자리를 청구하거나 일자리에 갈음하는 생계비의 지급 청구권을 의미하는 것이 아니라, 고용 증진을 위한 사회적·경제적 정책을 요구할 수 있는 권리에 그친다. 근로의 권리를 직접적인 일자리 청구권으로 이해하는 것은 사회주의 통제경제를 배제하고, 사기업 주체의 경제상의 자유를 보장하는 우리 헌법의 경제 질서 내지 기본권 규정들과 조화될 수 없다. 마찬가지 이유로 근로의 권리로부터 국가에 대한 직접적인 직장 존속 청구권을 도출할 수도 없다. 단지 사용자의 처분에 따른 직장 상실에 대하여 최소한의 보호를 제공하여야 할 의무를 국가에 지우는 것으로 볼 수는 있을 것이다."라고 판시했다(헌재결 2002.11.28. 2001헌바50). 헌법재판소의 이 같은 태도는 제헌헌법의 기초자들이 가졌던 생각에서 현저히 후퇴한 것이다. 앞으로 헌법 제32조 1항에 대한 전향적인 해석이 있어야 할 것이다. 이 조항과 헌법 제34조만 적극적으로 해석해도 정규직·비정규직, 보편적 복지 등 많은 문제를 해결하는 데 큰 힘이 될 것이다.

한편 임금과 관련하여 대법원은 1992년에는 임금을 노동의 대가로 받는 교환적 부분과 근로자의 지위에 기하여 받는 생활 보장적 부분으로 나누어서 쟁의행위로 노동을 제공하지 못한 경우에도 생활 보장적 부분은 받을 수 있다고 했는데, 그로부터 2년 뒤 이 같은 임금 2분법을 철회하고, 무노동 무임금으로 선회했다. 현행 노동조합 및 노동관계조정법 제44조도 쟁의행위에 참가하여 근로를 제공하지 않은 근로자에게 임금 지급 의무가 없다고 명시하고 있다. 일도 하지 않았는데 임금을 받는다면 사용자의 입장에서는 부당하다는 생각이 들 수 있다. 하지만 다음 조항에서 구체적으로 살펴보겠지만 헌법은 엄연히 노동3권을 보장하고 있는데, 이 같은 헌법상 권리를 행사한 것을 이유로 임금을 한 푼도 못 받는 것이 타당한지 의문이다.

2012년의 최저임금은 시간당 4,580원이다. 그러나 실제 일터에서는 최저임금이 지켜지지 않는다. 특히 알바의 경우 3,000원대 임금을 받는 경우가 대부분이다. 요즘 대학생들은 최저임금에 촉각을 세우고 있다고 한다. 과거에는 대학생이 최저임금 걱정하는 것은 상상도 할 수 없는 일이었다.

헌법재판소는 노동3권의 보장과 관련하여 다음과 같이 그 의미를 설명하고 있다.

> 헌법의 근로기본권에 관한 규정은 근로자의 근로조건을 기본적으로 근로자와 사용자 사이의 자유로운 계약에 의하여 결정하도록 한다는 계약자유의 원칙을 그 바탕으로 하되, 근로자의 인간다운 존엄성을 보장할 수 있도록 계약 기준의 최저선을 법정하여 이를 지키도록 강제하는 한편, 사용자에 비하여 경제적으로 약한 지위에 있는 근로자로 하여금 사용자와 대등한 지위를 갖

추도록 하기 위하여 단결권·단체교섭권 및 단체행동권 등 이른바 근로3권을 부여하고, 근로자가 이를 무기로 하여 사용자에 맞서서 그들의 생존권을 보장하고 근로조건을 개선하도록 하는 제도를 보장함으로써 사적 자치의 원칙을 보완하고자 하는 것이다 (헌재결 1991.7.22. 89헌가106).

이탈리아헌법 제46조는 "노동자의 경제적, 사회적 발전을 위해 그리고 생산 요구에 맞게, 국가는 노동자가 법률에 규정된 방식과 한계 내에서 기업 경영에 참가할 권리를 인정한다."라고 하여 노동자의 경영참가권을 헌법상의 권리로 보장하고 있다.

노르웨이헌법 제110조는 "일할 능력이 있는 모든 사람이 일을 통해 생활비를 벌 수 있도록 하는 조건을 만드는 것은 국가기관의 책임이다. 근로자가 직장에서 공동결정을 할 수 있는 권리에 관한 구체적인 규정은 법률로 정한다."고 하여 국가기관에게 국민의 일자리 제공 의무를 부과했고, 근로자들의 경영참가권을 인정했다.

핀란드헌법 제18조는 "모든 국민은 법률이 정한 바에 따라 자기가 선택한 고용, 직업, 상업 활동으로 생계비를 벌 권리가 있다. 공공 기관은 노동력을 보호할 책임이 있다. 공공 기관은 모든 국민에게 일할 권리를 보장하는 방향으로 고용과 일자리를 확대한다. 직업훈련을 받을 권리에 관해서는 법률로 정한다. 누구도 합법적 사유 없이 해고 당하지 않는다."고 규정하여 공공 기관에게 일자리 확대 의무를 부과하고, 법적 사유 없이는 해고될 수 없음을 명시하고 있다.

33. 노동3권

제33조 ① 근로자는 근로조건의 향상을 위하여 자주적인 단결권·단체교섭권 및 단체행동권을 가진다.
② 공무원인 근로자는 법률이 정하는 자에 한하여 단결권·단체교섭권 및 단체행동권을 가진다.
③ 법률이 정하는 주요 방위산업체에 종사하는 근로자의 단체행동권은 법률이 정하는 바에 의하여 이를 제한하거나 인정하지 아니할 수 있다.

제헌헌법 제18조에 해당하는 조항이다.

제헌헌법 제18조는 "근로자의 단결, 단체교섭과 단체행동의 자유는 법률의 범위 내에서 보장된다. 영리를 목적으로 하는 사기업에 있어서 근로자는 법률이 정하는 바에 의하여 이익의 분배를 균점均霑할 권리가 있다."고 규정하였다. 제헌헌법은 노동3권의 범위를 법률로 정하도록 하고 있으나 현행헌법에는 법률 유보 없이 노동3권을 보장하고 있다. 제헌헌법에서 주목할 것은 근로자의 이익 균점권을 규정하고 있다는 점이다. 그러나 근로자의 이익 균점권은 관련 법률을 제정하지 않아 실현되지는 않았으며, 그나마 있던 조항도 5·16군사쿠데타 이후 1962년헌법에서 삭제되었다. 노동3권은 유신헌법에서 삭제되었다가 1980년헌법에서 부활했다. 우파에서는 다음 헌법 개정에서 이 조항을 없애자고 할 것으로 보인다. 다른 나라 헌법에는 노동3권을 명시한 경우가 드물다는 것이 그 이유다. 한국과 일본의 헌법이 유독 이 노동3권을 명시하고 있다면서, 어차피 노동3권은 헌법상 결사의 자유의 범주에 포함이 되고, 또 노조에 가입하지 않은 노동자들의 권리도 동등하게 보장해야 하므로 노동3권을 헌법에서 빼고 법률로 보장하면 된다는 것이 그들의 주장이다. 그러나 노동3권은 제헌헌법에서부터 규정되었다는 점을 감안할 때 이것은 대한국민의 역사적 결단이며, 우리 헌법의 핵심 가치를 이루고 있다고 보아야 한다.

제1항의 "근로조건의 향상을 위하여 자주적인"은 1962년헌법에 추가되었다.

제2항 공무원의 노동3권 제한은 1962년헌법에 추가되었는데 당시에는 "공무원인 근로자는 법률로 인정된 자를 제외하고는 단결권, 단체교섭권 및 단체행동권을 가질 수 없다."고 부정문으로 서술했다. 그러나 현행헌법에 와서 이 규정은 "법률로 정하는 자에 한하여 가진다."고 하여 긍정문으로 바뀌었다.

제3항은 유신헌법에서 유래한다. 유신헌법은 이 부분을 "공무원과 국가·지방자치단체·국영기업체·공익사업체 또는 국민경제에 중대한 영향을 미치는 사업체에 종사하는 근로자의 단체행동권은 법률이 정하는 바에 의하여 이를 제한하거나 인정하지 아니할 수 있다."고 규정했고 이것이 1980년헌법까지 이어졌다. 그러나 현행헌법에서는 법률이 정하는 주요 방위산업체에 종사하는 근로자로 국한했다.

근로자는 근로조건 향상을 위한 단결권(노조 결성권), 단체교섭권(노조가 사용자를 상대로 근로조건에 대해 자주적으로 교섭할 권리), 단체행동권(노조와 사용자 또는 사용자단체 간에 임금·근로시간·복지·해고 기타 대우 등 근로조건의 결정에 관한 주장의 불일치로 인하여 발생하는 분쟁 상태로 쟁의행위와 그 밖의 단체행동으로 구분됨)을 가진다.

2011년 7월 1일부터 복수 노조가 허용되었다. 원래는 1997년 노·사·정위원회에서부터 복수 노조가 논의되었으나 기업별 복수 노조는 한국노총의 반대로 받아들여지지 않았고, 복수의 상급 단체만 허용했다. 이를 계기로 민주노총이 합법화되었다. 이제는 기업별 복수 노조가 허용됨에 따라 한 사업장에 2개 이상의 노조가 자유롭게 설립될 수 있다. 고용노동부에 따르면 복수 노조 시행 이후 3개월 동안 498개의 노조가 설립 신고를 했다. 이중 기존에 없던 노조가 새롭게 만들어진 곳은 17.9%, 상급 단체가 한국노총이나 민주노총 소속인 기존 노조에서 갈라져 나와 복수 노조를 만든 곳이 73%, 양대 노총 미가입 사업장에서 분화한 노조는 9.4%인 것으로 조사됐다. 신규 노조의 85.5%는 양대 노총에 가입하지 않은 독립 노조이고 양대 노총에 가입한 노조는 14.5%에 불과하다. 고용부는 양대 노총에 가입한 기존 노조에 대한 조합원들의 불만이 신규 노조 설립으로 이어졌다고 해석하고 있고, 노동계는 신규 노조가 대부분 어용 노조이기 때문에 이 같은 현상이 나타난다고 반박하고 있다(『국민일보』 2011. 10. 16).

복수 노조를 허용하는 것이 어용 노조까지 허용하는 것으로 봐야 하는지가 문제다. 노조는 원래 사용자와 대등한 관계에서 교섭을 통해 근로조건을 정하기 위해서 존재하는 것이다. 그런데 어용 노조가 되어버리면 노조에 그러한 역할을 기대할 수 없으며, 어용 노조로 교섭 창구가 단일화되는 경우에는 정상적인 노조원들이 사측과 교섭할 기회를 상실하게 된다(교섭 창구 단일화의 절차, 교섭 단위 결정, 공정 대표 의무 등에 대해서는 노동조합 및 노동관계조정법 제29조의 2~5를 참조).

복수 노조를 둘러싼 논쟁 이전에 근본적으로 기업별 노조가 주류를 이루는 우리나라의 노조 현실에 문제가 있다. 이는 우리나라에 500만 명에 달하는 '비자발적' 비정규직을 양산하는 한 원인이 되기도 했다. 기업별 노조의 입장에서는 조합원인 정규직의 입장을 주로 대변하기 때문이다.

신진국들은 산별노조가 중심이고 기업별 노조는 사실상 어용 노조로 취급한다고 한다. 기업체의 울타리 안에 있다 보면 어떤 형태로든 사측의 회유나 공작에 빈번히 노출될 수밖에 없기 때문이다.
　우리나라의 대표적인 산별노조는 민주노총 산하 전국금속노동조합으로서 이들은 금속산업사용자협회와 산별 교섭을 벌이고 있으나, 완성차 4개사의 노조가 산별 교섭에 참여하지 않는 등 산별 교섭 활성화가 제대로 이루어지지 않고 있다.
　제2항은 공무원의 노동3권을 제한하고 있다. 즉 공무원인 근로자는 법률로 정하는 자에 한하여 노동3권을 가진다고 규정한다. 이에 따라 국가공무원법과 지방공무원법은 사실상 노무에 종사하는 공무원에게는 노동3권을 모두 인정한다. 한편 공무원의 노동조합 설립 및 운영 등에 관한 법률에서는 사실상 노무에 종사하는 공무원을 제외한 6급 이하 공무원에게 단결권, 단체교섭권을 보장한다. 이들에게는 단체행동권은 허용되지 않고 있다.
　이와 관련한 해외 사례를 알아보자(辻村みよ子, 2011: 134 이하).

　오스트리아, 덴마크, 핀란드, 독일, 룩셈부르크, 노르웨이, 스웨덴은 군대에 대해서도 일정하게 단결권을 인정한다. 경찰에 대해서도 23개 국가에서 단결권을 인정한다. 소방직원의 단결권에 대한 제약은 일본 이외의 국가에서는 그 예를 찾아보기 어렵다. 파업권에 대해서는 많은 나라에서 제한을 가하고 있으나, 일본처럼 공무원이라는 이유만으로 파업권을 무제한적으로 인정하지 않는 법제는 조약(ILO 제87호 조약)이 규정한 조합의 자유 원칙에 반한다는 지적이 있다. 프랑스의 경우 공무원의 파업은 "원칙적 합법, 예외적 제약"이라는 원칙을 유지하고 있다. 특별법으로 동맹파업을 인정하지 않는 직역은 군인, 경찰 직원, 형사 시설 직원, 법관 등 몇몇 종류에 그치고 있다. 그 밖의 경우에는 기습 파업과 파상파업[동일 산업의 여러 조합이나 동일 기업의 지역적 조합이 잇따라 파업을 벌여 파업의 효과를 극대화하는 동맹파업]을 회피하기 위한 예고 의무 등을 법으로 정하고 있으며, 헌법위원회도 1974년에 '공역무公役務의 계속성' 등의 원칙을 명시한 바 있다. 영국에서도 공무원의 동맹파업을 금지하는 법률은 없으므로 일반적으로 위법한 것으로 해석되지 않는다. 종래의 에스터 코드(국가공무원 관리 편람)에는 쟁의행위가 징계의 대상이 되는 경우가 기재되어 있었으나, 실제로는 징계처분이 이루어지지 않았으며, 직원이 자기의 급여 및 근무 조건과 관련하여 동맹파업을 하는 경우에는 징계 절차가 가동되지 않는다.

제3항은 법률이 정하는 주요 방위산업체 노동자의 단체행동권을 법률이 정하는 바에 따라 제한 또는 금지할 수 있도록 하고 있다. 그런데 헌법의 이 규정을 구체화한 노동조합 및 노동관계조정법 제41조에서는 주요 방위산업체에 종사하는 모든 노동자가 아니라, 전력, 용수 및 주로 방산 물자를 생산하는 업무에 종사하는 자의 쟁의행위만 금지하여 금지의 범위를 보다 좁혔다. 그리고 이때 '주로 방산 물자를 생산하는 업무에 종사하는 자'의 범위는 대통령령으로 정한다.

교원의 노동3권은 어디까지 인정되는가?

교원의 노동조합 설립 및 운영 등에 관한 법률에 의하면 국공립학교 및 사립학교 교원은 단결권과 단체교섭권을 가진다. 이때의 교섭 상대방은 교육과학기술부장관, 시도교육감 또는 사립학교의 설립·

운영자다. 다만 교원들은 특별시·광역시도·특별자치도 단위 또는 전국 단위로만 노조를 설립할 수 있고, 단체교섭도 이러한 시도 단위 혹은 전국 단위 노조가 주체가 되어 체결해야 한다. 이는 사용자단체도 마찬가지다. 따라서 예컨대 사립학교의 경우에는 사립학교 설립·경영자가 전국 또는 시·도 단위로 연합해서 교원노조의 교섭에 응해야 한다(교원의 노동조합 설립 및 운영 등에 관한 법률 제6조).

34. 인간다운 생활을 할 권리

> 제34조 ① 모든 국민은 인간다운 생활을 할 권리를 가진다.
> ② 국가는 사회보장·사회복지의 증진에 노력할 의무를 진다.
> ③ 국가는 여자의 복지와 권익의 향상을 위하여 노력하여야 한다.
> ④ 국가는 노인과 청소년의 복지 향상을 위한 정책을 실시할 의무를 진다.
> ⑤ 신체장애자 및 질병·노령 기타의 사유로 생활 능력이 없는 국민은 법률이 정하는 바에 의하여 국가의 보호를 받는다.
> ⑥ 국가는 재해를 예방하고 그 위험으로부터 국민을 보호하기 위하여 노력하여야 한다.

제헌헌법은 사회보장과 관련하여 제19조에서 "질병, 노령 기타 근로 능력의 상실로 인하여 생활 유지의 능력이 없는 자는 법률의 정하는 바에 의하여 국가의 보호를 받는다."고 규정했다. 이는 현행헌법 제34조 5항에 해당한다.

제1항 '인간다운 생활을 할 권리'는 1962년헌법에 추가되었다. 이 조항을 구체화한 대표적 법률이 국민기초생활보장법이다. 국민기초

생활보장법 제4조 1항은 "이 법에 의한 급여는 건강하고 문화적인 최저 생활을 유지할 수 있는 것이어야 한다."고 규정하여 헌법상 '인간다운 생활을 할 권리'의 구체적 기준을 제시하고 있다.

제2항 중 '사회보장'은 1962년헌법에, '사회복지'는 1980년헌법에 추가되었다.

'사회보장'의 뜻에 대해서는 사회보장기본법에 구체적으로 규정했다. 사회보장기본법 제3조 1호에 의하면 사회보장이란 질병, 장애, 노령, 실업, 사망 등의 사회적 위험으로부터 모든 국민을 보호하고 빈곤을 해소하며 국민 생활의 질을 향상시키기 위하여 제공되는 사회보험, 공공부조, 사회복지서비스 및 관련복지제도를 말한다.

'사회복지'는 사회보장의 한 유형으로 현금 또는 현물 지급에 의한 것이 아닌 지원 형태를 의미한다. 요즘은 '사회복지'라는 말 대신 '사회복지서비스'라는 말을 많이 쓴다. 결국 사회복지는 사회보장의 부분집합이라고 하겠다.

사회보장기본법 제3조에 나오는 그 외의 용어 정의는 다음과 같다.

'사회보험'이란 국민에게 발생하는 사회적 위험을 보험의 방식으로 대처함으로써 국민의 건강과 소득을 보장하는 제도를 말한다. '공공부조公共扶助'란 국가와 지방자치단체의 책임하에 생활 유지 능력이 없거나 생활이 어려운 국민의 최저생활을 보장하고 자립을 지원하는 제도를 말한다. '사회복지서비스'란 국가·지방자치단체 및 민간 부문의 도움이 필요한 모든 국민에게 상담, 재활, 직업의 소개 및 지도, 사회복지시설의 이용 등을 제공하여 정상적인 사회생활이 가능하도록 지원하는 제도를 말한다. '관련복지제도'란 보건, 주거, 교육, 고용 등의 분야에서 인간다운 생활이 보장될 수 있도록 지원하는 각종 복지제도를 말한다.

제3항 여자의 복지와 권익 향상, 제4항 노인과 청소년의 복지 향상, 그리고 제6항 재해 예방 및 재해 위험으로부터의 보호 의무는 현행헌법에 추가되었다.

모든 국민이 인간답게 살 권리와 관련하여 최근 기본소득제의 도입을 검토하는 움직임이 있다. 기본소득제는 모든 국민에게 소득에 상관없이, 고용 여부에 상관없이 일정한 소득액을 보장하는 것을 말한다. 그런 것이 가능할까? 우리나라의 4,500만 국민에게 매년 100만 원을 지급한다고 가정해도 45조 원이 소요된다. 2012년도 정부 예산안이 326조 원이다. 전체 예산의 약 13%가 소요되는 막대한 금액이다. 이렇게만 놓고 보면 실현 가능성이 의문스러워 보이지만, 실제로는 그렇지 않다. 우선 모든 사회보장 급여(연금, 실업 연금, 사회부조금, 주택 보조금, 자녀 양육비, 대학생 생활비 등 다양하게 현금으로 지급되는 돈)를 하나로 통합해서 기본소득으로 지급을 한다면 막대한 행정비용이 절약된다. 사회복지 관리비라고 하는 이 행정비용은 독일의 경우 연간 1,000억 유로, 우리 돈으로 125조 원에 해당한다. 또 국민들의 가처분소득이 늘어나기 때문에 그에 따른 내수 경기 활성화와 세수 증대를 기대할 수 있다. 예산의 편성과 집행을 철저히 감독해서 불필요한 낭비성 지출을 삭감해야 함은 물론이다.

> 천하를 다스리는 데 정전제가 없이는 끝내 평화를 얻을 수 없다. 주나라의 도는 오직 고르게 분배하는 것뿐이었다[治天下 不由井地 終無由得平 周道只是均平](『근사록』).

자본주의 시장경제체제에서는 모든 국민에게 일정한 소득을 똑같이 보장해준다는 것을 상상하기 어렵지만, 동양에서는 이미 오래전부터 그러한 정치를 꿈꿔왔다. 맹자는 백성들에게 일정한 재산을 보장하지 않고서 예의염치를 강요하는 것은 죄를 짓도록 그물질하는 것이나 다름없다며 주나라의 정전제를 지지했다. 정약용은 주나라의 '가구별' 정전제를 조선의 현실에 맞도록 응용한 일종의 '인별' 정전제를 주장하기도 했다. 서양에서도 전 인민에게 기본적인 소득을 보장해주어야 한다는 사상이 싹트기 시작했다.『유토피아』(1516년)의 저자인 토머스 모어가 그 효시였다. 그는 모든 사람에게 기본 생활을 보장해야만 각 개인의 행동에 대해서 책임을 물을 수 있다고 보았다. 토머스 모어의 유토피아 사상은 1998년 노벨경제학상 수상자인 아마티야 센에게까지 계승되고 있다.

현대적인 의미의 기본소득제를 휴머니즘의 관점에서 주장한 사람으로 에리히 프롬이 있다. 프롬은 1955년 그의 저서인『건전한 사회』에서 인간은 사회에 대한 자신의 의무를 이행하든 안 하든 간에 생존에 대한 무제한적인 권리를 가진다고 주장했으며, 그러한 논지를 1976년의『소유냐 삶이냐』에서 더욱 강력하게 개진하고 있다. 프롬은 경제체제를 둘러싼 당대의 논쟁들이 '인간의 성장'보다는 '체제의 성장'에만 급급하고 있는 현실을 개탄했다. 그에 의하면 "오늘날 자본주의사회와 공산주의사회에서 벌어지는 대부분의 해악은 연간 수입의 최소치를 보장해줌으로써 제거될 수 있다."는 것이다. 자본주의와 공산주의의 대안으로 그가 제시한 '연간 최소 수입 보장 제도'는 이후 유럽식 복지국가 모델 경험이 가져다준 문제의식을 바탕으로 1980년대 필립 반 파리지스, 앤서니 앳킨스, 클라우스 오페 등에 의하여 기본소득제로 발전하였다.

『자본주의 이후의 새로운 사회』에 실린「노동과 복지: 보편적 권리로서의 기본소득 보장」(이상헌, 2007)에서는 기본소득의 원리를 다음과 같은 취지로 설명하고 있다.

첫째, 기본소득은 어떤 정치적 공동체에 속한 '모든 구성원 개개인'에게 사회적으로 결정된 금액의 소득을 아무 조건 없이 지급해주는 것을 말한다. 개인을 단위로 지급된다는 점에서 가계 단위로 지급 여부가 결정되는 사회보장제도와 구별된다.

둘째, 보수를 받는 노동에 종사하든 보수를 받지 않는 노동에 종사하든 기본소득은 보장된다. 임금노동자, 자영업자, 주부, 학생, 노숙자에게도 기본소득은 보장된다. 이는 기업에게 유용한 노동에 대해서만 임금을 지급하는 자본주의적 노동관과는 확연히 다른 것이다.

셋째, 기본소득은 노동소득이나 자본소득과 같은 다른 소득원을 가지고 있는지 여부와 상관없이 일률적으로 지급된다. 실업자 빈민은 물론 기업가와 부자에게도 지급된다.

이와 같은 기본소득은 전 국민이 수급 대상이기 때문에 종래의 사회보장제도하에서 수급 대상자를 선별하기 위해 소요되는 막대한 행정비용을 절감시킨다. 그뿐만 아니라 실업 급여나 기초생활보장제도와 같이 자신이 사회적으로 낙오자라는 사실을 인정해야 하는 굴욕감을 가질 필요가 없다.

에리히 프롬은 보편적 권리인 연간 최소 수입 보장 제도(=기본소득)가 법제화되면 개인의 자유는 무한히 확장될 것으로 보았다. "그 누구도 경제적으로 타인에게 의존해서 굶주림에 대한 불안으로 강박을 느끼는 일은 없을 것이다. 전혀 다른 삶의 방식으로 살아가려는 인재들은 얼마간 가난한 생활을 감수할 각오만 하면 뜻하는 방식으로 살 수 있을 것이다. …… 복지 정책을 수행한답시고 인간의 존엄성을 묵살하고 전형적인 낭비를 일삼는 관료주의도 불필요하게 될 것이다."(프롬, 2003) 그러면서 에리히 프롬은 연간 최소 수입 보장 제도는 진정한 자유와 독립을 의미하므로 착취와 지배에 기초를 둔 모든 체제, 특히 여러 형태의 독재 체제는 이것을 수용할 수 없을 것이라고 못 박고 있다.

기본소득제도는 이미 부분적으로 시행되고 있다. 미국 알래스카 주에서는 광대한 유전에 대한 로열티를 재원으로 1976년 '알래스카 영구 기금'을 만들었다. 처음에 10억 달러였던 기금은 채권, 주식, 부동산 등에 투자하여 지금은 400억 달러 규모로 증가했다. 알래스카 주는 이 기금을 재원으로 하여 1980년대 초부터 주민들에게 n분의 1로 배당금을 주고 있는데, 처음에는 300달러에 불과했지만 지금은 연간 2,600달러를 넘었다.

브라질에서는 2003년부터 '보우사 파밀리아Bolsa Familia'라는 프로그램을 통해서 현재 브라질 인구의 4분의 1에 해당하는 4,500만 명에게 소득 지원을 하고 있으며, 2004년에 보우사 파밀리아의 혜택 폭을 넓히는 법안이 통과되어 2010년부터는 시민기본소득제를 실시한다.

유럽에서도 기본소득제에 대한 논의가 한창인데, 놀라운 점은 기업가들이 이 문제에 관심을 쏟기 시작했다는 점이다.

전 국민에게 월급을 주자

지난 2월 말 독일 중서부 소도시 카를스루에에 본부를 둔 '기업가 정신 연구소'에서는 이런 화두를 놓고 스무 명 남짓의 사람들이 열띤 토론을 벌였다. 토론을 이끈 주인공은 올해 나이 예순다섯의 독일 기업가 괴츠 베르너. 지난 회계연도에 약 8조 원의 매출을 거둔 생활용 화학제품 전문 체인 업체인 '데엠dm'의 창업자이자 회장으로, 요즘 독일은 물론 이웃 유럽 나라들에서도 부쩍 이름을 날리는 스타 경영자다.

"소득이 모자란다는 것을 증명하거나, 구직 활동을 했다는 증명을 하거나, 이제는 이런저런 조건을 달아 보조금을 줘서는 안 된다. 부자이건 실업자이건 똑같이 소득을 나눠주면 된다." 냉엄한 최고경영자의 입에선 놀랍게도 자본주의 체제의 기본명제와는 어울리지 않는 도발적인 이야기들이 튀어나왔다. 한마디로 '일하지 않아도 누구에게나 먹을 권리를 줘야 한다.'는 게 그가 한 주장의 뼈대다. 베르너 회장이 이날 던진 주제는 바로 기본소득이다. 소득이 많거나 적거나, 일을 하거나 하지 않거나 상관없이 국민 누구에게나 최소한의 소득을 누릴 수 있는 권리(소득권)를 주자는 얘기다. 이를 위해 기존 복지 예산을 전부 이쪽으로 돌리고, 경우에 따라서는 세금을 늘리는 것도 배제하지 않는다. 1980년대 이래 극소수 이론가들이나 급진적 활동가들 사이에서만 논의되던 이 주제는 최근 독일과 프랑스 등 유럽 나라를 비롯해 남미 대륙에 이르기까지 좌우를 넘나드는 '공론의 무대'로 성큼 올라섰다. 시장과 자본의 무자비한 탐욕과 폭주로 대변되는 자본주의의 한 시대가 이제 길거리에 넘쳐나는 기나긴 실업자 행렬만을 남긴 채 서서히 그 끝을 알리는 지금, 한 사회의 생산물을 나눠 갖는 새로운 분배 방식에 대한 진지한 고민이 본격적으로 시작된 셈이다(『한겨레신문』 2009. 4. 13).

베르너 회장은 독일 국민에게 1인당 매월 800유로(우리 돈으로 100만 원)를 지급할 수 있다고 주장한다.

35. 환경권

제35조 ① 모든 국민은 건강하고 쾌적한 환경에서 생활할 권리를 가지며, 국가와 국민은 환경 보전을 위하여 노력하여야 한다.
② 환경권의 내용과 행사에 관하여는 법률로 정한다.
③ 국가는 주택 개발 정책 등을 통하여 모든 국민이 쾌적한 주거 생활을 할 수 있도록 노력하여야 한다.

제헌헌법에는 환경권 관련 조항이 없다. 1980년헌법에 제1항이 도입되었고, 제2항과 제3항은 현행헌법에 도입되었다. 제3항을 환경권으로 분류하는 것이 타당한가에 대해서 의문이 있다. 쾌적한 주거 생활은 주거의 자유에 함께 규정하는 것이 바람직하다는 견해가 있다(정종섭, 2011: 847).

환경권의 보호 대상이 되는 환경에는 자연환경뿐만 아니라 인공적 환경과 같은 생활환경도 포함된다(광의설, 헌재결 2008.7.31. 2006헌마711). 대법원은 건물 소유자가 누리던 종교적 환경도 그것이 생활 이익으로서 가치를 가지고 있다고 객관적으로 인정되면 법적인 보호 대상이 될 수 있다고 한다(대판 1997.7.22. 96다56153).

환경권은 타인의 기본권에 대한 제한을 전제로 하기 때문에 늘 기본권의 충돌이 문제된다. 특히 다른 사람의 소유권 행사 및 영업의 자유와 충돌될 소지가 있으므로 이러한 경우에는 환경권으로 인하여 보호되는 이익과 침해되는 이익을 비교해서 어느 쪽을 보호할 것인지를 정해야 할 것이다.

다만 대법원은 사법상의 권리로서의 환경권을 인정하는 명문의 규정이 없는데도 헌법상 환경권에 기하여 직접 방해배제청구권을 인정할 수는 없다고 하였다(대판 1997.7.22. 96다56153).

그러나 공해를 배출하는 기업체에 의하여 환경권을 침해당한 사람은 불법행위에 기한 민사상 손해배상청구나 소유권 등의 물권에 기하여 환경 침해 행위의 중지 및 배제 청구, 행정청에 대한 규제 조치 발동 청구 등을 할 수 있다(정종섭, 2011: 855).

이명박 정부의 대표적인 국책 사업은 4대강 사업이다. 정부는 토건 사업에 대한 대통령의 개인적 취향을 만족시키기 위하여 우리의 혈세 22조 원을 물속으로 쏟아부었다. 4대강 사업이 일부러 환경을 파괴하려고 한 것은 아니겠지만 그렇다고 환경을 보호하기 위한 것도 아니었다. 4대강 사업에서 환경은 아예 변수가 아니었다. 4대강 사업에서 국민주권과 민주공화국의 정신은 철저히 배제되었다.

수질 및 수생태계 보전에 관한 법률에는 환경 파괴 행위를 처벌하는 규정을 두고 있으며, 사람의 생명·신체, 상수원 또는 자연 생태계 등에 유해한 환경오염 또는 환경 훼손을 초래하는 행위를 한 자에 대하여는 환경 범죄 등의 단속 및 가중처벌법에 의하여 가중처벌한다(정종섭, 2011: 855).

따라서 4대강 사업의 기획 단계에서부터 실행에 이르기까지 전 과정은 앞으로 철저하게 그 진상이 규명되어야 할 것이며 만약 법 위반 사실이 발견될 경우에는 관련자에 대한 사법 처리가 불가피할 것이다.

36. 혼인과 가족생활의 보호

제36조 ① 혼인과 가족생활은 개인의 존엄과 양성의 평등을 기초로 성립

되고 유지되어야 하며, 국가는 이를 보장한다.

② 국가는 모성의 보호를 위하여 노력하여야 한다.

③ 모든 국민은 보건에 관하여 국가의 보호를 받는다.

    제헌헌법 제20조는 "혼인은 남녀동권을 기본으로 하며 혼인의 순결과 가족의 건강은 국가의 특별한 보호를 받는다."고 규정하여 현행헌법 제36조 1항과 3항의 시조가 되었다. 1962년헌법에서는 남녀동권을 삭제했다. 1980년헌법에서 양성평등이 다시 삽입되었다.

    제2항은 현행헌법에 추가되었다.

    제1항에 의해 혼인은 원칙적으로 자유롭다. 다만 민법은 연령, 혼인 여부, 친족 관계에 의하여 혼인의 자유에 제한을 가하고 있다. 혼인의 자유에 대한 제한은 민법상 혼인의 취소 또는 무효의 형태로 규율되고 있다. 혼인의 취소, 무효는 이혼과 다르다. 이혼은 당사자의 합의(협의이혼) 또는 이혼소송(재판상이혼)에 의해서 이루어진다. 그러나 혼인의 무효와 취소는 민법에서 정한 일정한 사유가 있을 때 인정되는 것이다. 혼인의 무효는 법에서 정한 사유가 있으면 당연무효(다수설. 반면 반드시 혼인 무효 확인의 소에 의해야 한다는 소수설도 있음)이며, 혼인의 효과는 처음부터 발생하지 않은 것으로 다루어진다. 반면 혼인의 취소는 가정법원의 조정을 거친 다음 혼인 취소의 소에 의해야 하며, 취소의 효과는 소급하지 않는다.

    혼인의 무효 사유는 다음과 같다(민법 제815조).

1. 당사자 간에 혼인의 합의가 없는 때.

    혼인에서는 당사자의 의사가 가장 중요하기 때문에 당사자 간에 혼인의 합의가 없으면 그 혼인은 무효다. 예를 들면 전통 시대에서와 같이 혼인 당사자인 남녀가 혼례를 올릴 때까지 일면식도 없는 상태에서 부모끼리 합의하여 이루어진 혼인은 무효다.

2. 혼인이 8촌 이내의 혈족 사이에 이루어진 때.

나와 상대방의 촌수 계산은 공동의 조상을 기준으로 해서, 나로부터 조상까지 이르는 마디 수(아버지는 1촌, 할아버지는 2촌)와 그 조상으로부터 상대방에게 이르는 마디 수를 합산하면 촌수가 계산된다. 예컨대 나와 나의 아버지의 사촌동생과의 관계는 5촌(나의 당숙)이다. 왜냐하면 나와 아버지는 1촌이고, 아버지와 아버지의 사촌동생은 4촌이므로 이를 합산하면 5촌이 되는 것이다. 마찬가지로 나의 아들과 나의 5촌 당숙과의 관계는 6촌이 되는 것이고, 나의 손자와 나의 5촌 당숙과의 관계는 7촌이 된다. 나의 손자녀와 나의 5촌 당숙의 자녀와의 관계는 8촌이 된다. 따라서 나의 손자녀와 나의 5촌 당숙의 자녀가 혼인을 하면 무효인 혼인이 되는 것이다.

3. 혼인 당사자 간에 직계인척 관계가 있거나 있었던 때.

혈족은 피가 섞인 경우인 반면 인척은 혼인 관계를 통해서 연결된 경우이다. 직계인척이란 나와 혼인을 통해서 연결된 관계로서 직계인 경우를 말한다. 직계혈족이 나의 (조)부모, 나의 (손)자녀이듯, 직계인척은 배우자의 (조)부모, 배우자의 (손)자녀(재혼인 경우)를 뜻한다. 예를 들면 시아버지와 며느리, 장모와 사위, 계모와 계자, 적모와 서자 사이의 혼인 또는 과거에 한때 이런 관계가 있었던 사람들 사이의 혼인은 무효다.

4. 당사자 간에 양부모계의 직계혈족 관계가 있었던 때.

혈족은 원칙적으로 피가 섞여야 인정되는 관계이나, 피가 섞이지 않았음에도 불구하고 혈족 관계가 인정되는 경우가 바로 입양이다. 즉 입양에 의해서 양자와 양부모 사이에는 혈족 관계가 발생한다. 양부모계의 직계혈족 관계란 바로 이런 경우를 뜻한다. 따라서 양자가 양부모나 양조부모와 혼인하는 것은 혼인 무효 사유다.

다음은 혼인의 취소 사유를 살펴보자(민법 제816조).

1. 만 18세에 달하지 아니한 사람이 혼인을 한 경우.
어느 한쪽만 해당되도 취소 사유가 된다.
2. 만 18세에 달한 미성년자가 혼인을 할 때 부모의 동의를 얻지 않거나, 금치산자가 혼인을 할 때 부모 또는 후견인의 동의를 얻지 않은 경우.
혼인 당사자의 어느 한쪽 또는 양쪽이 미성년자 또는 금치산자인데 그중 어느 한쪽의 동의가 없는 경우에는 취소 사유가 된다.
3. 6촌 이내의 혈족의 배우자, 배우자의 6촌 이내의 혈족, 배우자의 4촌 이내의 혈족의 배우자인 인척이거나 이러한 인척이었던 자 사이에 혼인을 한 경우.
4. 6촌 이내의 양부모계의 혈족이었던 자와 4촌 이내의 양부모계의 인척이었던 자 사이에 혼인을 한 경우.
5. 혼인 당시 당사자 한쪽에 부부 생활을 계속할 수 없는 악질惡疾(악성 질병) 기타 중대한 사유가 있음을 알지 못한 때.
이는 악질이나 기타 중대한 사유 그 자체도 문제지만, 그러한 사실을 혼인 당시에 알리지 않음으로써 부부 관계의 신뢰를 허물었다는 점에서 취소 사유로 인정한 것이다.
6. 사기 또는 강박으로 인하여 혼인의 의사표시를 한 때.

헌법재판소는 호주제는 혼인과 가족생활에서 개인의 존엄을 존중하라는 헌법 제36조 1항의 요구에 부합하지 않는다고 결정하였다(헌재결 2005.2.3. 2004헌가5). 반면 형법상 간통죄 조항에 대해서는 우리 사회의 선량한 성도덕, 일부일처주의, 가족생활의 보장 및 부부 쌍방의 성적 성실의무를 위한 것이므로 헌법 제36조 1항의 규정에 반하는 법률이 아니라고 결정했다(헌재결 2001.10.25. 2000헌바60).

제2항은 모성의 보호를 위해 국가가 노력해야 할 의무를 부과하고 있다. 모성은 자녀를 가진 여성을 말한다. 혼인, 임신, 출산을 퇴직 사유로 하는 근로계약 체결은 금지된다(남녀 고용 평등과 일·가정 양립 지원에 관한 법률). 만약 사업주가 이를 위반하면 5년 이하 징역 또는 3,000만 원 이하의 벌금에 처한다.

우리는 세계 최하위의 합계 출산율을 기록하고 있다. 우리나라의 합계 출산율은 1.23으로 조사 대상 222개국 가운데 217위를 차지했다(합계 출산율은 가임 여성이 평생 동안 낳는 아이의 수). OECD 국가들의 평균 합계 출산율은 1.73이다. 획기적인 모성보호 대책을 수립하지 않으면 2025년 남북한을 포함한 한반도 인구수 7,500만 명을 정점으로 이후 급감할 것으로 예상된다.

37. 헌법에 열거되지 않은 권리

제37조 ① 국민의 자유와 권리는 헌법에 열거되지 아니한 이유로 경시되지 아니한다.
② 국민의 모든 자유와 권리는 국가안전보장·질서유지 또는 공공복리를 위하여 필요한 경우에 한하여 법률로써 제한할 수 있으며, 제한하는 경우

에도 자유와 권리의 본질적인 내용을 침해할 수 없다.

제헌헌법 제28조와 같은 내용이다.
제1항은 제헌헌법과 동일하다.
제2항은 제헌헌법에서는 "국민의 자유와 권리를 제한하는 법률의 제정은 질서유지와 공공복리를 위하여 필요한 경우에 한한다."고 규정했다. 유신헌법에 '국가안전보장'이 추가되었다. '자유와 권리의 본질적 내용 침해 금지'는 1960년6월헌법에 추가되었다.
제1항은 헌법에 열거되지 않은 기본권도 경시하지 않는다고 규정하고 있다. 따라서 헌법에 열거된 기본권은 예시일 뿐, 그것이 국민이 누리는 기본권의 전체 목록은 아니다. 우리 헌법은 국민의 자유와 권리를 포괄적으로 보장하고 있다.
제2항은 기본권 제한 사유와 본질적 내용 침해 금지를 규정하고 있는데 이 조항을 '일반적 법률 유보 조항'이라고 부른다. '일반적'이라고 하는 것은 '모든 자유와 권리'를 제한할 수 있다는 것이고, '법률유보'란 기본권을 제한하려면 법률의 규정이 있어야 한다는 것을 의미한다. 다만 제한하는 경우에도 자유와 권리의 본질적 내용은 침해할 수 없다는 한계를 가진다. 본질적 내용이 무엇인가에 대해서는 의견이 분분하다. 즉 기본권마다 그리고 개별적인 경우마다 본질적 내용이 다르다는 '상대설', 개별적인 경우와 상관없이 절대적으로 고정되어 있다는 '절대설'이 있다. 절대설에는 또다시 그 절대적인 가치가 무엇이냐를 놓고 인간의 존엄과 가치를 의미한다는 입장과 기본권의 핵심 영역을 의미한다는 견해가 대립한다. 헌법재판소는 상대설을 취하는 경우도 있고, 절대설을 취하는 경우도 있다.

38. 납세의무

제38조 모든 국민은 법률이 정하는 바에 의하여 납세의 의무를 진다.

제헌헌법 제29조와 같다.

조세란 국가 또는 지방자치단체가 그 경비에 충당할 수입을 취득하기 위한 목적으로 법률에 기한 일방적 의무로서 과세 요건에 해당하는 모든 자에게 과하는 무상의 금전 부담을 말한다(김동희, 2006b: 622). 납세의무는 이러한 조세의 납부 의무를 뜻한다. 이와 관련하여 헌법 제59조에서는 조세법률주의를 정하고 있다.

조세법률주의에서 법률로 정해야 할 사항은 조세의 종목과 세율뿐만 아니라 납세의무자, 과세물건, 과세 요건과 조세의 부과, 징수 절차도 포함된다(김동희, 2006b: 622). 다만 대법원은 과세 요건과 징수 절차에 관한 사항을 법률이 아닌 명령·규칙 등 하위 법령에 위임하여 규정하게 할 수 있으나 이 경우에 위임은 개별적·구체적이어야 한다고 판시했다(대판 1994.9.30. 94부18).

한편 관세와 지방세에서는 조세법률주의의 예외가 인정되고 있다(김동희, 2006b: 627).

관세의 경우 우선 관련 조약에 특별한 규정이 있으면 그에 의한다. 그리고 관세법은 국내 산업 보호, 수급 조절, 가격 안정 등을 위하여 필요한 경우에 긴급관세, 조정관세, 할당관세 등을 인정하여, 기본 세율을 중심으로 과세가격의 일정 비율을 가감하여 부과할 수 있는 권한을 관세 당국에 부여하고 있다.

지방세의 경우 지방세법에서 지방세의 종목, 과세표준, 세율 등을 규정하고 있으나, 그 구체적인 내용은 지방자치단체의 조례로 정하도록 하고 있는데, 이는 헌법상 보장된 지방자치의 본지에 입각한 예외적 법제라 할 것이다.

현행헌법은 이처럼 조세법률주의를 정하고 있지만 우리나라의 조세부담률은 높지 않다. 다음 기사를 보자.

> 우리나라의 조세부담률(한 나라의 국민총생산 또는 국민소득에 대한 조세 총액의 비율)은 2008년 경제협력개발기구(OECD) 33개 회원국 중 26위에 불과했다. 특히 이명박 정권 들어 계속 줄고 있다. 2008년 20.7%였던 조세부담률은 2009년 19.7%, 2010년 19.3%로 더 줄었다. 이는 이명박 정부의 법인·소득세율 인하 등 부자감세 조치로 연 20조 원에 가까운 재정수입을 부자에게 돌려준 영향이 컸다. 이명박 정부는 또 22조여 원에 달하는 4대강 사업 등 난개발 사업을 강행해 복지 지출 여력을 떨어뜨려놓고선 재정 건전성만 부각시키고 있는 것이다. 기획재정부는 이명박 정부 들어 복지 예산 증가율이 일반 예산을 웃돌고 복지 예산도 증가했다고 밝혔지만 선진국에 비하면 턱없이 부족하다. 한국의 국내총생산(GDP) 대비 사회복지 지출 비중은 2007년 기준 7.6%로 OECD 회원국 평균(19.2%)에 크게 못 미친다(『경향신문』 2012. 2. 21).

우리나라는 왜 이렇게 조세부담률이 낮은 것일까? 세법상의 문제도 있겠지만 그보다는 대기업과 재벌, 전문 자영업자들이 세금을 적게 내는 것이 근본적인 원인으로 지적되고 있다. 한국의 법인세 부담률이 OECD 30개 회원국 가운데 22위로 낮은 편인데도 불구하고 법인세 실효세율은 2008년 20.5%, 2009년 19.6%, 2010년 16.6%로 계속해서 더 낮아지고 있다. 실효세율이란 법으로 정한 세율인 명목세율과 달리 각종 세액공제 등을 통해 실제로 과세 대상자가 과세표준 대비 내는 세금 부담 비율을 말한다. 선대인경제전략연구소의 선대인 소장이 『국세통계연보』를 토대로 분석한 바에 의하면 2009년 법인세 감면세액 6조 7,000억 원 가운데 40%가 넘는 2조 7,000억 원이 전체 대상 기업의 0.0004%에 불과한 상위 47개 대기업에 돌아갔다고 한다. 재벌 공화국이라는 말이 괜히 나오는 것이 아니다. 이뿐만 아니라 재벌은 상속 과정에서 거액의 탈세를 버젓이 저지르고 있다.

만약 재벌가들의 3·4세가 전체 자산의 10%에 해당하는 재산을 승계할 경우 정상적으로 상속세나 증여세를 낸다면 약 44조 원의 세금을 내야 했다. 하지만 2006년 이후 매년 과표 500억 원 이상의 상속세를 낸 상위 4~6명의 것을 합치면 1,300~1,700억 원대의 세금을 내왔을 뿐이다. 이나마도 재벌 기업의 승계자들이 낸 것인지는 불확실하다. 이처럼 재벌가들은 탈세를 밥 먹듯 하면서도 극히 적은 지분을 가지고 재벌 그룹을 좌우하는 경영권을 승계하고 있다(선대인, 2012).

이처럼 재벌들이 앞장서서 탈세를 하고, 정부와 정치권이 눈감아주는 관행이 되풀이되는 이상 우리 사회를 정의롭다고 말할 수 없을 것이다. 미국의 빌 게이츠나 워렌 버핏 같은 부자들이 거액의 기부를 하는 이유는 그렇게 기부를 하는 것이 세금을 내는 것보다 훨씬 절약이 되기 때문이라고 한다. 우리도 남보다 많이 가진 사람이 그만큼 세금도 많이 내는 풍토가 확립되어야 한다. 혹자는 지금도 부자들이 충분히 세금을 낸다고 주장한다. 그러나 그것은 우물 속에서 하늘을 바라보는 것과 마찬가지다. 부자들은 워낙 재산이 많기 때문에 약간의 세금을 내도 무척 많이 내는 것처럼 보일 수 있는데 그것은 착시 현상이다. 그들이 버는 돈은 눈에 보이지 않고 세금으로 내는 돈만 보이기 때문이다. 부자들도 그들이 실제로 버는 돈만큼 세금을 내야 한다. 그것이 투명한 유리 지갑인 서민, 월급쟁이들과의 형평성을 맞추는 일이고, 우리 사회의 유지를 가능하게 하는 사회 통합의 원동력이기 때문이다.

39. 국방의무

제39조 ① 모든 국민은 법률이 정하는 바에 의하여 국방의 의무를 진다.
② 누구든지 병역의무의 이행으로 인하여 불이익한 처우를 받지 아니한다.

제1항은 제헌헌법 제30조와 같고, 제2항은 1980년헌법에 추가되었다.

국방 의무와 관련하여 양심적 병역거부권이 논란이 되고 있다.

2010년 현재 세계에는 대만을 포함 193개 주권국가가 있다. 이중 병역제도가 확인된 170여 개국 중 83개국이 징병제도를 유지하고 있다. 이중 31개국에서 양심적 병역거부권을 법적으로 인정하고 있다. 미국, 영국, 뉴질랜드, 캐나다 같은 나라는 지금은 징병제가 폐지되었으나 과거 징병제 시절에는 양심적 병역거부권을 인정했다.

현재 징병제 국가 중 양심적 병역거부권을 인정하는 나라는 다음과 같다.

대만, 몽골, 우즈베키스탄, 키르기스스탄(이상 아시아), 이스라엘

(이상 중동), 그루지야, 그리스, 노르웨이, 덴마크, 독일, 러시아, 리투아니아, 몰도바, 세르비아, 스웨덴, 스위스, 아르메니아, 아제르바이잔, 알바니아, 에스토니아, 오스트리아, 우크라이나, 키프로스, 폴란드, 핀란드(이상 유럽), 모잠비크, 앙골라, 카보베르데(이상 아프리카), 브라질, 에콰도르, 파라과이(이상 남미).

독일기본법 제12a조 2항은 "양심상의 이유로 무기를 사용하는 군복무를 거부하는 사람에게는 대체 복무의 의무를 지울 수 있다. 대체 복무의 기간은 병역 기간을 초과할 수 없다. 그 상세한 사항은 양심의 결정의 자유에 영향을 미칠 수 없고 또한 군대와 연방국경수비대의 부대와 어떠한 관계도 없는 대체 복무의 가능성을 규정하는 법률로 정한다."고 하여 대체 복무를 헌법으로 보장하고 있다.

병역의 의무는 공화국 시민에 대하여 헌법이 부과하는 신성한 의무이다. 따라서 병역의 의무는 함부로 면제되거나 또는 일종의 포상수단으로 취급되어서는 안 된다. 그래서 나는 아무리 국위를 선양한 운동선수라 할지라도 그것을 이유로 병역을 면제해줘서는 안 된다고 생각한다. 그것은 공화국 질서를 무너뜨리고, 조국에 대한 공화국 시민의 충성심을 타락시키는 결과를 가져오기 때문이다. 다만, 종교적 이유로 총을 쏘거나 인명 살상 행위에 가담할 의사가 없는 사람에 대해서는 대체 복무의 길을 열어주는 것이 합리적이다. 단 '양심적 병역거부'라는 말은 자칫 성실하게 병역의무를 이행하는 대다수 국민이 마치 '비양심적'이라는 잘못된 인상을 심어놓을 우려가 있으므로, 앞으로는 양심적 병역거부라는 말은 쓰지 않는 것이 좋다. 국민개병제(징병제)를 폐지하고 모병제를 도입해야 한다는 주장도 있으나, 남북이 군사적으로 대치하고 있는 현실을 감안할 때 징병제의 폐지는 아직은 시기상조가 아닌가 한다.

제3장
국회

40. 입법권

제40조 입법권은 국회에 속한다.

제헌헌법 제31조는 "입법권은 국회가 행한다."고 규정했다. 1962년 헌법에서부터 "속한다"로 바뀌었다. 법률에 대한 국회 중심 입법, 국회 단독 의결을 규정한 것이다. 법률 이외의 하위 법령, 즉 명령, 규칙, 조례 등의 입법 작용은 대통령, 행정부, 헌법상의 국가기관, 지방자치단체 등에 분산되어 있다. 따라서 본 조항이 국회가 국가의 모든 입법권을 독점한다는 것을 의미하는 것은 아니다.

루소는 『사회계약론』에서 "법은 주권자의 일반의지의 표시이므로 인민의 입법권을 누군가가 대표할 수 없다는 것은 명확한 사실이다."라고 말했다. 오늘날 국민이 직접 입법을 할 수 있는 방법은 없다. 하지만 시대 변화에 따라서 국민에 의한 입법의 가능성과 필요성은 점차 높아지고 있다. 이를 가능하게 하려면 헌법에 국민 직접 입법권을 규정해야 한다. 앞으로 개헌을 하게 되면 시대의 변화에 맞추어 이를 적극적으로 반영할 필요가 있다.

노르웨이헌법 제49조는 "국민은 의회를 통해 입법권을 행사한다."

고 규정하고 있다.

독일기본법 제20조는 "입법은 헌법 질서에 구속된다."고 규정하고 있다.

프랑스헌법 제24조 1항은 "의회는 법을 의결한다. 의회는 정부의 활동을 감시한다. 의회는 공공정책을 평가한다."고 규정한다.

유럽 국가의 헌법 가운데 입법권이 국회에 '속한다'고 하는 헌법은 하나도 없다. 적어도 문언상으로라도 입법권이 주권자인 국민의 소유임을 전제로 하고 있다.

"입법권은 국회에 속한다."는 표현은 현행헌법의 국민주권의 이념에 위배된다. 앞으로 개헌을 하게 되면 이 조항도 제헌헌법의 취지와 국민주권의 이념을 반영하여 "입법권은 국회가 행한다." 또는 "입법권은 국회에 위임한다." 바꾸어야 할 것이다.

입법 절차는 법률안 제출(국회의원, 정부) → 법률안 심사(국회의장 → 본회의 보고 → 상임위 심사) → 법률안 의결(본회의 의결) → 법률 공포(대통령의 거부, 공포)의 네 단계로 구분되는데 모든 단계에서 국민이 개입해야 하고, 개입할 수 있다.

법률안 제출 이전 입안 단계에서부터 개입이 가능하며, 가급적 일찍부터 개입하는 것이 가장 효과가 크다. 국회의원이나 정부에 대한 입법 의견서를 제출하거나 청원법에 따라 입법 청원을 하거나, 입법을 위한 토론회나 공청회, 각종 집회, 서명운동, 집회 및 시위, 정당에 대한 압력 행사 등도 정치적 압력으로 효과적인 수단이다. 일반적으로 시민단체들은 이 단계에서부터 관련 국회의원, 정당의 지도부, 담당 공무원들을 상대로 활발한 설득 작업을 전개한다. 특정 시민단체 혼자서 다니는 경우는 거의 없고 보통은 관련된 시민단체 여러 개가 연대를 해서 5~6명이 한 조가 되어 돌아다닌다. 혼자서 다니면 찬밥 취급을 받지만 여럿이 돌아다니면 함부로 대하지 못한다. 그러므로 일반 국민의 입장에서 이런 활동을 하려면 우호적인 국회의원 한 명을 확보하든지 아니면 관련 시민단체에 가입을 해서 활동을 하는 것이 좋다.

법률안 심사 단계에서는 국회 소관 상임위원회에서 개최하는 청문회와 토론회에 참석하여 의견을 개진하거나, 국회의원에 대한 압박, 정당에 대한 압박 등을 구사할 수 있다. 상임위 전체 회의와 소위원회, 그리고 각 정당이 매주 아침 2~3회 날짜를 정해놓고 개최하는 고위정책회의나 최고위원회 등에 참석해서 압력을 행사하는 것도 한 방법이다. 노동자나 민원인이 상임위에 압력을 행사하러 국회 본청에 단체로 들어오는 경우에 가급적 시위대 같은 인상을 풍기지 않는 것이 중요하다. 국회 경위들도 국회의사당에 시위하러 온 사람인 줄 뻔히 알면서 들여보낼 수는 없기 때문이다. 따라서 가급적이면 정장이나 수수한 평상복이 좋고, 머리띠나 투쟁 속보 같은 것은 주머니에 넣는 것이 좋다. 그리고 사전에 국회의원실에 연락을 해서 협조 요청을 한다. 그래야 공식적인 단체 방문으로 처리가 되기 때문이다.

입법 운동을 할 때는 해당 국회의원은 물론 그 보좌 직원들을 닦달하는 것은 기본이다. 특히 각 정당의 담당 전문위원(정당의 정책위원회 소속)이나 상임위원회의 여야 간사 의원실의 담당 보좌 직원들과는 수시로 통화를 하거나 사무실로 찾아가서 압력을 행사해야 한다.

일반 국민은 법률안이 자신들에게 어떤 영향을 끼치는지에 대해서 관심 있게 살펴보지 않으면 잘 모르고 지나치기 쉽다. 그러나 기업이나 경제 단체 등은 자신들의 이해관계가 걸린 법안에 대해서 치밀하고 조직적으로 대응한다. 자신들이 반대하는 법안이 추진되면 모든 수단을 동원해서 반대 운동을 펼치고, 자신들이 추진하는 법안을 성사시키기 위해서도 갖은 애를 쓴다. 특히 법률 한 조항에 막대한 경제적 이해관계가 걸려 있는 재계의 입법부 로비는 상상을 초월한다. 2009년 10월 정기국회 기간에 경제 5단체(대한상공회의소, 전국경제인연합회, 한국무역협회, 중소기업중앙회, 한국경영자총협회)의 명의로 국회의원들에게 배포된 「국회 계류 중인 주요 경제 관련 법률안에 대한 경제계 의견」이라는 책자는 총 69개 관련 법률에 대한 의견을 일일이 제시하고 있다. 이들 단체의 국회 소관 상임위원회별 의견 제출 법안 건수는 다음과 같다.

2009년 정기국회 경제 관련 법률안에 대한 경제 5단체 의견

구분	조속 통과 의견	수정 통과 의견	입법 유보 의견	계
법제사법위	1	1	4	6
정무위	2	1	5	8
기획재정위	8	0	2	10
외교통상통일위	3	0	0	3
행정안전위	1	0	1	2
문화체육관광방송통신위	1	0	0	1
지식경제위	9	0	0	9
보건복지가족위	2	1	6	9
환경노동위	1	2	11	14
국토해양위	5	0	0	5
여성위	0	0	1	1
기후변화특위	0	1	0	1
총계	33	6	30	69

이 가운데 경제계가 반대(입법 유보) 의견을 낸 법률안 중 대표적인 것을 몇 가지 살펴보면 다음과 같다.

- 법사위: 주주명부 열람 청구 대상 확대, 이사의 의무 강화, 소수주주권 보호 강화, 다중 대표소송제 도입, 상장 기업에 준법 통제 제

도 및 준법 지원인 도입 의무화 등을 골자로 한 상법 개정안.

- 정무위: 공정거래위원회의 전속 고발권 폐지를 위한 공정거래법 개정안, 사업보고서에 임원별 보수 기재를 의무화하는 자본시장통합법 개정안, 할부 계약 및 통신판매상 구매 철회 가능 기간을 7일에서 14일로 연장하는 할부거래법 및 전자상거래소비자보호법 개정안.

- 기획재정위: 법인세율 인하 유보를 위한 법인세법 개정안, 대용량 에너지 다소비 가전제품에 개별소비세를 부과하는 개별소비세법 개정안.

- 보건복지위: 식품류 표시 기준 위반 시 처벌 강화, 녹색식품 인증 표시 제도 도입, 소비자 요청 위생 검사 결과를 인터넷 홈페이지에 게시할 것을 규정하는 식품위생법 개정안, 식품 집단 소송제를 도입하는 식품안전기본법 개정안, 고열량/저영양 식품 종류 및 영양 표시 의무 식품을 구체화하는 어린이식생활안전관리법 개정안.

- 환경노동위: 비정규직에 대한 실업 급여 수급 요건 완화, 구직 급여 지급 대상을 자발적 이직자로까지 확대하는 고용보험법 개정안, 사용자가 업무를 외주할 경우 노동조합 또는 근로자 대표와의 협의 절차를 도입하는 근로기준법 개정안, 육아휴직 요건 완화를 위한 남녀고용평등법 개정안, 6급 이하 소방공무원의 노조 가입을 허용하는 공무원노동조합법 개정안, 장애인 의무 고용률 상향 조정을 내용으로 하는 장애인고용촉진법, 장애인차별금지법 개정안.

41. 국회의원 선거

제41조 ① 국회는 국민의 보통·평등·직접·비밀선거에 의하여 선출된 국

회의원으로 구성한다.

② 국회의원의 수는 법률로 정하되, 200인 이상으로 한다.

③ 국회의원의 선거구와 비례대표제 기타 선거에 관한 사항은 법률로 정한다.

제1항은 제헌헌법 제32조 1문과 같다.

제2항 국회의원의 정원에 관한 규정은 1962년헌법에서 유래한다.

제3항은 제헌헌법 제32조 2문에 해당하는데, 다만 "비례대표제 기타 선거에 관한 사항"은 1980년헌법에 추가되었다.

보통선거는 모든 국민이 선거권과 피선거권을 가지는 것을 뜻한다. 단 선거권과 피선거권은 법원으로부터 금치산 선고를 받은 자와 일정한 범죄를 저지른 자의 경우 제한된다. 공직선거법 제18조는 선거권이 없는 자를, 동법 제19조는 피선거권이 없는 자를 규정하고 있다. 이 같은 결격사유가 없는 한 모든 국민은 선거일 현재 만 19세 이상이면 선거권이 있다. 피선거권은 공직에 따라서 다르다. 대통령의 피선거권은 선거일 현재 5년 이상 국내에 거주하고 있는 40세 이상 국민에게 있고, 국회의원의 피선거권은 25세 이상 국민에게 있다. 지방의회 의원 및 지방자치단체장의 피선거권은 선거일 현재 계속하여 60일 이상 당해 지방자치단체 관할구역 안에 주민등록이 되어 있는 주민으로서 25세 이상인 국민에게 있다. 국내 거소 신고인 명부에 올라 있는 25세 이상의 재외국민에게도 지방의회 의원 및 지방자치단체장의 피선거권이 인정된다.

공직에 입후보하려는 자는 선거관리위원회에 기탁금을 납부해야 한다. 기탁금의 액수는 대통령 선거는 3억 원, 국회의원 선거는 1,500만 원, 시도의회의원 선거는 300만 원, 시도지사 선거는 5,000만

원, 자치구·시·군의 장 선거는 1,000만 원, 자치구·시·군의원 선거는 200만 원이다. 대통령 선거 기탁금은 원래 5억 원이었는데 헌법재판소에 의해서 후보자에게 과다한 부담을 초래한다는 이유로 헌법불합치 결정이 났다(헌재결 2008.11.27. 2007헌마1024). 이후 법 개정으로 3억 원으로 줄었다.

평등선거는 모든 유권자가 재산이나 지위를 불문하고 동등한 수의 투표권을 가지며, 투표 가치도 평등해야 한다는 원칙이다. 투표 가치의 평등과 관련하여 선거구별 인구 편차가 문제된다. 예를 들면 유권자가 1만 명인 선거구와 10만 명인 선거구에서 똑같이 국회의원 1명을 뽑는다면 이 두 선거구 사이에는 투표 가치가 10배 차이가 나는 것이다. 헌법재판소는 선거구별 투표 가치의 차이 3 대 1(평균 인구수 기준 상하 50%의 편차)을 기준으로 위헌 여부를 판단하고 있다(헌재결 2001.10.25. 2000헌마92 등).

직접선거는 선거인이 직접 후보자에게 투표하거나 또는 후보자에게 직접 투표하지 않더라도 선거인에 의해서 선거 결과가 결정되는 선거제도를 뜻한다. 뒷부분은 비례대표 후보자의 순위가 선거 홍보물 등을 통해서 이미 확정되어 공지된 '고정 명부식 정당 투표제'의 경우, 투표용지에 인쇄된 특정 정당을 찍으면 비록 개별 후보자에 대해서 직접 투표를 한 것은 아니라도 선거 결과가 투표 행위로 표출된 선거권자의 의사에만 달려 있으므로 직접선거의 원칙에 어긋나지 않는다는 뜻이다(헌재결 2001.7.19. 2000헌마91). 그러나 이와 달리 지역구 후보자에 대한 투표를 그 후보자의 소속 정당에 대한 투표로 의제(동일시)하여 비례대표 의석을 배분하는 것은 비례대표 의원의 선출에 있어서 유권자의 투표 행위가 아닌 정당의 명부 작성 행위가 최종적·결정적 의미를 지니게 되어 직접선거의 원칙에 위반된다.

비밀선거는 선거인이 누구에게 투표했는가 하는 것을 비밀에 부쳐야 한다는 원칙을 말한다. 이에 따라 투표는 무기명투표로 이루어지며, 선거인은 자기가 투표한 후보자의 성명이나 정당명을 누구에게도 어떠한 경우에도 진술할 의무가 없으며, 누구든지 투표 마감 시간까지 이를 질문하거나 진술을 요구할 수 없다. 단 선거 결과 예측을 위한 이른바 출구 조사에서 투표소로부터 100미터 밖에서 투표의 비밀이 침해되지 않는 방법으로 질문하는 것은 허용된다(공직선거법 제167조).

국회의원의 정원과 관련하여 공직선거법은 "국회의 의원 정수는 지역구 국회의원과 비례대표 국회의원을 합하여 299인으로 하되, 각 시도의 지역구 국회의원 정수는 최소 3인으로 한다."(공직선거법 제21조 1항)고 규정하고 있다. 그러나 공직선거법 부칙은 2012년 4·11총선에 한하여 2012년 7월 1일에 세종특별자치시가 새로이 설치되는 것을 고려하여 국회의원 정수를 300인으로 한다고 규정하고 있다. 이에 따라 현재 지역구는 246명, 비례대표는 54명이 정원이다.

선거구 제도와 관련하여 공직선거법은 "하나의 국회의원 지역 선거구에서 선출할 국회의원 정수는 1인으로 한다."(공직선거법 제21조 2항)고 규정하여 소선거구 다수대표제를 선택하고 있다.

42. 국회의원 임기

제42조 국회의원의 임기는 4년으로 한다.

제헌헌법 제33조와 같다.

국회의원의 임기는 4년인데, 연임을 제한하는 규정은 없다. 국회의원을 평생 직업으로 삼는 '정치족'을 규제하기 위해서 연임 제한이 필요하다. 국회의원은 일단 되고 나면 기득권이 생기기 때문에 계속하기가 쉽다. 그렇게 해서 일단 3선 이상의 정치족이 되고 나면 그들은 자신이 국민의 공복이라는 사실을 때때로 잊어버리기도 한다. 따라서 합리적인 수준에서 연속 재임을 제한하는 방안을 검토할 필요가 있다. 그렇게 하더라도 연속 재임을 제한할 뿐이므로 연속 재임만 아니면 다선 의원이 되는 것은 얼마든지 가능하다. 이렇게 해야 국회의원들도 정치에서 잠시 떠나 일반 시민의 입장에서 재충전을 할 기회를 가질 수 있다. 현재 지방자치단체장의 경우에는 연임을 3기까지만 허용하고 있다(연임 후 쉬었다가 다시 당선되는 것은 무방하다).

　민주주의 사회의 정치인들은 정치 이외에도 잘하는 일, 관심 있는 일이 있어야 한다. 정치인이기 이전에 시민으로서 주권자로서의 기본적인 소양과 상식이 있어야 하고 자신의 기본적인 생계는 정치 이외의 마당에서 해결할 수 있어야 한다. 그래야 주권자의 의사를 올바르게 대변할 수 있다. 그렇지 않고 오로지 할 줄 아는 것이 정치밖에 없고, 정치가 생계의 수단이 되어버리면 이는 과거 왕조시대의 환관들과 다를 바 없다. 환관들은 하루 24시간 정치만을 생각했다. 그러나 그들이 전횡을 하면 나라는 반드시 쇠퇴했다.

　국회의원의 연임 제한과 더불어 임기도 2년으로 줄여야 할 것이다. 모든 것이 급변하는 21세기 디지털 시대에 현행 국회의원 임기 4년은 너무 길다. 2년 단위로 평가받고 선출해야 국민의 의사를 제대로 반영할 수 있다. 선거비용이 과다하게 들어간다는 점과 정국 불안을 이유로 반대하는 사람도 있을 것이다. 그러나 선거를 자주 해서 얻는 공익이 비용보다 훨씬 크기 때문에 임기를 획기적으로 단축하는 문제를 적극 검토해볼 때가 되었다. 돈을 척도로 모든 것을 계산하면 공화국은 없어진다. 공화국은 돈보다 주권자의 동의와 참여를 더 중요시하는 국가라는 점을 잊어서는 안 된다. 미국의 하원의원도 임기가 2년이다.

43. 국회의원의 겸직금지 의무

제43조 국회의원은 법률이 정하는 직을 겸할 수 없다.

제헌헌법은 국회의원에 대한 포괄적 겸직금지 조항이 없었고 단지 제헌헌법 제48조에서 국회의원은 지방의원을 겸직할 수 없다고 규정하고 있었다. 포괄적으로 법률이 정하는 직을 겸할 수 없게 한 것은 1962년헌법부터이다.

국회법 제29조는 국회의원의 겸직이 금지되는 직종을 다음과 같이 열거하고 있다.

1. 국가공무원법 제2조에 규정된 국가공무원과 지방공무원 제2조에 규정된 지방공무원. 다만 국가공무원법 제3조 3항의 규정에 의하여 정치운동이 허용되는 공무원은 제외한다.

2. 대통령·헌법재판관·각급 선거관리위원회 위원·지방의회 의원.

3. 다른 법령의 규정에 의하여 공무원의 신분을 가지는 직.

4. 정부투자기관관리기본법 제2조에 규정된 정부투자기관(한국은행 포함)의 임직원.

5. 농업협동조합·수산업협동조합법에 의한 조합과 중앙회의 임직원.

6. 정당법 제6조 단서에 의하여 정당의 당원이 될 수 없는 교원.

이 밖에 개별 법률에 의해서 국회의원의 겸직이 금지된 것으로는 감사위원(감사원법 제9조), 법관(법원조직법 제49조), 지방자치단체의 장(지방자치법 제96조) 등이 있다.

국회의원이 국무총리나 국무위원을 겸하는 것은 금지되어 있지 않은데, 이는 행정부와 의회의 엄격한 권력분립을 전제로 하는 대통령제하에서는 이질적인 태도이다.

따라서 엄격한 삼권분립과 국민주권의 실현을 위해 헌법을 개정하거나 또는 국회법 제29조를 개정하여 국회의원이 국무총리나 국무위원을 겸하는 것을 금지해야 할 것이다.

44. 국회의원의 불체포특권

제44조 ① 국회의원은 현행범인인 경우를 제외하고는 회기 중 국회의 동의 없이 체포 또는 구금되지 아니한다.
② 국회의원이 회기 전에 체포 또는 구금된 때에는 현행범인이 아닌 한 국회의 요구가 있으면 회기 중 석방된다.

제헌헌법 제49조와 같다.

국회의원이라 할지라도 현행범인인 경우에는 언제든지 체포, 구금할 수 있다. 또 현행범인이 아닌 경우에는 회기 중 국회의 동의 없이 체포 또는 구금되지 않으므로 회기가 아닌 경우에는 국회의 동의 없이 체포, 구금할 수 있다. 그리고 회기 전에 체포, 구금된 국회의원은 현행범인이 아닌 한 재적의원 4분의 1 이상이 요구하면 회기 중 석방

된다(국회법 제28조).

불체포특권을 남용할 목적으로 국회가 열리는 경우가 종종 있어서 국민의 지탄을 받는다. 이것을 방탄 국회라고 한다. 특히 뇌물 수수나 정치자금법 위반, 또는 일반 형사범을 저지른 의원에 대해서까지 불체포특권을 인정하는 것은 지나치게 국회의원을 보호하는 것이다. 이 같은 태도는 과거 의회주권 시대의 유물이라고 볼 수 있다. 따라서 국민주권을 채택한 오늘날에는 의원의 불체포특권을 제한적으로만 인정해도 무방하다. 우리나라도 다음 핀란드헌법에서 보듯이 국회의원 불체포특권을 합리적으로 제한할 필요가 있다.

핀란드헌법은 "의원은 법정형이 징역 6월 이상에 해당하는 범죄를 저질렀다고 의심할 만한 상당한 이유가 없는 한 의회의 동의 없이 재판 시작 전에 체포되거나 구금되지 않는다."고 하여 의원이 저지른 범죄의 법정형이 징역 6월 이상에 해당하는 범죄를 저질렀다고 의심할 만한 상당한 이유가 있는 경우에는 의회의 동의 없이도 체포할 수 있도록 하고 있다.

45. 국회의원의 면책특권

제45조 국회의원은 국회에서 직무상 행한 발언과 표결에 관하여 국회 외에서 책임을 지지 아니한다.

제헌헌법 제50조와 같다.

국회의원의 면책특권을 규정하고 있다. 국회에서 직무상 행한 발언과 표결에 대한 것이므로 국회 밖에서 행한 것이나 국회 안이라고 할지라도 직무상 행위가 아닌 사적인 대화, 모욕적 언행, 폭력 행사 등은 면책특권의 대상이 아니다. 여기서 "국회"는 본회의는 물론 상임위원회, 특별위원회 등도 포함되며, 국회의 공식적 회의인 이상 그 장소는 국회의사당 안팎을 불문한다.

"책임을 지지 않는다."는 것의 의미는 법적 책임, 즉 민사 및 형사상의 책임을 지지 않음을 뜻한다.

핀란드헌법은 국회의원의 면책특권에 대해서 제한을 두고 있다. 즉 "의원은 의회에서의 발언이나 직무상 행위로 인해 법원에 기소되거나 자유를 박탈당하지 않으나 의회가 투표수 최소 6분의 5의 찬성으로 이에 동의한 경우는 예외이다."라고 하여 출석의원의 6분의 5 이상이 찬성하면 면책특권을 박탈할 수 있도록 하였다.

46. 국회의원의 청렴 의무

제46조 ① 국회의원은 청렴의 의무가 있다.
② 국회의원은 국가이익을 우선하여 양심에 따라 직무를 행한다.
③ 국회의원은 그 지위를 남용하여 국가·공공단체 또는 기업체와의 계약이나 그 처분에 의하여 재산상의 권리·이익 또는 직위를 취득하거나 타인을 위하여 그 취득을 알선할 수 없다.

제헌헌법에는 없다. 제3항이 1962년헌법에 신설되었다. 제1항은 1980년헌법에 추가되었다. 제2항은 현행헌법에 추가되었다.

국회의원이 헌법의 이 조항에 어긋나는 행위를 한 때에는 윤리특별위원회에 회부될 것이다. 윤리특별위원회에서는 국회의원의 자격

심사, 징계에 관한 사항을 심사한다(국회법 제46조). 그런데 국회의원들로 구성된 윤리특별위원회에서 동료 의원을 공정하게 심사한다는 것은 기대하기 어렵기 때문에 2010년 국회법 개정으로 윤리심사자문위원회를 설치하였다. 국회의원은 윤리심사위원회의 자문 위원이 될 수 없고, 윤리특별위원회는 윤리심사자문위원회의 의견을 존중하여야 한다(국회법 제46조, 제46조의 2). 국회의원에 대한 징계에는 △공개회의에서의 경고 △공개회의에서의 사과 △30일 이내의 출석정지 △제명이 있다. 국회의원을 징계하려면 본회의 의결이 필요하다.

47. 정기회와 임시회

제47조 ① 국회의 정기회는 법률이 정하는 바에 의하여 매년 1회 집회되며, 국회의 임시회는 대통령 또는 국회재적의원 4분의 1 이상의 요구에 의하여 집회된다.
② 정기회의 회기는 100일을, 임시회의 회기는 30일을 초과할 수 없다.
③ 대통령이 임시회의 집회를 요구할 때에는 기간과 집회 요구의 이유를 명시하여야 한다.

제헌헌법은 제34조, 제35조에서 정기회와 임시회 규정을 두었으나. 회기 제한을 일수로 명시한 것은 1962년헌법이 처음이다. 1962년헌법은 정기회는 120일, 임시회는 30일을 초과할 수 없다고 규정하고 있었다.

국회법 개정으로 2000년부터는 연중 상시 운영 체제가 되었다. 즉 국회는 2월·4월·6월의 1일에 임시회를 반드시 개최하여야 한다(단

국회의원 총선거가 있는 달에는 제외). 이때에 개최되는 임시회의 회기는 30일이며, 이 가운데 1주는 반드시 대정부 질문에 할애하도록 규정되어 있다(국회법 제5조의 2 제2항). 한편 9월 1일부터 100일 동안은 정기국회 기간이다(국회법 제4조, 제5조의 2 제2항). 따라서 1년 중 7개월은 반드시 임시회든 정기회든 국회를 열도록 헌법과 국회법에 명시되어 있는 셈이다.

최근 국회 상임위원회의 소위원회를 상설화하여 일하는 국회를 만들자는 주장이 제기되고 있다. 현행 국회법 제57조 2항은 "상임위원회(정보위원회를 제외한다)는 그 소관 사항을 분담·심사하기 위하여 상설 소위원회를 둘 수 있다."고 규정하고 있다. 그러나 아직까지 상설 소위원회는 운영되지 않고 있다. 단지 상임위별 법안소위원회, 예산소위원회만 그때그때 구성되어 운영되고 있다. 민주통합당 원혜영 의원은 미국 하원 외교위원회 산하의 아·태 소위를 예로 들며, 한반도 문제를 포함해 미국의 아시아 정책을 아·태 소위가 쥐락펴락할 수 있는 것도 행정부 관료 이상의 전문성을 지닌 소위 위원들이 주도권을 갖고 정책을 심의하기 때문이라고 주장하고 있다. 따라서 우리도 분야별 상설 소위원회를 두어 전문성을 높일 필요가 있다고 한다(『조선일보』 2012. 5. 18).

48. 국회의장

제48조 국회는 의장 1인과 부의장 2인을 선출한다.

제헌헌법 제36조와 같다. 국회의장은 당선된 다음 날부터 그 직에 있는 동안은 당적을 가질 수 없다. 단 국회의원 총선거에 있어서 정당 추천 후보자로 추천을 받고자 하는 경우에는 의원 임기 만료일 전 90일부터 당적을 가질 수 있다(국회법 제20조의 2 제1항). 부의장은 여야 각 1인씩으로 선출하며 당적을 그대로 보유한다.

49. 의결정족수

제49조 국회는 헌법 또는 법률에 특별한 규정이 없는 한 재적의원 과반수의 출석과 출석의원 과반수의 찬성으로 의결한다. 가부 동수인 때에는 부결된 것으로 본다.

제헌헌법 제37조와 같은 내용이다. 단 제헌헌법에서는 가부 동수인 때에는 국회의장이 결정권(캐스팅보트)을 가지고 있었지만 현행헌법은 국회의장의 캐스팅보트를 인정하지 않는다.

프랑스헌법 제27조는 "① 모든 강제 위임은 무효이다. ② 표결권은 각 의원에게 있다. ③ 조직법에 따라 예외적으로 위임에 의한 대리투표를 할 수 있다. 이 경우에 어느 의원도 1인 이상의 의원의 위임을 받아 대리투표를 할 수 없다."라고 규정하여 의원이 독립된 헌법기관으로서 누구에게도 예속되지 않고 독자적으로 표결권을 행사해야 함을 강조하고 있다.

50. 회의 공개

제50조 ① 국회의 회의는 공개한다. 다만 출석의원 과반수의 찬성이 있거나 의장이 국가의 안전보장을 위하여 필요하다고 인정할 때에는 공개하지 아니할 수 있다.
② 공개하지 아니한 회의 내용의 공표에 관하여는 법률이 정하는 바에 의한다.

제헌헌법은 제38조에서 회의 공개의 원칙을 규정하고, 다만 국회의 결의에 의하여 비밀회의로 할 수 있다고 규정했다. 유신헌법에서 의장이 국가안전보장을 위하여 비공개로 할 수 있다는 규정이 삽입되었고 그것이 현행헌법까지 계속되고 있다. 유신헌법과 1980년헌법은 비공개회의의 내용은 공표되어서는 안 된다는 규정이 있었는데, 현행헌법은 제2항과 같이 비공개회의 내용의 공표에 관해서 법률로 정하는 바에 의하도록 했다.

51. 회기계속의 원칙

제51조 국회에 제출된 법률안 기타의 의안은 회기 중에 의결되지 못한 이유로 폐기되지 아니한다. 다만 국회의원의 임기가 만료된 때에는 그러하지 아니하다.

제헌헌법에 없는 규정으로 1962년헌법에 신설되었다. 회기계속의 원칙을 규정한 조항이다.

'회기'란 국회의 집회일로부터 폐회일까지를 일컫는 말이다. 따라서 '회기계속'이라는 말은 예컨대 2월 임시국회에서 어떤 의안이 처리되지 않은 채 폐회된 경우, 다음 회기든 또는 그다음 회기든 그 의안이 최종적으로 의결되어 처리될 때까지 그 의안은 회기 변경에도 불구하고 계속해서 의안으로 남아 있다는 뜻이다. 즉 엄밀히 말하면 '회기계속'이 아니라 '의안계속'이라고 표현해야 보다 정확하다. 회기는 변경되기 때문이다.

우리나라는 제5대 국회(1960~1961)까지 회기불계속의 원칙을 채택하고 있었다. 그러나 오늘날에는 국회에서 처리해야 할 의안이 날로 증대하고 있다. 따라서 회기 종료로 심의 중인 의안을 모두 폐기하고 같은 의안을 다시 제출해야 할 경우의 비능률을 피하는 한편, 폐회 중에도 위원회(상임위원회, 특별위원회)의 활동을 통해 의안에 대한 논의를 계속함으로써 의안 심사에 능률을 기하기 위하여 채택한 제도적 장치가 바로 회기계속의 원칙이다(국회사무처, 2008: 44~45). 다만 국회의원 임기가 만료되면 모든 의안은 폐기된다.

52. 법률안 제출권

제52조 국회의원과 정부는 법률안을 제출할 수 있다.

제헌헌법 제39조와 같다. 여기서 국회의원은 개별 국회의원과 국회 내의 위원회(상임위원회, 특별위원회)를 포함한다. 개별 국회의원이 법률안을 제출하려면 국회의원 10인 이상의 찬성을 요한다. 그러나 국회의 상임위 또는 특위에서 법률안을 제출할 경우에는 10인 이상의 찬성을 요하지 않는다. 정부가 법률안을 제출할 경우에는 국무회의 심의를 거쳐서 대통령의 명의로 제출하는데, 이때 국무총리와 관계 국무위원이 부서(=함께 서명한다는 뜻)하여야 한다.

법률안은 국회의장에게 제출한다(국회법 제79조 2항). 제출된 법률안은 국회법에 따라 본회의에 '보고'하고, 이어서 소관 상임위원회 또는 특별위원회에 '회부'한다. 법률안에 대한 위원회의 '심사'가 끝나면 본회의에 '부의'한다. 본회의에 보고하는 절차는 폐회 또는 휴회 등으로 본회의에 보고할 수 없으면 생략하고 바로 상임위원회에 회부할 수 있다(국회법 제81조). 법률안이 위원회에 회부된 경우, 일부 개정 법률안은 15일, 제정 법률안 및 전부 개정 법률안은 20일, 법제사법위원회의 체계·자구 심사의 경우에는 5일을 경과하지 아니한 때에는 위원회의 의사일정으로 상정할 수 없다(국회법 제59조). 일종의 숙성 기간이라고 할 수 있다. 법제사법위원회의 체계·자구 심사란 법제사법위원회의 소관 법률안이 아닌 다른 위원회의 소관 법률안의 경우 해당 위원회의 심의가 끝나면 본회의에 부의하기 전에 의무적으로 거쳐야 하는 절차를 말한다. 체계·자구 심사에서는 법률안의 내용에 대해서는 심사할 수 없으나 합헌성 여부를 확인하기 위한 심사는 가능하다.

앞으로 개헌을 하게 되면 삼권분립의 정신을 훼손시키는 정부의 법률안 제출권을 없애고 그 대신 국회의원과 더불어 주권자인 국민도 법안을 직접 발의할 수 있는 길을 마련해야 할 것이다. 현재 국민발안제는 미국의 여러 주와 스위스에서 실시되고 있다. 우리나라는 1954년헌법에서 헌법 개정에 대하여 국회의원 선거권자 50만 인 이상의 찬성으로 제안할 수 있게 하는 국민발안제를 채택했으나 유신헌법에서 폐지되었다. 국민에 의한 법안 발의에는 일정 수 이상의 국민의 참여를 요건으로 해야 할 것이며, 국민이 발의한 법안에 대해서도 입법부인 국회의 심의 절차를 거치도록 하는 것이 바람직할 것이다. 주권자가 발의한 법안을 국회에서 심의하는 것은 체계적으로 맞지 않는다고 생각할 수 있으나 법안 처리에 신중을 기하기 위하여 주권자가 국회에 심의 권한을 준다면 문제가 되지는 않을 것이다.

53. 법률안 공포 및 발효

제53조 ① 국회에서 의결된 법률안은 정부에 이송되어 15일 이내에 대통령이 공포한다.

② 법률안에 이의가 있을 때에는 대통령은 제1항의 기간 내에 이의서를 붙여 국회로 환부하고, 그 재의를 요구할 수 있다. 국회의 폐회 중에도 또한 같다.

③ 대통령은 법률안의 일부에 대하여 또는 법률안을 수정하여 재의를 요구할 수 없다.

④ 재의의 요구가 있을 때에는 국회는 재의에 붙이고, 재적의원 과반수의 출석과 출석의원 3분의 2 이상의 찬성으로 전과 같은 의결을 하면 그 법률안은 법률로서 확정된다.

⑤ 대통령이 제1항의 기간 내에 공포나 재의의 요구를 하지 아니한 때에도 그 법률안은 법률로서 확정된다.

⑥ 대통령은 제4항과 제5항의 규정에 의하여 확정된 법률을 지체 없이 공포하여야 한다. 제5항에 의하여 법률이 확정된 후 또는 제4항에 의한 확정법률이 정부에 이송된 후 5일 이내에 대통령이 공포하지 아니할 때에는 국회의장이 이를 공포한다.

⑦ 법률은 특별한 규정이 없는 한 공포한 날로부터 20일을 경과함으로써 효력을 발생한다.

제헌헌법 제40조와 같은 내용이다. 단 제2항 후문은 1962년헌법에 추가되었다. 제4항 대통령이 환부한 법률안의 재의와 관련하여 제헌헌법에서는 재적의원 3분의 2 이상 출석과 출석의원 3분의 2 이상의 찬성을 요하여 재적의원 과반수의 출석과 출석의원 3분의 2 이상의 찬성을 요하는 현행헌법보다 요건을 까다롭게 했다. 제6항 후문은 1962년헌법에 추가되었다.

이 조항을 정리하면 법률안이 법률로 확정되는 것은 (1) 국회에서 의결된 법률안이 정부에 이송되고 15일 이내에 대통령이 공포한 경우 (2) 정부에 이송된 지 15일 이내에 대통령이 공포나 재의 요구를 하지 아니한 경우 (3) 대통령의 재의 요구에 대해서 국회가 재적의원 과반수 출석과 출석의원 3분의 2 이상의 찬성으로 전과 같은 의결을 한 경우이다.

54. 예산안 처리

제54조 ① 국회는 국가의 예산안을 심의·확정한다.
② 정부는 회계연도마다 예산안을 편성하여 회계연도 개시 90일 전까지 국회에 제출하고, 국회는 회계연도 개시 30일 전까지 이를 의결하여야 한다.
③ 새로운 회계연도가 개시될 때까지 예산안이 의결되지 못한 때에는 정부는 국회에서 예산안이 의결될 때까지 다음의 목적을 위한 경비는 전년도 예산에 준하여 집행할 수 있다.

1. 헌법이나 법률에 의하여 설치된 기관 또는 시설의 유지·운영
2. 법률상 지출 의무의 이행
3. 이미 예산으로 승인된 사업의 계속

제1항은 제헌헌법 제41조와 같다.

예산안 제출 시기와 관련하여 제헌헌법 제91조는 정부가 편성한 예산안을 "매년 정기국회 초에 국회에 제출하여 그 의결을 얻어야 한다."고 규정했다.

예산안 의결 시기와 관련하여 제헌헌법 제94조는 "국회는 회계연도가 개시되기까지 예산을 의결하여야 한다."고 규정하면서, 만약 이때까지 의결되지 못한 때에는 "국회는 1개월 이내의 가예산을 의결하고 그 기간 내에 예산을 의결하여야 한다."고 하여 가예산 제도를 두었는데 가예산 제도는 1960년 6월 헌법에서 삭제되었다.

제2항은 1962년헌법에, 제3항은 1960년 6월 헌법에 추가되었다.

1962년헌법에는 정부의 예산안 제출 시한이 회계연도 개시 120일 전까지로 규정되어 있었는데(1962년헌법 제50조 2항) 이후 유신헌법은 이마저도 90일로 줄여버렸다(유신헌법 제89조 2항). 국회의 예산안 심사권을 무력화시킨 것이다. 그런데 아직까지도 이 규정을 답습하고 있다. 1962년에는 정부 예산이 780억 원이었는데도 120일을 심사했는데, 2012년에는 예산이 326조 원이나 되는데도 90일밖에 심사하지 못한다는 것은 비합리적이다. 우리나라에서 예산안 통과에 소요되는 시간은 먼저 행정부에서 예산안을 작성하여 국회에 접수하는 데 9개월, 그리고 국회에서 심의하는 기간은 3개월이며 그나마도 국정감사와 대정부 질문 기간 등을 제외하면 실질적인 심의 기간은 2개월도 채 안 된다.

미국의 경우 연방정부가 예산안을 작성하는 데 10개월, 그리고 예산안을 의회에서 심의하는 데 8개월(2월 초부터 9월 말까지. 미국의 회계연도는 10월 1일에 시작함)이 소요되며, 8개월로도 시간이 부족해서 심의 일정을 연장하는 경우가 많다. 개헌을 하게 되면 예산심의 기간을 현실화해야 한다. 최소한 유신헌법 이전 수준인 120일로 되돌아가야 한다.

예산의 성질과 관련해서 법률과 같다는 예산법률설, 법률과는 구별되는 독자적 법형식이라는 예산국법형식설(=예산비법률설)이 대립하는데 예산국법형식설이 한국의 다수설이다. 예산국법형식설의 근거는 헌법이 법률과 예산의 의결 절차를 따로 규정하고 있다는 것인데, 예산법률설의 입장에서는 예산의 의결 절차를 별도로 규정한 것은 '예산법률'을 위한 특별 규정이라고 본다. 미국, 영국, 독일, 프랑스 등 구미 선진국들은 대개 예산법률주의를 채택하고 있다.

예산법률주의의 장점으로는 국회의 예산통제 기능 강화, 예산과 법률의 불일치 해소, 자의적 집행이나 전용이 어려워짐, 예산 관련 법률이 통폐합되어 명쾌해지고 개정하기도 쉬움, 법률 제정과 똑같은 절차를 밟아야 하므로 졸속 심의와 강행 처리를 효과적으로 방지, 부당한 집행에 대하여는 위법한 행위로 책임을 물을 수 있다는 점 등이 있다(정종섭, 2011: 1058).

민주적 정당성의 측면에서도 예산법률주의를 채택하는 것이 바람직하다.

55. 계속비와 예비비

제55조 ① 한 회계연도를 넘어 계속하여 지출할 필요가 있을 때에는 정부는 연한을 정하여 계속비로서 국회의 의결을 얻어야 한다.
② 예비비는 총액으로 국회의 의결을 얻어야 한다. 예비비의 지출은 차기 국회의 승인을 얻어야 한다.

제1항은 제헌헌법 제91조 2문과 같은 내용이고, 제2항은 제헌헌법 제93조와 같은 내용이다.

국가재정법에 계속비와 예비비에 관한 규정이 있다. 이에 의하면 예비비는 "예측할 수 없는 예산 외의 지출 또는 예산초과지출에 충당하기 위하여 일반회계 예산 총액의 100분의 1 이내의 금액을 예비비로 세입세출예산에 계상"하는 것을 뜻한다(국가재정법 제22조 1항).

그리고 계속비는 "완성에 수년도를 요하는 공사나 제조 및 연구 개발 사업은 그 경비의 총액과 연부액年賦額을 정하여 미리 국회의 의결을 얻은 범위 안에서 수년도에 걸쳐서 지출"할 수 있는 것으로서, "국가가 지출할 수 있는 연한은 5년 이내로 하고 필요하다고 인정하는 때에는 국회의 의결을 거쳐 그 연한을 연장할 수 있다."(국가재정법 제23조 1항, 2항)

56. 추경예산안

제56조 정부는 예산에 변경을 가할 필요가 있을 때에는 추가경정예산안을 편성하여 국회에 제출할 수 있다.

제헌헌법에 없는 조항이다. 추가경정예산안이 도입된 것은 1962년 헌법이다.

국가재정법은 추가경정예산안의 편성 사유를 규정하고 있다. 즉 전쟁이나 대규모 자연재해가 발생한 경우, 경기 침체, 대량 실업, 남북 관계의 변화, 경제협력과 같은 대내외 여건에 중대한 변화가 발생하였거나 발생할 우려가 있는 경우, 법령에 따라 국가가 지급하여야 하는 지출이 발생하거나 증가하는 경우에 추가경정예산안을 편성할 수 있다(국가재정법 제89조 1항).

57. 예산안 증액 제한

제57조 국회는 정부의 동의 없이 정부가 제출한 지출예산 각항의 금액을 증가하거나 새 비목을 설치할 수 없다.

제헌헌법 제91조 3문과 같다.

국회의원이 정치적 이해관계 때문에 선심성 증액을 남발하는 것을 막기 위한 규정이다. 예산을 둘러싼 국회와 정부의 긴장 관계가 느껴진다. 국회와 정부 간 권한 배분의 유형을 다음의 4개 국가군으로 분류할 수 있다(오연천, 2008).

첫째, 미국, 이탈리아 등은 예산안 심의에서 의회가 지배적 영향력을 행사한다. 이들 국가의 의회는 행정부의 예산안을 거부할 수도 있고, 의회가 예산을 편성할 권한까지 보유하고 있다.

둘째, 영국, 영연방국가, 개발도상국가 등에서는 행정부가 제안한 예산안에 대해서 의회는 이를 거부하거나 부분적으로 삭감할 수 있는 권한만을 가진다. 그러나 영국 같은 나라는 의회와 내각(대통령중심제 국가의 행정부에 해당)을 하나의 정당이 주도하는 의원내각제이므로 내각이 제출한 예산안을 내각과 한배를 탄 다수당이 지배하는 의회에서 수정하거나 거부한다는 것은 자기모순이므로 실제로는 의회에서 수정하거나 거부하는 일이 거의 없다.

셋째, 프랑스와 일본 등에서는 예산 내용에 따라 의회의 역할을 달리한다. 의회는 신규 사업과 신규 지출에 대해서만 엄격하게 심의를 하고, 계속 사업이나 경상지출에 대해서는 의례적인 심사에 그친다. 이들 국가에서 의회의 예산안 심의 목적은 신규 사업의 남용으로 인한 예산 팽창을 억제하고 균형예산을 유지하는 데 있다.

넷째, 독일과 스웨덴 등 북유럽 국가들은 예산 일년주의를 채택했지만 예산안 심의에서 중기 재정계획을 고려하여 결정하고 있다. 독일 의회의 재정계획은 행정부가 편성하여 제안한 예산의 범주를 넘어서며, 스웨덴 의회는 3년분의 예산을 승인한다. 대부분의 북유럽 국가의 의회는 투자예산을 사업이 완성되는 기간까지의 총예산으로 승인하고 있다.

우리나라는 북유럽형과 프랑스형을 절충한 형태를 취하고 있다.

58. 국채의 모집

제58조 국채를 모집하거나 예산 외에 국가의 부담이 될 계약을 체결하려 할 때에는 정부는 미리 국회의 의결을 얻어야 한다.

제헌헌법 제92조와 같다.

국채에 관한 기본적인 사항은 국채법에서 규정하고 있다. 국채 발행에 대해서 국채법 제3조는 다음과 같이 규정하고 있다.

① 국채는 공공자금관리기금법 제2조에 따른 공공자금관리기금의 부담으로 기획재정부장관이 발행한다. 다만 다른 법률에 특별한 규정이 있는 경우에는 그 법률에 따라 회계, 다른 기금 또는 특별 계정의 부담으로 기획재정부장관이 국채를 발행한다.
② 국채를 발행할 때에는 국회의 의결을 받아야 한다.
③ 국채는 공개시장에서 발행하는 것을 원칙으로 한다. 다만 다른 법률에서 정하는 바에 따라 특정인으로 하여금 국채를 매입하게 하거나 현금 지급을 갈음하여 국채를 발행하여줄 수 있다.
④ 제3항 단서에 따라 국채를 발행하는 경우 그 이자율은 그 국채의 발행 목적에 부합하는 범위에서 상환 기한과 발행 당시의 시장 금리를 고려하여 적정한 수준으로 정하여야 한다.

한편 국가재정법은 국채는 원칙적으로 세출 재원으로 쓸 수 없지만 부득이한 경우에는 국회의 의결을 얻은 금액의 범위 안에서 국채 또는 차입금으로 세출 재원에 충당할 수 있다고 규정한다(국가재정법 제18조).

59. 조세법률주의

제59조 조세의 종목과 세율은 법률로 정한다.

제헌헌법 제90조와 같다. 현행헌법 제38조 "모든 국민은 법률이 정하는 바에 의하여 납세의 의무를 진다."는 조항과 함께 조세법률주의를 규정하고 있다.

근대 헌법이 탄생하게 된 직접적인 계기는 조세 문제였다. 미국의 독립혁명이 '대표 없는 곳에 과세 없다.'는 식민지인들의 조세 저항에서 시작되었고 그 결과로 탄생한 것이 미국헌법이다. 또 프랑스대혁명의 서곡이 된 1789년 5월의 삼부회 소집도 당시 프랑스의 재정 위기 극복과 새로운 조세수입원 마련을 위한 것이었다. 이때 평민 대표로 이루어진 제3신분은 귀족과 성직자가 주도하는 삼부회에서 떨어져 나와서 따로 국민의회를 구성했는데, 1789년 7월 7일 국민의회는 자신들이 제헌의회임을 밝힘으로써 혁명을 선포했다. 이후 프랑스에서는 점차 예산과 재정을 주권자인 국민의 대표자들이 장악하는 것이 민주주의의 당연한 귀결로 받아들여졌고 이러한 흐름이 전 세계로 퍼져나가서 오늘날 입법기관인 의회가 예산에 대한 최종적인 심의·확정권을 보유하게 된 것이다(원오성·강정석, 2009).

조세법률주의의 내용으로는 과세 요건 법정주의, 과세 요건 명확주의, 소급 과세 금지의 원칙, 엄격 해석의 원칙 등이 있다(이하 정회철, 2011: 1081~1084 참조).

1. 과세 요건 법정주의

납세의무자, 과세물건, 과세표준, 과세기간, 세율 등 과세 요건과 조세의 부과 및 징수 절차를 모두 법률로 구성해야 한다는 원칙을 과세 요건 법정주의라고 한다(헌재결 1989.7.21. 89헌마38). 헌법재판소는 조세를 감면해줄 경우에도 법률로써 할 것을 요구한다(헌재결 1996.6.26. 93헌바2).

2. 과세 요건 명확주의

과세 요건에 관한 법률 규정의 내용이 지나치게 추상적이거나 불명확하면 과세 관청의 자의적인 해석과 집행을 초래할 염려가 있으므로 그 내용이 명확하고 일의적이어야 한다는 것을 말한다(헌재결 1992.12.24. 90헌바21 등).

3. 소급 과세 금지의 원칙

새로운 입법으로 소급하여 과세하거나 또는 이미 납세의무가 존재하는데 소급해서 중과세해서는 안 된다는 원칙이다. 대법원은 새로운 입법으로 조세 의무를 감경해주는 것은 조세 공평의 원칙에 어긋나지 않으며, 또 과세 요건이 아직 완성되지 않은 상태에서 조세의무를 가중하는 입법을 한 경우에는 이른바 부진정소급효로서 허용된다고 한다(대판 1983.4.26. 81누423). 부진정소급효란 겉으로 보기에는 소급효를 규정한 것 같지만 실제로는 소급효에 해당하지 않는 경우를 뜻한다. 즉 어떤 행위가 완료된 이후에 법이 개정되어 행위에 대한 제재 조치가 더 무거워지면 그것은 진정소급효에 해당되지만, 행위가 완료되기 전에 법이 개정되어 행위에 대한 제재 조치가 더 무거워지는 것은 금지되는 소급효, 즉 진정소급효가 아닌 부진정소급효에 불과하다.

4. 엄격 해석의 원칙

조세법을 집행할 때는 법률을 엄격하게 해석·적용해야 하며, 행정 편의적인 확장해석이나 유추해석은 허용되지 않는다는 원칙이다(헌재결 1990.9.3. 89헌가95).

한편 조세와 구별되는 개념으로 특별부담금이 있다. 특별부담금은 국가재정의 형성이라는 목적 없이 다양한 생활 관계를 규율하고 국가의 특수한 과제를 수행하기 위하여 부과하고 그 수입이 국가의 일반예산이 아닌 기금의 형태로 관리·지출되는 공적 부담금을 말한다

(정종섭, 2011: 1039 참조). 특별부담금은 반대급부가 보장되지 않는다는 점, 강제적으로 부과·징수하는 점에서는 조세와 비슷하다. 그러나 특별부담금은 일반 국민에게 부과되는 것이 아니고 특정 공익사업을 위하여 특별 이해관계인에게만 그 사업의 경비를 부담시키는 점에서 조세와 구별된다(정회철, 2011: 1080). 헌법재판소는 특별부담금의 인정 근거와 관련하여 "조세나 부담금과 같은 전통적인 공과금 체계로는 현대 국가의 새로운 행정 수요에 원활하게 대처할 수 없기 때문에 특별부담이라는 새로운 유형의 공과금을 도입할 필요성이 인정되고, 우리 헌법 제37조 2항에 의하면 국민의 모든 자유와 권리는 국가안전보장·질서유지 또는 공공복리를 위하여 필요한 경우에 한하여 법률로써 제한할 수 있도록 하고 있으므로 국민의 재산권을 제한하는 특별부담금제도를 도입하는 것 자체는 헌법상 문제가 없다고 할 것이다."(헌재결 1999.10.21. 97헌바84)라고 하여 특별부담금의 헌법적 근거를 제37조 2항에서 찾고 있다.

조세법률주의의 예외로 지방자치단체의 조례에 의한 과세, 대통령의 긴급재정경제명령에 의한 과세가 있다.

지방자치단체는 법률이 정하는 바에 의하여 지방세를 부과할 수 있도록 하고 있고(지방자치법 제135조), 이에 따라 지방자치단체는 지방세의 세목, 과세 객체, 과세표준, 세율 기타 부과·징수에 관하여 필요한 사항을 정함에 있어서는 지방세법이 정하는 범위 안에서 조례로써 하여야 한다(지방세법 제3조 1항)고 규정하고 있다. 그리고 대통령의 긴급재정경제명령(헌법 제76조 1항)은 법률은 아니지만 법률과 동일한 효력을 가지므로 조세를 부과할 수 있다.

※ 국세와 지방세

국세의 세목에는 소득세, 법인세, 상속세와 증여세, 종합부동산세, 부가가치세, 개별소비세, 교통·에너지·환경세, 주세酒稅, 인지세印紙稅, 증권거래세, 교육세, 농어촌특별세가 있다(국세기본법 제1조).

지방세에는 보통세와 목적세가 있다. 보통세의 세목에는 취득세, 등록면허세, 레저세, 담배소비세, 지방소비세, 주민세, 지방소득세, 재산세, 자동차세가 있고 목적세의 세목에는 지역자원시설세, 지방교육세가 있다(지방세기본법 제7조).

60. 조약과 파병에 대한 동의권

제60조 ① 국회는 상호원조 또는 안전보장에 관한 조약, 중요한 국제조직에 관한 조약, 우호통상항해조약, 주권의 제약에 관한 조약, 강화조약, 국가나 국민에게 중대한 재정적 부담을 지우는 조약 또는 입법사항에 관한 조약의 체결·비준에 대한 동의권을 가진다.
② 국회는 선전포고, 국군의 외국에의 파견 또는 외국 군대의 대한민국 영역 안에서의 주류에 대한 동의권을 가진다.

제1항은 제헌헌법 제42조와 같은 내용이다.

제2항의 선전포고에 대한 국회 동의권은 제헌헌법 제42조에 포함되어 있었다. 국군의 외국 파견, 외국 군대의 국내 주류에 대한 국회 동의권은 1962년헌법에 추가되었다.

이 조항에 사용된 용어들을 살펴보자(정종섭, 2011: 1096 참조).

- 상호원조 또는 안전보장에 관한 조약: 국가의 안전보장을 위해

서 외국과 군사적 원조 또는 경제적 원조를 하기로 하거나 군사동맹을 체결하는 등의 조약으로 예컨대 한미동맹(한미상호방위조약)을 들 수 있다.

- 중요한 국제조직에 관한 조약: 국제 질서에서 중요한 의미를 가지는 국제기구, 예컨대 국제연합과 그 관련 기구나 조직에 관한 조약이다.

- 우호통상항해조약: 오늘날은 대부분 사라진 조약 형태로 조약체결국 국민의 입국, 거주·이전, 영업, 통상, 항해 등에 관하여 내국민대우 또는 최혜국민대우를 정하는 조약이다.

- 주권의 제약에 관한 조약: 주권의 제약이란 국민의 주권자로서의 지위나 대한민국의 주권에 제약을 가하는 것을 의미하는데 이러한 조약을 대의기관인 국회의 동의로 가능하게 하는 것은 국민주권의 헌법 이념에 반한다. 헌법 제72조에 따라 국민투표에 부의하여 국민의 뜻에 따라 처리해야 할 것이다.

- 강화조약: 교전국과 전쟁을 종결시키고 전후 문제를 처리하기 위하여 체결하는 조약이다.

- 국가나 국민에게 중대한 재정적 부담을 지우는 조약: 국가의 재정적 지출이 필요하거나 세금 등으로 국민에게 재정적 부담을 지우게 되는 조약이다.

- 입법사항에 관한 조약: 조약의 내용을 이루는 부분이 법률의 제정 또는 개정을 필요로 하는 조약이다. 헌법재판소는 소파협정(SOFA. 한미상호방위조약 제4조에 의한 시설과 구역 및 대한민국에서의 미합중국 군대의 지위에 관한 협정)은 그 명칭은 "협정"이지만 국가에게 재정적 부담을 지우는 내용과 재판권 등 입법사항에 관한 내용을 포함하므로 국회의 동의를 요하는 조약이라고 판단했다(헌재

결 1999.4.29. 97헌가14).

※ 조약에 대한 동의권이 국회의 권한인가 국회의원의 권한인가?

정부는 1995년부터 2004년까지 10년간 쌀에 대한 관세화를 유예받았던 특별 대우를 2014년까지 10년간 추가로 연장하기 위하여 세계무역기구(WTO) 회원국들과 쌀 협상을 하였고, 그 결과 다시 10년간 쌀에 대한 관세화를 유예하기로 하는 내용의 "세계무역기구 설립을 위한 마라케쉬 협정 부속서 1가 중 1994년도 관세 및 무역에 관한 일반협정에 대한 마라케쉬 의정서에 부속된 대한민국 양허표 일부 개정안"을 채택하였다. 한편 정부는 위 쌀 협상 과정에서 이해관계국인 미국, 인도, 이집트와 쌀 관세화 유예기간을 연장하는 대가로 위 나라들의 요구 사항을 일부 수용하는 내용의 각 합의문을 작성하였다. 그런데 정부가 2005년 6월 7일경 국회에 위 양허표 개정안에 대한 비준 동의안을 제출하면서 이해관계국과의 합의문을 포함시키지 않자 민주노동당 국회의원들은 합의문을 포함하여 비준 동의안을 제출할 것을 요구하였고, 정부는 이를 거부하였다. 그러자 민주노동당 국회의원들은 정부가 합의문을 국회 동의 없이 체결·비준함으로써 국회의 조약 체결·비준 동의권 및 국회의원인 청구인들의 조약안에 대한 심의·표결권이 침해되었다며 헌법재판소에 '권한쟁의심판'을 제기하였다. 이 사건의 쟁점은 두 가지다. 즉 (1) 국회의 구성원인 청구인들이 국회를 위하여 국회의 권한 침해를 주장하여 권한쟁의심판을 청구할 수 있는지, 즉 권한쟁의심판에 있어 이른바 '제3자 소송담당'이 허용되는지 여부와 (2) 국회의원의 심의·표결권이 국회의장이나 다른 국회의원이 아닌 국회 외부의 국가기관에 의하여 침해될 수 있는지 여부이다.

이에 대해서 헌법재판소는 조약의 체결·비준 동의권이 국회의원이 아닌 국회의 권한이라는 전제하에서 다음과 같이 결정했다(헌재결 2007.7.26. 2005헌라8).

첫째, 독일과 같이 기본법(우리의 헌법에 해당)과 연방헌법재판소법에 부분 기관이 소속된 기관을 위해서 권한쟁의심판을 청구할 수 있도록, 즉 권한쟁의심판의 제3자 소송담당을 명시적으로 허용한 나라와 달리 이를 인정한 명문의 규정이 없는 우리나라에서 청구인들의 권한쟁의심판 청구는 부적법하다.

둘째, 국회의 동의권이 침해되었다고 하여 동시에 국회의원의 심의·표결권이 침해된다고 할 수 없고, 국회의원의 심의·표결권은 국회의 대내적인 관계에서 행사되고 침해될 수 있을 뿐 다른 국가기관과의 대외적인 관계에서는 침해될 수 없으므로 청구인들의 심의·표결권이 침해되었음을 이유로 한 권한쟁의심판 청구 또한 부적법하다.

생각해보면 앞으로도 소수 정당에 의해서 이와 유사한 사건이 다수 발생할 것으로 예상되므로 앞으로 법 개정을 통해 권한쟁의심판에 제3자 소송담당을 허용하는 것이 소수자 보호의 정신에 맞을 것이다.

61. 국정감사

제61조 ① 국회는 국정을 감사하거나 특정한 국정 사안에 대하여 조사할 수 있으며, 이에 필요한 서류의 제출 또는 증인의 출석과 증언이나 의견의 진술을 요구할 수 있다.

② 국정감사 및 조사에 관한 절차 기타 필요한 사항은 법률로 정한다.

제1항 중 국정감사는 제헌헌법 제43조와 같고, 국정조사는 1980년 헌법에 추가되었다.

국정감사와 국정조사를 중복적으로 둘 필요가 없다는 주장이 있다. 국정감사제도가 세계적으로도 유례가 드문 것은 사실이다. 그러나 아직 국회가 행정부보다 인력, 자금, 조사 노하우 등 여러 면에서 취약하고 국정조사에 대한 제도적 뒷받침도 충분하지 못하기 때문에 이러한 문제점이 해결되지 않은 상태에서 국정감사를 폐지하는 것은 행정부에 대한 국회의 견제 기능을 약화시킬 수 있다. 따라서 이 같은 조건이 갖춰질 때까지는 국정감사 제도를 유지할 필요가 있다.

제2항에 의해서 국정감사 및 조사에 관한 법률이 있다.

62. 국회 출석 의무

제62조 ① 국무총리·국무위원 또는 정부위원은 국회나 그 위원회에 출석하여 국정 처리 상황을 보고하거나 의견을 진술하고 질문에 응답할 수 있다.

② 국회나 그 위원회의 요구가 있을 때에는 국무총리·국무위원 또는 정부위원은 출석·답변하여야 하며, 국무총리 또는 국무위원이 출석요구를 받은 때에는 국무위원 또는 정부위원으로 하여금 출석·답변하게 할 수 있다.

제헌헌법 제44조와 같은 내용이다. 다만 제2항 후문의 대리 출석은 유신헌법에서 추가된 것인데 지금까지 답습하고 있다. 실무적으로 불가피하게 대리 출석을 해야 하는 경우도 있지만, 헌법 조문에서 대리 출석을 제한 없이 허용하는 것은 문제가 있다. 세계적으로도 이런 규정은 드물다.

63. 해임 건의

> 제63조 ① 국회는 국무총리 또는 국무위원의 해임을 대통령에게 건의할 수 있다.
> ② 제1항의 해임 건의는 국회재적의원 3분의 1 이상의 발의에 의하여 국회재적의원 과반수의 찬성이 있어야 한다.

제헌헌법에는 국회의 정부 각료에 대한 불신임 제도가 없었다. 1952년 헌법에서 민의원의 '국무원'에 대한 불신임제를 신설하여, 불신임 결의 시 국무원 구성원이 총사직하도록 했다. 개별 국무위원에 대한 불신임제가 처음 규정된 것은 1954년헌법이다. 현행헌법과 같은 해임 건의제는 1962년헌법에 처음 규정됐다. 대통령은 국회의 해임 건의에 법적으로 구속되지는 않지만 정치적으로는 해임을 하거나 해임 건의를 받은 당사자의 자진 사퇴가 불가피할 것이다. 2003년에 대학생들의 미군 기지 집회를 이유로 김두관 행정자치부장관에 대한 국회의 해임 건의안이 가결되었고 결국 김 장관이 스스로 사임한 사례가 있다.

한편 유신헌법에는 대통령에게 국회해산권을 부여했으나 현행헌법에서 삭제되었다.

64. 국회의원 징계

제64조 ① 국회는 법률에 저촉되지 아니하는 범위 안에서 의사와 내부 규율에 관한 규칙을 제정할 수 있다.
② 국회는 의원의 자격을 심사하며, 의원을 징계할 수 있다.
③ 의원을 제명하려면 국회재적의원 3분의 2 이상의 찬성이 있어야 한다.
④ 제2항과 제3항의 처분에 대하여는 법원에 제소할 수 없다.

제2항과 제3항은 제헌헌법 제45조에 규정되어 있었다. 제1항과 제4항은 1962년헌법에서 신설되었다.

제1항에 의한 국회 규칙으로는 국회인사규칙, 국회기록물관리규칙, 국회도서관운영에 관한 규칙, 국회사무실배정에 관한 규칙, 국회에서의 중계방송 등에 관한 규칙, 국회정보공개규칙, 국회청원심사규칙 등 다수가 있다.

제2항에 의한 자격 심사에 대해서 국회법은 국회의원이 다른 국회의원의 자격에 대하여 이의가 있을 때에는 30인 이상의 연서로 자격 심사를 의장에게 청구할 수 있다고 규정한다(국회법 제138조). 여기서 말하는 국회의원의 자격이란 국회의원으로서의 직무 수행 능력이나 자질을 뜻하는 것이 아니라 국회의원이라는 법적 지위를 누릴 자격, 예컨대 당선무효 사유 여부나 겸직금지 의무의 위반 여부 등을 뜻한다.

제3항에서 보듯이 국회의원의 제명에는 국회재적의원 3분의 2 이상의 찬성이 필요하다. 지금까지 현역 국회의원이 본회의에서 제명된 경우는 1979년 당시 신민당 김영삼 총재가 유일하다. 이른바 '김영삼 총재 의원직 제명 파동'으로 명명된 이 사건은 1979년 10월 4일

당시 여당인 공화당과 유정회 국회의원들이 야당인 신민당의 김영삼 총재가 『뉴욕타임스』 기자회견을 통해 박정희 유신 정권을 비판했다는 이유로 의원직 제명안을 날치기 통과시킨 사례다. 이 사건은 당시 정국을 급속도로 경색시켰으며, 같은 해 10월 16일에 발생한 부마민중항쟁, 10월 26일 박정희 대통령 시해사건으로 이어지는 유신 체제 붕괴의 서곡이 되었다.

최근 국회의원의 제명이 문제가 된 사례는 2010년 '강용석 의원 성희롱발언사건'이었다. 이 사건은 강용석이 토론회에 참석한 대학생들과의 뒤풀이 자리에서 장래 희망이 아나운서라는 한 여학생에게 "아나운서가 되려면 다 줘야 한다."고 발언한 것이 발단이 되었다. 이 사건으로 강용석은 당시 소속되어 있던 한나라당 윤리위원회의 제명 처분으로 당적을 박탈당했고, 국회 윤리특별위원회에서도 의원직 제명이 의결되었다. 그러나 2011년 8월 31일 국회 본회의에 상정된 강용석 의원 제명안은 정족수 미달로 부결되었다. 당시 김형오 의원은 표결 전 비공개 발언을 통해서 "이 정도 일로 제명하면 우리 중에 누가 남아 있겠는가?"라고 발언하여 물의를 빚기도 하였다.

65. 탄핵소추

제65조 ① 대통령·국무총리·국무위원·행정 각부의 장·헌법재판소 재판관·법관·중앙선거관리위원회 위원·감사원장·감사위원 기타 법률이 정한 공무원이 그 직무집행에 있어서 헌법이나 법률을 위배한 때에는 국회는 탄핵의 소추를 의결할 수 있다.

② 제1항의 탄핵소추는 국회재적의원 3분의 1 이상의 발의가 있어야 하

며, 그 의결은 국회재적의원 과반수의 찬성이 있어야 한다. 다만 대통령에 대한 탄핵소추는 국회재적의원 과반수의 발의와 국회재적의원 3분의 2 이상의 찬성이 있어야 한다.

③ 탄핵소추의 의결을 받은 자는 탄핵 심판이 있을 때까지 그 권한 행사가 정지된다.

④ 탄핵 결정은 공직으로부터 파면함에 그친다. 그러나 이에 의하여 민사상이나 형사상의 책임이 면제되지는 아니한다.

제헌헌법은 제46조, 제47조에서 탄핵소추를 규정했다. 제헌헌법에서 탄핵 사건의 심판 권한은 탄핵재판소에 있었다.

국회에서 탄핵소추를 하고 별개의 심판 기관에서 그 소추에 대한 심판을 한다는 형식은 제헌헌법 이래 지금까지 변함없이 유지되고 있는 골격으로서 그 때문에 실제 탄핵의 성립은 아주 어려웠으며, 정부 수립 후 지금까지 단 한 번도 탄핵이 된 고위 공무원의 예는 없었다(신평, 2011: 477).

2004년 3월 12일 제246회 국회 본회의에서 재적의원 271명 중 193명의 찬성으로 당시 노무현 대통령에 대한 탄핵소추안이 가결되었다. 이후 2004년 5월 14일 헌법재판소는 국회의 탄핵소추를 기각하였다. 당시 헌법재판소는 탄핵소추를 기각하면서도 결정문에서 대통령이 다음 세 가지 점을 위반했음을 인정했다.

첫째, 대통령의 2004년 2월 18일 경인 지역 6개 언론사와의 기자회견에서의 발언, 2004년 2월 24일 한국방송기자클럽 초청 대통령 기자회견에서의 발언은 공직선거법 제9조의 공무원의 중립의무를 위반하였다.

둘째, 2004년 3월 4일 중앙선거관리위원회의 선거법 위반 결정에 대한 대통령의 행위는 법치국가 이념에 위반되어 대통령의 헌법 수호 의무를 위반하였다.

셋째, 2003년 10월 13일 대통령의 재신임 국민투표 제안 행위는 헌법 제72조에 반하는 것으로 헌법 수호 의무를 위반하였다.

그러나 헌법재판소는 "대통령의 법 위반이 헌법 질서에 미치는 효과를 종합하여 본다면, 대통령의 구체적인 법 위반 행위에 있어서 헌법 질서에 역행하고자 하는 적극적인 의사를 인정할 수 없으므로, 자유 민주적 기본 질서에 대한 위협으로 평가될 수 없다. 따라서 파면 결정을 통하여 헌법을 수호하고 손상된 헌법 질서를 다시 회복하는 것이 요청될 정도로 대통령의 법 위반 행위가 헌법 수호의 관점에서 중대한 의미를 가진다고 볼 수 없고, 또한 대통령에게 부여한 국민의 신임을 임기 중 다시 박탈해야 할 정도로 국민의 신임을 저버린 경우에 해당한다고도 볼 수 없으므로, 대통령에 대한 파면 결정을 정당화하는 사유가 존재하지 않는다."고 판단했다(헌재결 2004.5.14. 2004헌나1).

한편 국민주권의 관점에서 국민에 의한 탄핵소추 방식을 검토할 필요가 있다는 주장이 있다. 즉 대의제도를 채택하는 경우에 국민의 대표자에 대해서 정치적 이유로 국민소환을 하는 것은 허용되지 않지만, 범죄나 위법행위를 저지른 대표자를 국민이 소환하는 것은 대의 원리와 충돌되지 않는다면서, 일정한 수 이상의 국민에게 탄핵소추권을 인정하면 국민소환을 도입한 것과 같은 효과를 볼 수 있다는 것이다. 프랑스의 경우에는 대통령을 제외한 수상, 각료 등 정부의 구성원에 대해서 국민에 의한 탄핵소추를 인정하고 있다(정종섭, 2011: 1077 참조).

제4장
정부

제1절 대통령

66. 대통령의 임무

제66조 ① 대통령은 국가의 원수이며, 외국에 대하여 국가를 대표한다.
② 대통령은 국가의 독립·영토의 보전·국가의 계속성과 헌법을 수호할 책무를 진다.
③ 대통령은 조국의 평화적 통일을 위한 성실한 의무를 진다.
④ 행정권은 대통령을 수반으로 하는 정부에 속한다.

제헌헌법 제51조 1항은 "대통령은 행정부의 수반이며 외국에 대하여 국가를 대표한다."고 규정했다.

1960년6월헌법은 "행정부의 수반"에서 "국가의 원수"로 변경했다. 내각책임제 채택으로 국무총리가 행정부의 수반이 된 상황에서, 국민통합의 상징적 존재로서 국가원수가 필요했기 때문이다.

1962년헌법에서 "국가의 원수"는 삭제되고 "행정권은 대통령을 수반으로 하는 정부에 속한다."로 변경되었다. 대통령중심제로 전환한 상태에서 국가의 원수를 규정할 필요가 없기 때문이다.

그런데 유신헌법은 "대통령은 국가의 원수"를 다시 집어넣었다. 이는 내각제에서 국가적 상징으로서의 국가원수가 아니라 모든 국가권력을 장악한 이른바 '영도적 대통령'으로서의 대원수 또는 총통generalissimo을 뜻하는 것이다. 아울러 제2항과 제3항은 유신헌법에 추가되었다. 따라서 현행헌법 제66조는 유신헌법과 완전히 동일하다.

우리나라의 대통령제는 이승만 대통령 시절부터 오늘에 이르기까지 제왕적 대통령제라고 할 정도로 대통령이 사실상 입법, 사법, 행정 전 분야에 걸쳐서 막강한 영향력을 행사할 수 있게 되어 있다. 그렇다 보니 역대 모든 대통령은 비참한 말로를 맞이했다. 정치권에서 개헌론이 나올 때마다 분권형 대통령제(외교·안보·통일은 대통령이 전담하고 국무총리는 이른바 책임 총리로서 내정 전반을 관장) 또는 이원집정부제(평상시에는 분권형 대통령제와 유사하지만 위기 상황에서는 대통령이 비상대권을 가짐) 개헌이 논의되는 것도 이 때문이다. 대통령에게 지나치게 많은 권력이 집중되는 것은 대통령 본인을 위해서나 국민을 위해서도 바람직하지 않으며 무엇보다도 민주공화국 질서에 맞지 않다. 분권형 대통령제 또는 미국식 순수 대통령제로의 개헌을 심각하게 고려할 때가 되었다. 이를 위해서는 대통령 권한을 약화시키고 의회의 권한을 강화시켜야 한다. 의회 권한을 강화시키기 위해서는 정당의 공천 제도를 정비해서 국회의원 공천의 공정성과 객관성, 투명성을 대폭 향상시켜야 할 것이다. 대통령제의 개선은 대통령 한 사람의 권력만 조정해서 되는 것이 아니라 이처럼 정치체제 전반을 손봐야 하는 복잡한 작업이다.

67. 대통령 선거

제67조 ① 대통령은 국민의 보통·평등·직접·비밀선거에 의하여 선출한다.
② 제1항의 선거에 있어서 최고득표자가 2인 이상인 때에는 국회의 재적의원 과반수가 출석한 공개회의에서 다수표를 얻은 자를 당선자로 한다.
③ 대통령 후보자가 1인일 때에는 그 득표수가 선거권자 총수의 3분의 1 이상이 아니면 대통령으로 당선될 수 없다.
④ 대통령으로 선거될 수 있는 자는 국회의원의 피선거권이 있고 선거일 현재 40세에 달하여야 한다.
⑤ 대통령의 선거에 관한 사항은 법률로 정한다.

제헌헌법 제53조는 대통령을 국회에서 선거한다고 규정했다. 대통령 직선제는 1952년에 처음 규정되었다가 이후 1960년6월헌법은 내각제를 실시하면서 대통령을 양원합동회의에서 선출하는 것으로 했다. 이후 1962년헌법에서 대통령 직선제가 부활되었으나, 유신헌법은 통일주체국민회의가, 1980년헌법은 선거인단이 선출하는 간선제를 채택했다. 그러나 1987년 민주항쟁을 통해 국민이 직접 대통령 직선제를 쟁취함으로써 현행헌법은 다시 직선제를 채택, 그동안 다섯 번 직선 대통령을 선출했다.

우리나라의 역대 대통령들 가운데 지금까지 국민의 박수 속에 퇴임한 대통령은 찾아보기 어렵다. 이유야 여러 가지가 있지만 선거 과정에서 과반수 지지를 얻지 못한 소수파 대통령이 계속해서 당선된 것도 한 원인일 것이다. 역대 대통령의 전체 유권자 대비 득표율을 보면 이명박 30.5%, 노무현 34.3%, 김대중 31.9%, 김영삼 33.9%, 노태우 32.0%로 모두 30%대의 낮은 지지율로 대통령에 당선되었다. 사람은 본디 자기가 선택한 것에 대해서 애착을 가지는 법인데 이처럼 대다수 국민이 자기 손으로 뽑지 않은 대통령을 애정을 갖고 바라보기는 쉽지 않을 것이다. 따라서 대통령 선거에서 누구도 유효 투표의 과반수를 득표하지 못한 경우에, 1위와 2위가 결선투표를 해서 대통령을 선출하는 방식을 채택하면 대통령이 안정된 지지 기반을 토대로 국정에 임할 수 있을 뿐만 아니라 국민에 대해서 보다 책임 있는 자세를 가지게 될 것이다. 단순다수득표제로 당선된 소수파 대통령은 아무래도 자신을 지지해준 소수의 사람들을 자꾸 신경 쓰게 되지만 결선투표제를 통해서 과반수의 지지를 얻게 되면 자신이 전체 국민의 대표자라는 생각을 하게 될 것이다. 결선투표제를 도입하려면 개헌이 필요한가? 현행헌법 제67조 5항은 "대통령의 선거에 관한 사항은 법률로 정한다."고 규정하고 있으므로, 대통령에 대한 결선투표제는 개헌 없이 공직선거법의 개정만으로도 가능하다.

2012년 5월 6일에 실시된 프랑스 대통령 선거 결선투표에서 17년 만에 사회당 출신인 올랑드 대통령이 당선되었다. 이때 결선투표의 투표 참여율은 무려 80%를 넘었다.

68. 후임자 선거

제68조 ① 대통령의 임기가 만료되는 때에는 임기 만료 70일 내지 40일 전에 후임자를 선거한다.

② 대통령이 궐위된 때 또는 대통령 당선자가 사망하거나 판결 기타의 사유로 그 자격을 상실한 때에는 60일 이내에 후임자를 선거한다.

제헌헌법 제56조는 임기 만료 30일 전에 후임자를 선출하도록 규정했으나 이는 너무 시간적으로 촉박하므로 현행헌법은 70일 내지 40일 전에 일찌감치 선거를 치르도록 하여 대통령직 인수 작업이 차질 없이 이루어지도록 했다.

69. 대통령 취임 선서

제69조 대통령은 취임에 즈음하여 다음의 선서를 한다.
"나는 헌법을 준수하고 국가를 보위하며 조국의 평화적 통일과 국민의 자유와 복리의 증진 및 민족문화의 창달에 노력하여 대통령으로서의 직책을 성실히 수행할 것을 국민 앞에 엄숙히 선서합니다."

제헌헌법 제54조는 "나는 국헌을 준수하며 국민의 복리를 증진하며 국가를 보위하여 대통령의 직무를 성실히 수행할 것을 국민에게 엄숙히 선서한다."로 규정했다. 즉 국헌 → 국민 → 국가의 순서였다.

1962년헌법에서 국민과 국가의 순서가 바뀌어서 국헌 → 국가 → 국민의 순이 되었다.

유신헌법에서는 국민의 자유와 복리의 증진 뒤에 조국의 평화적 통일이 온다. 즉 국헌 → 국가 → 국민 → 통일의 순이 되었다.

1980년헌법에서는 여기에 민족문화의 창달이 추가되어서 헌법 → 국가 → 국민 → 통일 → 민족문화의 순서로 되었다(1980년헌법은 종래의 '국헌'을 '헌법'으로 바꿨다).

현행헌법은 국민과 통일을 뒤바꿔서 헌법 → 국가 → 통일 → 국민 → 민족문화의 순으로 했다. 즉 현행헌법은 역대 대통령 취임 선서문

중에서 주권자인 국민을 가장 후순위에 두고 있다.

　개헌을 하게 되면 이 순서를 바로잡아서 주권자인 국민을 가장 앞에 놓아야 한다. 예컨대 "나는 국민의 명을 받들어 헌법을 준수하고 국가를 보위하며……"의 형식으로 규정해야 할 것이다.

　독일기본법 제56조는 독일연방 대통령의 취임 선서문을 다음과 같이 규정하고 있다.

　"나는 나의 능력을 독일 국민의 안녕에 바치며 국민의 이익을 증진시키며, 국민의 피해를 제거하고, 연방의 기본법과 법률을 수호하고, 양심적으로 나의 의무를 완수하며 누구에 대하여도 정의를 행사할 것을 서약합니다. 신이여, 저를 도우소서."

70. 대통령 임기

　　제70조 대통령의 임기는 5년으로 하며, 중임할 수 없다.

　제헌헌법 제55조에서는 대통령의 임기를 4년으로 하고 1차에 한하여 중임할 수 있도록 하였으나 1954년헌법 부칙에 "이 헌법 공포 당시의 대통령에 대하여는" 이러한 제한을 적용하지 않는다고 규정하여 영구 집권을 가능하게 했다.

　1960년6월헌법은 임기를 5년으로 하고 1차에 한하여 중임할 수 있도록 하였다.

　1962년헌법은 임기를 4년으로 하고 1차에 한하여 중임할 수 있도록 하였다.

　1969년헌법은 임기를 4년으로 하되 "대통령의 계속 재임은 3기에 한한다."고 하여 대통령직 3선을 허용했다.

유신헌법은 임기를 6년으로 하면서 연임 제한 규정을 아예 없앰으로써 영구 집권을 가능케 했다.

1980년헌법은 임기를 7년으로 하고 '중임할 수 없다.'고 규정했다. 아울러 장기 집권을 위한 잦은 개헌에 분노한 민심을 의식하여 "대통령의 임기 연장 또는 중임 변경을 위한 헌법 개정은 그 헌법 개정 제안 당시의 대통령에 대하여는 효력이 없다."는 규정을 두었다. 현행헌법 제128조 2항에 해당한다.

대통령 임기를 4년으로 하고 연임을 허용하자는 논의가 있다. 이는 대통령 임기를 사실상 8년으로 하자는 것이다. 인물 검증 기능과 대통령 권력에 대한 견제 기능이 없는 우리나라의 정치 시스템에서 연임을 허용하는 것에 대한 우려도 있으나, 단임제 대통령의 무책임한 국정 운영이 계속해서 문제 되고 있는 상황에서 4년 연임제 도입을 굳이 반대할 이유도 없을 것이다.

대통령과 국회의원의 임기를 일치시켜야 한다는 논의가 있다. 즉 대통령과 국회의원이 함께 임기를 시작해서 함께 마치도록 하자는 것이다. 대통령의 책임 있는 국정 운영을 위해서 필요하다는 것이 그 논거다. 그러나 이것은 권력분립의 측면에서 볼 때 옳지 않다. 국가기관의 임기는 그들이 행사하는 권한의 시간적 한계를 정한 것으로서 권력에 대한 통제의 의미가 있다. 국가기관마다 임기를 달리한 것은 그냥 심심해서 또는 어떻게 하다 보니까 그렇게 된 것이 아니다. 임기를 다르게 함으로써 국가기관 상호 간, 그리고 현 정부와 차기 정부 상호 간에 권력의 견제와 균형을 이루기 위한 것이다. 생각해보라. 만약 모든 국가기관의 임기가 같아서 한날한시에 임명되었다가 한날한시에 물러난다면 어떤 사태가 발생할까? 그것은 곧 국가기관들이 모두 한통속의 갱스터가 되는 것을 뜻한다. 조폭적 의리가 판을 칠 것이고 잘못은 서로 눈감아주게 될 것이다. 따라서 대통령과 국회의원의 임기를 일치시키자는 주장은 찬성할 수 없다. 정치인들의 도덕성은 믿을 만한 것이 못 되기 때문이다.

71. 대통령 권한대행

제71조 대통령이 궐위되거나 사고로 인하여 직무를 수행할 수 없을 때에는 국무총리, 법률이 정한 국무위원의 순서로 그 권한을 대행한다.

제헌헌법 제52조는 부통령, 국무총리의 순으로 규정했었다.

현행헌법상 대통령의 권한대행 제1순위는 국무총리이고, 국무총리마저 궐위(자리가 빔)되었을 때에는 법률이 정한 국무위원의 순서로 권한대행을 하게 되는데 이때 '법률이 정한 국무위원의 순서'는 아래와 같다.

기획재정부장관 → 교육과학기술부장관 → 외교통상부장관 → 통일부장관 → 법무부장관 → 국방부장관 → 행정안전부장관 → 문화체육관광부장관 → 농림수산식품부장관 → 지식경제부장관 → 보건복지부장관 → 환경부장관 → 고용노동부장관 → 여성가족부장관 → 국토해양부장관(정부조직법 제22조 1항).

참고로 우리나라의 역대 대통령 권한대행을 살펴보면 다음과 같다.

4·19혁명으로 이승만 대통령이 하야한 후 윤보선 대통령이 1960년 8월 13일에 취임할 때까지 외무장관 허정과 해방 직후 반민특위 검찰차장을 지낸 민주당 최고위원 곽상훈이 대통령 권한대행을 잠시 역

임했다.

1961년 5·16군사쿠데타로 1962년 3월 윤보선 대통령이 하야하고 1963년 12월 박정희 대통령이 취임할 때까지 약 1년 9개월 동안 박정희가 대통령 권한대행을 역임했다.

1979년 10·26사태로 박정희 대통령이 암살당한 직후에는 당시 국무총리였던 최규하가 대통령 권한대행을 역임했고, 이후 최규하는 1979년 12월에 대통령에 취임했다.

1980년 8월 최규하 대통령이 사임하자 당시 국무총리서리였던 공군 소장 출신 박충훈이 대통령 권한대행을 역임했다.

2004년 3월 노무현 대통령에 대한 국회의 탄핵소추 의결로 대통령의 직무가 정지되자, 당시 국무총리였던 고건이 2004년 5월 헌법재판소에 의해 탄핵소추가 기각될 때까지 대통령 권한대행을 역임했다.

72. 중요 정책에 대한 국민투표

제72조 대통령은 필요하다고 인정할 때에는 외교·국방·통일 기타 국가 안위에 관한 중요 정책을 국민투표에 부칠 수 있다.

제헌헌법에는 없다. 중요 정책에 대한 국민투표 부의권은 유신헌법에 처음 규정되었는데, 당시에는 아무런 조건 없이 "대통령이 필요하다고 인정할 때에는" 실시할 수 있다고 규정했다. 유신헌법의 이 규정에 의해서 처음으로 이루어진 국민투표가 '유신 정부에 대한 신임을 묻는 국민투표'이다. 즉 박정희는 1973년 1월 담화를 통하여 북한이 적화통일을 포기하기 전까지는 유신헌법 철폐는 불가하다면서 유신 체제의 존속에 대한 사항을 국민투표에 부칠 것이며 그 결과를 곧 대통령에 대한 신임투표로 간주한다고 밝혔다. 그리고 이를 실행하기 위하여 국민투표법을 제정하고 1975년 2월 12일에 약속대로 국민투표를 실시하였다. 개헌 이외의 국가 현안에 대하여 국민투표를 통해 결정한 사례는 이것이 유일무이하다.

"외교·국방·통일 기타 국가 안위"라는 조건을 단 것은 1980년헌법부터다.

대통령이 자신에 대한 재신임을 국민투표에 부치거나 또는 재신임을 자신의 특정 정책과 연계하여 국민투표에 부칠 수 있는가에 대해서 논란이 있었는데 헌법재판소는 대통령에게 국민투표 부의권을 부여한 헌법 제72조는 정치적 남용을 방지할 수 있도록 엄격하게 축소하여 해석해야 한다면서, 헌법 제72조의 "중요 정책"에는 대통령에 대한 국민의 재신임은 물론 특정 정책을 대통령의 재신임과 연계한 국민투표도 포함되지 않는다고 판단했다(헌재결 2004.5.14. 2004헌나1 참조).

73. 외교에 관한 권한

제73조 대통령은 조약을 체결·비준하고, 외교사절을 신임·접수 또는 파견하며, 선전포고와 강화를 한다.

제헌헌법 제59조와 같은 내용이다.

조약의 체결·비준과 선전포고, 강화에는 국무회의의 심의를 요한다. 조약의 체결·비준 가운데 헌법 제60조 1항에 열거된 조약은 국회의 동의가 필요하다. 선전포고 및 강화에도 국회의 동의가 필요하다.

외교사절의 신임은 대통령이 특정인을 외교사절로 낙점하는 것을 말하며, 이에 따라 상대국에 대해서 그 사람을 외교사절로 파견한다는 취지를 통지하는 공문을 신임장이라고 한다. 외교 관계에 관한 비엔나 협약에 의하면 외교사절(공관장)은 자신의 신임장을 접수국에 제정(=제출의 격식 있는 표현)하였을 때 그의 직무를 개시한 것으로 본다.

74. 국군통수권

제74조 ① 대통령은 헌법과 법률이 정하는 바에 의하여 국군을 통수한다.
② 국군의 조직과 편성은 법률로 정한다.

제헌헌법 제61조와 같은 내용이다. 단 "헌법과 법률이 정하는 바에 의하여" 부분은 1960년6월헌법부터 추가되었다.

국군통수권은 대통령이 국군의 최고 지휘자로서 각 군의 작전부대를 작전지휘·통솔하는 군사상의 행위(군령)와 군대를 조직하고 관리·운영하는 군행정상의 행위(군정)를 모두 관장할 수 있는 권한이다. 이는 군정과 군령을 모두 민간인인 대통령이 장악하게 함으로써 문민 통제의 원칙을 관철시키고 군사정권 수립을 불가능하게 하기 위한 것으로서 이를 군정군령일원주의 또는 병정통합주의라고 한다. 오늘날 대부분의 민주국가는 군정군령일원주의를 채택하고 있다(정종섭, 2011: 1206 참조). 국방부장관은 대통령의 명을 받아 군정 및 군령과 그 밖에 군사에 관한 사무를 관장하는데 군령 업무는 합동참모의

장을 통하여, 군정 업무는 각 군 참모총장을 통하여 수행한다(정부조직법 제28조 1항, 국군조직법 제8조, 제9조, 제10조).

75. 대통령령

제75조 대통령은 법률에서 구체적으로 범위를 정하여 위임받은 사항과 법률을 집행하기 위하여 필요한 사항에 관하여 대통령령을 발할 수 있다.

제헌헌법 제58조와 같은 내용이다.

대통령령으로 위임명령과 집행명령 두 가지를 발할 수 있도록 하고 있다. 이 가운데 위임명령은 "법률에서 구체적으로 범위를 정하여 위임받은 사항"에 국한해서 발할 수 있다고 규정하여 구체성과 명확성을 요하고 있다. 헌법재판소는 위임의 구체성과 명확성의 요구 정도는 규율 대상의 종류, 성격에 따라 다르지만, 특히 처벌 법규나 조세 법규와 같이 국민의 기본권을 직접적으로 제한하거나 침해할 소지가 있는 법규에서는 더욱 강하게 요구된다고 하였다(헌재결 1999.3.25. 98헌가11 등). 한편 집행명령은 법률을 집행하기 위하여 필요한 세칙을 말한다. 따라서 집행명령은 그 근거 법률의 내용을 실질적으로 변경하거나 보충할 수는 없다. 대통령령은 '시행령'의 형식을 취한다. 반면 헌법 제95조에서 규정한 총리령, 부령은 '시행규칙'의 형식을 취한다.

76. 긴급재정경제명령, 긴급명령

제76조 ① 대통령은 내우·외환·천재·지변 또는 중대한 재정·경제상의 위기에 있어서 국가의 안전보장 또는 공공의 안녕질서를 유지하기 위하여 긴급한 조치가 필요하고 국회의 집회를 기다릴 여유가 없을 때에 한하여 최소한으로 필요한 재정·경제상의 처분을 하거나 이에 관하여 법률의 효력을 가지는 명령을 발할 수 있다.
② 대통령은 국가의 안위에 관계되는 중대한 교전상태에 있어서 국가를 보위하기 위하여 긴급한 조치가 필요하고 국회의 집회가 불가능한 때에 한하여 법률의 효력을 가지는 명령을 발할 수 있다.
③ 대통령은 제1항과 제2항의 처분 또는 명령을 한 때에는 지체 없이 국회에 보고하여 그 승인을 얻어야 한다.
④ 제3항의 승인을 얻지 못한 때에는 그 처분 또는 명령은 그때부터 효력을 상실한다. 이 경우 그 명령에 의하여 개정 또는 폐지되었던 법률은 그 명령이 승인을 얻지 못한 때부터 당연히 효력을 회복한다.
⑤ 대통령은 제3항과 제4항의 사유를 지체 없이 공포하여야 한다.

제헌헌법 제56조와 같은 내용이다.

제1항은 긴급재정경제처분·명령권을, 제2항은 긴급명령권을 규정하고 있다. 제3항은 긴급재정경제처분·명령과 긴급명령의 국회에 대한 보고 의무와 사후승인을 요하고 있고, 제4항은 제3항의 국회에 의한 사후승인을 얻지 못하면 그때부터 효력이 상실됨을 규정하고 있다.

'긴급재정경제처분'은 긴급한 행정처분이 필요한데 근거 법률이 없거나 국회의 의결을 거쳐 집행해야 하는 재정적 조치를 의결 없이

행할 경우에 발하는 구체적 행정처분이다. 따라서 긴급재정경제처분은 기존 법률에 저촉하면 발할 수 없다(정종섭, 2011: 1237).

'긴급재정경제명령'은 법률의 효력을 가진다. 따라서 기존 법률에 저촉되는 긴급재정경제명령도 발할 수 있다. 긴급재정경제처분과 긴급재정경제명령은 서로 별개의 것이므로 상황에 따라 대통령의 판단에 의해서 두 가지 중 필요한 것을 발하면 된다. 지금까지 발령된 대통령의 긴급재정경제명령은 김영삼 대통령이 금융실명제를 전격 도입한 '금융실명거래 및 비밀보장에 관한 긴급재정경제명령'(1993. 8. 12)이 있다.

'긴급명령'의 발령 요건은 긴급재정경제처분·명령보다 까다롭다. 즉 긴급명령은 '국가 안위에 관련되는 중대한 교전상태'에서, 국회의 집회가 '불가능한 때'에 한하여 발할 수 있다. 긴급명령도 법률의 효력을 가진다.

지금까지 발령된 대통령 긴급명령은 총 15건이 있다.

1. 대통령긴급명령 제1호(1950. 6. 25): 비상사태하의 범죄 처벌에 관한 특별조치령.

2. 대통령긴급명령 제2호(1950. 6. 28): 금융기관 예금 등 지불에 관한 특별조치령.

3. 대통령긴급명령 제3호(1950. 7. 16): 철도수송화물특별조치령.

4. 대통령긴급명령 제4호(1950. 7. 19): 금융기관 예금 대불에 관한 특별조치령.

5. 대통령긴급명령 제5호(1950. 7. 26): 계엄하 군사재판에 관한 특별조치령.

6. 대통령긴급명령 제6호(1950. 7. 26): 징발에 관한 특별조치령.

7. 대통령긴급명령 제7호(1950. 7. 27): 비상시향토방위령.

8. 대통령긴급명령 제8호(1950. 7. 27): 비상시경찰관특별계엄령.

9. 대통령긴급명령 제9호(1950. 8. 4): 비상시향토방위령.

10. 대통령긴급명령 제10호(1950. 8. 28): 조선은행권의 유통 및 교환에 관한 건.

11. 대통령긴급명령 제11호(1950. 12. 1): 지세에 관한 임시조치령.

12. 대통령긴급명령 제12호(1952. 10. 4): 포획심판령.

13. 대통령긴급명령 제13호(1953. 2. 15): 통화에 관한 특별조치.

14. 대통령긴급명령 제14호(1955. 9. 5): 통상우편물의 종류 및 요금에 관한 법률 중 개정의 건.

15. 대통령긴급명령 제15호(1972. 8. 2): 경제의 안정과 성장에 관한 대통령긴급명령.

한편 유신헌법은 대통령에게 포괄적인 '긴급조치권'을 부여하여 국민의 기본권을 잠정적으로 중단할 수 있도록 했다.

즉 유신헌법 제53조 1항은 "대통령은 천재·지변 또는 중대한 재정·경제상의 위기에 처하거나, 국가의 안전보장 또는 공공의 안녕질서가 중대한 위협을 받거나 받을 우려가 있어, 신속한 조치를 할 필요가 있다고 판단할 때에는 내정·외교·국방·경제·재정·사법 등 국정 전반에 걸쳐 필요한 긴급조치를 할 수 있다."고 규정하고 이어서 제2항은 "대통령은 제1항의 경우에 필요하다고 인정할 때에는 이 헌법에 규정되어 있는 국민의 자유와 권리를 잠정적으로 정지하는 긴급조치를 할 수 있고, 정부나 법원의 권한에 관하여 긴급조치를 할 수 있다."고 규정했다. 그리고 이와 같은 긴급조치는 사법적 심사의 대상이 되지 않는다고 규정하여(동조 제4항) 법원의 판단 대상으로부터 제외해버렸다. 한마디로 정상적인 입헌주의 국가에서는 도저히 있을 수 없는 막강한 권력을 대통령 한 사람에게 집중시킨 조항이었다. 유신 정권은 이 같은 긴급조치를 남발했다. 총 9건의 긴급조치가 발령되었는데 그 목록은 다음과 같다.

1. 대통령긴급조치 제1호(1974. 1. 8): 유신헌법을 비판하고 개헌을 주장하는 행위를 금지하고 이를 위반하면 비상군법회의에서 심판한다는 것.
2. 대통령긴급조치 제2호(1974. 1. 8): 긴급조치 위반자를 심판하기 위하여 비상군법회의를 설치하고, 그 재판 절차를 정한 것.
3. 국민생활의 안정을 위한 대통령긴급조치 제3호(1974. 1. 14): 저소득자 조세 경감, 사치성 소비 억제, 자원 절약, 노사협조 등 조치를 신속히 취함으로써 1973년 제1차 석유파동으로 인한 경제 위기를 극복한다는 것.
4. 대통령긴급조치 제4호(1974. 4. 3): 전국민주청년학생총연맹(민청학련) 및 그 관련자의 활동을 돕는 행위를 금지하는 것.
5. 대통령긴급조치 제5호(1974. 8. 23): 긴급조치 제1호, 제4호의 해제에 관한 것.
6. 대통령긴급조치 제6호(1974. 12. 31): 긴급조치 제3호의 해제에 관한 것.
7. 대통령긴급조치 제7호(1975. 4. 8): 고려대학교의 휴교와 동교 내에서의 집회·시위를 금지하는 것.
8. 대통령긴급조치 제8호(1975. 5. 13): 긴급조치 제7호의 해제에 관한 것.
9. 국가 안정과 공공질서의 수호를 위한 대통령긴급조치 제9호

(1975. 5. 13): 유언비어 금지, 개헌 주장 금지, 학생의 집회·시위·정치 관여 행위 등을 금지하는 것(10·26사태로 유신 체제가 붕괴할 때까지 지속되었음).

77. 계엄 선포

제77조 ① 대통령은 전시·사변 또는 이에 준하는 국가비상사태에 있어서 병력으로써 군사상의 필요에 응하거나 공공의 안녕질서를 유지할 필요가 있을 때에는 법률이 정하는 바에 의하여 계엄을 선포할 수 있다.
② 계엄은 비상계엄과 경비계엄으로 한다.
③ 비상계엄이 선포된 때에는 법률이 정하는 바에 의하여 영장 제도, 언론·출판·집회·결사의 자유, 정부나 법원의 권한에 관하여 특별한 조치를 할 수 있다.
④ 계엄을 선포한 때에는 대통령은 지체 없이 국회에 통고하여야 한다.
⑤ 국회가 재적의원 과반수의 찬성으로 계엄의 해제를 요구한 때에는 대통령은 이를 해제하여야 한다.

계엄과 관련하여 제헌헌법 제64조는 "대통령은 법률의 정하는 바에 의하여 계엄을 선포한다."는 규정만 두었다. 계엄 관련 현행헌법 규정은 1962년헌법과 같다. 계엄에 관한 사항을 규율하기 위하여 계엄법이 있다.

'비상계엄'은 전시·사변 또는 이에 준하는 국가비상사태에 있어서 적과 교전상태에 있거나 사회질서가 극도로 교란되어 행정 및 사법 기능의 수행이 현저히 곤란한 경우에 군사상의 필요에 응하거나 공공의 안녕질서를 유지하기 위하여 대통령이 선포한다(계엄법 제2조 2항).

'경비계엄'은 전시·사변 또는 이에 준하는 국가비상사태에 있어서 사회질서가 교란되어 일반 행정기관만으로는 치안을 확보할 수 없는 경우에 공공의 안녕질서를 유지하기 위하여 대통령이 선포한다(계엄법 제2조 3항).

우리 헌정사상 최초로 계엄령이 발포된 것은 제주 4·3사건(1948. 8) 때였다. 이후 여수·순천사건(1948. 10), 6·25한국전쟁(1950. 6), 4·19민주혁명(1960. 4), 5·16군사쿠데타(1961. 5), 6·3한일협상반대운동(1964. 6), 10월유신(1972. 10), 박정희 대통령 시해사건(1979. 10), 12·12신군부쿠데타(1979. 12), 5·18광주민주화운동(1980. 5) 등 한국 현대사의 커다란 굴곡을 전후하여 계엄령이 발포되곤 했다.

헌법은 비상계엄이 선포된 때에는 '법률이 정하는 바에 의하여 영장 제도, 언론·출판·집회·결사의 자유에 관하여 특별한 조치를 할 수 있다.'라고 명시하고 있는데, 이에 근거하여 계엄법은 비상계엄 지역 안에서 체포·구금·압수·수색·거주·이전·언론·출판·집회·결사 또는 단체행동에 대하여 특별한 조치를 할 수 있으며, 이 경우에 계엄사령관은 그 조치 내용을 미리 공고하여야 한다고 규정하고 있다(계엄법 제9조 1항).

78. 공무원 임면

제78조 대통령은 헌법과 법률이 정하는 바에 의하여 공무원을 임면한다.

제헌헌법 제62조와 같다.

79. 사면, 감형, 복권

제79조 ① 대통령은 법률이 정하는 바에 의하여 사면·감형 또는 복권을 명할 수 있다.
② 일반사면을 명하려면 국회의 동의를 얻어야 한다.
③ 사면·감형 및 복권에 관한 사항은 법률로 정한다.

제헌헌법 제63조와 같다.

일반사면은 특정한 종류의 죄를 범한 자 전부를 대상으로 한다. 따라서 형의 선고를 받은 자 또는 받지 않은 자도 모두 일반사면의 대상이 될 수 있다. 특별사면과 감형의 대상자는 형의 선고를 받은 자에 한한다. 복권은 형의 선고로 인하여 자격이 상실 또는 정지된 자를 대상으로 한다(사면법 제3조).

일반사면, 죄 또는 형의 종류를 정하여 하는 감형(=일반감형), 일반에 대한 복권(=일반복권)은 대통령령으로 행한다. 일반사면은 죄의 종류를 정하여 행한다(사면법 제8조). 특별사면과 특정한 자에 대한 감형·복권(특별감형·특별복권)은 대통령이 행한다(사면법 제9조). 즉 이때는 대통령령에 의하지 않는다. 일반사면만 국회의 동의를 요할 뿐 일반감형, 일반복권, 특별사면, 특별감형, 특별복권에는 국회의 동의를 요하지 않는다.

일반사면은 형의 선고의 효력이 상실되며 형의 선고를 받지 않은 자에 대하여는 공소권이 상실된다. 특별사면은 형의 집행이 면제되고, 특별한 사정이 있을 때에는 이후 형의 선고의 효력을 상실케 할 수 있다. 일반감형은 특별한 규정이 없으면 형을 변경한다. 특별감형은 형의 집행을 감경하되 특별한 사정이 있을 때에는 형을 변경할 수 있다. 복권은 형의 선고의 효력으로 인하여 상실 또는 정지된 자격을 회복한다. 한편 형의 선고에 의한 기성의 효과(즉 형의 선고가 있었다는 기왕의 사실 자체의 모든 효과. 대판 1995.12.22. 95도2446)는 사면, 감형과 복권으로 인하여 변경되지 않는다(사면법 제5조).

몽테스키외는 『법의 정신』에서 사면은 군주정의 특성이라면서, 덕성을 원리로 하는 공화정에서는 그다지 필요치 않다고 적고 있다. "군주는 사면에 의해서 얻은 것이 대단히 많고, 또 사면은 많은 사랑을 가져오고 군주는 그로부터 많은 영광을 얻게 되므로 사면을 할 기회를 갖는다는 것은 군주에게는 거의 늘 행복스러운 일이다."

민주주의가 시행되었던 고대 그리스에서는 범죄자에 대한 사면을 하기 전에 먼저 범죄자를 대중 앞에 세웠다고 한다. 우리나라는 광복절만 다가오면 이번에는 누가 사면이 되느니 마느니 논란이 된다. 대통령의 사면이 문제 되는 경우는 주로 범죄를 저지른 경제인, 정치인을 사면하는 경우이다. 정치인이나 경제인의 범죄는 공화국을 위협하고 공화국의 건강한 기풍을 훼손하는 가장 큰 요인이기 때문이다.

앞으로 개헌을 하게 되면 대통령의 제왕적 권한 축소 및 삼권분립 정신에 의거 대통령의 사면권을 엄격하게 제한할 필요가 있다. 그리고 사면권이 국민주권을 훼손하지 않도록 관련 법률도 개정해야 할 것이다. 대통령의 사면권과 관련된 『한겨레신문』의 사설을 보자.

이명박 대통령이 사면권을 행사한 것은 모두 세 차례다. 2010년 8·15 광복절과 올해 1월 설맞이 특별사면을 했고, 2009년 12월에는 이건희 삼성그룹 회장만을 위한 '1인 특별사면'을 하는 보기 드문 기록도 세웠다. 특별사면·감형·복권 등의 혜택을 본 사람이 3,449명에 이르며, 비리 혐의에 연루된 정치인, 경제인, 전직 고위 관리 등도 빠짐없이 '사면의 은총'을 입었다.

그러나 용산참사 철거민들만은 예외였다. 종교계와 시민단체 등에서 그토록 간절하게 이들의 석방을 호소했으나 정부는 들은 척도 하지 않았다. 정부가 내세운 '대립과 갈등 해소'니 '소통과 화합의 계기 마련'이니 하는 특별사면의 명분도 용산 철거민들은 비켜갔다. 이들을 사면하면 용산참사에 대한 정부의 잘못을 시인이나 하는 것처럼 비칠까 질겁했다. 불길이 치솟는 지옥 같은 참사 현장에서 살아남은 철거민 8명은 이 때문에 꼬박 3년째 차가운 감방에서 옥살이를 하고 있다.

박원순 서울시장이 최근 용산참사 구속자 8명 전원에 대한 사면 요청 건의서를 이 대통령에게 전달했다. 며칠 전에는 조계종 총무원장 자승 스님도 "종교인으로서 무거운 책임감을 느낀다."며 사면을 요청했다. 이 정부의 양식과 이성이 다시 도마 위에 오른 것이다.

용산참사의 본질은 재개발로 삶의 터전을 잃게 된 철거민들의 항의 시위에 경찰이 사전 대비도 제대로 안 하고 무모하게 진압 작전을 펼치다 빚은 참사다. 그들은 "범법자이기 전에 도시재개발 과정에서 생계 터전을 잃고 겨울철 강제 철거의 폭력 앞에서 억울함을 호소하지도 못하고 절망했던 사회적 약자"(박원순 시장)이며, "참사의 책임을 온전히 철거민에게 떠넘기는 것은 바람직하지 않다."(자승 스님)는 지적은 백번 지당하다. 설사 백보를 양보해 법원의 판결을 어쩔 수 없는 현실로 받아들인다고 해도 이들을 계속 감옥에 가둬놓는 것은 우리 사회의 수치다.

용산참사는 이명박 정권의 씻을 수 없는 원죄요 업보다. 정권이 지금처럼 처참하게 몰락하게 된 근원을 거슬러 올라가면 용산참사와 맞닥뜨린다. 이런 처참한 비극에 아무런 양심의 가책도 느끼지 않고 정권이 잘되기를 바란 것부터 뻔뻔스러운 일이다. 이명박 대통령은 결자해지 차원에서라도 이른 시일 안에 용산참사 구속자들에 대한 사면을 단행해야 한다. 최소한의 양심이라도 남아 있다면 이 책무를 외면해선 안 된다. 대통령의 사면권은 바로 이런 곳에 쓰라고 존재하는 것이다(『한겨레신문』 2012. 2. 8).

80. 영전 수여

제80조 대통령은 법률이 정하는 바에 의하여 훈장 기타의 영전을 수여한다.

제헌헌법 제65조와 같다. 이에 대해서는 상훈법에서 자세히 정하고 있다.

81. 국회 출석 발언

제81조 대통령은 국회에 출석하여 발언하거나 서한으로 의견을 표시할 수 있다.

제헌헌법 제60조와 같다. 이것은 국무총리나 국무위원의 국회 출석 의무와 달리 의무 사항은 아니다.

82. 대통령의 국법상 행위

제82조 대통령의 국법상 행위는 문서로써 하며, 이 문서에는 국무총리와 관계 국무위원이 부서한다. 군사에 관한 것도 또한 같다.

제헌헌법 제66조와 같다.

부서는 대통령의 서명 옆에 국무총리와 관계 국무위원이 함께 서명하는 것을 말한다. 대통령 권한 행사의 오류와 남용을 막는 한편, 국무총리와 국무위원의 책임 소재도 분명히 하기 위해서다. 부서가 없는 경우의 국법상 행위의 효력에 대해서는 유효설과 무효설이 대립한다. 유효설은 부서 없이 한 국법상 행위 자체는 유효하지만 헌법을 위반하였기 때문에 탄핵 사유가 된다고 한다. 향후 개헌 시 부서가 대통령의 국법상 행위의 유효 요건임을 명시해야 한다.

83. 겸직금지

제83조 대통령은 국무총리·국무위원·행정 각부의 장 기타 법률이 정하는 공사의 직을 겸할 수 없다.

제헌헌법은 제53조 3문에서 "대통령과 부통령은 국무총리 또는 국회의원을 겸하지 못한다."고 규정했었다.

84. 재직 중 형사소추 면제

제84조 대통령은 내란 또는 외환의 죄를 범한 경우를 제외하고는 재직 중 형사상의 소추를 받지 아니한다.

제헌헌법 제67조와 같다.

형사상 소추의 범위와 관련하여 이 조항은 대통령의 직무 수행을 보장하기 위한 것이므로 기소뿐만 아니라 체포, 구속, 압수, 수색 등도 받지 않는 것으로 해석한다. 다만 재임 중이라도 형사 고발은 당할 수 있으며, 수사기관에 의한 수사도 가능한 것으로 본다.

헌법재판소는 대통령의 불소추 특권을 규정한 헌법 제84조는 공소시효 진행을 막는 사유에 해당하므로 대통령 재직 중에는 공소시효의 진행이 당연히 정지되는 것으로 보아야 한다고 판단했다(헌재결 1995.1.20. 94헌마246).

우리 헌정사상 처음으로 재임 중 형사 고발을 당한 대통령은 이명박 대통령이다. 이 대통령은 퇴임 후에 거주할 살림집을 짓기 위해서 내곡동 사저 부지를 헐값에 매수하도록 지시하여 특정경제범죄가중처벌법 및 부동산실명제법을 위반한 혐의로 2011년 12월 5일 통합진보당으로부터 형사 고발을 당했다.

85. 전직 대통령의 예우

제85조 전직 대통령의 신분과 예우에 관하여는 법률로 정한다.

제헌헌법에는 없다. 1980년헌법에 신설된 조항이다. 전직 대통령 예우에 관한 법률이 규정하고 있다.

제2절 행정부

제1관 국무총리와 국무위원

86. 국무총리

제86조 ① 국무총리는 국회의 동의를 얻어 대통령이 임명한다.
② 국무총리는 대통령을 보좌하며, 행정에 관하여 대통령의 명을 받아 행정각부를 통할한다.
③ 군인은 현역을 면한 후가 아니면 국무총리로 임명될 수 없다.

제헌헌법은 "국무총리는 대통령이 임명하고 국회의 승인을 얻어야" 한다고 했고(제헌헌법 제69조 1문), "국무총리는 대통령을 보좌"한다고 했으며(제헌헌법 제70조 2문), "군인은 현역을 면한 후가 아니면 국무총리 또는 국무위원에 임명될 수 없다."(제헌헌법 제69조 3문), "국무총리는 대통령의 명命을 승承하여 행정 각부 장관을 통리 감독統理監督하며 행정 각부에 분담되지 아니한 행정사무를 담임한다."(제헌헌법 제73조 2문)고 규정했다. 제2항의 "대통령의 명을 받아 행정 각부를 통할한다."는 표현은 1962년헌법에서 처음 썼다.

제1항에 의하여 국무총리에 임명되기 위해서는 반드시 국회의 동의를 얻어야 한다. 그러나 정치적 이유에 의한 국회 파행 등의 사유로

국회의 동의를 미처 얻지 못한 상태에서 국무총리 서리라는 직함으로 대통령으로부터 임명장을 받고 국무총리 서리직을 수행하는 것이 한동안 관행처럼 이루어졌다.

제2항은 국무총리가 "행정 각부"를 통할한다고 규정하고 있다. 따라서 행정부에 속하는 기관이라도 행정 각부가 아닌 기관은 통할하지 못한다는 것이 헌법재판소의 입장이다(헌재결 1994.4.28. 89헌마86. 이 사안에서 헌법재판소는 국가안전기획부는 행정 각부가 아니므로 국무총리의 통할 대상이 아니라고 판단하였다). 국무총리는 대통령의 첫째가는 보좌 기관이므로 행정에 관하여 최종적, 독자적 권한을 가지지는 못한다(헌재결 1994.4.28. 89헌마221 참조). 국무총리가 대통령의 명을 받아 행정 각부를 통할하는 업무를 원활히 수행하기 위하여 정부조직법은 국무총리 밑에 국무총리 비서실을 두고 있다(정부조직법 제18조 1항).

87. 국무위원

제87조 ① 국무위원은 국무총리의 제청으로 대통령이 임명한다.
② 국무위원은 국정에 관하여 대통령을 보좌하며, 국무회의 구성원으로서 국정을 심의한다.
③ 국무총리는 국무위원의 해임을 대통령에게 건의할 수 있다.
④ 군인은 현역을 면한 후가 아니면 국무위원으로 임명될 수 없다.

제헌헌법은 제69조 2문에서 "국무위원은 대통령이 임명한다."고 규정하였는데 이는 국무위원의 임명에 국무총리의 제청을 요하는 현행헌법 제87조 1항과 다른 점이다. 제2항은 유신헌법에 추가되었다. 제3항은 1962년헌법에 추가되었고, 제4항은 제헌헌법 제69조 4문과 같다.

국무위원은 국무회의의 구성원이자 대통령의 보좌 기관으로서의 헌법상 지위를 가진다. 또한 헌법 제94조에 의해서 행정 각부의 장은 국무위원 중에서 대통령이 국무총리의 제청을 받아 선임하도록 되어 있다. 국무위원은 관계 업무에 대해서 국무총리와 함께 대통령의 국법상 행위에 부서를 하고(헌법 제82조), 국회나 그 위원회에 출석하여 국정 처리 상황을 보고하거나 의견을 진술하고 질문에 응답할 권리와 의무가 있다(헌법 제62조 1항, 2항).

제2관 국무회의

88. 국무회의 구성

> 제88조 ① 국무회의는 정부의 권한에 속하는 중요한 정책을 심의한다.
> ② 국무회의는 대통령·국무총리와 15인 이상 30인 이하의 국무위원으로 구성한다.
> ③ 대통령은 국무회의의 의장이 되고, 국무총리는 부의장이 된다.

제헌헌법은 '국무원'을 두고 있었는데, 국무원에서 하는 회의가 '국무회의'였다. 제헌헌법 제68조는 "국무원은 대통령과 국무총리 기타의 국무위원으로 조직되는 합의체로서 대통령의 권한에 속한 중요 국책을 의결한다."고 규정했는데 이때 '대통령의 권한에 속한 중요 국책을 의결'하는 단위가 국무회의다. 4·19혁명 이후 내각제로 전환한 1960년6월헌법에는 "행정권은 국무원에 속한다."고 명시했고, 국무원은 국무총리와 국무위원으로 조직하며(대통령이 빠짐), 국무총리가 국무회의 의장으로서 소집권을 가지고 있었다.

국무회의가 현행헌법과 같은 체제로 바뀐 것은 1962년헌법에서부터이다.

현행헌법 제88조 1항은 "국무회의는 '정부의 권한'에 속하는 중요한 정책을 '심의'한다."고 규정하여 '대통령의 권한'에 속한 중요 정책을 '의결'하도록 한 제헌헌법에서 후퇴했다. 제헌헌법 규정이 문언상으로는 대통령의 권력 통제에 더 적합하다. 헌법 제89조가 규정한 심의 사항에 대해서는 반드시 국무회의의 심의를 거쳐야 한다.

한편 국무회의 의결은 국가기관의 내부적 의사 결정 행위에 지나지 않는 것이어서 국민에게 직접적인 법률효과를 내는 공권력의 행사가 아니다. 따라서 국무회의의 의결은 헌법소원의 대상이 될 수 없다(헌재결 2003.12.18. 2003헌마255 참조).

89. 국무회의 심의 사항

제89조 다음 사항은 국무회의의 심의를 거쳐야 한다.
1. 국정의 기본 계획과 정부의 일반정책
2. 선전·강화 기타 중요한 대외정책
3. 헌법 개정안·국민투표안·조약안·법률안 및 대통령령안
4. 예산안·결산·국유재산 처분의 기본 계획·국가의 부담이 될 계약 기타 재정에 관한 중요 사항

5. 대통령의 긴급명령·긴급재정경제처분 및 명령 또는 계엄과 그 해제

6. 군사에 관한 중요 사항

7. 국회의 임시회 집회의 요구

8. 영전 수여

9. 사면·감형과 복권

10. 행정 각부 간의 권한의 획정

11. 정부안의 권한의 위임 또는 배정에 관한 기본 계획

12. 국정 처리 상황의 평가·분석

13. 행정 각부의 중요한 정책의 수립과 조정

14. 정당 해산의 제소

15. 정부에 제출 또는 회부된 정부의 정책에 관계되는 청원의 심사

16. 검찰총장·합동참모의장·각 군 참모총장·국립대학교 총장·대사 기타 법률이 정한 공무원과 국영기업체 관리자의 임명

17. 기타 대통령·국무총리 또는 국무위원이 제출한 사항

제헌헌법 제72조와 같은 내용이다. 제헌헌법에는 "국무회의 '의결'을 경經하여야 한다."고 하여 "국무회의의 '심의'를 거쳐야 한다."고 규정한 현행헌법보다 국무회의의 권한을 더 강하게 규정했다. 앞으로 개헌을 하게 되면 이 조항도 제헌헌법의 정신을 살릴 필요가 있다. 1호에서 17호까지의 항목은 제헌헌법에서 규정한 것과 대부분 일치한다. 단지 1962년헌법에서 4호 중 "국유재산 처분의 기본 계획·국가의 부담이 될 계약 기타 재정에 관한 중요 사항" 부분과 11호, 12호가 추가되었을 뿐이다.

90. 국가원로자문회의

제90조 ① 국정의 중요한 사항에 관한 대통령의 자문에 응하기 위하여 국가 원로로 구성되는 국가원로자문회의를 둘 수 있다.
② 국가원로자문회의의 의장은 직전 대통령이 된다. 다만 직전 대통령이 없을 때에는 대통령이 지명한다.
③ 국가원로자문회의의 조직·직무 범위 기타 필요한 사항은 법률로 정한다.

제헌헌법에는 없다. 1980년헌법에 처음 규정되었는데, 당시에는 명칭이 '국정자문회의'였다. 현행헌법에서 '국가원로자문회의'로 바뀌었다. 국가원로자문회의는 임의 기관이다. 현재는 국가원로자문회의가 구성되어 있지 않다.

91. 국가안전보장회의

제91조 ① 국가안전보장에 관련되는 대외정책·군사정책과 국내정책의 수립에 관하여 국무회의의 심의에 앞서 대통령의 자문에 응하기 위하여 국가안전보장회의를 둔다.
② 국가안전보장회의는 대통령이 주재한다.
③ 국가안전보장회의의 조직·직무 범위 기타 필요한 사항은 법률로 정한다.

제헌헌법에는 없다. 1962년헌법에 신설된 조항이다.

국가안전보장회의는 헌법상 필수 조직이다. 국가안전보장회의는 대통령, 국무총리, 외교통상부장관, 통일부장관, 국방부장관 및 국가정보원장과 대통령령으로 정하는 약간의 위원으로 구성한다(국가안전보장회의법 제2조 1항).

국가안전보장회의의 업무를 지원하기 위한 사무처 조직은 이명박 정부에서 폐지했다. 종래의 사무처의 업무를 현재는 대통령실장이 승계했다(국가안전보장회의법 부칙 제2조 1항). 한반도 주변의 급변하는 정세에 신속하고 능동적으로 대처하기 위하여 향후 국가안전보장회의 사무처 조직을 부활시켜야 한다.

92. 민주평화통일자문회의

제92조 ① 평화통일정책의 수립에 관한 대통령의 자문에 응하기 위하여 민주평화통일자문회의를 둘 수 있다.
② 민주평화통일자문회의의 조직·직무 범위 기타 필요한 사항은 법률로 정한다.

제헌헌법에는 없다. 1980년헌법에 '평화통일정책자문회의'로 처음 규정되었고, 현행헌법에서 '민주평화통일자문회의'로 이름이 바뀌었다. 대통령의 임의적 자문 기구이다. 민주평화통일자문회의는 주민이 선출한 지역대표와 정당·직능단체·주요 사회단체 등의 직능 분야 인사 중에서 대통령이 위촉하는 7,000명 이상의 자문 위원으로 구성한다(민주평화통일자문회의법 제3조).

93. 국민경제자문회의

제93조 ① 국민경제의 발전을 위한 중요 정책의 수립에 관하여 대통령의 자문에 응하기 위하여 국민경제자문회의를 둘 수 있다.
② 국민경제자문회의의 조직·직무 범위 기타 필요한 사항은 법률로 정한다.

제헌헌법에는 없다. 현행헌법에 신설된 조항이다. 국민경제자문회의법이 그 구성과 운영을 규정하고 있다.

제3관 행정 각부

94. 행정 각부의 장

제94조 행정 각부의 장은 국무위원 중에서 국무총리의 제청으로 대통령이 임명한다.

제헌헌법은 제73조 1문에서 "행정 각부의 장은 국무위원 중에서 대통령이 임명한다."고 규정하여 국무총리의 제청을 요하지 않았다. 1960년6월헌법에서부터 국무총리의 제청을 요하도록 했는데, 희한한 것은 이때 "행정 각부의 장은 국무위원이어야 하며 국무총리의 제청에 의하여 국무총리가 임면한다."고 규정하고 있다는 점이다(1960년6월헌법 제73조). 자기가 제청하고 자기가 임면하다니 이 무슨 일인가? 이는 같은 헌법 제69조에 "국무위원은 국무총리가 임면하여 대통령이 이를 확인한다."라는 규정과 관련된 것 같다. 즉 행정 각부의 장이 되려면 먼저 국무위원이어야 하는데, 국무위원이 되려면 대통령의 확인 절차가 필요하기 때문에 국무총리가 먼저 국무위원으로 임명을 하고 이를 대통령이 확인한 후 국무총리가 그 국무위원을 행정 각부의 장으로 임명해야 하므로 이런 규정을 둔 것이다.

현행헌법과 같이 국무총리의 제청으로 대통령이 임명한다고 규정한 것은 1962년헌법부터이다.

국무위원은 최대 30명까지 둘 수 있는데, 행정 각부의 장은 정부조직법상 15명이므로 행정 각부의 장이 아닌 무임소국무위원도 있을 수 있다. 현행 정부조직법은 대통령이 특별히 지정하는 사무 또는 대통령의 명을 받아 국무총리가 특히 지정하는 사무를 수행하기 위하여 1명의 국무위원(특임장관이라 한다)을 둘 수 있도록 규정했다(정부조직법 제17조).

95. 총리령과 부령

제95조 국무총리 또는 행정 각부의 장은 소관 사무에 관하여 법률이나 대통령령의 위임 또는 직권으로 총리령 또는 부령을 발할 수 있다.

제헌헌법 제74조와 같은 내용이다. 총리령과 부령은 그 법적 효력이 동일하다는 것이 통설이다. 총리령과 부령은 대통령령(시행령)의 하위 규범인 시행규칙의 형태로 존재한다. 법률이나 대통령령의 위임을 받아서 발하는 총리령·부령은 대국민적 효력을 가지는 위임명령으로서 위임입법의 한계를 지켜야 한다. 반면에 직권으로 발하는 총리령·부령, 즉 직권명령은 내부적으로만 효력을 가지는 일종의 행정규칙이다. 직권명령에 해당하는 총리령·부령의 규율 대상은 법률 또는 대통령령을 실시하기 위하여 필요한 사항에 한정되며, 국민의 권리와 의무에 관한 사항을 규정할 수 없다.

96. 행정 각부의 설치 근거

> 제96조 행정 각부의 설치·조직과 직무 범위는 법률로 정한다.

제헌헌법 제75조와 같은 내용이다. 정부조직법이 정하고 있다.

제4관 감사원

97. 감사원 업무

> 제97조 국가의 세입·세출의 결산, 국가 및 법률이 정한 단체의 회계검사와 행정기관 및 공무원의 직무에 관한 감찰을 하기 위하여 대통령 소속하에 감사원을 둔다.

제헌헌법은 지금의 감사원의 전신에 해당하는 심계원審計院을 두고 있었다. 제헌헌법 제95조는 "국가의 수입 지출의 결산은 매년 심계원에서 검사한다. 정부는 심계원의 검사 보고와 함께 결산을 차년도의 국회에 제출하여야 한다. 심계원의 조직과 권한은 법률로써 정한다."고 규정했다. 지금의 감사원은 1962년헌법에 의해서 설치되었다. 심계원은 대통령 소속이 아니었으나 감사원은 대통령 소속으로 되어 있어서 체계상의 문제가 있다.

　감사원이 조직 편제상 어디에 속하는가 하는 것은 중요한 문제다. 감사원에는 엄격한 독립성과 중립성이 필요하기 때문이다. 우리나라처럼 대통령 직속으로 되어 있으면 아무리 직무상으로는 독립적 지위를 누린다고 해도(감사원법 제2조) 어쩐지 중립성을 신뢰하기 어렵다. 정치적으로 핫이슈가 되는 사항에 대한 감사원 감사 결과가 제때에 발표되지 않는 경우가 종종 있는 것도 이 때문이다. 감사원의 소속 유형은 독립기관형, 입법부형, 행정부형 등 세 가지가 있는데, OECD 국가 중 독립기관형은 17개국, 입법부형은 9개국, 행정부형은 2개국이다. 미국의 경우 원래는 행정부 소속이었으나 1945년 정부조직법 개정으로 입법부 소속으로 되었다. 스웨덴도 그동안 형식적으로는 행정부 소속이었으나 2003년 개혁을 통해서 의회 소속으로 바뀌었다.

　우리나라는 감사원이 행정부 소속이긴 하지만 2003년 국회법 개정으로 국회가 의결하여 감사를 요구하는 경우에 반드시 이를 감사하여 보고하도록 했고(국회법 제127조의 2), 국정조사 기간에 추가 조사가 필요하면 감사원에 인력 지원을 요청할 수 있으며, 감사원은 이 요구에 반드시 응하도록 하였으므로, 어느 정도 국회의 지시도 받는 절충형이라고 본다(김선화, 2010). 감사원의 업무 특성상 앞으로 개헌을 하게 되면 국회 소속으로 바꿔야 할 것이다. 그러한 점에서 현재의 감사원의 소속 유형은 절충형이라기보다는 과도기형이라고 해야 할 것이다.

98. 감사원 구성

제98조 ① 감사원은 원장을 포함한 5인 이상 11인 이하의 감사위원으로 구성한다.
② 원장은 국회의 동의를 얻어 대통령이 임명하고, 그 임기는 4년으로 하며, 1차에 한하여 중임할 수 있다.
③ 감사위원은 원장의 제청으로 대통령이 임명하고, 그 임기는 4년으로 하며, 1차에 한하여 중임할 수 있다.

감사원의 소속을 국회로 바꾸게 되면 제98조 2항, 3항의 임명권자도 국회의장으로 바꾸어야 할 것이다.

99. 결산 검사 및 보고

제99조 감사원은 세입·세출의 결산을 매년 검사하여 대통령과 차년도 국회에 그 결과를 보고하여야 한다.

제헌헌법상 심계원의 기능과 같은 내용이다.

100. 감사원의 조직 등

제100조 감사원의 조직·직무 범위·감사위원의 자격·감사 대상 공무원의 범위 기타 필요한 사항은 법률로 정한다.

이에 대해서 감사원법이 있다. 한편 감사원은 감사원 규칙을 제정할 수 있는데 이는 헌법이 아니라 감사원법에서 규정하고 있다. 즉 감사원은 감사에 관한 절차, 감사원의 내부 규율과 감사 사무 처리에 관한 규칙을 제정할 수 있다(감사원법 제52조). 감사원 규칙의 법적 성격이 법규명령(국민의 권리와 의무에 관한 사항을 규정)인지 행정명령(국민의 권리와 의무에 관한 사항이 아닌 행정기관의 내부 훈령, 지시, 명령을 규정)인지 논란이 있다. 헌법에 근거 규정이 있는 대법원 규칙, 헌법재판소 규칙, 중앙선거관리위원회 규칙과 달리 감사원 규칙은 감사원법에 근거한 것이므로 국민의 권리와 의무에 관한 사항을 규정하는 법규명령의 성격을 가질 수 없다고 보는 견해가 일반적이다(정회철, 2011: 1235).

제5장
법원

101. 법원 구성과 법관 자격

> 제101조 ① 사법권은 법관으로 구성된 법원에 속한다.
> ② 법원은 최고법원인 대법원과 각급 법원으로 조직된다.
> ③ 법관의 자격은 법률로 정한다.

제헌헌법 제76조와 같은 내용이다. 단 제헌헌법은 제1항을 "사법권은 법관으로써 조직된 법원이 행한다."고 규정했다.

제1항의 사법권은 재판을 그 주요 내용으로 한다. 법원의 재판 종류에는 민사재판, 형사재판, 행정재판, 특허재판, 선거재판, 헌법재판의 여섯 가지가 있다.

민사재판은 재산관계와 가족관계의 분쟁을 다루는 재판 절차다.

형사재판은 범죄자로 기소된 사람의 유무죄와 형량을 결정하는 재판 절차다.

민사재판과 형사재판의 1심은 지방법원(단독판사 또는 합의부)이, 2심은 고등법원(1심이 지방법원 합의부인 경우) 또는 지방법원 합의부(1심이 지방법원 단독판사인 경우)가, 3심은 대법원이 맡는다. 지방법원의 경우 본원이냐 지원이냐는 재판 심급과 무관하다.

행정재판은 처분 등 행정행위를 둘러싼 분쟁을 다루는 재판 절차인데 행정법원이 1심을, 고등법원이 2심을, 그리고 대법원이 3심을 맡는다.

특허재판은 2심제인데 1심은 특허법원이, 2심은 대법원이 맡는다.

선거재판은 선거의 효력을 다투는 선거소송 또는 당선의 유무효를 다투는 당선소송을 다루는데 이들 소송은 공직선거법에 의해서 단심재판으로 처리한다. 즉 대통령 선거 및 국회의원 선거에서의 선거소송과 당선소송은 대법원이 단심으로 재판하고, 기타(지방의원 및 지자체장)의 경우 광역단체장과 비례대표 광역의원은 대법원이, 지역구 광역의원과 기초의원 전체 그리고 기초단체장은 해당 지역 고등법원이 관할하도록 되어 있다.

헌법재판은 헌법재판소에 의한 단심제다.

제2항으로부터 현행헌법이 최소한 2심제를 상정하고 있다는 것을 알 수 있다. 즉 헌법 자체적으로 단심 재판으로 규정한 경우(즉 비상계엄하의 일정한 죄목의 군사재판은 사형을 선고하는 경우를 제외하고는 단심으로 끝낼 수 있다. 헌법 제110조 4항)를 제외하고는 최소한 2심제를 보장해야 한다. 심급에 헌법상 상한선은 없으므로 3심이든, 4심이든 법률로 정하기 나름이나 현재 우리나라는 최대 3심까지 보장하고 있다.

102. 대법원과 각급 법원의 조직

제102조 ① 대법원에 부를 둘 수 있다.
② 대법원에 대법관을 둔다. 다만 법률이 정하는 바에 의하여 대법관이 아

닌 법관을 둘 수 있다.

③ 대법원과 각급 법원의 조직은 법률로 정한다.

제1항, 제2항은 제헌헌법에 없다. 제1항은 1962년헌법에, 제2항은 1980년헌법에 신설되었다.

제3항은 제헌헌법 제76조 2문과 같은 내용이다. 대법원과 각급 법원의 조직은 법원조직법으로 정한다.

103. 재판의 독립

제103조 법관은 헌법과 법률에 의하여 그 양심에 따라 독립하여 심판한다.

제헌헌법 제77조는 "법관은 헌법과 법률에 의하여 독립하여 심판한다."고 규정했다. "양심에 따라"는 1962년헌법에 추가되었다.

이 조항은 법관의 직무상의 독립을 규정하고 있다. 법관의 직무상 독립은 법관의 신분보장과 더불어 재판의 독립의 핵심 요소이다. 여기서 말하는 양심은 개인적인 양심이 아니라 법관으로서 직업적 양심을 말한다. "독립하여 심판한다."는 것은 법관이 다른 국가기관은 물론 어떤 개인, 단체의 압력으로부터도 독립해서 재판해야 한다는 것을 뜻한다. 국회의 국정감사 및 조사도 진행 중인 재판에 관여할 목적으로 이루어져서는 안 된다(국정감사 및 조사에 관한 법률 제8조). 또한 법관은 상급법원은 물론 법원 내부로부터도 독립되어야 한다. 사건배당, 법관 인사 등이 재판의 독립을 침해하는 결과를 초래해서도 안 된다.

104. 법관 임명 절차

제104조 ① 대법원장은 국회의 동의를 얻어 대통령이 임명한다.

② 대법관은 대법원장의 제청으로 국회의 동의를 얻어 대통령이 임명한다.

③ 대법원장과 대법관이 아닌 법관은 대법관회의의 동의를 얻어 대법원장이 임명한다.

제1항은 제헌헌법 제78조에 해당하는데, 제헌헌법에서는 "대법원장인 법관은 대통령이 임명하고 국회의 승인을 얻어야 한다."라고 규정하여, 국회의 사전동의가 아닌 사후승인을 요했다. 제2항, 제3항은 제헌헌법에 없다.

1960년6월헌법은 "대법원장과 대법관은 법관의 자격이 있는 자로써 조직되는 선거인단이 이를 선거하고 대통령이 확인한다."(제78조)고 규정하여 대법원장과 대법관을 선거를 통해서 뽑도록 했다. 그러다가 1962년헌법은 대법원장과 대법관(1962년헌법에는 대법원판사로 명칭 변경)에 대한 선거제도를 없애는 대신 법관추천회의를 헌법에 명시했다. 유신헌법에서 법관추천회의가 삭제됐다.

105. 법관 임기

제105조 ① 대법원장의 임기는 6년으로 하며, 중임할 수 없다.

② 대법관의 임기는 6년으로 하며, 법률이 정하는 바에 의하여 연임할 수 있다.

③ 대법원장과 대법관이 아닌 법관의 임기는 10년으로 하며, 법률이 정하

는 바에 의하여 연임할 수 있다.

④ 법관의 정년은 법률로 정한다.

제헌헌법에서는 법관의 임기만 규정했을 뿐, 대법원장과 대법관의 임기는 명시하지 않았다. 대법원장과 대법관의 임기가 헌법에 명시되기 시작한 것은 1962년헌법부터이다.

대법원장이 중임할 수 없다는 것은 평생 한 번밖에 못한다는 것을 뜻한다.

대법관과 일반 법관은 연임이 가능하고 연임 횟수에도 제한이 없다. 연임은 임기 만료 후 연속해서 재임명되는 것을 말한다. 2012년 2월 12일 서울북부지법 서기호 판사의 재임용 탈락으로 법관 근무 평정의 공정성에 대한 관심이 집중되었다. 근무 평정 결과를 이유로 법관이 재임용에 탈락된 전례가 거의 없기 때문에 정치적 배경이 있는 것 아니냐는 의혹이 제기되고 있다. 서 판사는 재임용 탈락 직전 대통령에 대한 비하 표현과 2009년 신영철 대법관 후보자의 사건배당 의혹 제기 등으로 법원은 물론 집권 세력으로부터 미운털이 박혀 있었다.

법관의 정년에 대해서 법원조직법은 대법원장 70세, 대법관 65세, 일반 법관 63세로 정하고 있다.

106. 법관 신분보장

제106조 ① 법관은 탄핵 또는 금고 이상의 형의 선고에 의하지 아니하고는 파면되지 아니하며, 징계처분에 의하지 아니하고는 정직·감봉 기타 불

리한 처분을 받지 아니한다.

② 법관이 중대한 심신상의 장해로 직무를 수행할 수 없을 때에는 법률이 정하는 바에 의하여 퇴직하게 할 수 있다.

제헌헌법 제80조는 "법관은 탄핵, 형벌 또는 징계처분에 의하지 아니하고는 파면, 정직 또는 감봉되지 아니한다."고 규정했다. 현재와 같이 규정하기 시작한 것은 1962년헌법에서부터이다. 제2항도 1962년에 추가되었다. 파면 사유인 '형벌'을 '금고 이상의 형'으로 개정하여 법관을 더 두텁게 보호하게 된 것은 현행헌법부터이다. 법관의 징계 절차를 규정한 법관징계법이 있다. 영화 〈부러진 화살〉의 소재가 된 '석궁 테러 사건'의 주인공 성균관대학교 김명호 조교수의 복직 소송 재판 합의 과정을 공개한 창원지방법원 이정렬 부장판사가 2012년 2월 13일 대법원으로부터 정직 6개월의 중징계를 당했다. 서기호 판사의 재임용 탈락과 거의 비슷한 시기에 이루어진 이번 중징계를 통해서 사법부 내의 이상기류를 엿볼 수 있다.

107. 법률과 하위법령의 위헌심사

제107조 ① 법률이 헌법에 위반되는 여부가 재판의 전제가 된 경우에는 법원은 헌법재판소에 제청하여 그 심판에 의하여 재판한다.

② 명령·규칙 또는 처분이 헌법이나 법률에 위반되는 여부가 재판의 전제가 된 경우에는 대법원은 이를 최종적으로 심사할 권한을 가진다.

③ 재판의 전심절차로서 행정심판을 할 수 있다. 행정심판의 절차는 법률로 정하되, 사법절차가 준용되어야 한다.

제1항과 제2항은 제헌헌법 제81조에서 유래하는데, 다만 제헌헌법은 헌법재판소가 아닌 헌법위원회가 법률에 대한 위헌심사 권한을 가지고 있었다.

제3항은 1980년헌법에서 처음 규정되었다.

제1항은 법원의 위헌법률심판 제청권을 규정하고 있다. 법률의 위헌 여부가 재판의 전제가 될 경우, 즉 재판 결과가 좌우될 수 있는 경우에는 해당 법률에 대하여 위헌법률심판을 제기할 수 있다. 이를 구체적 규범 통제라 한다. 반면 재판의 전제성 여부를 묻지 않고 법률의 위헌 여부를 심판하는 것을 추상적 규범 통제라고 한다. 우리 헌법은 추상적 규범 통제를 인정하지 않는다. 법률이 헌법에 위반되는지의 여부가 재판의 전제가 된 때에는 당해 사건을 담당하는 법원은 직권 또는 당사자의 신청에 의한 결정으로 헌법재판소에 위헌 여부의 심판을 제청한다(헌법재판소법 제41조 1항).

제2항은 명령·규칙 또는 처분에 대한 법원의 위헌심사권을 규정했다. 즉 법률의 하위 규범인 명령·규칙은 법원이 최종적으로 심사한다. 명령·규칙에 대한 법원의 위헌 판단은 법률에 대한 헌법재판소의 위헌 결정과 달리 해당 사건에서만 효력이 있다고 보는 것이 일반적이다. 여기서 '명령'은 법규명령, 즉 국민의 권리 의무에 관한 사항을 규정하는 명령으로서 위임명령이든 집행명령이든 불문한다. '규칙'은 행정규칙, 국회의 동의를 요하지 않는 조약, 지방자치단체의 조례 등이 있다. 그러나 헌법기관의 규칙(국회 규칙, 대법원 규칙, 헌법재판소 규칙, 중앙선거관리위원회 규칙)은 명칭은 규칙이지만 법규명령의 성질을 가질 수 있다. '처분'은 행정청이 행하는 구체적 사실에 관한 법 집행으로서의 공권력의 행사 또는 그 거부와 기타 이에 준하는 행정작용으로(행정절차법 제2조 2호) 그 자체가 행정소송의 재판 대상

이므로 처분의 위헌, 위법 여부가 재판의 전제가 되는 경우는 생각하기 어렵다(정회철, 2011: 1278).

제3항의 행정심판에 대해서는 행정심판법이 규정하고 있다.

108. 대법원 규칙

제108조 대법원은 법률에서 저촉되지 아니하는 범위 안에서 소송에 관한 절차, 법원의 내부 규율과 사무 처리에 관한 규칙을 제정할 수 있다.

제헌헌법에 없다. 1954년헌법에 신설되었다.

소송에 관한 절차는 일반 국민에게도 구속력이 있으므로 법규명령의 성질을 가지는 반면, 법원의 내부 규율과 사무 처리에 관한 규칙은 법원 내부 사항에 속하므로 행정규칙에 해당한다(정회철, 2011: 1279).

대법원 규칙에 대해서 헌법재판소가 위헌심사를 할 수 있는가에 대해서 대법원은 헌법 제107조 2항에 의하여 명령·규칙에 대한 위헌심사권이 대법원에 있음을 근거로 부정하는 반면, 헌법재판소는 긍정한다. 즉 헌법재판소는 명령·규칙에 대한 대법원의 최종 심사권이란 구체적 소송사건에서 명령·규칙의 위헌 여부가 재판의 전제가 되었을 때 헌법재판소에 제청할 것 없이 대법원이 최종적으로 심사할 수 있다는 의미이며, 공권력에 의한 기본권 침해를 이유로 한 헌법소원 사건에서 법률의 하위 법규인 명령·규칙의 위헌 여부 심사권이 헌법재판소에 속함은 당연한 것이라고 판단했다(헌재결 1990.10.15. 89헌마178).

109. 재판 공개

제109조 재판의 심리와 판결은 공개한다. 다만 심리는 국가의 안전보장 또는 안녕질서를 방해하거나 선량한 풍속을 해할 염려가 있을 때에는 법원의 결정으로 공개하지 아니할 수 있다.

제헌헌법에 없다. 1954년헌법에 신설되었다.

110. 군사법원

제110조 ① 군사재판을 관할하기 위하여 특별법원으로서 군사법원을 둘 수 있다.
② 군사법원의 상고심은 대법원에서 관할한다.
③ 군사법원의 조직·권한 및 재판관의 자격은 법률로 정한다.
④ 비상계엄하의 군사재판은 군인·군무원의 범죄나 군사에 관한 간첩죄의 경우와 초병·초소·유독 음식물 공급·포로에 관한 죄 중 법률이 정한 경우에 한하여 단심으로 할 수 있다. 다만 사형을 선고한 경우에는 그러하지 아니하다.

제헌헌법에는 없다. 제1항, 제2항, 제3항은 1954년헌법에 신설되었다. 제4항은 1962년헌법에 추가되었다.

군사법원의 조직, 구성, 운영 등에 대해서는 군사법원법이 정하고 있다. 군사법원은 국방부에 설치하는 고등군사법원, 그리고 각급 부대에 설치하는 보통군사법원이 있다. 군사법원의 최종심은 대법원이다.

제6장
헌법재판소

111. 헌법재판소 업무, 구성

제111조 ① 헌법재판소는 다음 사항을 관장한다.

1. 법원의 제청에 의한 법률의 위헌 여부 심판

2. 탄핵의 심판

3. 정당의 해산 심판

4. 국가기관 상호 간, 국가기관과 지방자치단체 간 및 지방자치단체 상호 간의 권한쟁의에 관한 심판

5. 법률이 정하는 헌법소원에 관한 심판

② 헌법재판소는 법관의 자격을 가진 9인의 재판관으로 구성하며, 재판관은 대통령이 임명한다.

③ 제2항의 재판관 중 3인은 국회에서 선출하는 자를, 3인은 대법원장이 지명하는 자를 임명한다.

④ 헌법재판소의 장은 국회의 동의를 얻어 재판관 중에서 대통령이 임명한다.

제헌헌법에는 헌법재판소 대신 헌법위원회를 두었다. 헌법위원회는 부통령을 위원장으로 하고, 대법관 5인과 국회의원 5인으로 구성

되었고(제헌헌법 제81조) 법원은 법률이 헌법에 위반되는지의 여부가 재판의 전제가 된 때에 헌법위원회에 제청하여 그 결정에 의하여 재판하도록 규정하고 있었다.

헌법재판소를 처음 도입한 헌법은 1960년6월헌법이다. 당시 헌법재판소의 권한은 현행헌법과 유사하지만 헌법소원 제도가 없었다. 그리고 현행헌법에는 없는 '헌법에 관한 최종적 해석'과 '대통령, 대법원장과 대법관의 선거에 관한 소송'이 헌법재판소의 권한에 포함되어 있었다.

1962년헌법은 헌법재판소를 폐지하고 법원이 위헌법률심사권을 가지도록 했다.

현행헌법에서 헌법재판소가 부활했다.

최근 정부 내에서 헌법재판소를 없애고 대법원에 헌법재판부를 두는 방향으로 개헌을 해야 한다는 주장이 나오고 있다. 대법관 출신인 김황식 국무총리는 이 같은 내용의 통합 방안을 이명박 대통령에게 건의했다고 한다. 이에 대하여 서강대 임지봉 교수는 '무늬만 최고법이자 기본법'이었던 헌법에 생기를 불어넣고 헌법이 국민 생활의 구석구석에 영향을 미치는 살아 있는 생활 규범이 되게 한 것이 바로 헌법재판소라면서, 세계적으로 헌법재판의 중요성이 커지면서 대법원과 별도로 헌법재판소를 설립하는 나라들이 늘고 있는 추세라고 강조했다.

특히 국민의 입장에서 봤을 때, 국민은 헌법재판소와 대법원을 둘 다 가지고 있는 것이 훨씬 유리하다. 재판을 통해 국민 기본권 보장의 최후 보루로서의 역할을 누가 더 잘하는지를 놓고 지금처럼 두 기관이 서로 경쟁하게 해야 한다. 그러면 재판의 질은 계속 향상될 것이고 그 경쟁의 혜택은 고스란히 국민의 몫이 될 것이기 때문이다(임지봉, 2011).

제1항의 5가지 항목은 헌법재판소에서 다루는 사건 중 이른바 '본안 사건'에 해당하는 것이다. 이 가운데 마지막의 헌법소원은 다시 두 가지로 분류가 되는데, 헌법재판소법 제68조 1항에 의한 헌법소원 심판 사건(일명 권리 구제형 헌법소원)과 동법 제68조 2항에 의한 헌법소원 심판 사건(일명 위헌심사형 헌법소원)이 그것이다. 따라서 헌법재판소의 본안 사건은 총 6가지가 있는 셈이다.

본안 사건 이외에도 신청 사건, 특별 사건이 있다.

본안 사건 가운데 일반 국민이 직접 청구할 수 있는 것은 헌법소원뿐이다(단 변호사를 반드시 선임하여야 한다). 위헌법률심판은 법원에서 제기하고, 탄핵 심판은 국회에서 제기해야 하며, 권한쟁의심판은 국가기관 사이에서 벌어지는 것이고, 정당 해산 심판은 정부가 제기해야 한다. 여기서는 헌법소원 절차에 대해서 간략히 살펴보자.

헌법소원을 청구할 수 있는 경우는 두 가지다.

첫째, 공권력의 행사 또는 불행사로 인하여 헌법상 보장된 기본권을 침해받은 자가 청구할 수 있다. 이른바 '권리 구제형 헌법소원'이다. 이것이 헌법소원의 본래적 모습이다. 단 이 경우 법원의 재판은 헌법소원의 대상이 되는 공권력의 행사에서 제외된다. 즉 법원의 재판을 대상으로 헌법소원을 청구할 수는 없다. 그리고 다른 법률에 구제 절차가 있는 경우에는 그 절차를 모두 거친 후에 헌법소원을 청구할 수 있다. 이것을 보충성의 원칙이라고 한다. 즉 헌법소원은 최후의 수단으로 쓸 수 있는 것이다(헌법재판소법 제68조 1항). 권리 구제형 헌법소원의 대상이 되는 공권력에는 입법 작용도 포함된다. 따라서 어떤 법령이 직접적으로 기본권을 침해하면 헌법소원의 대상이 된다.

헌법소원을 제기할 수 있는 두 번째 경우는 위헌법률심판 제청 신청이 법원에 의해 기각된 때에 그 신청을 한 당사자는 헌법재판소에 헌법소원을 청구할 수 있다(헌법재판소법 제68조 2항). 이러한 유형의 헌법소원을 '위헌심사형' 헌법소원 또는 위헌소원, 위헌법률소원 등으로 부른다. 헌법재판소법 제41조 1항은 법률이 헌법에 위반되는지 여부가 재판의 전제가 되는 경우에는 당해 사건을 담당하는 법원이 직권 또는 당사자의 신청에 의한 결정으로 헌법재판소에 위헌 여부 심판을 제청하도록 규정하고 있다. 따라서 헌법재판소법 제68조 2항의 헌법소원은 법원에서 재판 당사자가 그 사건에 적용될 법률이 위헌이라고 생각해서 법원에 대하여 헌법재판소를 상대로 위헌법률심판을 제청해달라고 신청을 했는데, 그 신청을 법원이 받아들이지 않은 경우에 헌법재판소에 위헌법률심판을 헌법소원의 방식으로 청구할 수 있도록 길을 터준 것이다. 따라서 이 경우의 헌법소원은 권리구제를 목적으로 하는 본래적 의미의 헌법소원이 아니라 사실상 위헌법률심판의 성격을 띤다.

앞에서 말했듯 우리나라의 헌법소원 제도는 법원의 재판을 헌법소원의 대상에서 제외하고 있다(헌법재판소법 제68조 1항). 단 방금 살펴본 위헌법률심판 제청 신청에 대한 법원의 기각결정에 대해서는 법원의 재판임에도 불구하고 제68조 2항에 의해서 헌법소원이 가능하다.

※ 헌법소원 심판 청구 절차

헌법소원 심판 청구는 청구서를 헌법재판소에 제출하는 방식으로 하는데, 이때 헌법재판관 수에 맞춰서 9통의 부본을 함께 제출하고, 상대방에 대한 송달용 부본도 제출해야 한다. 요즘은 인터넷을 통해서도 제출이 가능하다.

헌법소원 심판 청구서

청구인　○ ○ ○
　　　서울 영등포구 여의도동 ○○○번지
　　　(전화 02-780-0000)
　　　대리인 변호사 ○ ○ ○
　　　서울 마포구 공덕동 ○○○번지
피청구인　○○지방검찰청 ○○지청 검사

청구 취지

"피청구인이 2012. . . ○○지방검찰청 ○○지청 2012년 형제○○○○호 사건에 있어서 청구인에 대하여 한 기소유예 처분은 청구인의 평등권 및 행복추구권을 침해한 것이므로 이를 취소한다."라는 결정을 구합니다.

침해된 권리

헌법 제11조 1항 평등권
헌법 제10조 행복추구권

침해의 원인

피청구인의 2012. . . ○○지방검찰청 ○○지청 2012년 형제○○○○호 사건의 청구인에 대한 기소유예 처분

청구 이유

1. 사건의 개요
2. 위 처분의 위헌성
3. 심판 청구에 이르게 된 경우(기소유예 처분 등 약술)
4. 청구 기간의 준수 여부 등

첨부 서류

1. 각종 입증서류
2. 소송 위임장(소속 변호사회 경유)

2012. . .
청구인 대리인 변호사 ○ ○ ○(인)

헌법재판소 귀중

위의 경우는 검찰의 기소유예 처분에 대한 헌법소원 심판 청구서를 예로 든 것이다. 헌법재판소법 제68조 2항의 위헌법률소원인 경우의 청구 취지는 "'○○○법(제개정 연월일시, 법률제○○○호) 제○○조는 헌법에 위반된다.'라는 결정을 구합니다."가 될 것이고, 공권력의 불행사(=부작위)에 대한 헌법소원의 청구 취지는 "'피청구인이 ○○법 제○○조가 정하는 ○○○를 고시하지 아니한 부작위는 청구인의 헌법상 재산권을 침해한 것이므로 위헌임을 확인한다.'라는 결정을 구합니다."의 형식이 될 것이다.

헌법소원 심판 청구서가 제출되면 일단 사건명과 사건 번호가 부여되고, 사건이 지정재판부에 배당되어 3명의 헌법재판관으로 구성되는 지정재판부에서 사전 심사를 받는다.

지정재판부에 의한 사전 심사는 크게 다음 네 가지 점에 대하여 이루어지는데, 만약 이 가운데 어느 하나라도 해당이 되면 재판부의 일치된 의견으로 심판 청구를 '각하'할 수 있다. ('각하'는 청구의 조건을 갖추지 못한 경우에 내리는 결정이기 때문에 청구인의 청구 내용에 대해서는 아예 판단조차 하지 않은 채로 재판이 끝난다.)

1. 다른 법률에 따른 구제 절차가 있는 경우 그 절차를 모두 거치지 아니하거나 또는 법원의 재판에 대하여 헌법소원의 심판이 청구된 경우.

2. 제69조의 청구 기간이 지난 후 헌법소원 심판이 청구된 경우.

(헌법재판소법 제69조의 청구 기간이라 함은 헌법소원 심판 청구 기간으로서, 헌법소원은 그 사유가 있음을 안 날로부터 90일 이내에, 그 사유가 있은 날부터 1년 이내에 청구하여야 한다. 단 다른 법률에 따른 구제 절차를 거친 헌법소원의 심판은 그 최종 결정을 통지받은 날부터 30일 이내에 청구하여야 한다. 위헌법률소원(제68조 2항의 헌

법소원)의 경우에는 위헌 여부 심판의 제청 신청을 기각하는 결정을 통지받은 날부터 30일 이내에 청구하여야 한다.)

3. 제25조에 따른 대리인의 선임 없이 청구된 경우.
(즉 변호사강제주의 위반인 경우.)

4. 그 밖에 헌법소원 심판의 청구가 부적법하고 그 흠결을 보정할 수 없는 경우.

만약 지정재판부가 위의 네 가지 점에 대해서 전원의 의견 일치를 보지 못하는 경우에는 결정으로 헌법소원을 전원재판부의 심판에 회부하여야 한다. 그리고 헌법소원 심판 청구 후 30일이 지날 때까지 지정재판부의 각하결정이 없는 때에는 전원재판부의 심판에 회부하는 결정(심판 회부 결정)이 있는 것으로 본다(헌법재판소법 제72조).

지정재판부의 결정은 결정일로부터 14일 이내에 청구인 또는 그 대리인 및 피청구인에게 통지하여야 하고, 헌법재판소장은 헌법소원이 전원재판부의 심판에 회부된 때 법무부장관에게 지체 없이 그 사실을 통지한다(헌법재판소법 제72조 2항 1호).

헌법소원에 대한 재판부의 심리는 위헌 심판과 마찬가지로 서면심리를 원칙으로 한다. 다만 재판부가 필요하다고 인정하는 경우에는 변론을 열어서 당사자(청구인, 피청구인), 이해관계인, 그 밖의 참고인의 진술을 들을 수 있다.

헌법재판소의 심판 사건 가운데 구두변론을 원칙으로 하는 것은 탄핵의 심판, 정당 해산의 심판 및 권한쟁의의 심판이다(헌법재판소법 제30조).

헌법소원 심판에 이해관계가 있는 국가기관 또는 공공단체와 법무부장관은 헌법재판소에 의견서를 제출할 수 있다(헌법재판소법 제74조).

헌법소원의 인용결정(청구인의 청구 취지를 받아들이는 결정)은 모든 국가기관과 지방자치단체를 기속한다. 그리고 헌법재판소는 공권력의 행사 또는 불행사가 위헌인 법률 또는 법률 조항에서 비롯된 것이라고 인정할 경우에는 인용결정을 하면서 해당 법률 또는 법률 조항이 위헌임을 함께 선고할 수 있다(헌법재판소법 제75조).

112. 헌법재판관의 임기와 신분보장

　제112조 ① 헌법재판소 재판관의 임기는 6년으로 하며, 법률이 정하는 바에 의하여 연임할 수 있다.
　② 헌법재판소 재판관은 정당에 가입하거나 정치에 관여할 수 없다.
　③ 헌법재판소 재판관은 탄핵 또는 금고 이상의 형의 선고에 의하지 아니하고는 파면되지 아니한다.

　1960년6월헌법은 헌법재판소와 관련하여 제83조의 4 한 개 조항을 두고 있었는데, 그 체계는 현행헌법 제112조, 제113조와 유사하다.

113. 헌법재판소 운영

　제113조 ① 헌법재판소에서 법률의 위헌 결정, 탄핵의 결정, 정당 해산의 결정 또는 헌법소원에 관한 인용결정을 할 때에는 재판관 6인 이상의 찬성이 있어야 한다.
　② 헌법재판소는 법률에 저촉되지 아니하는 범위 안에서 심판에 관한 절

차, 내부 규율과 사무 처리에 관한 규칙을 제정할 수 있다.

③ 헌법재판소의 조직과 운영 기타 필요한 사항은 법률로 정한다.

헌법재판소의 조직과 운영에 관한 법률로 헌법재판소법이 있다.

헌법재판은 일반 재판과 달리 변호사가 반드시 필요하다. 이를 변호사강제주의라고 한다. 즉 헌법재판소법은 헌법재판의 각종 심판절차에서 개인이 당사자인 경우에는 그가 변호사를 대리인으로 선임하지 않으면 심판 청구를 하거나 심판 수행을 하지 못한다고 규정한다(헌법재판소법 제25조 3항). 당사자가 변호사인 경우에는 상관없다. 비록 변호사강제주의로 비용 부담이 있지만, 헌법재판소는 변호사강제주의를 합헌으로 보았다(헌재결 1990.9.3. 89헌마120 등).

변호사를 선임할 자력이 없는 사람은 헌법재판소에 국선대리인 선임을 신청할 수 있다. 자력이 없는 사람의 기준은 헌법재판소 규칙(국선대리인의 선임 및 보수에 관한 규칙 2006년 5월 29일 일부 개정)으로 정하였는데, (1) 월평균 수입이 150만 원 미만인 자 (2) 국민기초생활보장법에 의한 수급자 (3) 국가유공자 등 예우 및 지원에 관한 법률에 의한 국가유공자와 그 유족 또는 가족 (4) 그 외에도 청구인이나 그 가족의 경제 능력 등 제반 사정에 비추어보아 변호사를 대리인으로 선임하는 것을 기대하기 어려운 경우에 국선대리인을 선임받을 수 있고, 이러한 요건이 갖춰지지 않았어도 헌법재판소가 공익상 필요하다고 인정하면 국선대리인을 선임할 수 있다.

헌법재판소의 심리에는 재판관 7인 이상의 출석이 필요하다(헌법재판소법 제23조 1항). 단 헌법재판소법 제72조 1항에 의해 구성되는 지정재판부는 항상 재판관 3인의 출석으로 사건을 심리한다.

헌법재판소는 심판 사건을 접수한 날로부터 180일 이내에 종국 결정의 선고를 해야 한다. 단 재판관의 궐위로 7인의 출석이 불가능한 때에는 그 궐위된 기간은 심판 기간에 산입하지 않는다(헌법재판소법 제38조).

제7장
선거관리

114. 선거관리위원회의 구성

제114조 ① 선거와 국민투표의 공정한 관리 및 정당에 관한 사무를 처리하기 위하여 선거관리위원회를 둔다.

② 중앙선거관리위원회는 대통령이 임명하는 3인, 국회에서 선출하는 3인과 대법원장이 지명하는 3인의 위원으로 구성한다. 위원장은 위원 중에서 호선한다.

③ 위원의 임기는 6년으로 한다.

④ 위원은 정당에 가입하거나 정치에 관여할 수 없다.

⑤ 위원은 탄핵 또는 금고 이상의 형의 선고에 의하지 아니하고는 파면되지 아니한다.

⑥ 중앙선거관리위원회는 법령의 범위 안에서 선거관리·국민투표 관리 또는 정당 사무에 관한 규칙을 제정할 수 있으며, 법률에 저촉되지 아니하는 범위 안에서 내부 규율에 관한 규칙을 제정할 수 있다.

⑦ 각급 선거관리위원회의 조직·직무 범위 기타 필요한 사항은 법률로 정한다.

제헌헌법은 선거관리에 대한 규정을 두고 있지 않았다. 선거관리 관련 규정을 신설하고 선거관리위원회를 설치한 것은 1962년헌법부터이다. 선거에 관한 현행헌법 규정은 선관위 인원 구성과 임기 등을 제외하면 1962년헌법과 거의 똑같다.

선거관리위원회는 선거와 국민투표의 공정한 관리 및 공정한 사무 처리를 소관 업무로 하며 위원은 정당에 가입하거나 정치에 관여할 수 없다. 선거관리위원회가 스스로의 정치적 견해를 가지고 정치에 개입하려고 하면 국민의 중요한 정치적 기본권인 선거운동의 자유를 지나치게 제한하는 결과를 초래할 수 있다. 최근에 문제가 된 선거관리위원회의 SNS(소셜 네트워킹 서비스)를 통한 선거운동 금지가 대표적 사례이다. 선거관리위원회는 그동안 정보 통신망을 통한 선거운동을 지나치게 협소하게 인정함으로써 국민들의 반발을 사왔다. 2007년 대통령 선거 당시에도 중앙선거관리위원회는 UCC(사용자 제작 콘텐츠)를 공직선거법상 규제 대상에 포함된다면서 단속 기준을 발표한 바 있다. 또 2010년 지방선거 당시에는 중앙선거관리위원회가 공직선거법 제93조 1항 본문 중 "그 밖에 이와 유사한 것"에 트위터가 포함된다는 단속 기준을 발표해서 트위터를 통한 선거운동을 금지했다.

공직선거법 제93조 1항
누구든지 선거일 전 180일(보궐선거 등에 있어서는 그 선거의 실시 사유가 확정된 때)부터 선거일까지 선거에 영향을 미치게 하기 위하여 이 법의 규정에 의하지 아니하고는 정당(창당준비위원회와 정당의 정강·정책을 포함한다. 이하 이 조에서 같다) 또는 후보자(후보자가 되고자 하는 자를 포함한다. 이하 이 조에서 같다)를 지지·추천하거나 반대하는 내용이 포함되어 있거나 정당의 명칭 또는 후보자의 성명을 나타내는 광고, 인사장, 벽보, 사진, 문서·도화, 인쇄물이나 녹음·녹화테이프 그 밖에 이와 유사한 것을 배부·첩부·살포·상영 또는 게시할 수 없다. 다만 다음 각 호의 어느 하나에 해당하는 행위는 그러하지 아니하다.

1. 선거운동 기간 중 후보자, 제60조의 3 제2항 각 호의 어느 하나에 해당하는 사람(같은 항 제2호의 경우 선거 연락소장을 포함하며, 이 경우 "예비 후보자"는 "후보자"로 본다)이 제60조의 3 제1항 제2호에 따른 후보자의 명함을 직접 주는 행위

2. 선거기간이 아닌 때에 행하는 정당법 제37조 2항에 따른 통상적인 정당 활동

그런데 헌법재판소는 중앙선거관리위원회의 SNS선거운동 금지에 대해서 2011년 12월 29일 재판관 6(위헌) 대 2(합헌)의 의견으로 '기타 이와 유사한 것'이 '정보 통신망을 이용하여 인터넷 홈페이지 또는 그 게시판, 대화방 등에 글이나 동영상 등 정보를 게시하거나 전자우편을 전송하는 방법'에 포함되는 것으로 해석하는 한 헌법에 위반된다는 결정을 선고하였다(이른바 '한정 위헌' 결정). 위와 같이 해석하는 것은, 정치적 표현 및 선거운동의 자유의 중요성, 인터넷의 매체적 특성, 입법 목적과의 관련성, 다른 공직선거법 법률 조항들과의 관계 등을 고려하면 과잉 금지 원칙을 위배하여 청구인들의 선거운동의 자유 내지 정치적 표현의 자유를 침해하는 것으로서 헌법에 위반된다고 판단했다(헌재결 2011.12.29. 2007헌마1001).

헌법재판소의 이번 결정은 UCC를 배포하는 행위를 공직선거법 제93조 1항의 '기타 유사한 것'으로 보아 금지했던 중앙선거관리위원회의 단속 규정에 대한 헌법재판소의 2009년 7월 30일 선고 2007헌마

718 결정(합헌)을 뒤집은 것이다. UCC사건 당시에도 위헌 의견 5명, 합헌 의견이 3명으로 위헌 의견이 다수 의견이었지만, 위헌 결정에 필요한 정족수인 6명을 채우지 못하여 합헌 결정이 났던 것이다.

115. 관계 행정기관에 대한 지시

제115조 ① 각급 선거관리위원회는 선거인명부의 작성 등 선거 사무와 국민투표 사무에 관하여 관계 행정기관에 필요한 지시를 할 수 있다.
② 제1항의 지시를 받은 당해 행정기관은 이에 응하여야 한다.

이 조항과 관련하여 선거관리위원회법은 관계 행정기관에 대하여는 지시 또는 협조 요구를 할 수 있고, 공공단체 및 은행에 대해서는 협조 요구를 할 수 있도록 했고, 이에 따라 지시를 받거나 협조 요구를 받은 행정기관·공공단체 등은 우선적으로 이에 응하여야 한다고 규정하고 있다(선거관리위원회법 제16조).

116. 선거공영제

제116조 ① 선거운동은 각급 선거관리위원회의 관리하에 법률이 정하는 범위 안에서 하되, 균등한 기회가 보장되어야 한다.
② 선거에 관한 경비는 법률이 정하는 경우를 제외하고는 정당 또는 후보자에게 부담시킬 수 없다.

제1항의 선거운동에 대해서 공직선거법 제58조 1항은 "'선거운동'이라 함은 당선되거나, 되지 못하게 하기 위한 행위를 말한다."고 규정하고, 다만 선거운동으로 보지 않는 행위로는 선거에 관한 단순한 의견 개진 및 의사표시, 입후보와 선거운동을 위한 준비 행위, 정당의 후보자 추천에 관한 단순한 지지·반대의 의견 개진 및 의사표시, 통상적인 정당 활동을 들고 있다.

선거운동의 균등한 기회와 관련하여 헌법재판소는 무소속 후보자와 정당 소속 후보자 간에 합리적이고 상대적으로 차별을 두는 것은 인정된다고 하였으나(헌재결 1996.3.28. 96헌마9), 정당 추천 후보자에게 별도로 정당 연설회를 허용하는 것은 무소속 후보자와 비교하여 월등하게 유리한 위치에서 선거운동을 하게 하여 불평등하므로 위헌이라고 판단했다(헌재결 1992.3.13. 92헌마37).

제8장
지방자치

117. 지방자치단체의 업무

제117조 ① 지방자치단체는 주민의 복리에 관한 사무를 처리하고 재산을 관리하며, 법령의 범위 안에서 자치에 관한 규정을 제정할 수 있다.
② 지방자치단체의 종류는 법률로 정한다.

제1항은 제헌헌법 제96조에서 유래하며 1962년헌법과 같다.
제2항은 1962년헌법에 추가되었다.
지방자치는 민주주의에 방점을 두는 영미형의 주민자치와 능률적 행정에 방점을 두는 대륙형(독일, 프랑스)의 단체자치의 두 유형이 있는데, 우리 헌법상의 지방자치는 주민자치와 단체자치를 포괄한 것이다(헌재결 2006.2.23. 2005헌마403). 지방자치단체의 종류를 정한 법률로 지방자치법이 있다.
지방자치법에 의하면 지방자치단체에는 다음 두 가지 종류가 있다 (지방자치법 제2조).
1. 특별시, 광역시, 도, 특별자치도
2. 시, 군, 구
지방자치단체는 법인으로 한다(지방자치법 제3조).

지방자치단체는 관할구역의 자치 사무와 법령에 따라 지방자치단체에 속하는 사무를 처리한다(지방자치법 제9조 1항).

현행헌법은 지방자치단체의 업무에 대해서 너무 소략하게 규정하고 있다. 이 같은 헌법의 태도는 지방자치단체의 위상과 역할을 과소평가하게 만들 우려가 있으며, 중앙정부에 대한 지자체의 과도한 의존을 야기할 수가 있다. 다음 개헌에서는 지자체의 업무와 권한에 대해서 보다 구체적으로 규정할 필요가 있다. 예를 들면 프랑스헌법은 지자체의 재정과 과세권에 대해서 다음과 같이 상세히 규정하고 있다.

프랑스헌법 제72조의 2
① 지방자치단체들은 법률에서 정하는 바에 따라 자유롭게 지출할 수 있는 재원을 가진다.
② 지방자치단체들은 각종 세금의 전부 또는 일부를 징수할 수 있다. 지방자치단체들은 법률이 정하는 범위 내에서 그 과세 기준 및 세율을 정할 수 있다.
③ 지방자치단체들의 세입 및 기타 고유의 재원은 각 지방자치단체의 재원의 결정적 부분을 형성한다. 이러한 규칙의 시행 방법은 조직법으로 정한다.
④ 국가와 지방자치단체 간의 모든 권한 이양은 그 권한의 행사에 조달되었던 재원의 이양을 수반한다. 지방자치단체의 지출을 증가시키는 모든 권한의 신설 또는 확대는 법률에서 정하는 재원을 수반한다.
⑤ 법률에 지방자치단체 간 평등을 촉진하기 위한 조정 조항을 둔다.

118. 지방의회

제118조 ① 지방자치단체에 의회를 둔다.
② 지방의회의 조직·권한·의원 선거와 지방자치단체의 장의 선임 방법 기타 지방자치단체의 조직과 운영에 관한 사항은 법률로 정한다.

제헌헌법 제97조와 같은 내용이다.

지방의회는 임기 4년의 지방의회 의원으로 구성된다. 지방자치법은 지방의회는 매년 2회 정례회를 개최한다고 규정하고 있으나(지방자치법 제44조 1항), 연간 회의 총일수와 정례회 및 임시회의 회기에 대해서는 해당 지방자치단체의 조례에 맡기고 있다(지방자치법 제47조 2항). 지방의회의 권한으로는 의안에 대한 의결권, 지방자치단체장의 선결 처분에 대한 승인권, 매년 1회 지방자치단체의 사무에 대한 감사권, 특정 사안에 대하여 재적의원 3분의 1 이상의 연서로 실시하는 조사권, 지방자치단체의 장이나 관계 공무원에 대한 출석·답변 요구권 등이 있다. 제2항에서 지방자치단체장의 선임 방법을 법률에 위임했기 때문에 지방자치단체장의 주민 직선제는 헌법사항은 아니다.

제9장
경제

119. 경제민주화

제119조 ① 대한민국의 경제 질서는 개인과 기업의 경제상의 자유와 창의를 존중함을 기본으로 한다.
② 국가는 균형 있는 국민경제의 성장 및 안정과 적정한 소득의 분배를 유지하고, 시장의 지배와 경제력의 남용을 방지하며, 경제주체 간의 조화를 통한 경제의 민주화를 위하여 경제에 관한 규제와 조정을 할 수 있다.

제1항 '대한민국 경제 질서의 기본'을 제헌헌법 제84조는 다음과 같이 규정했다.

대한민국의 경제 질서는 모든 국민에게 생활의 기본적 수요를 충족할 수 있게 하는 사회정의의 실현과 균형 있는 국민경제의 발전을 기함을 기본으로 삼는다. 각인의 경제상 자유는 이 한계 내에서 보장된다.

이 조항은 제헌헌법부터 1960년 헌법까지 계속 유지되어오다가 5·16군사쿠데타 이후 1962년헌법부터 대한민국의 경제 질서의 기본이

"개인의 경제상의 자유와 창의를 존중"하는 것으로 바뀌어 오늘에 이르고 있다(1962년헌법 제111조 1항).

제2항은 현행헌법에 추가되었다. 경제민주화의 핵심 조항으로, 김종인 전 청와대 경제수석이 제안했기 때문에 '김종인 조항'이라고도 한다.

보수적인 학자들은 현행헌법의 경제에 대한 규제와 정부의 개입이 너무 심하다면서 다음 개헌에서는 이를 대폭 삭제하고 자유 시장경제 질서를 강화하는 방향으로 개정을 해야 한다고 주장한다. 예를 들면 제119조 2항 경제민주화 조항을 삭제하고 "경쟁의 자유는 보호해야 한다. 경제에 대한 규제와 조정은 자유 시장경제의 확립과 유지를 위하여 필요한 경우에 한한다."로 바꿔야 한다는 주장이 있다(민병국, 2010: 869). 경제민주화를 위한 개입은 노동자 경영 참여, 소액주주 운동 등의 사회민주주의 어젠다와 관련이 있다면서 이는 기업의 재산과 경영권을 공유화하는 결과를 초래한다는 것이다. 아울러 현행헌법 제32조 근로의 권리와 의무 조항의 1항 후문에 규정된 최저임금제, 2항 후문의 "국가는 근로의 의무의 내용과 조건을 민주주의 원칙에 따라 법률로 정한다."는 규정도 삭제해야 한다고 주장한다. '근로의 의무'라는 개념이 불명확하고 민주주의 원칙이라는 것도 명확한 개념이 아니라는 것이다. 이 같은 주장이 틀렸다는 것은 앞에서 살펴보았다(222~224쪽 참조). 제119조 2항을 흔히 경제민주화 조항이라고 한다. 그러나 경제민주화는 단지 이 제119조 2항뿐만 아니라 헌법 전문, 국민주권, 재산권 행사의 공공복리 적합 의무, 인간의 존엄과 가치, 평등권, 사회적 기본권 등에서 연원하여 우리 헌법 전반을 지배하는 원리이자 제헌헌법부터 현행헌법까지 일관되게 우리 헌법이 채택하고 있는 이념이다. 헌법재판소는 제119조 2항의 의미에 대해서 다음과 같이 설명하고 있다.

> 헌법이 이미 많은 문제점과 모순을 노정한 자유방임적 시장경제를 지향指向하지 않고 아울러 전체주의국가의 계획 통제경제도 지양止揚하면서 국민 모두가 호혜 공영하는 실질적인 사회정의가 보장되는 국가, 환언하면 자본주의적 생산양식이라든가 시장메커니즘의 자동 조절 기능이라는 골격을 유지하면서 근로대중의 최소한의 인간다운 생활을 보장하기 위하여 소득의 재분배, 투자의 유도·조정, 실업자 구제 내지 완전고용, 광범위한 사회보장을 책임 있게 시행하는 국가 즉 민주복지국가의 이상을 추구하고 있음을 의미한다(헌재결 1989.12.22. 88헌가13).

제119조 2항은 세 부분으로 나눠볼 수 있다.

첫째, 균형 있는 국민경제의 성장 및 안정과 적정한 소득분배 유지.

우리 헌법은 단순한 성장이 아닌 '균형 있는' 성장을 요구하고 있다. 따라서 재벌 편중, 대기업 편중, 지역 편중의 성장은 헌법적 가치에 반하는 성장이다. 앞으로 성장의 합헌성을 반드시 고려해야 한다. '균형'은 단지 사촌이 땅을 사면 배가 아프기 때문에 필요한 것이 아니라 사회의 생명력을 유지하기 위해서 필요한 것이다. 균형이 무너진 사회는 더 이상 존재할 이유가 사라진 사회이기 때문이다. 사회는 본래 모두가 함께 잘 살자고 있는 것인데, 극소수만 잘 살 수 있는 사회가 되어버리면 나머지 구성원들이 그런 사회를 유지하기 위해 애쓸 필요가 없어지는 것이다. 따라서 헌법이 균형 있는 국민경제의 성장을 주문한 것은 우리 사회가 계속해서 건강하게 발전할 수 있도록 지혜를 모으라는 메시지로 읽어야 한다. 신자유주의와 같은 특정한 이념에 집착하여 본질적인 목표의 달성을 저해하는 행위는 반헌법적이다.

'안정'은 물가 안정, 환율 안정, 금리 안정 등의 개별 경제 변수의 안정을 통해서 포괄적인 경제 시스템 전반의 안정을 기하라는 것이다. 세계에서 가장 비싼 등록금, 천문학적인 사교육 규모 등도 안정을 저해하는 요소다. 따라서 이 같은 사회현상을 방치하는 것은 헌법에 위반된다. 문제는 세계화로 인해 일국 경제가 항상 불안정한 상황에 노출되어 있다는 점이다. 따라서 개방만이 능사가 아니라는 점에 대해서 사회적 합의가 필요하다. 개방과 국내 산업 보호 사이에서 균형 감각이 요구된다. '적정한 소득분배'를 위해서는 무엇보다도 일자리 창출과 고용 보장이 급선무다. 일자리의 80%를 차지하는 중소기업의 활성화를 위해서 범국가적 차원의 전략적 접근이 필요하다. 한국은행에 의하면 국내 산업의 매출 10억 원당 평균 고용 인원(=취업유발계수)은 8.7명이지만, 30대 그룹의 취업유발계수는 1.03명에 지나지 않는다(『한겨레신문』 2012. 2. 14). 비정규직 근로자에 대한 처우 개선과 정규직 전환을 위한 노력에도 박차를 가해야 한다. 적정한 소득분배를 위한 장기적인 과제는 역시 교육이다. 교육비 부담을 줄여서 서민의 가처분소득을 늘리고, 공평한 교육 기회 보장으로 서민 자제의 계층 이동을 가능하게 해야 한다. 김상곤 교육감의 제안처럼 지방마다 그 지역의 '서울대'를 육성해서 입시 지옥을 없애고 지역의 균형 있는 발전과 일자리 창출을 가능하게 하는 방안도 적극적으로 검토할 필요가 있다.

둘째, 시장의 지배와 경제력의 남용 방지.

이것은 한마디로 재벌 개혁을 뜻한다. 우리나라의 재벌은 이제 더 이상 참을 수 없는 한계에 도달했다. 2010년 현재 삼성의 자산 총액은 230조 9,280억 원, 매출액은 254조 5,620억 원, 순이익은 24조 4,980억 원이다. 현대차의 자산 총액은 126조 6,890억 원, 매출액은 129조 6,430억 원, 순이익은 13조 5,400억 원이다. 국내총생산(GDP) 대비 매출액 비중은 삼성이 21.8%, 현대차가 11.1%이다. SK와 LG 그리고 롯데까지 포함한 국내 5대 재벌의 매출액 합계는 GDP의 45.7%에 달한다(『한겨레신문』 2012. 2. 13). 이제 재벌은 시장을 지배하는 수준을 넘어서 시장의 숨통을 끊어놓고 있다. 재벌의 내 식구 일감 몰아주기, 커피·제과점·분식과 같은 전형적인 자영업 영역에 재벌 자녀들의 진출, 대형 마트를 통한 골목 상권 초토화 등 재벌은 마치 불가사리처럼 시장의 모든 질서를 파괴하고 시장 개념 자체를 말살시키고 있다. 미국의 경우 경제력 집중이 국제금융위기의 원인이 되었다는 지적도 있다. 즉 대기업과 부유층에 경제력이 집중되면서 이들의 정치적 영향력이 점점 커졌고, 확대된 정치적 영향력을 이용해서 각종 규제 완화 정책을 관철시켰는데, 이것이 바로 국제금융위기를 가져왔다는 것이다(유종일, 2011).

따라서 재벌 개혁이 반시장적이라고 말하는 사람들은 얼이 빠졌거나 재벌의 마름이라고밖에 볼 수 없다. 재벌과 그들의 옹호자들은 우리의 공화국 질서를 파괴했다. 재벌 총수들은 사실상 치외법권 지대에 머물면서 법치주의를 비웃고 있다. 삼성 회장 이건희는 약 2,000억 원에 달하는 조세 포탈과 배임 등의 혐의로 2008년 8월에 징역 3년에 집행유예 5년을 선고받았지만 2009년 12월에 단독으로 사면을 받았다. 현대차 회장 정몽구도 수천억 원에 달하는 횡령, 배임으로 2008년 6월에 확정판결을 받았으나 불과 두 달 후인 2008년 8월에 특별사면을 받았다. SK 회장 최태원은 1조 5,000억 원대의 분식회계로 2008년 5월 확정판결이 났지만 불과 세 달 후인 2008년 8월에 특별사면되었다(『한겨레신문』 2012. 2. 4). 이 같은 재벌 오너들에 대한 법의 특별 대우는 이루 헤아릴 수 없을 정도로 많다. 미국은 경제사범에 대한 처벌이 엄격하다. 10여 년 전 당시 미국의 최대 에너지 기업인 엔론이 파산했을 때 미국 법원은 회계 부정을 저지른 엔론의 CEO 제프리 스킬링에게 24년 4개월의 징역형을 선고했다. 또한 분식회계로 도산한 미국의 통신 업체 월드컴의 CEO 버나드 에버스에게는 25년의 징역형을 선고했다. 반면에 한국 법원은 "회사 발전에 기여", "경제성장에 이바지" 등을 이유로 CEO들에 대하여 대부분 실형이 아닌 집행유예를 선고했고 그나마도 대통령이 신속하게 사면 조치를 했다. 이는 재계의 도덕적 해이를 부추겨서 결과적으로는 경제의 건전한 발전에도 해악을 미칠 뿐만 아니라 무엇보다도 법 앞의 평등이라는 법치국가의 기본 원리를 파괴하는 반헌법적 행태인 것이다. 이런 상황이 계속되는 한 국민주권과 공화국의 가치는 공염불에 그칠 것이며 계층 간의 적대감은 걷잡을 수 없이 확산될 것이다. 이를 막기 위해서라도 재벌 개혁은 더 이상 미룰 수 없는 과제이다. 재벌 개혁은 2013년 체제의 출발점인 동시에 경제의 균형 있는 성장과 경제주체 간의 조화를 통한 경제민주화로 공화국 질서를 확립하는 시금석이 될 것이다.

셋째, 경제주체 간의 조화.

경제주체 간의 조화는 공화국의 시각에서 본다면 균형 있는 발전과 경제력 집중을 극복하고 공화주의적 경제 질서로 나아가는 상태를 뜻한다. 그리고 그것이 완성된 것을 경제민주화라고 부를 수 있을 것이다. 경제주체 간의 조화를 이루기 위해서는 무엇보다 조세 정의가 중요하다. 최근 윤영선 전 관세청장이 발표한 박사 학위논문을 보면, 국내 상위 10대 기업이 임시투자세액공제(임투공제)와 연구개발(R&D)세액공제를 통해 한 해 동안 돌려받은 세금(2009년 납부 기준)은 1조 7,665억 원으로 전체 감면액(3조 6,350억 원)의 절반(48.6%)에 이른다. 두 제도는 기업 설비투자비와 연구 개발비에 대해 납부 세액의 7~10%를 깎아주는 제도로서 법인세 감면 중 규모가 가장 크다(『한겨레신문』 2012. 2. 7). 그리고 법인세 감면 대상 전체 기업의 0.0013%에 불과한 상위 169개 기업이 누리는 법인세 감면 혜택은 전체 감면액의 54%에 달한다. 반면 전체 대상 기업의 98.4%를 차지하는 50억 원 이하 소기업이 받는 감면 혜택의 비중은 23.3%에 불과하다(선대인, 2011: 361). 복지 선진국 스웨덴의 조세부담률(GDP 대비 납세액 비율)은 2008년 현재 34.8%에 달한다. 2009년 OECD 회원국의 평균 조세부담률은 24.8%인 반면, 우리나라는 19.7%에 그쳤다. 이처럼 낮은 조세부담률은 복지 정책을 시행할 재원 마련을 어렵게 할 뿐만 아니라 사회적 갈등을 증폭시키는 원인이 된다. 따라서 참여정부 당시에 도입했다가 위헌판결로 사실상 유명무실해진 종합부동산세를 되살리고, 부유세 도입으로 소득재분배효과를 거둬야 한다. 아울러 중구난방식으로 이루어지는 비과세 감면 제도를 대폭 정비해서 대기업과 부유층이 오히려 혜택을 보는 역효과를 방지해야 할 것이다. 또한 대기업과 중소기업의 상생 협력 기반을 마련하고 중소기업의 고유 업종을 보호하는 공존의 지혜가 필요하다. 500만 비정규직 문제를 해결하지 않고서는 경제주체 간의 조화는 불가능하다. 또한 고용 시장에 접근조차 못하고 있는 청년실업자들은 경력 단절과 빈곤으로 한계상황에 처해 있다.

경제주체 간의 조화는 조세 정의와 더불어 어려움에 처한 국민들에게 인간다운 삶을 보장하는 복지 정책을 실시하고, 더 나아가 모든 국민이 인간의 존엄과 가치를 유지할 수 있는 기본적인 수입을 국가가 보장함으로써 가능해진다. 모든 국민이 공화국의 주권자로서 경제적 자립의 토대를 갖출 때 비로소 주권자로서의 자존감과 기백을 함양할 수 있다. 자존감과 기백이 있어야 정치적 주체로 설 수 있다. 주권자들 각자가 우리 사회의 정치적 주체로서 우뚝 설 때, 주권자 상호 간의 진정한 시민적 우애와 상호 신뢰가 가능하며, 그래야 국가적이거나 지역적인 현안에 대해서도 능동적인 자세로 관심을 가지고 문제점을 찾아 개선할 의지를 발휘할 수 있게 되는 것이다.

120. 주요 자원의 이용

제120조 ① 광물 기타 중요한 지하자원·수산자원·수력과 경제상 이용할 수 있는 자연력은 법률이 정하는 바에 의하여 일정한 기간 그 채취·개발 또는 이용을 특허할 수 있다.
② 국토와 자원은 국가의 보호를 받으며, 국가는 그 균형 있는 개발과 이용을 위하여 필요한 계획을 수립한다.

제헌헌법은 제85조에서 "광물 기타 중요한 지하자원·수산자원·수력과 경제상 이용할 수 있는 자연력은 국유로 한다. 공공 필요에 의하여 일정한 기간 그 개발 또는 이용을 특허하거나 또는 특허를 취소함은 법률의 정하는 바에 의하여 행한다."고 규정했고, 1954년헌법에서 "광물 기타 중요한 지하자원, 수산자원, 수력과 경제상 이용할 수 있는 자연력은 법률이 정하는 바에 의하여 일정한 기간 그 채취, 개발 또는 이용을 특허할 수 있다."(85조)로 개정되어서 오늘에 이르고 있다.

제2항은 유신헌법에서 신설했다.

제120조 1항은 독일기본법 제15조와 유사하다. 그러나 독일기본법 제15조는 "토지, 천연자원 및 생산수단은 사회화를 목적으로 보상의 종류와 정도를 규정하는 법률에 의하여 공유재산 또는 공동관리경제의 다른 형태로 전환될 수 있다."고 하여 천연자원은 물론 토지 및 생산수단의 사회화와 공동관리경제까지 염두에 두고 있다. 한국 우파의 기준으로 본다면 독일기본법은 사회주의 헌법이라고 할 수 있을 것이다. 독일도 우리와 마찬가지로 분단으로 인한 체제 경쟁을 겪었다는 점을 상기할 때, 국유화라는 표현을 애써 삭제한 우리나라와 천연자원은 물론 토지 및 생산수단의 사회화까지 규정한 독일의 태도는 대조적이다.

이 조항도 공화주의와 공익적 가치를 살리는 방향으로 개정해야 할 것이다.

121. 경자유전의 원칙

제121조 ① 국가는 농지에 관하여 경자유전의 원칙이 달성될 수 있도록 노력하여야 하며, 농지의 소작제도는 금지된다.

② 농업 생산성의 제고와 농지의 합리적인 이용을 위하거나 불가피한 사정으로 발생하는 농지의 임대차와 위탁 경영은 법률이 정하는 바에 의하여 인정된다.

제헌헌법 제86조는 "농지는 농민에게 분배하며 그 분배의 방법, 소유의 한도, 소유권의 내용과 한계는 법률로써 정한다."고 규정했으나 1962년헌법에서 이 조항을 삭제하고 대신 소작제도 금지를 규정하여 오늘에 이르고 있다. 제1항의 경자유전의 원칙이라는 표현은 현행헌법에서 처음 사용했다. 제2항의 농지 임대차와 위탁 경영은 1980년헌법에서 처음 규정했다.

경자유전의 원칙, 즉 농지는 농업인과 농업 법인만이 소유할 수 있다는 원칙을 헌법에 명시한 것은 세계경제 질서에 편입되어 농산물의 국가 간 유통이 이루어지고 기업농이 글로벌하게 이루어지는 상황에서 탄력적인 경제 운용을 저해하고 산업의 구조를 왜곡하여 경제적 생산력을 저하시키는 결과를 가져올 수가 있으므로 폐지해야 한다는 주장이 있다(정종섭, 2011: 234). 그러나 산업화와 세계화는 인류는 물론 지구상의 모든 생명을 위기에 몰아넣고 있다. 경제적 이윤을 중요시하는 기업농의 행태는 합성 비료와 농약의 남용과 비인도적인 공장 축산을 가져왔고, 이는 고스란히 인간의 건강을 위협하는 부메랑이 되어 돌아오고 있다. 소규모 자영농의 몰락은 가족과 이웃의 관계를 해체시켰고, 공동체를 붕괴시켰다. 요컨대 인간은 산업화로 인해서 자연으로부터 멀어지고, 그로 인해서 자연이 주는 혜택을 상실하였을 뿐만 아니라 자연 그 자체를 파괴함으로써 스스로의 건강과 영혼을 병들게 하고 있다. 따라서 이럴 때일수록 소규모 자영농과 농경문화의 전통은 우리의 소중한 자산으로 계승 발전시켜야 할 것이다. 최근 귀농 인구가 역대 최고 수준을 갱신하면서 계속해서 늘고 있는데, 이는 비로소 사람들이 농업의 가치를 깨달았음을 의미한다. 따라서 향후 헌법에서도 경자유전의 원칙을 견지해야 할 것이다.

122. 국토 이용의 제한

제122조 국가는 국민 모두의 생산 및 생활의 기반이 되는 국토의 효율적이고 균형 있는 이용·개발과 보전을 위하여 법률이 정하는 바에 의하여 그에 관한 필요한 제한과 의무를 과할 수 있다.

제헌헌법에는 없다. 토지의 효율적 이용을 위해 필요한 제한과 의무 부과 조항은 1962년헌법에서 처음 등장한다. "국민 모두의 생산 및 생활의 기반이 되는 국토"라는 말은 토지에 대한 우리 헌법의 공화주의적 태도를 나타내고 있다. 이 구절을 단순히 문학적 표현으로 생각해서는 안 된다. 공화주의적 가치가 담긴 중요한 구절이다.

이에 따라 '토지공개념 3법'이 한때 있었다. 토지공개념 3법은 1980년 후반 국민들의 민주화 열망 속에서 제기된 토지공개념 도입 논의에 그 뿌리를 두고 있다. 토지공개념 3법이란 '토지초과이득세법', '개발이익환수에 관한 법률', '택지 소유 상한에 관한 법률'을 말한다. 이 법률들은 헌법재판소로부터 각각 헌법 불합치, 일부 위헌, 위헌 등의 판결을 받았고, 1998년 IMF 사태 이후 건설 경기 활성화를 위한다는 명목으로 3법 자체가 아예 폐지되어버렸다. 헌법재판소는 택지 소유 상한에 관한 법률의 위헌판결에서 이 법의 입법 목적은 "국민 누구나 유사한 면적의 택지를 소유할 수 있도록 택지를 분배하고자 하는 것이 아니라 실수요자가 아님에도 투기 목적으로 토지를 필요 이상으로 보유함으로써 실수요자의 토지 소유와 이용을 막는" 행위를 제재하는 것이라면서, 200평이라는 택지 소유 상한은 지나치게 낮아서 자유 실현을 제한한다고 판시하였다. 그러나 여기서 200평의 택지 소유 상한은 전국에 걸친 것이 아니라 인구가 과밀한 서울,

부산, 대구, 광주, 대전, 인천 6대 도시에 국한된 것이었는데 그것이 과연 자유 실현을 그토록 제한하는 것인지 의문이다. 생각해보라. 서울 시내에서 200평의 택지를 소유할 정도면 얼마나 부자여야 하는지를. 예를 들어보자. 평생 자기 땅을 한 번도 밟아보지 못한 사람들을 위해서 정부가 재벌 소유의 비업무용 토지를 수용해서 최소한의 텃밭으로 쓸 수 있도록 몇 평씩 무상으로 분배해줬다고 하자. 그리고 토지를 분배받은 사람은 그 땅을 사고팔거나 타인에게 빌려주는 행위를 할 수 없도록 되어 있다고 치자. 그래야만 땅을 분배한 본래의 목적, 즉 텃밭 가꾸기를 통한 신선한 야채 섭취와 자녀의 정서 함양이라는 목적을 달성할 수 있기 때문이다. 그러나 만약 이 같은 정책이 시행되면 헌법재판소는 위헌을 선고할 가능성이 높다. 일단 재벌의 토지를 무상으로 몰수해서 개인에게 무상으로 분배하는 것 그 자체가 사유재산을 침해한다는 이유로 위헌 결정을 받게 될 것이다. 아울러 분배받은 토지를 매매하거나 임대하는 것을 제한하는 것, 분배받은 토지에서 다른 일은 못하고 텃밭만 일궈야 한다는 것도 개인의 소유권 행사를 과도하게 제한한다며 위헌 결정을 받을 가능성이 높다. 이는 우리 헌법재판소가 공화주의보다는 자유주의적 입장을 견지하고 있기 때문이다. 그러나 만약 공화주의적 태도를 취한다면 재벌이 막대한 비업무용 토지를 소유하고 있는 것 자체가 공화국의 토지 소유 질서를 어지럽히기 때문에 용납될 수 없을 것이다. 또 공화국의 주권자들 중 자기 소유 토지가 없는 이들에게 최소한의 인간다운 삶을 영위할 수 있도록 미니 텃밭을 무상으로 분양해준다는 것은 국가가 해야 할 당연한 일로 여겨질 것이다. 이것은 경제체제가 자본주의냐 사회주의냐 하는 문제와는 무관한 일이다. 이는 그보다 상위의 헌법 원칙에 의해서 결정되기 때문이다. 지금까지는 경제 논리가 헌법 원칙을 압도했지만 앞으로는 헌법 원칙이 경제 논리를 다스리게 될 것이다.

앞으로 개헌을 하게 되면 공화주의적인 헌법 정신을 살리고 자본주의의 탐욕 앞에 무너진 토지공개념 3법을 되살리기 위하여 헌법 제122조를 다음과 같이 개정해야 할 것이다. "① 국가는 국민 모두의 생산 및 생활의 기반이 되는 토지의 효율적이고 균형 있는 이용·개발과 보전, 그리고 공공성을 수호하기 위하여 법률이 정하는 바에 의하여 그에 관한 필요한 제한과 의무를 과할 수 있다. ② 국가는 개인 또는 법인이 소유할 수 있는 토지의 면적, 개발이익의 귀속에 대하여 법률로써 제한을 할 수 있다. ③ 국가는 동일 세대의 부동산 보유 규모가 법률이 정하는 기준을 초과할 경우, 그 초과분에 따라 조세를 부과할 수 있다."

123. 농업, 어업 및 중소기업의 보호

제123조 ① 국가는 농업 및 어업을 보호·육성하기 위하여 농·어촌 종합개발과 그 지원 등 필요한 계획을 수립·시행하여야 한다.
② 국가는 지역 간의 균형 있는 발전을 위하여 지역 경제를 육성할 의무를 진다.
③ 국가는 중소기업을 보호·육성하여야 한다.
④ 국가는 농수산물의 수급 균형과 유통 구조의 개선에 노력하여 가격 안정을 도모함으로써 농·어민의 이익을 보호한다.
⑤ 국가는 농·어민과 중소기업의 자조 조직을 육성하여야 하며, 그 자율적 활동과 발전을 보장한다.

제헌헌법에 없다. 농어민과 중소기업의 자조 조직 육성은 1962년부터 규정되었다. 농어촌 개발을 위한 계획 수립은 유신헌법부터 규정되었다. 나머지는 대부분 현행헌법에서 신설된 것이다.

헌법은 농·어업의 보호 육성, 지역 균형 발전을 위한 지역 경제 육성, 중소기업 보호·육성, 농수산물 유통 구조 개선을 국가의 의무로 규정하고 있다. 모두가 중요한 국가적 과제이지만 지금까지도 제대로 이루어지지 못하거나 오히려 어떤 것은 퇴보했다. 농업이 낙후된 선진국은 없다는 말이 있다. 그만큼 농어업은 국민 건강과 국가 경제를 위해서도 꼭 필요한 산업이다. 농어업의 기반을 무너뜨리고서 좋은 나라가 될 수 없다. 중소기업도 말할 나위가 없다. 중소기업이 발전해야 일자리도 생기고 국민경제가 내실 있는 발전을 할 수 있기 때문이다. 헌법 제123조는 앞으로 우리나라가 지향해야 할 산업 정책의 중요한 방향을 제시하고 있다. 제5항의 농어민과 중소기업의 자조 조직 육성과 관련하여, 혹자는 이들 자조 조직이 헌법상 결사의 자유와 영업의 자유에 의해 보호되므로 국가가 통제할 수 없다면서, 예컨대 국가가 법률로 농업협동조합과 축산업협동조합을 강제로 통합하거나 인삼조합을 농업협동조합에 강제로 통합할 수 없다고 주장한다. 그러면서 제5항이 육성이라는 명목으로 자조 조직을 통제하고 관리하는 근거로 '동원'될 우려가 있다고 한다(정종섭, 2011: 235). 그것이 어째서 '동원'인가? 그것은 '동원'이 아니라 '적용'이다. 왜 그런지 예를 들어보자. 만약에 전국버섯조합이라는 자조 조직이 있는데 이 조합을 재벌가의 손자가 사실상 장악을 하고 있다고 하자. 그리고 그 상태로 수십 년이 흘러서 마침내 버섯 산업은 그 재벌 가문의 식솔이 아니면 진입조차 할 수 없게 되었다고 하자. 그런 상태에서도 전국버섯조합을 결사의 자유, 영업의 자유를 이유로 방치해야 하는가? 아니면 운영진을 교체하고 정상적인 자조 조직이 될 때까지 국가가 직접 관리를 하거나 농협에 통합시켜서 버섯 산업이 정상화될 때까지 농협의 하부 단위로 삼는 것이 바람직한 것인가? 또 거대한 국제 식량 자본이 국내시장에 진출할 때 각 분야의 자조 조직들이 자구책으로 통폐합을 해서 대응하려고 하는데 통폐합 협상이 좀처럼 진척이 없자 정부와 정치권이 조율을 해서 통폐합이 신속하고 원만하게 이루어졌다고 가정하자. 과연 그것이 결사의 자유, 영업의 자유를 침해한 것인가?

124. 소비자보호운동의 보장

제124조 국가는 건전한 소비 행위를 계도하고 생산품의 품질 향상을 촉구하기 위한 소비자보호운동을 법률이 정하는 바에 의하여 보장한다.

제헌헌법에 없다. 1980년헌법에 신설되었다.
소비자보호와 관련된 법률로는 소비자기본법, 방문판매 등에 관한 법률, 할부거래에 관한 법률 등이 있다.
소비자기본법에서는 소비자가 누리는 기본적 권리로 다음 8가지를 열거하고 있다(소비자기본법 제4조).
 1. 물품 또는 용역(이하 "물품 등"이라 한다)으로 인한 생명·신체 또는 재산에 대한 위해로부터 보호받을 권리.
 2. 물품 등을 선택함에 있어서 필요한 지식 및 정보를 제공받을 권리.
 3. 물품 등을 사용함에 있어서 거래 상대방·구입 장소·가격 및 거

래 조건 등을 자유로이 선택할 권리.

4. 소비생활에 영향을 주는 국가 및 지방자치단체의 정책과 사업자의 사업 활동 등에 대하여 의견을 반영시킬 권리.

5. 물품 등의 사용으로 인하여 입은 피해에 대하여 신속·공정한 절차에 따라 적절한 보상을 받을 권리.

6. 합리적인 소비생활을 위하여 필요한 교육을 받을 권리.

7. 소비자 스스로의 권익을 증진하기 위하여 단체를 조직하고 이를 통하여 활동할 수 있는 권리.

8. 안전하고 쾌적한 소비생활 환경에서 소비할 권리.

국가 및 지방자치단체는 위와 같은 소비자의 기본적 권리가 실현되도록 하기 위하여 △관계 법령 및 조례의 제정 및 개정·폐지 △필요한 행정조직의 정비 및 운영 개선 △필요한 시책의 수립 및 실시 △소비자의 건전하고 자주적인 조직 활동의 지원·육성(소비자기본법 제6조) 등을 해야 한다.

한편 최근 대학생들의 집단 수용 등 사회문제가 되고 있는 다단계판매와 관련해서는 방문판매 등에 관한 법률에서 규정하고 있다. 다단계판매는 법률에 따라서 이루어지면 그 자체가 불법은 아니다. 그러나 방문판매 등에 관한 법률은 다단계판매에 대하여 일정한 행위를 금지하고 있다. 예컨대 △계약의 체결을 강요하거나 청약 철회 또는 계약 해지를 방해할 목적으로 상대방에게 위력을 가하는 행위 △허위·과장 사실을 알리거나 기만적인 방법으로 거래를 유도하거나 청약 철회 또는 계약 해지를 방해하는 행위 △다단계판매원 또는 다단계판매원이 되고자 하는 자에게 가입비, 판매보조물품, 개인할당판매액, 교육비 등 명칭 및 형태를 불문하고 10만 원 이하의 범위로 대통령령이 정하는 수준 이상의 비용 또는 그 밖의 금품을 징수하는 등

의무를 부과하는 행위 등은 금지되며, 이를 위반하면 처벌된다. 방문판매 등에 관한 법률 제23조는 이들 행위를 포함하여 다단계판매에서 금지되는 행위 15가지를 열거하고 있다.

125. 대외무역의 육성과 규제

제125조 국가는 대외무역을 육성하며, 이를 규제·조정할 수 있다.

제헌헌법은 "대외무역은 국가의 통제하에 둔다."고 규정했다(제87조 2문).

126. 국유화의 제한

제126조 국방상 또는 국민경제상 긴절한 필요로 인하여 법률이 정하는 경우를 제외하고는, 사영 기업을 국유 또는 공유로 이전하거나 그 경영을 통제 또는 관리할 수 없다.

제헌헌법은 "중요한 운수, 통신, 금융, 보험, 전기, 수리, 수도, 가스 및 공공성을 가진 기업은 국영 또는 공영으로 한다. 공공 필요에 의하여 사영을 특허하거나 또는 그 특허를 취소함에는 법률의 정하는 바에 의하여 행한다."(제헌헌법 제87조 1문)고 규정했다.

제헌헌법은 이어서 "국방상 또는 국민 생활상 긴절한 필요에 의하여 사영 기업을 국유 또는 공유로 이전하거나 또는 그 경영을 통제,

관리함은 법률이 정하는 바에 의하여 행한다."(제헌헌법 제88조)고 규정했다.

이 규정은 1954년헌법에서 "국방상 또는 국민 생활상 긴절한 필요로 인하여 법률로써 특히 규정한 경우를 제외하고는 사영 기업을 국유 또는 공유로 이전하거나 그 경영을 통제 또는 관리할 수 없다."로 변경되어서 오늘에 이르고 있다.

시장만능의 신자유주의적 경제체제가 한계를 드러낸 오늘날 상황에서 그동안 과도하게 민영화된 사업 중 국민생활에 커다란 영향을 미치는 분야에 대해서는 다시 공공화하는 것을 적극 검토해야 할 것이다.

참고로 1997년 IMF 외환 위기 이후 민영화된 사업체를 살펴보면 김대중 정부 시절에는 포항제철, 한국통신, 담배인삼공사 등 7개가 민영화되었고, 이명박 정부에서는 인천국제공항공사, 한국산업은행, 산은캐피탈, 중소기업은행 등 24개 공공 기관이 민영화되었거나 민영화될 예정이다.

127. 과학기술 혁신

제127조 ① 국가는 과학기술의 혁신과 정보 및 인력의 개발을 통하여 국민경제의 발전에 노력하여야 한다.
② 국가는 국가표준제도를 확립한다.
③ 대통령은 제1항의 목적을 달성하기 위하여 필요한 자문 기구를 둘 수 있다.

제헌헌법에 없는 규정이다. 1962년헌법은 "국민경제의 발전과 이를 위한 과학 진흥에 관련되는 중요한 정책 수립에 관하여 국무회의의 심의에 앞서 대통령의 자문에 응하기 위하여 경제과학심의회의를 둔다."고 하여 경제과학심의회의 설치를 의무화했다. 현행헌법과 같이 규정된 것은 1980년헌법부터이다.

제10장
헌법 개정

128. 개헌안 발의

> 제128조 ① 헌법 개정은 국회재적의원 과반수 또는 대통령의 발의로 제안된다.
> ② 대통령의 임기 연장 또는 중임 변경을 위한 헌법 개정은 그 헌법 개정 제안 당시의 대통령에 대하여는 효력이 없다.

제1항은 제헌헌법 제98조 1문과 같다.

제2항은 장기 집권에 대한 우려를 불식하고 군 출신 대통령의 재등장에 대한 국민의 불만을 달래려고 1980년헌법에서 신설되었다.

1962년헌법은 국회의원 선거권자 50만 명 이상의 찬성으로 개헌안을 제안할 수 있도록 하여 국민에 의한 헌법 개정안 발의를 인정한 바 있다.

헌법 개정은 현재 존재하고 있는 헌법의 기본적인 동일성과 연속성을 유지하면서 헌법이 정한 절차에 따라 의식적으로 헌법의 조항을 변경하는 헌법 개정 권력의 행사를 말한다(정종섭, 2011: 94). 헌법 개정 권력은 헌법 제정 권력의 하위에 놓인다. 즉 헌법 제정 권력은 기존 헌법 질서에 구애받지 않지만, 헌법 개정 권력은 기존 헌법의 절차에 의해서 기존 헌법의 동일성을 유지하는 범위에서만 행사될 수 있다. 그러나 헌법 제정 권력자와 헌법 개정 권력자는 모두 주권자인 국민이다.

129. 개헌안 공고

제129조 제안된 헌법 개정안은 대통령이 20일 이상의 기간 이를 공고하여야 한다.

제헌헌법 제98조 2문, 3문에 해당한다. 단 제헌헌법은 비록 개헌에 국민투표를 요하지 않았지만 대통령에게 30일 이상 공고할 의무를 부여했다. 공고 기간이 30일에서 20일로 단축된 것은 유신헌법부터이다. 헌법 개정안에 대한 국민들의 이해와 충분한 논의를 위하여 공고 기간을 대폭 늘릴 필요가 있다(정종섭, 2011: 99). 아울러 공고 기간에 국민적 토론을 거쳐서 개정안을 수정할 수 있는 제도적 장치를 반드시 마련해야 한다. 이 토론에는 국회는 물론 학계, 법조계, 종교계, 시민사회, 그리고 일반 국민도 참여하도록 하여 다양한 의견을 수렴하고 그 의견을 반영한 수정안으로 국회의 의결을 거친 후 국민투표에 부치는 방안을 생각해볼 수 있다. 주권자이자 헌법 제정권자인 국민에게 정작 개헌안에 대한 수정 동의권이 없다는 것은 모순이기 때문이다.

130. 개헌안 의결, 확정, 공포

제130조 ① 국회는 헌법 개정안이 공고된 날로부터 60일 이내에 의결하여야 하며, 국회의 의결은 재적의원 3분의 2 이상의 찬성을 얻어야 한다.
② 헌법 개정안은 국회가 의결한 후 30일 이내에 국민투표에 부쳐 국회의원 선거권자 과반수의 투표와 투표자 과반수의 찬성을 얻어야 한다.
③ 헌법 개정안이 제2항의 찬성을 얻은 때에는 헌법 개정은 확정되며, 대통령은 즉시 이를 공포하여야 한다.

제1항의 '국회 재적의원 3분의 2 이상의 찬성에 의한 개정안 의결' 부분은 제헌헌법 제98조 4문과 같다. '공고일 후 60일 이내' 부분은 1962년헌법에 추가되었다.

제2항은 제헌헌법에는 없다. 즉 제헌헌법은 개헌에 국민투표를 요하지 않았다. 국회의결만으로 족했다. 앞으로 개헌을 하게 되면 제2항은 '국회의원 선거권자 과반수의 찬성'으로 수정하여 헌법 개정의 국민적 정당성을 확보해야 할 것이다.

개헌안의 확정에 국민투표를 반드시 거치도록 한 것은 1962년헌법부터이다.

부칙 〈제10호, 1987. 10. 29〉

제1조 이 헌법은 1988년 2월 25일부터 시행한다. 다만 이 헌법을 시행하기 위하여 필요한 법률의 제정·개정과 이 헌법에 의한 대통령 및 국회의원의 선거 기타 이 헌법 시행에 관한 준비는 이 헌법 시행 전에 할 수 있다.

제2조 ① 이 헌법에 의한 최초의 대통령 선거는 이 헌법 시행일 40일 전까지 실시한다.
② 이 헌법에 의한 최초의 대통령의 임기는 이 헌법 시행일로부터 개시한다.

제3조 ① 이 헌법에 의한 최초의 국회의원 선거는 이 헌법 공포일로부터 6월 이내에 실시하며, 이 헌법에 의하여 선출된 최초의 국회의원의 임기는 국회의원 선거 후 이 헌법에 의한 국회의 최초의 집회일로부터 개시한다.
② 이 헌법 공포 당시의 국회의원의 임기는 제1항에 의한 국회의 최초의 집회일 전일까지로 한다.

제4조 ① 이 헌법 시행 당시의 공무원과 정부가 임명한 기업체의 임원은 이 헌법에 의하여 임명된 것으로 본다. 다만 이 헌법에 의하여 선임 방법이나 임명권자가 변경된 공무원과 대법원장 및 감사원장은 이 헌법에 의하여 후임자가 선임될 때까지 그 직무를 행하며, 이 경우 전임자인 공무원의

임기는 후임자가 선임되는 전일까지로 한다.

② 이 헌법 시행 당시의 대법원장과 대법원판사가 아닌 법관은 제1항 단서의 규정에 불구하고 이 헌법에 의하여 임명된 것으로 본다.

③ 이 헌법 중 공무원의 임기 또는 중임 제한에 관한 규정은 이 헌법에 의하여 그 공무원이 최초로 선출 또는 임명된 때로부터 적용한다.

제5조 이 헌법 시행 당시의 법령과 조약은 이 헌법에 위배되지 아니하는 한 그 효력을 지속한다.

제6조 이 헌법 시행 당시에 이 헌법에 의하여 새로 설치될 기관의 권한에 속하는 직무를 행하고 있는 기관은 이 헌법에 의하여 새로운 기관이 설치될 때까지 존속하며 그 직무를 행한다.

제헌헌법의 부칙 조항은 제99조에서 제103조까지 모두 5개였다.

제헌헌법 제99조는 "이 헌법은 이 헌법을 제정한 국회의 의장이 공포한 날로부터 시행한다. 단 법률의 제정이 없이는 실현될 수 없는 규정은 그 법률이 시행되는 때부터 시행된다."라고 규정했다. 이에 따라서 제헌헌법은 국회의장 이승만이 공포한 1948년 7월 17일부터 시행되었다.

제헌헌법 제100조는 "현행 법령은 이 헌법에 저촉되지 아니하는 한 효력을 가진다."라고 규정하였다. 이로써 일제시대의 법령이 해방 이후에도 상당한 세월 동안 효력을 발휘했다. 이는 우리나라의 법률 문화가 일제의 잔재로부터 탈피하지 못하는 계기가 되었다. 그 결과 해방 이후 14년 동안 '의용'이라는 명목하에 일본 민법을 쓴 것이다. 우리 민법은 1960년에 와서야 시행되었다. 한편 거시적으로는 일제의 식민지 통치 체제가 거의 그대로 온존하게 됨으로써 이후 현대사에서 커다란 질곡으로 작용하게 된다. 예컨대 한국 검찰은 군국주의 일본이 채택했다가 패전 이후에는 포기한 기소독점주의를 아직까지도 누리고 있는데 이는 우리가 정부 수립 직후에 일제의 잔재를 소탕하고 국정 운영 체계의 민주적 개혁을 이루어내지 못했기 때문이다.

제헌헌법 제101조는 "이 헌법을 제정한 국회는 단기 4278년 8월 15일 이전의 악질적인 반민족행위를 처벌하는 특별법을 제정할 수 있다."라고 규정하여 친일파 청산 의지를 피력했다. 그러나 친일반민족행위자의 처벌을 위해 특별 조사 기구와 특별재판소의 설치 근거를 헌법에 마련했어야 하는데 그러지 못했다. "일반 검찰과 사법재판소에 친일파의 재판을 맡기는 것은 고양이에게 생선을 맡기는 것이라는 것이 당시의 상식이었다. 그렇기 때문에 미소공위에 제출된 각 정당 및 사회단체의 답신안에도 친일파 처벌과 관련해서는 대부분 특별재판소의 설치를 이야기하고 있었다."(이영록, 2006: 136) 그런데 아쉽게도 제헌헌법에는 친일파 특별 조사 기구와 특별재판소의 설치 규정이 누락되었다. 이로 인해서 후일 반민족행위처벌법이 시행되었을 때 특별조사부와 특별검찰부, 그리고 특별재판소 설치가 위헌이라는 반발이 제기된 것이다(이영록, 2006: 137).

제헌헌법 제102조는 "이 헌법을 제정한 국회는 이 헌법에 의한 국회로서의 권한을 행하며 그 의원의 임기는 국회 개회일로부터 2년으로 한다."고 규정했다.

제헌헌법 제103조는 "이 헌법 시행 시에 재직하고 있는 공무원은 이 헌법에 의하여 선거 또는 임명된 자가 그 직무를 계승할 때까지 계속하여 직무를 행한다."고 규정했다. 이 조항으로 인해서 일제강점기에 일본 제국주의에 협력했던 공무원들이 정부 수립 이후에도 계속해서 요직에서 일할 수 있게 되었다.

에필로그

조국, 충성, 헌신.

지금은 빛바랜 단어들이다. '개인'과 '자유'의 시대가 되면서 '조국에 대한 충성'은 낡은 구호가 되어버렸다. 그런데 아이러니컬하게도 이런 구호가 용도 폐기되면서 정의, 형평성, 시민적 기상, 공적인 기강도 함께 사라졌다. 중산층은 몰락하고 사회는 점점 계층 이동이 불가능한 사회로 치닫고 있다. 사람들의 경제적 생명이 휴대전화 문자 메시지 한 줄에 의해서 끝나는 살벌한 세상이 되었다. "전 국민 빈곤화"의 시대가 도래했다. 조국이 사라진 자리를 비정한 CEO가 차지하고 앉았다. 권력은 시장으로 넘어갔다.

이대로는 안 되겠다는 목소리가 나오기 시작했다. 개인의 힘만으로는 이 상황을 극복할 수 없기 때문에, 그리고 몇 년에 한 번 행사하는 투표권만으로는 세상이 바뀌지 않는다는 것을 수없이 경험했기에 이제 우리는 우리의 조국, 민주공화국을 21세기 벽두에 부활시키고자 하는 것이다.

우리에게 따뜻한 이웃의 체온을 느낄 수 있도록 해주고, 우리의 삶이 큰 위험 없이 지속될 수 있으며, 우리의 자녀들이 안전한 환경에서 마음 놓고 뛰놀고 배울 수 있도록 해주는 존재. 그것이 바로 우리에게 필요한 조국이다. 우리가 주인으로 대접받고, 주인 노릇을 할 수 있는 나라. 우리는 이제 그러한 조국을 다시 일으켜 세워야 한다. 조국에 대한 충성이 곧 우리 스스로에 대한 충성과 동일시되는 그런 나라를 만들어야 한다. 그 조국의 실체, 민주공화국의 설계도가 바로 헌법이다.

현행헌법은 1948년 제정되고 9차례에 걸쳐 개정된 '대한민국헌법'이다. '대한민국헌법'의 정신을 알고, 전파하고, 국가 작용에서부터 개인적 삶의 모든 영역에 이르기까지 속속들이 관철시키는 것이 바로 우리 삶 속에서 민주공화국을 건립하는 실천이다. 우리들 각자는 헌법을 통해서 민주공화국의 벽돌이 되고, 기둥이 되고, 대들보가 될 수 있다. 우리가 헌법을 모르고 헌법에 무관심하고 헌법에 대해서 말하지 않는다면 민주공화국은 영원히 우리에게 나타나지 않을 것이며, 국민주권도 실현될 수 없을 것이다.

헌법이 최고의 법이 되면 법률가들에게 엄청난 부담이 생긴다. 헌법을 규범적으로 정의해야 하는데, 이는 만만한 일이 아니다. 헌법을 규범적으로 정의하는 순간 모든 법률이 그것에 구속되기 때문이다. 헌법을 규범적으로 정의하는 것은 법률과 법률가 모두에 재앙이다. 재앙을 피하기 위해 법률가들은 술책을 사용한다. 헌법 개념을 두루뭉술하게 만든 채 무료한 논쟁을 계속하는 것이다(이국운, 2011a: 42).

헌법에 등장하는 여러 개념은 결코 '두루뭉술'하게 넘어가서는 안 된다. 그것이 아무리 부담스러운 일이라 할지라도 우리는 헌법의 모든 조항, 모든 단어를 남김없이 규명해야 한다.

헌법이 명실상부한 '최고의 법'이 되면 법률가뿐만 아니라 정치인들에게도 재앙이 될 것이다. 그러나 정치야말로 그 어느 영역보다도 헌법적 견인이 필요한 영역이다. 헌법이 최고의 법이 되게 하는 것은 주권자의 몫이다. 헌법의 장래가 결코 낙관적인 것만은 아니다. 헌법이 최고의 법으로 등극하는 것을 원하지 않는 세력이 우리 사회의 물적 자원을 독점하고 있기 때문이다. 그러나 그들이 독점하지 못한 유일한 자원이 있으니 그것은 곧 사람이다. 그렇기 때문에 희망은 사라지지 않고 우리 곁에 있다. 우리 자신이 곧 희망의 근거인 것이다.

대통령 선거가 있는 2012년은 한국 사회가 변화의 몸부림으로 들끓는 한 해가 될 것이다. 진정한 선거 혁명으로 국민주권이, 민주주의가 그리고 경제민주화가 만개하게 되기를 바란다. 무엇보다도 이번 대통령 선거를 통해서 민주공화국과 국민주권에 대한 우리 사회의 인식이 고양되어야 할 것이다.

그렇게 되었을 때 헌법은 우리의 앞에서 환하게 웃고 있을 것이다.

지금 우리가 살고 있는 세상은 "현금이 입을 열면 모두가 침묵하는 세상"이다. 앞으로 만들어야 할 세상은 "헌법이 입을 열면 모두가 살 맛나는 세상"이다. 이 책이 그런 세상을 만드는 데 작은 기여라도 할 수 있다면 좋겠다.

부록

대한민국헌법 개정안

전문: "불의에 항거한 4·19민주이념"을 다음과 같이 수정한다.
▶ 불의에 항거한 4·19, 5·18, 6·10민주이념

제1장 총강

제1조: 제3항을 다음과 같이 신설한다.
▶[신설] ③ 헌법에 대한 궁극적 해석권은 국민에게 있다.

제2조: 제3항을 다음과 같이 신설한다.
▶[신설] ③ 1910년 8월 29일 현재 대한제국 국적을 보유하고 있던 자는 대한민국의 국적을 취득한 것으로 본다.

제3조: 밑줄 친 부분을 다음과 같이 수정한다.
대한민국의 영토는 한반도와 그 부속도서로 한다.
▶ 대한민국은 대한제국의 영토를 승계한다.

제4조: 제2항을 다음과 같이 신설한다.
▶[신설] ② 통일은 민족 화해와 상호 존중의 숭고한 정신에 의하여 이루어져야 한다.

제5조: 제1항과 제2항의 밑줄 친 부분을 다음과 같이 수정하고 제3항을 다음과 같이 신설한다.
① 대한민국은 국제평화의 유지에 노력하고 침략적 전쟁을 <u>부인한다.</u>
▶ 반대한다.
② 국군은 국가의 안전보장과 국토방위의 신성한 의무를 수행함을 사명으로 하며, <u>그 정치적 중립성은 준수된다.</u>
▶ 정치적 중립성을 준수하여야 한다.
▶[신설] ③ 국군 장병에 대한 정치교육은 주권자로서의 소양 증진을 목적으로 법률이 정한 내용과 방식에 의하여 시행하여야 한다.

제6조: 제3항을 다음과 같이 신설한다.
▶[신설] ③ 통일 이전에 대한민국과 조선민주주의인민공화국이 외국과 체결한 조약은 통일 이후에도 유효하다.

제7조: 제1항을 다음과 같이 수정하고 제3항을 다음과 같이 신설한다.
<u>① 공무원은 국민 전체에 대한 봉사자이며, 국민에 대하여 책임을 진다.</u>
▶ 공무원은 주권을 가진 국민의 수임자이며 언제든지 국민에 대하여 책임을 진다.
▶[신설] ③ 공무원은 출신 지역에 따라 공평한 비율로 채용되어야 한다.

제8조: 제3항을 삭제하고 제4항의 밑줄 친 부분을 다음과 같이 수정한다.
③ 정당은 법률이 정하는 바에 의하여 국가의 보호를 받으며, 국가는 법률이 정하는 바에 의하여 정당운영에 필요한 자금을 보조할 수 있다.
▶[삭제]
④ 정당의 목적이나 활동이 민주적 기본 질서에 위배될 때에는 정부는 헌법재판소에 그 해산을 제소할 수 있고, 정당은 헌법재판소의 심판에 의하여 해산된다.
▶ 정당의 목적, 조직, 활동이 헌법에 위배될 때에는

제9조: 현행 헌법과 같다.

제2장 국민의 권리와 의무

제10조: 제2항을 다음과 같이 신설한다.
▶[신설] ② 사형제도는 인정되지 아니한다.

제11조: 제1항의 밑줄 친 부분을 다음과 같이 수정한다.
① 모든 국민은 법 앞에 평등하다. 누구든지 성별·종교 또는 사회적 신분에 의하여 정치적·경제적·사회적·문화적 생활의 모든 영역에 있어서 차별을 받지 아니한다.
▶ 성별·종교·사상·학력·경력·연령·가문에

제12조~제18조: 현행 헌법과 같다.

제19조: 밑줄 친 부분을 다음과 같이 수정한다.
모든 국민은 양심의 자유를 가진다.
▶ 양심과 사상의 자유를

제20조: 현행 헌법과 같다.

제21조: 제5항을 다음과 같이 신설한다.
▶[신설] ⑤ 언론의 독과점으로 인한 폐해를 시정하기 위하여 필요한 사항은 법률로 정한다.

제22조~제23조: 현행 헌법과 같다.

제24조: 밑줄 친 부분을 다음과 같이 수정한다.
모든 국민은 법률이 정하는 바에 의하여 선거권을 가진다.
▶ 공무원에 대한 선거권을

제25조: 현행 헌법과 같다.

제26조: 제2항의 밑줄 친 부분을 다음과 같이 수정한다.
② 국가는 청원에 대하여 심사할 의무를 진다.
▶ 성실하게 심사하고 그 결과를 통지할 의무를

제27조: 제4항의 밑줄 친 부분을 다음과 같이 수정한다.

④ 형사피고인은 유죄의 판결이 확정될 때까지는 무죄로 추정된다.
▶ 형사피의자 또는 형사피고인은

제28조: 현행 헌법과 같다.

제29조: 제2항을 삭제한다.
② 군인·군무원·경찰공무원 기타 법률이 정하는 자가 전투·훈련 등 직무집행과 관련하여 받은 손해에 대하여는 법률이 정하는 보상 외에 국가 또는 공공단체에 공무원의 직무상 불법행위로 인한 배상은 청구할 수 없다.
▶ [삭제]

제30조: 현행 헌법과 같다.

제31조: 제1항의 밑줄 친 부분을 다음과 같이 수정한다.
① 모든 국민은 능력에 따라 균등하게 교육을 받을 권리를 가진다.
▶ 균등하게

제32조: 제1항의 밑줄 친 부분을 다음과 같이 수정한다.
① 모든 국민은 근로의 권리를 가진다. 국가는 사회적·경제적 방법으로 근로자의 고용의 증진과 적정임금의 보장에 노력하여야 하며, 법률이 정하는 바에 의하여 최저임금제를 시행하여야 한다.
▶ 국가는 모든 국민에게 능력과 적성에 맞는 일자리를 제공하고 고용 안정과 적정임금의 보장에 노력하여야 하며,

제33조: 제2항을 다음과 같이 수정한다.
② 공무원인 근로자는 법률이 정하는 자에 한하여 단결권·단체교섭권 및 단체행동권을 가진다.
▶ 공무원인 근로자의 단결권·단체교섭권 및 단체행동권은 법률이 정하는 바에 의하여 보장한다.

제34조: 제1항을 다음과 같이 수정한다.
① 모든 국민은 인간다운 생활을 할 권리를 가진다.
▶ 모든 국민은 인간다운 생활을 할 권리를 가지며 국가는 국민이 인간으로서의 존엄과 가치를 유지할 수 있는 최소한의 생활수준을 보장할 의무가 있다.

제35조~제39조: 현행 헌법과 같다.

제3장 국회

제40조: 밑줄 친 부분을 다음과 같이 수정한다.
입법권은 국회에 속한다.
▶ 입법권은 국회에 위임한다.

제41조: 현행 헌법과 같다.

제42조: 밑줄 친 부분을 다음과 같이 수정한다.
국회의원의 임기는 4년으로 한다.

▶ 국회의원의 임기는 2년으로 하되, 계속 재임은 3기에 한한다.

제43조: 제2항을 다음과 같이 신설한다.
▶[신설] ② 국가 또는 공공기관으로부터 취득한 전문 자격은 국회의원의 임기 중 정지된다.

제44조: 제1항의 밑줄 친 부분을 다음과 같이 수정한다.
① 국회의원은 <u>현행범인인</u> 경우를 제외하고는 회기 중 국회의 동의 없이 체포 또는 구금되지 아니한다.
▶ 현행범인 또는 법정형이 장기 3년 이상의 징역 또는 금고에 해당하는 범죄를 저질렀다고 의심할 만한 상당한 이유가 있는

제45조~제49조: 현행 헌법과 같다.

제50조: 제3항을 다음과 같이 신설한다.
▶[신설] ③ 국민은 국회의 회의에 참석하여 발언하거나 서면, 전기통신 등의 방법으로 자신의 의사를 밝힐 수 있다. 이를 위하여 필요한 사항은 법률로 정한다.

제51조: 현행 헌법과 같다.

제52조: 밑줄 친 부분을 다음과 같이 수정하고 제2항을 다음과 같이 신설한다.
<u>국회의원과 정부는</u> 법률안을 제출할 수 있다.
▶ 국민과 국회의원은

▶[신설] ② 국민이 법률안을 제출하고자 할 때에는 국회의원 선거권자 20만 명 이상의 동의가 있어야 한다.

제53조: 현행 헌법과 같다.

제54조: 제1항과 제2항의 밑줄 친 부분을 다음과 같이 수정한다.
① 국회는 국가의 예산안을 <u>심의·확정한다.</u>
▶ 심의하여 법률로써 확정한다.
② 정부는 회계연도마다 예산안을 편성하여 회계연도 개시 <u>90일</u> 전까지 국회에 제출하고, 국회는 회계연도 개시 30일 전까지 이를 의결하여야 한다.
▶ 120일

제55조~제59조: 현행 헌법과 같다.

제60조: 제1항의 밑줄 친 부분을 삭제하고 제3항, 제4항을 다음과 같이 신설한다.
① 국회는 상호원조 또는 안전보장에 관한 조약, 중요한 국제조직에 관한 조약, 우호통상항해조약, <u>주권의 제약에 관한 조약,</u> 강화조약, 국가나 국민에게 중대한 재정적 부담을 지우는 조약 또는 입법사항에 관한 조약의 체결·비준에 대한 동의권을 가진다.
▶[삭제]
▶[신설] ③ 국회는 조국의 평화적 통일을 목적으로 한 통일 합의서의 체결에 대한 동의권을 가진다. 통일 합의서에 대한 동의권의 행사에는 재적의원 3분의 2 이상의 찬성을 요한다.

▶[신설] ④ 제3항의 통일 합의서에 헌법 개정 사항이 포함된 경우에는 지체 없이 헌법 개정 절차를 거쳐 이를 추인하여야 한다.

제61조: 현행 헌법과 같다.

제62조: 제2항의 밑줄 친 부분을 다음과 같이 수정한다.
② 국회나 그 위원회의 요구가 있을 때에는 국무총리·국무위원 또는 정부위원은 출석·답변하여야 하며, 국무총리 또는 국무위원이 출석 요구를 받은 때에는 <u>국무위원 또는 정부위원으로 하여금 출석·답변하게 할 수 있다.</u>
▶ 특별한 사정이 없는 한 국무위원 또는 정부위원으로 하여금 출석·답변하게 할 수 없다.

제63조~제65조: 현행 헌법과 같다.

제4장 정부

제1절 대통령

제66조: 제1항과 제4항을 다음과 같이 수정한다.
① <u>대통령은 국가의 원수이며, 외국에 대하여 국가를 대표한다.</u>
▶ 행정권은 대통령을 수반으로 하는 정부에 위임하며, 대통령은 외국에 대하여 국가를 대표한다.
④ 행정권은 대통령을 수반으로 하는 <u>정부에 속한다.</u>

▶ 정부가 행한다.

제67조~제68조: 현행 헌법과 같다.

제69조: 밑줄 친 부분을 다음과 같이 수정한다.
"나는 헌법을 준수하고 국가를 보위하며 조국의 평화적 통일과 국민의 자유와 복리의 증진 및 민족문화의 창달에 노력하여 대통령으로서의 직책을 성실히 수행할 것을 국민 앞에 엄숙히 선서합니다."
▶ "나는 국민의 명을 받들어 헌법을 준수하고 국민의 자유와 복리를 증진하며, 국가를 보위하고 조국의 평화적 통일에 노력하여 대통령으로서의 직책을 성실히 수행할 것을 엄숙히 선서합니다."

제70조: 밑줄 친 부분을 다음과 같이 수정한다.
대통령의 임기는 5년으로 하며, 중임할 수 없다.
▶ 대통령의 임기는 4년으로 하며, 1차에 한하여 연임할 수 있다.

제71조~제78조: 현행 헌법과 같다.

제79조: 제4항을 다음과 같이 신설한다.
▶[신설] ④ 대통령이 특별사면을 명하려면 그 이유를 서면으로 밝혀야 하며, 경제범죄·조세범죄를 저지른 자 또는 선거법 등 정치관계법을 위반한 자에 대한 특별사면을 위해서는 국회의 청문회를 거쳐야 한다.

제80조~제81조: 현행 헌법과 같다.

제82조: 밑줄 친 부분을 다음과 같이 수정한다.

대통령의 국법상 행위는 문서로써 하며, 이 문서에는 국무총리와 관계 국무위원이 부서한다. 군사에 관한 것도 또한 같다.

▶ 이 문서는 국무총리와 관계 국무위원이 부서를 해야 효력이 발생한다.

제83조~제85조: 현행 헌법과 같다.

제2절 행정부

제1관 국무총리와 국무위원

제86조: 제2항을 다음과 같이 수정한다.
② 국무총리는 대통령을 보좌하며, 행정에 관하여 대통령의 명을 받아 행정 각부를 통할한다.
▶ 국무총리는 대통령을 보좌하며, 행정에 관하여 대통령의 명을 받아 행정 각부를 통할하되, 대통령이 범위를 정하여 위임한 사항에 대하여는 국무총리의 책임으로 업무를 관장한다. 단 외교, 국방, 통일에 관한 사항은 국무총리에게 위임할 수 없다.

제87조: 현행 헌법과 같다.

제2관 국무회의

제88조: 현행 헌법과 같다.

제89조: 밑줄 친 부분을 다음과 같이 수정한다.
다음 사항은 국무회의의 <u>심의를 거쳐야 한다.</u>
▶ 의결을 요한다.

제90조~제93조: 현행 헌법과 같다.

제3관 행정각부

제94조~제96조: 현행 헌법과 같다.

제4관 감사원

제97조: 밑줄 친 부분을 다음과 같이 수정한다.
국가의 세입·세출의 결산, 국가 및 법률이 정한 단체의 회계검사와 행정기관 및 공무원의 직무에 관한 감찰을 하기 위하여 <u>대통령</u> 소속 하에 감사원을 둔다.
▶ 국회

제98조: 제2항과 제3항의 밑줄 친 부분을 다음과 같이 수정한다.
② 원장은 <u>국회의 동의를 얻어 대통령이</u> 임명하고, 그 임기는 4년으로 하며, 1차에 한하여 중임할 수 있다.
▶ 국회 원내교섭단체 대표 전원의 합의에 의하여 국회의장이
③ 감사위원은 원장의 제청으로 <u>대통령이</u> 임명하고, 그 임기는 4년으로 하며, 1차에 한하여 중임할 수 있다.
▶ 국회의장이

제99조: 밑줄 친 부분을 다음과 같이 수정한다.

감사원은 세입·세출의 결산을 매년 검사하여 <u>대통령과 차년도 국회에 그 결과를 보고하여야 한다.</u>

▶ 그 결과를 국회에 보고하고 대통령에게 통보하여야 한다.

제100조: 현행 헌법과 같다.

제5장 법원

제101조~제109조: 현행 헌법과 같다.

제110조: 제4항의 밑줄 친 부분을 삭제한다.

④ 비상계엄하의 군사재판은 군인·군무원의 범죄나 군사에 관한 간첩죄의 경우와 초병·초소·유독 음식물 공급·포로에 관한 죄 중 법률이 정한 경우에 한하여 단심으로 할 수 있다. <u>다만 사형을 선고한 경우에는 그러하지 아니하다.</u>

▶[(사형제도 폐지에 따라) 삭제]

제6장 헌법재판소

제111조~제113조: 현행 헌법과 같다.

제7장 선거관리

제114조~제116조: 현행 헌법과 같다.

제8장 지방자치

제117조: 현행 제1항을 제3항으로, 제2항을 제4항으로 하고, 제1항, 제2항을 다음과 같이 신설한다.
▶[신설] ① 국가는 국가 균형 발전과 지방자치단체의 재정 자립을 촉진하기 위하여 노력해야 한다.
▶[신설] ② 국가와 지방자치단체 간의 권한 이양 또는 지방자치단체의 지출을 증가시키는 국가적 사업의 실시에는 법률에서 정하는 재원의 이전을 수반한다.

제118조: 현행 헌법과 같다.

제9장 경제

제119조: 제1항을 다음과 같이 수정한다(제헌헌법 조문대로 환원).
① 대한민국의 경제 질서는 개인과 기업의 경제상의 자유와 창의를 존중함을 기본으로 한다.
▶ 대한민국의 경제 질서는 모든 국민에게 생활의 기본적 수요를 충족할 수 있게 하는 사회정의의 실현과 균형 있는 국민경제의 발전을 기함을 기본으

로 삼는다. 각인의 경제상 자유는 이 한계 내에서 보장된다.

제120조: 제3항을 다음과 같이 신설한다.
▶[신설] ③ 통일은 국토의 효율적 이용에 적합한 방향으로 추진되어야 하고 토지에 관한 법적 관계를 불안하게 하여서는 아니 된다.

제121조: 현행 헌법과 같다.

제122조: 밑줄 친 부분을 다음과 같이 수정하고 제2항~제3항을 다음과 같이 신설한다.
국가는 국민 모두의 생산 및 생활의 기반이 되는 국토의 효율적이고 균형 있는 이용·개발과 보전을 위하여 법률이 정하는 바에 의하여 그에 관한 필요한 제한과 의무를 과할 수 있다.
▶ 국가는 국민 모두의 생산 및 생활의 기반이 되는 토지의 효율적이고 균형 있는 이용·개발과 보전, 그리고 공공성을 수호하기 위하여 법률이 정하는 바에 의하여 그에 관한 필요한 제한과 의무를 과할 수 있다.
▶[신설] ② 국가는 개인 또는 법인이 소유할 수 있는 토지의 면적, 개발이익의 귀속에 대하여 법률로써 제한을 할 수 있다.
▶[신설] ③ 국가는 동일 세대의 부동산 보유 규모가 법률이 정하는 기준을 초과할 경우, 그 초과분에 따라 조세를 부과할 수 있다.

제123조~제127조: 현행 헌법과 같다.

제10장 헌법 개정

제128조: 제1항의 밑줄 친 부분을 다음과 같이 수정한다.
① 헌법 개정은 국회재적의원 과반수 또는 대통령의 발의로 제안된다.
▶ 국회의원 선거권자 50만 명, 국회재적의원 과반수 또는 대통령의 발의로

제129조: 밑줄 친 부분을 다음과 같이 수정한다.
제안된 헌법 개정안은 대통령이 20일 이상의 기간 이를 공고하여야 한다.
▶ 60일

제130조: 제2항의 밑줄 친 부분을 다음과 같이 수정한다.
② 헌법 개정안은 국회가 의결한 후 30일 이내에 국민투표에 부쳐 국회의원 선거권자 과반수의 투표와 투표자 과반수의 찬성을 얻어야 한다.
▶ 국회의원 선거권자 과반수의 찬성을

참고 문헌

강원택 외, 2011, 『헌법 개정의 정치』, 인간사랑.
강정석·원오성, 2009, 『의회 예산심의 과정 및 운영에 대한 해외사례 연구』, 한국행정연구원.
곽준혁, 2008, 「왜 그리고 어떤 공화주의인가」, 『아세아연구』 제51권 제1호 통권 131호, 고려대학교아세아문제연구소.
국회도서관, 2010, 『세계의 헌법』 I, II.
국회사무처, 2008, 『국회법 해설』.
김동훈, 2010, 『한국 헌법과 공화주의』, 서울대학교 박사 학위논문.
김동희, 2006a, 『행정법 I』, 박영사.
김동희, 2006b, 『행정법 II』, 박영사.
김득중, 1994, 「1948년 제헌국회의원 선거 과정」, 『성대사림』 제10집, 성균관대학교 사학회.
김선화, 2010, 「감사원 국회 이관에 관한 헌법적 쟁점」, 『국민과 함께하는 개헌이야기』 2, 국회미래한국헌법연구회.
김승대, 2010, 「헌법 개정과 남북한통일」, 『공법연구』 제39집 제2호, 한국공법학회.
노자, 1981, 『도덕경』, 노태준 옮김, 홍신문화사.
대통령비서실, 2007, 『한국정치 이대로는 안 된다』, 역사비평사.
레이코프, 죠지·로크리지연구소, 2007, 『프레임 전쟁: 보수에 맞서는 진보의 성공 전략』, 나익주 옮김, 창비.
롤즈, 존, 2003[1999], 『정의론』, 황경식 옮김, 이학사.
루소, 장자크, 2010[1762], 『사회계약론』, 김중현 옮김, 웅진씽크빅(임프린트 펭귄클래식 코리아).
마르크스, K·F. 엥겔스, 1988[1848], 「공산당선언」, 『마르크스·엥겔스 저작선』, 김재기 편역, 거름.
몽테스키외, 1964, 『법의 정신』, 신상초 옮김, 을유문화사.

무페, 샹탈, 2007, 『정치적인 것의 귀환』, 이보경 옮김, 후마니타스.
민석홍, 1989, 『서양사개론』, 삼영사.
민주사회를 위한 변호사 모임, 2011, 「보도자료("아람회사건 대법원판결에 대한 헌법소원을 제기하며")」(2011. 4. 12).
박종웅, 1994, 「언론사 기업공개와 ABC제도」, 『신문로포럼』 15.
선대인, 2011, 『세금혁명』, 더팩트.
선대인, 2012, 「'세금 특권'도 누리면서 편법 증여 일삼는 재벌」, 『한겨레21』 제906호(2012. 4. 16).
시에예스, E. J., 2003[1789], 『제3신분이란 무엇인가』, 박인수 옮김, 책세상.
신평, 2011, 『헌법재판법』, 법문사.
辻村みよ子[쓰지무라 미요코], 2011, 『新版 比較憲法』, 岩波書店.
아들러 A., 2011, 『심리학이란 무엇인가?』, 김문성 옮김, 스타북스.
오동석, 2011, 「헌법상 경제민주화조항 해석론」, 『헌법 제119조, 우리 시대에 던지는 의미는?』, 민주당 헌법제119조경제민주화특별위원회 자료집.
오승철, 2011, 「자유민주적 기본질서, 그 베일을 벗겨라」, 『한겨레신문』 2011. 12. 1.
오연천, 2008, 「국회와 정부 간 재정 권한 배분의 합리적 조정 방안」, 제헌60주년기념학술대회 자료집, 대한민국국회.
원오성·강정석, 2009, 『의회 예산심의 과정 및 운영에 대한 해외 사례 연구』, 한국행정연구원.
유종일, 2011, 「경제민주화의 개념·필요성 및 과제」, 『헌법 제119조, 우리 시대에 던지는 의미는?』, 민주당 헌법제119조경제민주화특별위원회 자료집.
유진오, 1957, 『신고 헌법해의』, 일조각.
이국운, 2011a, 『헌법』, 책세상.
이국운, 2011b, '대한민국헌법 제1조를 읽는 세 가지 방법', CBS 〈세상을 바꾸는 시간, 15분〉 제46회 2011. 9. 19 방영.
이기욱, 2010, 「미국의 종교 단체 과세제도」, 『조세학술논집』 제26집 제1호, 한국국제조세협회.
이영록, 2006, 『우리헌법의 탄생: 헌법으로 본 대한민국 건국사』, 서해문집.
이상헌, 2007, 「노동과 복지: 보편적 권리로서의 기본소득 보장」, 김수행 외, 『자본주의 이후의 새로운 사회』, 서울대학교출판부.
이흥재, 2010, 「노동기본권에 관한 제헌의회 심의의 쟁점: 기업운영참가권 보장논의를 중심으로」, 『국민과 함께하는 개헌 이야기』 1, 국회미래한국포럼.
임보덴, 막스, 2011, 『국가형태: 국법이론의 심리학적 해석의 시도』, 홍성방 옮김,

유로.

임지봉, 2011, 「헌재와 대법원 통합 추진 반대: 두 기관 경쟁의 혜택 고스란히 국민의 몫」, 『국회보』 통권 533호(2011년 4월), 국회사무처.

임혁백, 2011, 『1987년 이후의 한국 민주주의: 3김 정치 시대와 그 이후』, 고려대학교출판부.

장하준, 2006, 『국가의 역할』, 이종태·황해선 옮김, 부키.

전인권, 2006, 『박정희 평전: 박정희의 정치사상과 행동에 관한 전기적 연구』, 이학사.

정종섭, 2011, 『헌법학원론』 제6판, 박영사.

정회철, 2011, 『기본강의 헌법』 개정6판, 여산.

조성민, 1987, 『자본주의국가와 법이론』, 태백.

조승래, 2008, 「공화국과 공화주의」, 『역사학보』 제198집.

조승래, 2010, 『공화국을 위하여』, 도서출판 길.

주희·여조겸, 2004, 『근사록』, 성원경 옮김, 명문당.

프롬, 에리히, 2003, 『소유냐 존재냐』, 차경아 옮김, 까치.

한겨레21, 2011, 「헌법 제11조 파괴하는 국세청·기재부」, 『한겨레21』 제878호(2011. 9. 20).

헤세, 콘라드, 1988, 『헌법의 기초이론』, 계희열 옮김, 삼영사.

홍태영, 2004, 「근대인의 자유와 대의제 정부: 시에예스와 콩스탕의 논의를 중심으로」, 『한국정치연구』 제13집 제1호.

Hamburgber, Joseph, 1995, "Burke Edmund" in Seymour Martin Lipset, ed., *The Encyclopedia of Democracy*(Congressional Quarterly, 1995) from Wikipedia.

「대한민국과 미합중국간의 자유무역협정」 한글본, 2011. 6. 3(www.fta.go.kr).

『대한민국국회 회의록』, 1948, 국회홈페이지(www.assembly.go.kr).

『경향신문』 인터넷판 2011. 11. 8; 2012. 2. 21.

『국민일보』 2011. 10. 16.

『조선일보』 2012. 5. 18.

『한겨레신문』 2009. 4. 13; 2012. 2. 7; 2012. 2. 8; 2012. 2. 13; 2012. 2. 14.

『한국경제신문』 2011. 12. 13.